2026 교원임용

2026 중등교원임용 시험대비

사회문화

이웅재 편저

— 임용시험 출제가능 내용 테마별 정리

— 임용시험 중요 기출문제 수록

CONTENTS

THEME 01 / 사회학의 성격과 사회학적 상상력 ·· 6
THEME 02 / 고전 사회학자 - 콩트, 스펜서, 마르크스 ···························· 10
THEME 03 / 고전 사회학자 - 뒤르켐, 베버 ··· 14
THEME 04 / 사회 문화 현상을 바라보는 관점 - 기능론적 관점 ············ 26
THEME 05 / 사회 문화 현상을 바라보는 관점 - 갈등론적 관점 ············ 38
THEME 06 / 사회 문화 현상을 바라보는 관점 - 미시사회학 이론 ········· 46
THEME 07 / 사회과학의 연구방법 ··· 62
THEME 08 / 사회학의 방법론적 성격 ·· 86
THEME 09 / 자료 수집 방법 ·· 90
THEME 10 / 사회 문화 현상을 탐구하는 태도 ··································· 134
THEME 11 / 지위와 역할, 역할 갈등, 행위와 사회적 상호작용 ··········· 140
THEME 12 / 사회화 ··· 146
THEME 13 / 사회구조, 개인과 사회의 관계를 바라보는 관점 ············· 152
THEME 14 / 일탈의 개념과 사회적 기능, 생물학·심리학적 이론 ········ 158
THEME 15 / 일탈이론 ① - 아노미 이론 ··· 160
THEME 16 / 일탈이론 ② - 학습이론 : 차별적 교제 이론 ··················· 170
THEME 17 / 일탈이론 ③ - 차등기회 이론, 비행하위문화 이론 ·········· 176
THEME 18 / 일탈이론 ④ - 낙인 이론, 비판 범죄론 ··························· 178
THEME 19 / 일탈이론 ⑤ - 중화이론, 사회유대이론 ··························· 188
THEME 20 / 사회집단과 사회조직의 분류 ··· 192
THEME 21 / 관료제·테일러주의·포드주의, 탈관료제 조직·포스트포디즘 · 202
THEME 22 / 비공식조직과 자발적 결사체 ··· 212
THEME 23 / 사회계층화 현상 ① - 계급과 계층 ································ 218
THEME 24 / 사회계층화 현상 ② - 사회계층화 현상을 바라보는 관점 ··· 234
THEME 25 / 사회계층화 현상 ③ - 사회이동과 계층구조 ··················· 238
THEME 26 / 가족과 친족 ·· 244

| THEME 27 / 문화의 의미와 구성 요소 ··································· 262
| THEME 28 / 문화를 바라보는 관점과 태도 ································ 268
| THEME 29 / 문화의 속성, 문화의 구분 ···································· 278
| THEME 30 / 문화인류학 이론 ①
              - 진화주의, 전파주의, 역사적 특수주의 ···················· 284
| THEME 31 / 문화인류학 이론 ② - 기능주의 ······························ 292
| THEME 32 / 문화인류학 이론 ③
              - 구조주의, 신진화주의, 상징주의, 마르크시스트 인류학 · 300
| THEME 33 / 문화와 정치, 문화와 경제 ····································· 310
| THEME 34 / 종교 연구의 여러 관점 ·· 316
| THEME 35 / 문화변동 ··· 322
| THEME 36 / 대중문화 ··· 336
| THEME 37 / 소비사회 ··· 340
| THEME 38 / 사회변동론 ① - 순환론, 진화론 ····························· 342
| THEME 39 / 사회변동론 ② - 기능론, 갈등론 ····························· 350
| THEME 40 / 사회변동론 ③
              - 근대화 이론, 종속이론·종속적발전·세계체계이론 ······ 354
| THEME 41 / 사회변동의 요인 ··· 364
| THEME 42 / 집합행동과 사회운동 ·· 366
| THEME 43 / 집합행동과 사회운동의 이론 ································· 370
| THEME 44 / 시민사회론 ··· 380
| THEME 45 / 위험사회, 환경 담론 ·· 386
| THEME 46 / 과학기술사회의 위험과 사회적 쟁점 ······················· 390
| THEME 47 / 정보사회 ··· 394
| THEME 48 / 복지사회와 사회보장제도 ···································· 400
| THEME 49 / 포스트모더니즘, 푸코 ·· 408

2026

중등교원
임용시험
대비

2026 중등교원 임용시험 대비

사회문화

THEME 01 | 사회학의 성격과 사회학적 상상력

1. 사회학의 성격

(1) 사회학은 정치 영역, 경제 영역, 문화 영역, 이데올로기 영역 등 사회의 다양한 영역을 포괄적으로 다룬다. 다른 사회과학이 각기 개별적 영역을 연구의 대상으로 삼는다면, 사회학은 이러한 다양한 영역이 서로 어떻게 관계를 맺으면서 하나의 전체적인 사회를 구성하는지, 또 그것들이 어떤 관계 속에서 변화하는지를 연구한다고 할 수 있다.

① 잉켈스(Inkels)에 따르면 사회학은 인간의 사회적 행동의 기본적인 규칙성을 의미하는 바의 사회적(사회현상들 사이의) 질서에 관한 연구이다. 사회학은 인간의 사회적 행위의 단위들을 규정하고 이들 단위들의 관계의 유형을 찾고자 노력한다.

② 소로킨(Sorokin)은 사회학을 'N+1'의 학문이라고 규정하였다. 이는 n개의 현상이 있을 경우 이 현상들을 설명하는 학문은 n개와 사회학 즉 n+1로서 구성된다는 개념으로서 여타 사회과학의 종합학문 또는 기초학문으로서의 사회학의 성격을 강조하는 표현이라 할 수 있다.

2. 사회학적 상상력

(1) 미국의 비판사회학자 밀스(C.W.Mills)는, 사람들이 자신의 일상적인 삶의 모습을 역사적 변동과 사회구조적·제도적 모순에 의해 규정하려는 생각을 잘 하려 하지 않는데, 이것은 인간과 사회, 개인의 일생과 역사, 자아와 세계 사이의 상호작용을 파악하는 정신적 자질을 갖추지 못했기 때문이라고 파악했다. 여기서 말하는 정신적 자질이 곧 '사회학적 상상력'이다. 밀스는 특히 '생활환경에 대한 개인문제'와 '사회구조에 관한 공적 문제'를 구별하는 것이 사회학적 상상력의 기본도구가 된다고 했다. 말하자면 일상적으로 개인문제라고 생각하는 것들이 사회구조적 변동과 연관되어 있다는 점을 인식하고 다양한 환경과 조건 속에서 이러한 연관성을 찾아가는 것이 바로 사회학적 상상력이라는 것이다. 개인들이 자신의 삶의 모습을 제대로 이해하려면, 자신의 삶과 연관된 거시적인 역사적 과정을 관계적·총체적으로 사고할 필요가 있는 것이다.

> *** 사회학적 상상력으로 바라본 축구** (미래엔)
> - 축구는 대중에게 국가주의와 민족주의를 고취하는 수단이 되어 왔다.
> - 축구 열기는 자본주의의 진전과 관련이 있다.
> - 축구는 아동 인권과 공정 무역에 대한 논쟁의 중심에 자리 잡고 있다.

(2) 영국의 사회학자 기든스(A. Giddens)는 밀스가 말한 사회학적 상상력의 작동 방식을 체계적으로 보여주기 위해 다음과 같은 3가지의 상상력 유형을 제시하였다.

① **역사적 상상력** : 현재 사회의 모습이 과거 역사적 유산 속에서 형성되었다는 점을 인식하면서, 과거와의 비교를 통해 현재 사회의 역사적 특성을 이해하려는 사고방식이다.

② **인류학적 상상력(비교사회학적 상상력)** : 각 나라와 지역의 삶의 모습의 차이를 비교해봄으로써, 특정 나라나 지역의 특성을 이해하려는 사고방식이다. 다양한 사회와 문화를 서로 비교해 보면 자신이 속한 나라의 사회문화적 특수성을 더욱 잘 이해할 수 있다.

③ **비판적 상상력** : 역사적 상상력과 인류학적 상상력은 현재 우리 사회의 모습이 결코 고정불변하거나 보편적인 것이 아니라는 점을 인식할 수 있도록 한다. 이러한 인식은 지금까지 당연시되고 정당화되어왔던 모든 질서와 가치, 규범을 상대화하고 의문시하는 '비판적 상상력'으로 이어져, 사회를 바라보는 기존의 눈을 바꾸면서 대안적인 미래를 사고할 수 있게 해준다.

📖 사회학적 상상력에 대한 밀스의 개념화 - 금성

사회학적 상상력은 미국의 사회학자 밀스(Mills, C. W.)가 정의한 개념으로서 그의 저서 제목이기도 하다. 사회학적 상상력이란 거대한 사회적 힘과 개인의 행위를 연관 지어 이해할 수 있는 능력을 의미한다.

밀스에 따르면, 현대인들은 자신의 사적인 삶이 일련의 올가미에 사로잡혀 있으며, 그들이 겪고 있는 문제들을 극복할 수 없다고 생각한다. 그런 생각이 일면 타당하기도 한데, 그 이유는 사적인 문제의 기저에는 거대한 사회 구조의 변화가 작용하고 있기 때문이다. 예컨대, 한 사회가 산업화하면 농부는 노동자가 되고, 경제 위기를 맞게 되면 실업자가 될 것이며, 전쟁이 나면 군인이 될 수도 있다. 이처럼 개인의 생애와 사회의 역사는 맞물려 있으므로 사회학적 상상력을 통해 개인은 자신이 경험하는 문제들을 역사적 변동과 사회 제도의 작동과 관련하여 파악할 수 있을 것이라고 본다.

사회학적 상상력에 대한 밀스의 개념화는 사회·문화 현상을 바라보는 거시적 관점과 밀접한 관련이 있다. 거시적 관점은 개인의 행위를 개인에 외재하는 사회 세력의 결과로 파악한다. 즉, 개인은 구조적 조건에 의해 구속된다고 본다. 비판 사회학자인 밀스는 거시적 관점 중에서 갈등론을 지지하였지만, 기능론을 통해서도 사회학적 상상력을 함양할 수 있다.

THEME 01 | 사회학의 성격과 사회학적 상상력

2006 임용

01 다음 ㉠에 들어갈 내용과 ㉡에 들어갈 사회학적 상상력의 유형을 쓰시오.

> 사회 현상을 연구하기 위해서는 사회학적 상상력이 요구된다. 사회학적 상상력에는 세 가지 형태가 있다. 역사적 상상력은 현재 우리의 모습이 과거의 유산 속에서 형성되었다는 점을 인식하고, 지난날의 생활 양식과 어떻게 다르며 어떠한 방식으로 변화해 왔는지를 파악하게 해준다. 인류학적 상상력은 (㉠).
>
> 역사적, 인류학적 상상력을 바탕으로 우리는 시공간적으로 '열린 사고'를 할 수 있다. 이런 열린 사고는 일정한 가치판단을 함축한다. 이 판단은 바로 (㉡) 상상력으로 인해 도출되는 것이다. 이 상상력은 사회를 바라보는 기존의 시각을 바꾸어 대안적인 미래를 제시하는 데 기여한다.

- ㉠ :
- ㉡ :

THEME 01 사회학의 성격과 사회학적 상상력

THEME 02 | 고전 사회학자 - 콩트, 스펜서, 마르크스

1. 콩트

(1) 실증철학과 사회학의 창시

① 콩트는 인간사회도 자연세계를 연구하듯이 자연과학적 방법에 의해 연구되어야 한다고 생각했다.
② '사회에 관한 과학'을 확립하려는 콩트의 관심은 '사회학'이라는 명칭의 창시로 이어졌는데, 처음에는 사회에 대한 새로운 과학을 '사회물리학'이라 불렀다.
③ 『실증철학강의』에서 그는 사회에 대한 과학적·실증적 연구 방법으로 관찰, 실험, 비교, 역사적 분석을 사용할 것을 주장했는데, 특히 사회학에서는 비교의 방법이 중요하다고 보았다.
④ 서로 다른 인간사회를 비교한다면, 진화의 상이한 단계들을 한눈에 관찰할 수 있고, 이런 맥락에서 사회에서 필요한 또 다른 연구방법은 '역사적 방법'이다.
⑤ 콩트는 이러한 실증적·과학적 연구를 통해 '사회 속에 숨어 있는 기본법칙'을 발견해냄으로써 미래를 예측하고 인간의 복리를 증진할 수 있다고 믿었다.

(2) 사회정학과 사회동학

① 콩트는 생물학에서 해부학과 생리학을 구분하듯이 사회학도 연구 분야를 '사회정학(social statics)'과 '사회동학(social dynamics)'으로 구분하는 것이 바람직하다고 보았다.
② **사회정학** : 사회질서와 안정을 탐구하는 분야, 사회의 정태적 연구, 기능적 분석
   ㄱ. 사회체계의 상이한 부분 간의 작용과 반작용의 법칙을 탐구하는 것
   ㄴ. "각 요소들을 전체 체계라는 측면에서 비추어서 관찰"하여 전체로서의 사회 체계 내에서 각 요소 간에 이루어지는 균형적인 상호관계를 연구한다.
   ㄷ. 사회를 생물유기체에 비유한 콩트의 사회 정학은 이후에 스펜서를 통해 기능주의 이론으로 발전했다.
   ㄹ. 콩트는 사회유기체가 생물유기체와 다르게 물리적 수단이 아니라 정신적 결합에 의해서만 서로 연결된다는 점을 강조했다.
   ㅁ. "사람들은 그들의 직업이 분화되어 있다는 사실 때문에 서로 결속한다. 그리고 사회유기체의 복잡성이 점점 증대되어가는 것도 바로 이러한 분화에 기인한다."
   → 뒤르켐의 분업 및 유기적 연대 이론에 영향을 미친다.
③ **사회동학**
   ㄱ. 콩트는 기능적 분석(사회정학)과 진화론적 분석(사회동학)이 서로 연결되어 있음을 강조했다. : "질서는 언제나 진보의 조건이고 진보는 질서의 필연적인 목적이 되어야 한다."
   ㄴ. 지식의 진보가 사회의 진보를 결정하는 중심적 요소이며, 인류의 지적·정신적 성장은 3가지 주요 단계를 거쳐왔다고 생각했다.

ㄷ. 인류 사회는 공상적인 정신이 지배하는 '신학적 단계'로부터 추상적인 정신이 지배하는 '형이상학적 단계'를 거쳐, 마침내 실증적 정신이 지배하는 '과학적 단계'로 진보해왔다고 보았는데, 이를 '정신적 진보의 3단계 법칙'이라 불렀다.

ㄹ. 실증적·경험적 과학으로서의 사회학의 출현은 바로 '과학적 단계'에 와서 가능하게 된다고 보았다.

ㅁ. 콩트는 인류 역사의 발전에서 지식과 정신의 발달을 중요시하면서도 정치적 지배 유형, 사회단위의 유형, 사회조직의 유형, 인간생활의 물질적 조건 등이 지적 발달 단계에 상응하여 연결되어 있음을 강조했다.

> **예** 신학적 단계 – 사제와 군인들이 지배적 집단이며 가족이 전형적 사회단위
> 형이상학적 단계 – 성직자와 법률가들이 중심 세력이며 국가가 중요 사회단위
> 과학적 단계 – 공업 경영자와 과학자들이 중심이며 인류 전체가 실질 사회단위

(3) 실증적 사회질서의 구축과 인류교

① 콩트는 실증적·과학적 단계의 사회를 가장 진보된 것으로 보면서, '인류교'를 창시하여 과학적 지식을 갖춘 성직자가 통치하는 이상사회를 건설하려고 했다.

② 이상사회의 목표는 "사랑을 원리로, 질서를 기초로, 진보를 목표로" 하는 실증적 질서를 구축하는 것이었고, 그는 자신을 과학적 지식에 의해 미래를 예측하는 지혜를 지닌 새로운 종교의 예언자라고 선언했다.

③ 콩트의 사회학은 현대 자본주의 공업사회를 가장 진보한 것으로 보면서 이 사회의 통합적 질서를 구축하려는 동기가 있었기 때문에, 오늘날의 관점에서 보수적인 성격을 띤다고 평가받기도 한다.

2. 스펜서

(1) 자유방임과 적자생존

① 스펜서는 영국의 초기 사회학자로서 콩트의 유기체론과 진화론의 영향을 받았으나 콩트와는 대조적인 사상을 보여주었다.

② 초기에 스펜서는 『사회정학』에서 개인주의적·공리주의적 입장을 표명했고, 자유방임과 적자생존(자연도태) 이론을 통해 진화의 자연법칙을 사회에도 적용하고자 했다.

③ 사회성과 연대성을 강조한 콩트와 달리 스펜서는 "인간 외부의 자연적 질서에 타당한 것이라면 인간들의 사회적 배열 속에 존재하는 자연적 질서에도 역시 타당하다."라고 주장했다. 즉, 자연에서의 적자생존 논리가 사회에도 그대로 적용되어야 한다고 생각했다.

④ 스미스와 유사하게, 국가는 모든 일을 계약을 맺거나 서로 합의를 보게 되는 개개인들의 자유로운 판단에 맡겨야 한다고 주장했다.

⑤ 맬서스의 견해에 동조해서, 적자생존의 원리가 사회적으로 유익한 진화의 매커니즘이며, 빈민법이나 사회복지의 형태로 정부가 간섭하면 정화(淨化) 또는 진화 과정이 중지, 무효화할 것이라고 주장했다.

⑥ 스펜서는 중간계급 지식인의 위치에서 영국의 번영은 공업활동을 하는 개인들의 검소와 근면의 덕분이라고 여겼다. 이런 점에서 스펜서의 사상과 이론은 당시 지배계급의 이데올로기적 대변자 역할을 했다 할 수 있다.

(2) 생물학적 유추와 초유기체론

① 스펜서는 적자생존 이론을 옹호하기 위해 사회를 개인들의 단순한 총합으로 보는 사회명목론·개인주의적 시각을 보여주고 있으면서도 사회의 작동을 설명하는 데에 '생물학적 유추'를 사용하려 했다.

② 스펜서는 초유기체로서의 사회유기체와 생물유기체 간의 유사성을 인식하면서도 또한 그 차이를 밝히고자 했다.

ㄱ. "동물의 각 부분은 구체적인 전체를 형성하는 반면에, 사회의 여러 부분은 추상적인 전체를 형성한다." 즉, 사회를 구성하는 개인들은 물리적으로 구속되어 있지 않고 다소 광범위하게 확산되어 있다.

ㄴ. 의식면에서 볼 때, 생물 유기체는 특정 부분(두뇌)에 집중되어 있지만, 사회유기체는 집합체의 부분들(개인들)에 확산되어 있다. 그래서 그는 "사회의 정신이란 존재하지 않으며, 따라서 각 단위와 분리된 집합체의 복지는 탐구의 목표가 될 수 없다."고 말했다.

③ 스펜서는 생물유기체와 달리 사회에서는 의식과 의지가 개인들로 환원될 수 있으며 집합적 정신을 소유한 사회체(social body)란 존재하지 않는다고 보았다. 그런데 이는 자신의 유기체론적 시각과 어긋난다. 개인들 간의 기능적 상호의존 체계는 개인들로 환원될 수 없기 때문이다.

(3) 사회 진화 : 분화와 통합

① 생물유기체와 마찬가지로 사회적 집합체도, 각 부분이 서로 유사하면서 상대적으로 미분화된 상태로부터 여러 부분들이 서로 이질적이면서 분화된 상태로 성장한다. 그리고 일단 각 부분이 서로 이질적이게 되면 이들은 상호의존하게 된다.

② 그러므로 분화가 진전되면 부분들 간의 상호의존성이 증가하며, 따라서 통합이 진전된다고 할 수 있다.

③ 동질성에서 이질성으로의 진화라는 사고는 이후 뒤르켐의 사회분업 이론에 영향을 미쳤다.

(4) 군사형 사회와 공업형 사회

① 스펜서는 한편으로는 구조적 복합성의 정도에 따라 사회의 진화 단계를 구분하면서도, 다른 한편으로는 사회 규제의 형태, 즉 그 엄격성과 범위에 따라 사회의 유형을 분류하고자 했다.

② 한 사회가 주변의 다른 사회들과 맺고 있는 관계가 군사적인지 평화적인지가 유형 분류의 중요한 기준이 된다.

ㄱ. 군사형 사회 : 주변과의 군사적 관계로 인해 정부의 중앙집권적 규제와 강제적 협동이 특징인 사회

ㄴ. 공업형 사회 : 주변과의 평화적 관계로 인해 상대적으로 약하고 분산된 규제체계가 나타나며, 개인과 사적 조직의 자율성과 자발적 협동이 특징인 사회

③ 두 유형의 분류는 진화의 단계와 일치하지 않으며, 두 사회는 진화적이라기보다는 순환적인 유형들일 뿐이다. 스펜서는 사회의 역사를 군사형 사회에서 공업형 사회로의 단선적 진화로 보지 않았다.

3. 마르크스

(1) 유물론적 역사해석과 사회주의

① 마르크스는 자신의 연구를 사회학이라는 명칭으로 부르지 않고, '유물론적 역사해석' 또는 '역사와 사회에 관한 과학'이라고 불렀고, 특히 자본주의를 분석한 기존의 정치경제학을 비판한 자신의 연구를 '정치경제학 비판'이라고 불렀다.

② 사실판단과 가치판단, 과학과 정치(규범)을 엄밀히 구분하고자 했던 베버와 달리, 마르크스는 당시 자본주의 사회의 모순적 상황을 극복하기 위한 실천적 관심을 이론적·과학적 탐구와 적극적으로 결합하고자 했다.

③ 그는 공산주의(사회주의)사회를 건설해야 한다고 주장했으며, '사회주의 인터내셔널' 등 사회주의 혁명을 위한 정치적·실천적 활동에도 적극적으로 참여했다.

(2) 유적 존재로서의 인간과 노동소외

① 『경제학·철학 수고』에서 그는 유적 존재로의 인간, 총체적 존재로서의 인간, 인간의 총체적 활동으로서의 노동이라는 관점에서, 사유재산제도의 발달에 따른 계급적 분열과 분업에 따른 노동소외와 인간소외를 비판했다.

② 그는 인간의 유적인 삶을 회복하기 위해, 피지배계급인 노동자들은 자본의 사적 소유를 폐지하고 계급 없는 사회를 건설하는 공산주의 혁명에 적극적으로 나서야 한다고 주장했다.

(3) 역사유물론과 토대—상부구조 이론

① 인간은 자신을 재생산하기 위해 물질적 생활을 지속적으로 재생산해야 하는데, 이러한 재생산은 기본적으로 사람들 간의 '물질적 교류관계' 속에서 이루어진다. 그런데 분업이 발달하고 생산력이 발달하면서 물질적 교류관계의 형태는 역사적으로 변화해왔다. 이 과정에서 지배와 권력관계가 생겨났고, 자본의 사적 소유에 기초한 계급사회가 형성되고 발전해왔다.

② 마르크스는 『공산당 선언』에서 "지금까지의 인류의 역사는 모두 계급투쟁의 역사"라고 주장했다. 이 계급투쟁 속에서 사회는 혁명적 변화를 겪으면서 원시 공산주의 사회, 고대 노예제 사회, 중세 봉건사회, 그리고 현대 자본주의 사회 등으로 이행해왔다는 것이다.

③ 마르크스는 『정치경제학 비판 서문』에서 계급투쟁의 역사를 물질적인 사회적 조건과 연관시켜 설명하고자 했다. 사회를 '경제적·물질적 토대'와 '정치적·이데올로기적 상부구조'로 구성된 '사회형성체'로 규정하면서, 토대가 상부구조의 형태를 규정한다고 보았다.

④ 토대는 일반적으로 생산양식을 의미하며, 물질적 '생산력'과 생산이 이루어지는 현실적 '생산관계'를 포함한다. 여기서 토대 또는 생산관계는 한 사회형성체의 성격을 규정하는 결정적 요인이며, 상부구조의 형태는 토대의 형태로부터 영향을 받는다고 할 수 있다.

THEME 03 | 고전 사회학자 - 뒤르켐, 베버

1. 뒤르켐

(1) 사회학주의와 사회통합

① 뒤르켐은 사회학의 연구 대상은 개인적 사실이 아니라 '사회적 사실(social facts)'라고 주장하면서 사회학 고유의 대상을 확정하고자 했는데, 이러한 방법론적 관점은 '사회학주의(sociologism)'이라 불린다. 그는 자신이 살던 사회의 특징을 분업이 발달한 공업사회로 규정하면서, 분업사회에서 어떻게 사회적 연대가 가능할 것인지를 고민했다.

② 주요 저서로는 『사회분업론』, 『자살론』, 『종교생활의 원초적 형태』등이 있다.

(2) 사회적 사실[1]과 실증적·경험적 방법론

① 뒤르켐은 사회학의 지적 관심이 '사회적 사실'을 연구하는 데 있다고 보면서, 사회적 사실은 단순히 개인적 사실을 모아놓은 것이 아닌 근본적으로 다른 성격을 지니고 있는 대상임을 강조한다.

② 사회적 사실은 개인과 무관할 뿐만 아니라 개인에 외재하면서 개인을 제약하는 객관적 실재이다. 법, 관습, 종교생활, 화폐체계와 같은 사회적 사실들은 개인의 심리로부터 발견될 수 없는 개인 외부의 실재이며, 개인적 사실들로 환원할 수 없다.

③ 그는 콩트의 '실증철학'이 너무 사변적이라고 생각하면서, 사회적 사실을 과학적·객관적으로 연구하기 위해, "사회적 사실을 사물로 취급하라"라는 원리를 내세웠다. 사회 현상도 자연현상이나 물질들처럼 객관적이고 엄밀하게 분석해야 한다는 것이다.

④ 사회적 사실들은 직접적으로 관찰하기 어렵기 때문에 사회적 사실의 외적 효과나 사회적 사실을 표현하고 있는 성문화된 법이나 규칙들을 관찰함으로써 연구할 수 있다고 보았다. 예를 들어 그는 『사회분업론』에서 사회적 사실로서의 '사회적 연대'의 역사적 형태를 파악하기 위해 지배적인 사회적 규제(억압적 제재와 배상적 규제)와 법률 형태(형법과 민법)를 연구했다.

⑤ 뒤르켐은 사회현상에 대한 완전한 설명을 위해서는 '원인 분석'과 '기능 분석'이 함께 이루어져야 한다고 보았다.

> **예 분업**
> - 원인 분석 : 인구 증가와 개인들 간의 상호작용의 증대에 따른 '동적 밀도' 또는 '도덕적 밀도'의 증가
> - 기능 분석 : 유기적 연대의 형성

⑥ 사회적 사실의 기능을 중요시하는 사고는 '기능주의' 이론의 발달에 영향을 미쳤다.

---

[1] 2023 임용 : 사회적 사실 (단답)

(3) 사회 분업과 유기적 연대

① 뒤르켐은 사회구조의 성격에 따라 형성되는 연대를 2가지로 구분하면서, 노동 분화 즉 분업이 미발달한 전통사회에서는 사회적 연대의 성격이 '기계적'인 반면, 분업이 발달한 현대사회에서는 '유기적'이라 보았다.

② 어떤 형태이든 개인들을 서로 묶어주는 연대의식을 통해 사회통합이 이루어지는데, 현대사회에서는 분업2)·3)이 사회적 연대 형성에 기초가 된다고 보았다.

③ 그는 과거에 공유된 믿음에 의해 사회를 통합시켰던 기계적 연대가 해체되면서, 분업에 따른 경제적 교환과 상호의존 관계가 유기적 연대를 형성하여 사회통합을 지속해나갈 것으로 보았다.

(4) 아노미와 사회통합

> 뒤르켐은 초기에 사회가 동질성에 바탕을 둔 '기계적 연대' 사회에서 '이질성'에 바탕을 둔 '유기적 연대' 사회로 발달해 갈 것으로 생각했지만4), 이질성이 증대하고 개인주의화가 심화되는 등 급속한 사회변동이 일어나면서 유기적 연대가 자연스럽게 형성될 것이라는 기대가 약화되었다. 급속한 사회변화 속에 전통적인 생활방식과 인간관계가 변화하고 이전의 도덕, 가치, 종교적 신념 등이 흔들리면서 개인들은 정신적 혼란에 빠져들었다. 그러면서도 이질적으로 개별화된 개인들을 통제하고 또 묶어줄 수 있는 새로운 대안적 도덕, 가치, 신념은 아직 분명하게 확립되지 않고 있었다. 그래서 뒤르켐은 현대사회에서 사회통합의 방안을 모색하였다.

① 뒤르켐은 급속한 사회변화 속에서 과거의 사회규범들이 해체되는 반면에 새로운 사회규범이 분명하게 형성되지 않은 시대에 개인들이 규범적 혼란을 겪고 있는 상태를 '아노미(anomie)'라고 불렀으며, 이것이 현대사회의 중심문제라고 생각했다.

② 아노미 상태에서 개인들은 어떤 규범에 따라 행동해야 할 것인지가 불분명하여 가치관의 혼란에 빠져들며, 이로 인해 일탈행동과 범죄 등 사회 병리현상과 무질서가 초래된다고 보았다.

③ 그리고 사회분업에서도 규범적 혼란으로 도덕적 규제가 약화되면서 강제적 분업과 아노미적 분업이 발생할 수 있다고 보았다.

④ 그래서 새로운 규범의 확립과 국가의 조정적 역할을 통해 아노미 문제를 해결하고 강제적 분업을 정상적 분업으로 전환시킬 수 있다고 생각했다.

(5) 직업집단과 도덕적 개인주의

① 뒤르켐은 아노미와 비정상적 분업의 문제를 해결하기 위해 국가가 직접적으로 개입하는 것은 바람직하지 않으며 개인들에게 결속감을 주기도 어렵다고 보았다.

---

2) 2017 임용 : 분업 (단답)
3) 2023 임용 : 분업 (단답)
4) 2023 임용 : 괄호 안의 ⓒ에 해당하는 내용을 "기계적 연대는 ~을/를 바탕으로, 유기적 연대는 ~을/를 바탕으로 사회 구성원 간 결속이 이루어지는 것이다."라는 문장 구조로 서술할 것.

② 그래서 개인과 국가를 매개 할 수 있는 중간집단으로 노동조합이나 직능단체와 같은 '직업집단' 또는 '조합집단'의 역할을 강조했다. 직업집단은 한편으로는 개인들에게 소속감을 주어 집합적 결속을 이루고, 다른 한편으로는 국가나 기업주들과 협상을 하는 대표로서 개인들의 욕구를 대변하게 된다.

③ 한편 뒤르켐은 직업집단과 같은 제도적 방안만으로는 연대감 형성에 한계가 있다고 하면서 새로운 규범, 즉 개인화된 현대사회에서 개인들을 규제하면서 통합시킬 수 있는 규범으로 '도덕적 개인주의'를 제시했다.

④ 도덕적 개인주의는 개인의 자율성과 권리를 중요시하면서도 타인에 대한 공감과 배려를 강조하는 대안적 사회규범이다.

⑤ 그는 교육을 통해 도덕적 개인주의를 확립하고 사회적으로 확산시켜 정상적인 사회질서를 회복하고 사회통합을 이룰 수 있기를 기대했다.

『사회분업론』 - 뒤르켐

1. 집합의식(collective conscience)

① "동일 사회의 일반 시민들이 공유하고 있는 신념과 감정의 총체는 그 자체로서 생명을 갖는 어떤 명확한 체계를 형성한다. 이를 우리는 집합의식 또는 공통의식이라 부를 수 있다 (…) 이러한 집합의식은 오직 의식들을 통해서만 인식될 수 있음에도 불구하고 어떤 특정적인 의식과는 전적으로 다른 것이다."

② 뒤르켐은 후기 저작에서 지나치게 광범위하고 무정형적인 개념인 집합의식보다는 '집합 표상'(collective representation)이라는 더 구체적인 개념을 선호하게 되었다.

③ 집합의식은 기계적 유대를 가진 사회보다는 유기적 유대를 가진 사회에서 그 중요성이 훨씬 덜 하다. 그 이유는 현대사회의 사람들은 공유되는 강력한 집합의식보다는 분업의 결과 발생하는 기능적 필요성에 의해 결합되는 경향이 크기 때문이다.

④ 기계적 유대로 특징지어지는 사회에서의 집합의식은 실질적으로 모든 사회와 모든 구성원을 포함한다. 구성원 사이에서 집합의식은 매우 강한 강도로 믿어지며 매우 엄격하고 그 내용은 성격상 매우 종교적이다. 그리고 그 대표적인 예는 집합의식을 위반했을 때 강압적인 규제가 가해지는 것으로 찾을 수 있다.

⑤ 이에 비해 유기적 유대를 가진 사회에서의 집합의식은 그 영역을 공유하는 사람들의 수가 훨씬 제한적이고 억압법이 보상법에 의해 대체되는 것에서 알 수 있듯 훨씬 약한 강도로 지지되고 있으며 그다지 엄격하지도 않다. 그리고 그 내용은 '도덕적 개인주의'라는 문구로 가장 잘 표현될 수 있다.

2. 분업의 비정상적 형태

① 뒤르켐은 분업의 비정상적 형태를 아노미적 분업, 강제적 분업, 부적절하게 조정된 분업이라는 세 가지 형태로 나누어 설명하고 있다.

② '사회분업론'을 쓸 당시 뒤르켐에게 있어 아노미란 개인의 행동을 규율하는 규범이 불충분하여 개인이 집합체에 소속되어 있다고 느끼지 못하는 상태를 의미했다.

③ 분업은 공공도덕의 약화를 완전하게 보충할 수는 없으며 아노미는 유기적 유대의 발생과 연계된 병리현상이라 할 수 있다.

④ 뒤르켐은 사람들의 능력의 차이에 따른 노동의 분화와 특권의 불평등은 타당하다고 보았다. 반면에 유기

적 사회에서 부가 상속되고 이러한 상속된 특권을 한 계급이 다른 계급을 억압하고 착취하는 데 사용하는 것은 비정상적이라고 보았다. '강제적 분업'이란 바로 이 같은 상황을 나타낸다.
⑤ 뒤르켐에 따르면, 업무의 특화가 충분한 조정을 거치지 않으면, 에너지가 낭비되고 개인들이 삶의 집합적 흐름 속에 통합되어 있다는 것을 별로 느끼지 못하는 상황을 초래한다. 이러한 조정의 부재는 또 다른 유형의 비정상적 형태이다.

2. 베버

(1) 문화과학과 합리화

① 베버는 사회현상을 자연과학적 방법으로 연구하려는 실증주의에 반대하면서, '문화과학(사회과학)' 연구는 개인행위의 동기나 의도에 대한 이해에 기초해야 한다고 주장했다.
② 또한 사회현상 연구를 위해서는 우선 연구자가 '이념형(ideal type)'이라는 분석적 개념을 구성해야 한다고 생각했다.
③ 베버는 역사적 변동이 경제적 요인과 더불어 다양한 문화적·정치적 요인의 복합적 영향을 통해 이루어진다고 보면서, 마르크스의 역사유물론을 비롯한 일부 견해에 대해 비판적 입장을 취했다.
④ 또한 사회에 대한 과학적·객관적 연구를 위해서는 가치판단을 배제해야 한다고 강조하면서, 사회과학적 인식에서 가치개입을 주장한 독일역사학파 경제학에 대해서도 비판하는 입장이었다.
⑤ 베버는 전통사회에서 현대사회로의 이행을 낳은 중요한 원동력이 '합리화'에 있다고 보면서, 자본주의 시장경제의 합리화, 지배와 조직의 합리화, 종교와 문화의 합리화 등 다양한 역사적 합리화 과정을 연구했다.

(2) 이해사회학과 해석적 설명

① 베버에 따르면 사회학의 주요 연구 대상은 '사회적 행위'이며, 이것은 인간들의 주관적인 동기와 의미 부여, 그리고 이에 대한 상호 이해와 해석을 통해 이루어진다. 이처럼 겉으로 잘 드러나지 않는 개인행위의 동기와 의미에 주목하는 접근은 '이해사회학'이라 불린다.
② 베버는 사회현상의 설명은 객관적인 인과관계를 파악하는 '인과적 설명'만으로 충분하지 않으며, 주관적인 동기나 의도를 파악하는 '해석적 이해'가 동시에 이루어져야 한다고 주장했다.

📖 사회과학 방법론 논쟁

베버는 당시 독일에서 이루어진 이론학파 경제학과 역사학파 경제학 간의 사회과학 방법론 논쟁에서, 필연적 보편적 법칙의 발견을 추구하는 이론학파의 태도와, 역사적 특수성을 강조하면서 특정한 가치나 정치적 의도를 개입시켜 경험적 사실을 인식하려고 한 역사학파의 태도를 모두 비판했다. 그는 사회과학이 보편적 법칙을 추구하는 것은 불가능하다고 생각하면서도, 연구를 위해 일반적 추상적 개념(이념형)을 구성할 필요가 있다고 인정했다. 그리고 역사적 특수성에 주목하면서도 가치개입이 없는 객관적 연구를 추구해야 한다고 생각했다.

(3) 가치자유와 가치관련

① 베버는 '사실판단'과 '가치판단'을 엄밀히 구분하면서, 사회과학자는 학문적 객관성을 위해 '가치자유' 혹은 '가치중립'의 자세를 견지해야 한다고 주장했다.

② 하지만 무엇이 의미있는 주제이며, 어떤 개념을 구성할 것인지는 객관적으로 주어지는 것이 아니며, 이런 점에서 학문적 목적의 가치판단, 즉 '가치관련'은 경험적·과학적 인식을 위한 불가피한 전제라고 보았다.

(4) 이념형[5]과 역사유물론 비판

① 베버는 사회학적 연구의 객관성을 위해 '이념형'을 구성할 필요가 있다고 생각했다. 이념형은 사회적 행위나 사회현상들을 비교·연구하기 위해 구체적 현상을 구성하고 있는 다양한 내용 중 세세한 것은 무시하고 특징적인 측면만을 부각한 순수 형식이자 '분석적 구성물'이다.

② 그는 개념적 수단으로서의 이념형은 개별적 현실과 거리가 있을 뿐 아니라 이상적 가치와도 구별되어야 한다는 점을 강조했으며, 이러한 이념형 간의 관계를 인과적 가설로 설정하여 경험적으로 연구함으로써 사회과학적으로 적합한 설명이 가능하다고 보았다.

③ 베버는 역사 발전 또한 이념형으로 설정할 수 있다고 보았는데 이때의 이념형적 구성은 현실 역사와는 별개의 것이며 양자를 혼동해서는 안 된다고 강조했다. 이런 맥락에서 베버는 "모든 특수한 마르크스주의적 '법칙'과 역사 발전 모형은 이념형적 성격을 띠고 있다"고 말했다.

④ 그는 마르크스의 역사유물론이 경제적 요인의 중요성을 지나치게 강조하고 있다고 비판하면서, 역사유물론을 역사적 인과관계를 설명하기 위해 구성된 이념형 또는 규제적 원리(regulative principle)로 이해해야 한다고 주장했다.

(5) 프로테스탄트 윤리와 자본주의 정신

① 베버는 역사유물론적 관점의 한계를 밝히기 위해, 『프로테스탄트 윤리와 자본주의 정신』을 통해 역사적 변동에서 종교나 문화의 중요성을 보여주고자 했다.

② 그는 프로테스탄트 윤리, 특히 칼뱅주의 교리에 따라 직업에 대한 소명의식을 가지면서 근면과 금욕에 힘쓰는 종교적 생활태도와 노동윤리가 유럽의 현대 자본주의 발전에 크게 기여했다는 점을 입증했다.

③ 그는 종교의 세속화 과정에서 이러한 '프로테스탄트 종교윤리'와, 합리적으로 이윤을 추구하고 자본을 축적하려는 '자본주의 정신' 사이에 '선택적 친화성'이 있어서, 프로테스탄트 종교윤리가 자본주의 정신의 발전에 긍정적인 영향을 미침에 따라 유럽 자본주의의 급속한 발전이 가능했다고 보았다.

④ 이러한 결론은 이후 중국, 인도 등에서 유교, 불교, 힌두교 등의 종교윤리와 시장경제 간의 관계에 관한 비교연구를 통해 더욱 강화되었다.

---

5) 2014 임용, 2024 임용 : 이념형 (단답)

(6) 합리화[6] 과정으로서의 역사

① 베버는 전근대사회에서 현대사회로의 이행을 '합리화' 또는 '탈주술화'가 진행되어온 과정으로 이해하면서, 다양한 사회영역과 사회관계에서 이루어진 합리화 과정을 탐구했다.

② 베버는 합리화 과정을 단선적 진화의 과정이 아닌 전반적인 역사적 경향으로 이해했다.

③ 지배의 합리화가 이루어진 역사적 과정은 대체로 '카리스마적 지배'에서 '전통적 지배', 그리고 현대사회의 '법적·합리적 지배'로 변천해왔으며, 특히 현대국가의 합법적 지배는 합리화된 조직인 '관료제'[7]의 발달을 낳았다고 보았다.

④ 한편 자본주의 시장경제는 화폐경제와 '가계와 직장의 분리'에 기초하여 합리적 계산 가능성이 형성됨으로써 생산의 효율적 발전이 이루어졌으며, 종교에서도 탈주술화를 통해 '다신교'에서 '일신교'로의 변화가 일어났다. 또, 음악에서도 화성법과 기보법이 발달하고 음이 표준화되는 등 문화영역에서도 합리화가 이루어져 왔다.

(7) 합리화의 역설

① 베버는 합리성을 목적 달성을 위해 합리적 수단을 추구하는 '형식합리성'과 목적 자체를 추구하는 '실질합리성'으로 구분했다. 그리고 현대사회에서 합리화 과정이 형식합리성의 추구로 나아가면서 실질합리성이 훼손될 수 있다고 보았다.

② 그는 관료제의 발달이 인간을 수단화하여 '철창(Iron Cage)'에 가둠으로써 인간소외를 가져올 수 있으며, 나아가 시민 참여를 통한 민주주의의 발달에 부정적인 결과를 낳을 수 있다고 보았다. 이것은 합리화의 과정이 비합리적 결과를 낳을 수 있다는 합리화의 역설을 보여주는 것이다.

---

6) 2015 임용 : 합리화 (단답)
7) 2018 임용 : 관료제 (단답)

THEME 03 | 고전 사회학자 - 뒤르켐, 베버

2011 임용

01 다음 글에서 (A)학자의 주장으로 옳은 것을 <보기>에서 고른 것은?

> 사회이론가들은 사회변동이 일어나는 원인과 과정, 그리고 그 형태에 대한 논리적인 분석을 하려는 공통의 연구목적을 갖고 있다. 이른바 사회에 관한 과학적 분석이 그것이다. 그리고 이들은 미래사회는 어떠한 사회가 될 것이라는 전망을 제시하기도 한다. 이러한 의미에서 사회이론가들의 사회변동론은 진보성을 지닌 일종의 목적론적 경향을 지니고 있다. 이러한 연구 의도 및 사회변동의 목적론적 경향은 (A)의 이론에서도 잘 나타난다. (A)에 따르면, 사회변동을 추동하는 가장 근본적인 힘은 당대 사회에 가장 영향력이 크고 지배적인 사고 및 문화 체계들의 진전과정이다. 또한 (A)는 사회구조 뿐만 아니라 도덕, 예법, 관습들도 전통적인 과학이 사물이나 현상을 탐구하는 방법과 동일하게 연구될 수 있다고 보았다. 여기서 (A)가 말하는 과학은 자연과학을 의미한다. (A)는 자연과학적 방법을 원용하여 사회에 대한 과학적인 이론이 정립되면 경험세계 사건들을 개선하는데 매우 유용하게 활용될 수 있을 것으로 전망하였다.

< 보 기 >

ㄱ. A의 사회이론을 사회행태주의라 부른다.
ㄴ. A는 '사회적 사실'의 영향력들에 대해 많은 관심을 가졌다.
ㄷ. A에 의하면 사회발전의 과정은 '주술로부터의 해방과정'이다.
ㄹ. A는 사회발전과정을 분석하기 위해 비교의 방법을 사용하였다.

① ㄱ, ㄴ　　　　② ㄱ, ㄷ　　　　③ ㄴ, ㄷ
④ ㄴ, ㄹ　　　　⑤ ㄷ,

✓ 2012 임용

02 다음은 한 고전 사회학자에 관한 글이다. 이 고전 사회학자의 입장에 부합하는 것만을 <보기>에서 있는 대로 고른 것은?

> 그가 사용하는 사회학적 방법은 사회 현상이 사물로서, 즉 개인에 외재하는 실체로서 연구되어야 한다는 기본 원리에 근거하고 있다. … (중략) … 그는 사회 분업이 심화됨에 따라 사회를 결합하는 방식이 기계적 연대에서 유기적 연대로 변화하면서 현대 사회의 여러 문제가 발생한다고 보았다. 즉 사회의 규제 정도와 통합 정도가 각각 약해지면서 높은 자살률과 같은 사회 병리 현상이 나타난다는 것이다. 사회 병리를 치유하기 위해 그는 유기적 연대에 적합한 집합 의식의 필요성을 인식했다. 그리고 이러한 집합 의식의 사회적 기원과 기능을 확인하기 위해 원시적 종교를 연구했다.

< 보 기 >

ㄱ. 사회 현상의 원인은 사회적 사실에서 찾아야 한다.
ㄴ. 동질성을 강조하는 집합주의가 유기적 연대의 기초다.
ㄷ. 개인의 의식은 사회 현상에서 종속 변수의 위치를 차지한다.
ㄹ. 공연장에서 인기 연예인에 대한 열광은 일종의 집합 의식이다.

① ㄱ, ㄷ　　② ㄴ, ㄷ　　③ ㄴ, ㄹ
④ ㄱ, ㄴ, ㄹ　　⑤ ㄱ, ㄷ, ㄹ

✓ 2013 임용

03 다음 사회이론을 제시한 학자의 입장에 대한 설명으로 옳은 것만을 <보기>에서 있는 대로 고른 것은?

> 현대사회에서 노동 분화 문제를 설명하려면 사회 구성원들의 수와 그들 간 상호작용 양을 의미하는 동적 밀도(dynamic density)의 증가뿐만 아니라 새로운 형태의 연대(solidarity) 형성을 분석해야 한다. 개인들을 통제하고 묶어줄 제도와 규범이 확립되어 있는지도 살펴보아야 한다. 새로운 제도와 규범이 필요하다고 해도 국가가 직접적으로 개입하는 것은 바람직하지 않고 개인들에게 결속감을 주기도 어렵다. 그래서 개인과 국가를 매개할 수 있는 노동조합이나 직능 단체와 같은 직업 집단이 필요하다. 개인화된 현대사회의 경우 이것만으로는 한계가 있고 대안적 규범으로 도덕적 개인주의가 필요하다.

< 보 기 >

ㄱ. 근대적 분업화와 개인화가 사회 결속 강화에 미치는 영향을 분석한다.
ㄴ. 사회의 지배적 규제나 법률에 대한 분석을 통해 사회적 연대의 역사적 형태를 파악한다.
ㄷ. 사회의 정치적 지배 유형, 사회 단위의 유형, 사회 조직의 유형 등과 지식 발달과의 연계 양상을 분석한다.
ㄹ. 사회 현상을 정교하게 설명하기 위해서는 사회 현상에 대한 원인 분석과 기능 분석이 함께 이루어져야 한다.

① ㄱ, ㄴ ② ㄴ, ㄷ ③ ㄷ, ㄹ
④ ㄱ, ㄴ, ㄹ ⑤ ㄱ, ㄷ, ㄹ

✓ 2014 임용

04 다음은 어느 사회학자의 주장을 재구성한 것이다. (　) 안에 들어갈 사회학적 개념을 쓰시오. [2점]

> (　)은/는 해당 주제에 관련된 개별 현상들을 하나의 일관된 사유상(象)으로 종합함으로써 얻어진다. 이것은 검증 가능한 가설도, 구체적으로 존재하는 현상에 대한 기술도, 현상들의 통계적인 평균치도 아닌 순수한 개념적 구성물이다. 경험 과학에서 이것이 가지는 의미는 실재와의 비교를 통하여 복잡하고 다양한 경험적 실재들의 다양성이나 유사성을 정립하는 것에 도움을 준다는 데 있다. 그러므로 이것은 실재의 이해를 위한 발견적 장치이며 본질적으로 측정 도구라고 할 수 있다. 순수하게 관념적이라는 의미에서 유토피아라는 표현도 가능하지만, 그렇다고 모범적이거나 당위적인 상태임을 의미하지는 않는다.

THEME 03 고전 사회학자 – 뒤르켐, 베버

✓ 2015 임용

05 다음 ( ) 안에 들어갈 사회학적 개념을 쓰시오.

> 근대 사회의 성격, 그리고 서구적 삶의 양식이 세계적으로 확산된 이유에 대한 베버(M. Weber)의 견해는 마르크스(K. Marx)의 견해와 매우 대조된다. 자본주의를 규정하는 특징을 계급 갈등으로 파악한 마르크스와 달리, 베버는 이를 과학과 관료제라는 거대한 조직체의 출현으로 파악하였다. 베버는 과학적 특징을 서구 사회의 가장 두드러진 특징으로 보았으며, 관료제는 대규모 조직의 효율적 운영을 가능하게 하는 유일한 방법으로 경제적, 정치적 성장과 더불어 확장될 것이라고 예상했다. 베버는 과학, 근대 기술과 관료제의 발달을 통틀어 (   )(이)라고 지칭했다. 이것은 기술적 지식의 기반 위에서 효율성의 원칙에 따르는 사회적, 경제적 삶의 조직화를 의미한다.

✓ 2017 임용

06 다음 글에서 ⊙과 ⓒ에 들어갈 적절한 개념을 쓰시오. [2점]

> • A는 사회학 발전에 기여한 초기 사회학자이다. A는 심리학과 철학으로부터 사회학의 영역을 분리해 내기 위해, 사회가 개인의 외부에 존재하며 개인에게 강압적인 성격을 가지는 것으로 개념화하였다.
> • A가 관찰한 바에 의하면, 전통 사회에서는 사회 대부분의 구성원들이 유사한 직종에 종사하며, 공통의 경험과 믿음을 바탕으로 서로 결속되어 있었다. 그러나 산업화와 도시의 확장으로 (⊙)의 증가가 나타났다. 이에 따라 새로운 종류의 사회 통합 원리가 등장하였는데, A는 이를 (ⓒ)(이)라고 개념화하였다. (⊙)이/가 증가함에 따라 다른 직업을 가진 사람들 사이에서 서로 공급하는 재화와 용역에 대한 의존성이 높아지게 된 것이다.

• ⊙ : _____

• ⓒ : _____

✓ 2018 임용

07 다음 글을 읽고, 밑줄 친 이것이 무엇인지 쓰시오. [2점]

> 베버(M. Weber)는 현대 사회가 합리화 과정을 통해 발전해 왔지만, 합리화의 역설로 비관적인 결과가 나타날 수 있음을 우려했다. 그는 삶의 모든 영역에서 근대적인 이것의 확산이 인간을 수단화하여 빠져나올 수 없는 '철창'에 가둘 것이라고 두려워했다. 형식 합리성의 가장 전형적 형태인 이것에 기초한 지배는 비록 합리적 원칙에 입각하더라도 사회적 삶의 모든 부분을 규제하려 함으로써 인간 정신을 말살할 수 있다. 그는 특히 이것이 인간 소외를 가져올 수 있고, 나아가 민주주의의 운명에 부정적인 결과를 낳을 수 있음을 통감하였다.

08 다음 글을 읽고 <작성 방법>에 따라 서술하시오. [4점]

> 사회학자 뒤르켐(E. Durkheim)은 (㉠)이/가 사회학의 연구 대상이며, 단순히 개인적인 사실을 모아 놓은 것이 아니라 근본적으로 다른 성격을 지닌 것이라고 주장하였다. 그에 따르면, (㉠)은/는 개인에게 영향을 미치는 외재적 실재이다. 예컨대, 규범이나 법, 관습, 종교, 제도와 같은 것은 그 사회의 성격을 보여 주면서 개인에게 강력한 영향력을 행사하지만 개인적인 차원으로 환원하여 설명할 수 없다는 것이다.
>
> 이러한 관점에서 뒤르켐은 '(㉡)', '자살'과 같은 사회 현상에 주목하고 관련 저서를 발표하였다. 그는 (㉡)이/가 발달한 산업 사회에서는 사회 구성원 간 유기적 연대가 주로 나타나고, 전통 사회에서는 기계적 연대가 주로 나타난다고 주장하였다. 또한 기계적 연대와 유기적 연대의 차이에 대하여 (㉢)라고 설명하였다.

―――――<작성 방법>―――――

○ 괄호 안의 ㉠, ㉡에 해당하는 용어를 순서대로 쓸 것.
○ 괄호 안의 ㉢에 해당하는 내용을 "기계적 연대는 ~을/를 바탕으로, 유기적 연대는 ~을/를 바탕으로 사회 구성원 간 결속이 이루어지는 것이다."라는 문장 구조로 서술할 것.

THEME 04 | 사회 문화 현상을 바라보는 관점 - 기능론적 관점

사회학의 이론은 크게 거시적 구조를 중시하는 이론과 미시적 과정을 중시하는 이론으로 나누어 볼 수 있다. 거시적 구조를 중시하는 이론으로 대표적인 것은 기능론과 갈등론, 미시적 과정을 중시하는 대표적 이론으로는 상징적 상호작용론, 교환이론 등을 꼽을 수 있다.

1. 기능론

(1) **발전 과정** : 고전적 사회학자들이라 할 수 있는 꽁트(A.Comte)와 스펜서(H. Spenser), 뒤르켐(E.Durkheim)의 유기체론은 초기 기능주의 인류학자들 즉 말리노프스키(B. Malinowski), 래드클리프-브라운(R. Radcliffe-Brown)에게 뚜렷이 영향을 미쳤고, 이들 인류학자들은 다시 현대적인 기능주의 시각을 형성하는데 도움을 주었다. 그리고 이러한 기능주의가 사회학의 대표적 이론의 하나로 자리매김하게 된 것은 파슨스(T. Parsons)와 그의 제자들에 의해 형성된 구조기능주의(structural functionalism)가 대두하면서부터이다.

(2) **기본 전제** : 사회에는 사회의 존속을 위해 수행되어야 하는 기능들이 있고, 그것들은 구조들을 통하여 이루어진다.

(3) **핵심 명제**
   ① 사회를 이루는 모든 구성요소는 사회체계의 유지, 존속에 기능적이다.
   ② 사회는 구성원들 간의 폭넓은 가치 합의에 근거하고 있다. (합의론)
   ③ 사회의 부분 요소들은 조화와 상호의존 상태를 이루고 있다.
   ④ 사회는 언제나 스스로 균형과 조화를 이루려는 경향, 즉 항상성(homoeostasis)을 가진다. (균형론)

(4) **기능론의 장점 및 한계**
   ① 사회 질서와 조화를 설명하는 데 유용하다. (미래엔)
   ② 사회 안정과 합의를 지나치게 강조한 나머지 혁명과 같은 급진적인 사회 변동을 제대로 설명하기 어렵고, 기존 질서나 기득권을 유지하려는 집단의 논리로 이용될 수 있다는 비판을 받기도 한다. (비상교육)

THEME 04 사회 문화 현상을 바라보는 관점 −기능론적 관점

> ### 📖 기능론적 관점
>
> 　기능론은 사회를 하나의 유기적 통합 체계로 보고, 사회를 이루는 사회 제도나 집단 등이 상호 연관성을 갖고 일정한 기능을 수행하면서 사회가 유지된다고 보는 관점이다. 기능론은 사회를 이루는 구성 요소들이 서로 조화와 균형을 이루며, 개인도 사회 질서를 위하여 사회 속의 한 부분으로서 기능을 담당한다고 본다.
> 　기능론에서는 구성원 간의 합의된 가치와 규범을 중요하게 여긴다. 그러한 가치나 규범을 지키지 않는 행위는 사회 질서를 깨뜨리는 위험한 행위로 간주한다. 또 사회문제나 갈등은 각 구성 요소가 주어진 역할을 제대로 수행하지 못했기 때문에 발생한다고 본다. 기능론에서는 문제가 되는 부분이 원래의 기능을 회복하면 사회는 다시 안정을 이룬다고 본다.
> 　기능론은 사회 질서와 통합이 나타나는 사회·문화 현상을 설명하기에 적합하다. 반면에 사회 갈등이나 변동의 중요성을 간과하며, 혁명과 같은 사회 변동을 설명하기 어렵다는 한계가 있다.
> [천재]

2. 사회문제론 – 기능론

(1) 사회 문제의 발생 원인

　기능주의적 관점에서 볼 때, 사회 문제는 사회 질서를 해치는 긴장이나 갈등 상황이라 할 수 있다. 따라서 사회 문제는 사회 질서를 유지시키는 다양한 기능적 요건들이 충족되지 않았을 때 발생하는 것이다. 예컨대,

① 개별 사회적 구성 요소 – 역할, 조직, 제도 혹은 문화든지 간에 – 가 주어진 기능을 적절히 수행하지 못하거나,

② 단위간 상호작용이 기능적으로 유기적이지 못하거나,

③ 가치와 규범의 사회적 공유도가 낮거나,

④ 사회화가 실패할 경우이다.

기능주의는 위의 4가지 원인 중의 하나 혹은 그 이상의 조합에 의해 사회 문제가 발생한다고 전제한다.

(2) 기능론적 관점에서 파생된 사회 문제의 하위이론

① 아노미적 접근

　– 뒤르켐의 아노미론 → 시카고 학파의 사회해체론

　– 머튼의 아노미론

② **사회 병리론** : 사회적으로 승인된 가치와 규범을 가정이나 학교 혹은 직장에서 내면화하지 못했거나 혹은 잘못된 가치를 학습함으로써 주어진 역할을 적절히 수행하지 못하면서 발생하는 사회 문제를 다룬다.

③ **사회 통제론** : 사회병리론과 달리 지배적 가치와 규범을 내면화하긴 하였으나, 그것이 도덕적 명령에 의한 내적 통제력으로서 약화되거나 중화되는 측면을 중요하게 고려한다.

①과 같은 사회문제에 대한 아노미적 접근이 주로 거시적이며 구조적 관점에서 이루어진 것이라면, ②, ③과 같은 기능주의의 또 다른 하위이론들은 보다 미시적 차원에서 사회화의 실패에서 비롯된 아노미에 주목한다. 이와 같이 기능주의적 관점에서 사회 문제 이론은 명시적으로 혹은 암묵적으로 아노미 개념을 공유하고 있으며, 따라서 다양한 형태의 아노미적 현상에 주로 적용해왔다.

(3) **사회 문제의 해결방안** : 기능론은 사회문제에 대한 대책으로 역시 아노미를 치유하기 위하여 지배문화에 적응할 수 있도록 교육을 강화한다든지, 제도적 차원에서 소외 계층을 위한 다양한 복지정책을 모색한다. 혹은 좀 더 포용적인 시각에서 하위문화를 인정하고 지배문화와의 평화로운 공존을 위해 '가치 일반화'를 추구한다.

> 대표적인 기능주의 학자인 파슨스의 이론에서 사회문제가 발생한 상황은 예외적이고 일시적인 것으로 이해된다. 왜냐하면 체계는 항상 항상성과 균형의 경향을 가지기 때문이다. 인간의 체온이 일정한 상태로 유지되는 것과 같이, 예를 들어 감기로 인한 일시적인 고열상태는 곧 극복되고 다시 36.5도라는 균형의 상태로 돌아갈 것이기 때문이다. 이러한 생물유기체의 예와 유사하게 사회도 혁명적이고 무질서한 상황은 매우 예외적인 상황으로 이해되며, 이러한 상황은 곧 안정되고 질서있는 상황으로 자동적으로 되돌아가게 된다.

3. 파슨스(T. Parsons)의 구조기능주의

합의론적 관점의 대표적인 이론가인 미국의 사회학자 파슨스의 이론은 사회 행위이론(action theory)과 사회체계이론(system theory)으로 구성되어 있다. 사회 행위이론에서는 자의적(自意的)인 (voluntaristic) 개개인의 행위가 어떻게 사회체계 전반을 설명해 줄 수 있는가 하는 문제를 논한다. 즉 모든 사회현상은 행위자의 자유로운 주관적 의사나 의지에 의하여 선택한 행위에 영향을 받는다고 본다.

사회 행위가 일어나기 위해서는 첫째, 행위하는 개인, 즉 행위자가 있어야 하고, 둘째, 행위를 하는 시간적·공간적 상황이 필요하고, 셋째, 주어진 상황에서 행위자가 특정 행위를 선택하게 하는 행위자의 지향(指向)이 있어야 한다. 행위자·상황·지향성 이 세 가지가 사회 행위의 기본요소이다. 구체적인 상황에 직면했을 때 행위자는 선택할 수 있는 여러 가지 행동유형 중에서 그때 그때의 상황에 적합한 행동유형 한 가지를 자의적으로 선택해서 행동한다고 본다. 이것이 바로 사회행동의 유형변수(類型變數, pattern variables)이다.

> ※ **Parsons의 사회행동의 유형변수**
> 1. 감정적 – 감정 중립성(affectivity–affective neutrality)
> 2. 확산적 – 제한적(diffuseness–specificity)
> 3. 특수적 – 보편적(particularism–universalism)
> 4. 귀속적 – 성취적(ascription–achievement)
> 5. 집합체 지향적 – 자기 지향적(collective orientation–self orientation)

구체적인 사회 상황에서 개인이 행동할 때 각 개인은 주어진 특수한 상황에 가장 적합한 행동을 할 것이며, 그것을 크게 유형화하면 위의 10가지 유형으로 나타난다는 것이다. 물론 위의 서로 대립적인 행동유형이 절대적인 차원이 아니라 상대적이기 때문에 정도의 차이가 있는 것이므로 10가지 유형이 아닌 그보다 훨씬 많은 유형으로 나타날 것이다. 위의 분류는 개념화를 위한 것이라고 이해하면 될 것이다.

사회체계이론에서는 사회체계가 어떻게 조직되어 있고 기능을 발휘하는가를 살펴봄으로써 개인 수준에서의 사회 행위가 설명된다고 본다. 즉 사회체계 전반의 기능이 어떻게 개개인의 행위를 설명해 주는가를 논한다. 이러한 관점에서 파슨스는 사회학의 연구대상을 사회체계라고 한다. 그가 말하는 사회체계란 "복수 행위자의 상호의존적인 행위들이 만들어 내는 하나의 통일적인 전체이다."

사회행위가 일어나려면 최소한 두 사람의 개인, 즉 복수 행위자가 필요하다(자아와 타자). 사회 행위의 주체가 되는 이들 복수 행위자들은 각각 자기의 욕구를 가지고 있고 그것을 충족시키기 위하여 타자와 사회 행위를 할 것이다. 이들의 상호작용 과정에서 자아와 타자의 욕구가 기대한 것만큼 충족되면 이들의 관계는 상호의존적인 협동관계를 이루게 된다. 이렇게 상호작용 과정이 효율적이고 상호협동적인 관계가 되기 위해서는 행위하는 자아와 타자 모두 상대가 자신에게 기대하는 만큼의 역할을 충실히 수행해야 한다. 동시에 상대, 즉 타자에 대한 기대도 어떤 기준 내에서 기대되어져야 한다.

이와 같이 자신에게 기대되는 역할을 충실히 수행하고 동시에 타자에게 적정 수준에 맞는 역할을 기대하고 요구하기 위해서는 자아와 타자 사이에 일정한 가치기준이 공유되어야 한다. 이렇게 상호작용하는 행위자들이 공유하는 가치기준, 즉 합의의 기준이 바로 사회체계의 기초가 된다고 보는 이론이다. 그러므로 사회 체계[8]는 복수 행위자의 상호의존적인 행위들이 만들어 내는 하나의 통일적인 전체인 것이다. 사회성원들이 공유하는 가치기준은 제도화되고 나아가 사회구조로 결정(結晶)된다.

파슨스는 사회체계의 균형을 강조한다. 그런데 체계가 균형을 유지하고 존속되기 위해서는 반드시 수행해야 할 기능이 있다고 본다. 체계이론에서 파슨스는 사회체계가 존속하기 위해서 반드시 충족되지 않으면 안 되는 절대 필수적인 기능[9]이 무엇인가를 해명하려고 했다. 그것이 바로 사회체계 유지의 기능적 요건이다.

---

8) 2020 임용 : 사회 체계 (단답)
9) 2020 임용 : 사회가 존속하려면 반드시 충족되어야 할 필수적 기능들 중 법이 하는 기능을 제시할 것.

> ※ 사회체계 유지의 기능적 요건(AGIL)
> 1. 적응의 기능(A = adaptation)
> 2. 목적 달성의 기능(G = goal attainment)
> 3. 통합의 기능(I = integration)
> 4. 잠재적 유형유지와 긴장관리 기능(L = latent pattern variables and management)

1. **적응의 기능** : 사회체계는 변하는 외부환경에 대해 적응할 수 있어야 한다. 사회에서는 경제제도가 이 적응의 기능을 수행한다.
2. **목적 달성의 기능** : 체계가 계속 존속하기 위해서는 체계가 존재하는 목적을 달성해야 한다. 이 기능을 사회에서는 정치제도가 담당한다.
3. **통합의 기능** : 체계는 여러 부분들로 구성되어 있기 때문에 체계 내의 각 단위들을 조정하고 통합하는 기능이 필요하다. 사회에서는 법, 관습 등이 이 기능을 수행한다.
4. **잠재적 유형유지와 긴장관리 기능** : 체계의 유형 유지와 체계 내에서 일어나는 긴장을 처리할 수 있어야 한다. 사회에서 일어나는 긴장은 문화·오락·종교 등이 완화시키는 기능을 수행 하고, 체계의 유형유지를 위해서는 특히 교육·문화·종교가 그 기능을 담당한다.

전체 사회체계의 각각의 기능을 담당하는 사회제도는 하위체계에 해당된다. 이상과 같이 사회체계이론과 합의 론은 사회성원들의 합의, 즉 동의에 근거해서 사회는 질서지워진다고 본다. 그러므로 기존 사회질서를 지키지 않는 행위는 다수의 사회성원들에 의해서 약속된 약속을 파기하는 행위이므로 사회의 제재를 받아야 마땅하다고 본다.

4. 머튼(R. Merton)

(1) 머튼은 파슨스의 이론이 너무 추상적이며 갈등을 낳는 요인들을 적절하게 다루지 못한다고 보면서 '중범위이론'(middle range theory)[10]을 내세웠다. 그는 '기능'과 '역기능'을 구분하고, 또한 '잠재적 기능'과 '명시적 기능'을 구분함으로써 기능주의적 분석을 더욱 구체화 세련화하고자 했다.

(2) **기능 분류**[11]

① 기능(function) : 사회제도, 사회현상의 결과가 체계유지 존속에 긍정적인 경우
② 역기능(dysfunction) : 사회제도, 사회현상의 결과가 체계유지 존속에 부정적인 경우
③ 명시적 기능(manifest function) : 사회성원들에 의해 의도되고 인식된 기능, 즉 주어진 제도 또는 행위를 통해 행위 당사자들이 달성하고자 하는 목적
④ 잠재적 기능(latent function) : 사회성원들에 의해 의도되지도 인식되지도 않은 기능, 즉 행위자들의 의도와 다르게 제도, 행위를 통해서 실제로 거두게 된 객관적인 결과들

---

10) 2019 임용 : 중범위 이론(단답)의 용어를 제시하고, 중범위 이론이 필요한 이유를 설명할 것.
11) 2022 임용 : 명시적 기능 (단답), 잠재적 기능(단답)

호피 인디언 사회를 연구한 어느 학자는 그들의 기우제 춤을 관찰하고 다음과 같이 설명하고 있다. "호피 인디언들은 '기우제 춤이 비를 내리게 한다'고 믿는다. 바로 이 믿음으로 인해 그들은 그 의례에 적극적으로 참여한다. 뿐만 아니라 이런 과정을 통해 기우제 춤은 그들의 사회적 응집력을 높인다."

머튼의 중범위이론 : 관료제와 퍼스낼리티 - 『현대사회학 이론 - 패러다임적 구조와 전환』

머튼(Robert Merton)은 「사회이론과 사회구조」에서 기존의 기능주의 분석을 세련화시킨 중범위이론(theories of the middle range)을 제창했다. 그는 사회를 기능적으로 단일한 것으로 가정한 기존의 기능주의가 경험적 질문을 간과한 결점을 지녔다고 비판하며, '역기능(dysfunction)'과 '잠재적 기능(latent function)'을 제시했다.

그는 두 개념을 통해 '의도하지 않은 결과(unintended consequence)'를 파악할 수 있다고 보았다. 머튼에게 역기능이란 '체제의 적응을 감소시키는 관찰된 결과'로 정의된다. 또한 머튼은 어떤 것이 사회에 기능적이다, 역기능적이다라고 하는 것은 과잉 단순화시킨 것으로 주장하는데, 이는 어떤 품목들은 개인이나 하위집단들에게 기능적이고 다른 사람들에게는 역기능적일 수 있기 때문이다. 즉 개인은 다양한 지위, 하위집단, 보다 큰 사회체계 및 문화체계 속에 존재하는데, 어느 범위에서 기능적이냐 역기능적이냐를 고려해야 한다는 것이다(Timasheff and Theodorson, 1976: 52).

예를 들어 인종차별은 신분제도를 강조하는 사회에서는 순기능이지만, 자유와 기회를 강조하는 사회에서는 역기능이다. 이는 파슨스가 전근대사회에서는 확대가족이 농지상속과 농사기술의 전수라는 측면에서 정상적이지만, 직업을 얻기 위해 이동이 필요한 근대사회에서는 비정상적 제도가 되어 핵가족으로 변화된다고 분석한 것과 상통한다(부동, 2011: 106). 이러한 역기능 개념은 구조기능주의의 '전체적 접근(holistic perspective)'을 다시 강조함과 동시에, 구조적 수준에서의 압박과 긴장의 발생을 의미하므로 기능주의에서 취약했던 변동의 연구에 분석적 방법을 제공한다.

또한 머튼은 현재적 기능(manifest function)과 잠재적 기능(latent functon)을 구분했다. 현재적 기능이란 적응에 공헌하고 의도된 구체적인 사회 혹은 문화적 단위의 결과물을 말하고, 잠재적 기능은 의도되지 않고 인식되지 않은 결과들을 지칭한다.

경제적 소비의 현재적 기능은 '사용'이고 잠재적 기능은 '위세의 유지나 상승'이다. 여기에서 머튼은 기능이 사회적 행동의 결과이고, 목적은 그러한 사회적 행위 뒤에 숨어 있는 의도로 파악하여 잠재적 기능이 목적의 달성과 더 밀접하게 연결되어 있다고 보았다.

한국에서도 '북한에 쌀을 보내주자'라고 했을 때 이 말을 있는 그대로 '배고픈 사람들을 돕자'는 뜻으로 아는 사람들도 있는 반면 '친북한적 언사'로 간주하는 사람들도 있다. 대선후보 토론회에서 누군가를 강하게 비판하면 상대편 지지자들이 더욱 뭉칠 수 있다.

머튼에게서 개별 인간은 무기력하고 무저항적인 존재가 아니라 능동적인 존재로서 선별적으로 메시지를 받아들이며 또한 자신의 준거틀 및 태도, 욕구 등의 기존 성향에 따라, 본인 혹은 본인이 속한 집단의 이해에 따라 메시지를 해석한다. 이 때문에 잠재적 기능에 따른 의도하지 않은 결과가 인간행동에 수반된다는 머튼의 설명은 긴장과 갈등, 변화의 동태적 현상을 설명하는 데 유용한 개념으로 평가받고 있다.

또한 머튼은 현대사회의 특징인 관료제와 개인의 퍼스낼리티의 관계를 설명하면서 개인의 퍼스낼리티체제가 어떻게 사회구조와 기능적으로 맞물리는지, 그리고 관료제가 어떤 역기능을 불러일으키는 지를 분석함으로써 구조기능주의 이론의 추상성을 낮추고 구체적 현실에의 적용가능성을 높였다. 이러한 머튼의 관료제 분석은 현대사회의 본질을 꿰뚫고 있다는 점에서 이론적 설명도구로서의 기능주의 이론을 실증하고 있다.

머튼은 1940년 발표한 「관료제와 퍼스낼리티(Bureaucratic Structureand Personality)」라는 논문에서 베버의 관료제분석을 비판적으로 계승하여 관료제의 역기능과 관료제의 병리적 특징을 기능주의적으로 분석하고 있다. 이 연구에서 중요한 개념적 발견들은 동조의 과잉, 형식주의, 무능화된 전문화, 무사안일주의, 자생집단화, 인간성 파괴이다.

동조과잉이란 본래 수단으로 간주되었던 규칙의 준수가 형식주의를 초래하여 그 자체가 목표로 전도되는 현상을 말한다. 형식주의는 모든 사무의 처리를 일반적 규칙에 의거하여 권리의무책임의 정도를 서면으로 확인할 수 있다. 또한 현대의 관료제는 전문가를 요청하나, 전문가는 타 분야에 대한 이해도 적을 뿐만 아니라 아집화, 할거화 등의 병리현상을 초래한다. 무사안일주의는 선례에 따르거나 상관에 무조건 영합하는 행동을 의미하며, 변동 및 쇄신에 대한 저항으로 보수성과 자생집단화의 경향을 띠며 업무를 매일 반복하기 때문에 무감정, 권태, 욕구불만, 부속품화로 인해 인격을 상실하기 쉽다.

머튼의 관료제 분석은 체계통합의 관점에서 분석된 것으로서, 체계통합은 목표와 이 목표를 성취하기 위한 수단 사이의 통합에 있다. 머튼은 목표와 수단이라는 두 지표를 사용해서 동조, 혁신, 의례주의, 도피주의, 반역의 다섯 가지 적응양식들을 제시하였는데, 관료제 분석에서도 이를 그대로 적용하여 목표와 수단 간의 통합부족과 이로부터 생성되는 적응양식들을 분석하였다.

THEME 04 사회 문화 현상을 바라보는 관점 -기능론적 관점

THEME 04 | 사회 문화 현상을 바라보는 관점 - 기능론적 관점

✓ 2019 임용

01 다음 글을 읽고 <작성 방법>에 따라 서술하시오. [4점]

> 대표적인 구조기능주의 학자인 파슨스(T. Parsons)의 이론에 동조하지만 그의 이론이 지나치게 추상적이라고 비판한 머튼(R. Merton)은 특정한 분야나 특수 주제에 대한 (㉠)이/가 필요하다고 주장하고, 그 대표적인 사례로 노동 계급의 범죄와 일탈에 대한 연구를 제시하였다. 현대 사회에서 문화적으로 정의된 목표와 목표를 달성하기 위한 제도적 내지는 합법적 수단 사이의 불일치를 아노미라고 정의하고, 이것이 결과적으로 일탈과 범죄의 원인이라고 하였다. 특정 사회에서 모든 사회 구성원들에게 경제적 성공이라는 단일한 목표를 강조하는 문화가 경직된 사회계층 구조 혹은 심한 불평등 구조와 결합했을 때, 그 사회에 아노미가 팽배할 것으로 예측된다. 이러한 문화적 사회구조적 상황에서 제도적 수단의 정당성은 크게 약화될 수밖에 없다. 그는 아노미 상태에 개인이 적응하는 방식을 5개의 적응유형으로 제시하였는데, 이는 개인의 사회화 방식과 내용에 따라 사회에 대한 적응방식이 달라질 수 있으며, 일탈은 개인이 사회화 과정을 통해 형성한 자아, 인성, 성격, 가치관 등에 따라 사회에 적응하는 방식 중 하나라는 사실을 보여준다.

<작성 방법>

○ 괄호 안의 ㉠에 해당하는 용어를 제시하고, 머튼(R. Merton)이 주장한 ㉠이 필요한 이유를 설명할 것.
○ 아노미에 대한 5개 적응유형 중에서 하층민의 절도와 같은 재산범죄를 설명하는데 가장 적합한 적응유형의 명칭을 제시하고, 그 이유를 설명할 것.

2020 임용

02 다음은 사회학자 A의 이론에 대한 글이다. <작성 방법>에 따라 서술하시오. [4점 중 일부]

> A는 개인행위들이 모여서 어떻게 균형 있는 사회질서를 형성하게 되는지 설명하려고 했다. A의 (㉠)은/는 복수 행위자의 상호의존적인 행위들이 만들어 내는 하나의 통일적인 전체를 말하며, A는 이를 사회학의 연구 대상으로 보았다. 그는 전근대사회와 근대사회에서 사회적 상호 작용은 질적 차이가 있는 것으로 보았고, 상호 작용하는 행위자들이 공유하는 가치 기준, 즉 합의의 기준이 바로 (㉠)의 기초가 되며, 사회 구성원들이 공유하는 가치 기준은 제도화되고 나아가 사회구조로 결정된다고 보았다. A는 ㉡사회가 존속하려면 반드시 충족되어야 할 필수적인 기능들이 무엇인지를 설명하려 하였다.
>
> A는 사회변동을 다룰 수 없다는 비판을 받고, 1960년대 이후에는 원시사회에서 근대사회로 나아가는 진화의 맥락에서 일련의 사회들에 대한 분석으로 나아갔다. A는 사회변동 과정에서 모든 사회에 나타나는 보편요소가 있고, 이를 바탕으로 각 사회는 자신의 문화 특수성을 발전시키면서 진화해 간다고 보았다. A는 모든 사회는 분화와 통합을 반복하면서 진화함에 따라 사회문제에 더 잘 대처할 수 있게 적응력이 증대된다고 보았다.
>
> ㉢이러한 A의 사회변동에 대한 분석은 사회의 부분요소들이 기능을 충실히 수행함으로써 사회가 균형을 이루면서 안정적 통합을 이루게 된다는 점을 보여주려는 시도였다.

─<작성 방법>─

○ 괄호 안의 ㉠에 들어갈 용어를 제시할 것.
○ A의 이론에 근거해, 밑줄 친 ㉡ 중 법이 하는 기능을 제시할 것.

2022 임용

03 다음 글에서 괄호 안의 ㉠, ㉡에 해당하는 용어를 순서대로 쓰시오. [2점]

> 뒤르켐(E. Durkheim)의 영향을 받은 대표적인 기능론자인 머튼(R. Merton)은 '기능'을 두 가지 차원에서 구분하여 기능주의적 분석을 더욱 구체화하였다. 그는 사회 체계의 유지·존속에 대한 기여라는 차원에서 기능과 역기능으로 구분하였고, 또 다른 차원에서는 (㉠) 기능과 (㉡) 기능으로 구분하였다.
>
> 머튼은 둘 간의 차이를 설명하기 위해 애리조나와 뉴멕시코의 호피족(Hopi tribe)이 행하는 기우제의 일종인 우무(雨舞, rain dance)를 예로 들었다. 머튼에 따르면, 우무가 농사에 필요한 비를 내리게 해 줄 것이라는 호피족의 믿음에서 비롯되었다는 점은 우무의 (㉠) 기능에 해당하며, 우무가 호피족 사회의 집단 결속을 증진하는 부수적인 효과를 가져온다는 측면은 우무의 (㉡) 기능에 해당한다.

- ㉠ :

- ㉡ :

THEME 05 | 사회 문화 현상을 바라보는 관점
- 갈등론적 관점

1. 갈등론

(1) **구조기능주의에 대한 비판적 흐름**

: 갈등이론은 마르크스(K.Marx), 베버(M.Weber), 짐멜(G. simmel)의 전통을 이어받고 있으며 구조기능주의와는 반대로 사회 전체적인 조화나 통합보다는 개인들이나 집단들 간의 이해 갈등과 대립에 주목한다. 갈등이론의 흐름은 크게 마르크스주의적 전통의 갈등이론과 베버적 전통의 갈등이론으로 나누어 볼 수 있다.

① **미국의 급진적 · 비판적 사회학** : 구조기능주의가 주도적인 사회이론으로 자리잡고 있던 1960년대 미국에서는 각종 저항운동들이 격렬하게 발생했는데, 이러한 사회 상황은 구조기능주의를 비판하면서 급진적인 학문 경향을 급성장시키는 요인으로 작용했다. 급진사회학자들은 '도전적인 사회학자'라는 모임과 잡지를 통해 두각을 나타내기 시작했고, 미국 사회학회 내에 급진사회학 분회를 만들어 참여했다. 밀스(C.W.Mills), 굴드너(A. Gouidner), 월러스틴(I. Wallerstein) 등은 갈등이론과 세계체계론을 통해 마르크스주의를 활성화시켰으며, 마르쿠제(H. Marcuse), 코저(L.coser) 등은 유럽적 전통의 갈등이론을 활성화시켰다.

② **마르크스주의 갈등이론** : 미국에서 구조기능주의가 주도하던 시기에 유럽에서는 노동운동이 활성화 되었고, 이에 따라 유럽 사회학은 마르크스주의의 영향이 강화되어 급진적 사회이론이 다양하게 형성되었다. 록우드(D. Lockwood), 골드소프(J. H. Goldthorpe), 밀리반드(R.Miliband) 등 마르크스주의 갈등이론가들은 자본주의 사회에서 자본의 소유여부에 따른 계급불평등이 계급갈등을 낳으며, 이러한 갈등을 억누르기 위해 국가가 정치권력과 이데올로기를 통해 피지배계급을 통치한다고 보았다.

③ **베버주의 갈등이론** : 갈등이론의 또 다른 흐름은 베버적 전통에서 나온다. 베버는 권력관계에 주목하면서 개인이나 집단들 사이의 지배-종속 관계에 대한 분석에 주목하고 있는데, 독일 사회학자 다렌도르프(R. Dahrendorf)는 구조 기능주의가 조화, 균형, 합의 등을 일면적으로 강조한다고 비판하면서 갈등, 분열이 더 중요하다고 보았다. 한편, 기든스(A. Giddens)의 입장도 베버주의 갈등이론에 포함시킬 수 있는데, 그는 선진 자본주의 사회에서 재산과 권력의 분배에 따라 다양한 계급 분할이 이루어지고 있으며, 이러한 계급 분할이 복합적인 사회갈등을 발생시킨다고 보았다. 또한 사회학의 전통적 문제인 구조와 행위의 이분법을 극복하기 위해 구조주의 이론과 행위 이론을 결합하는 '구조화 이론(structuration)'을 제시하고자 했다.

④ **프랑스 소비사회 이론** : 하우크(W. F. Haug)와 보드리야르(J. Baudrilard)는 자본주의 소비 사회가 상품에 상징적 의미를 부여하면서 소비자들이 소비에 빠져들게 함으로써, 이들을 불평

등하고 낭비적인 자본주의 질서에 포섭시킨다고 비판했다. 그리고 부르디외(P. Bourdieu)는 베버와 마르크스의 계급이론을 결합시키면서 문화와 계급의 관계를 경험적으로 연구하여, 문화자본의 불평등이 계급불평등과 밀접히 연관되어 있다는 점을 보여주었다.

⑤ **독일 프랑크푸르트학파와 비판이론** : 마르크스와 베버의 영향이 강했던 독일에서도 급진적 사회이론의 전통이 형성되어 있었는데, 이러한 전통은 제 2차 세계대전 시기에 호르크하이머(M. Horkheimer), 아도르노(T. Adorno), 마르쿠제 등의 프랑크푸르트학파에 의해 '비판이론'으로 계승되었다. 이들은 마르크스의 자본주의 비판 이론을 수용하면서도 헤겔의 변증법적 사고, 베버의 합리성 이론, 프로이트의 정신분석 이론 등을 종합아여 자본주의 사회에 대한 문화적 비판을 제시하고자 했다. 특히 인간을 물질 문명에 종속시켜 소외시키고 비판적 의식을 마비시키는 과학기술문명과 문화산업에 비판을 가했다. 이러한 전통은 이후 하버마스(J. Habermas)의 '공론장 이론'과 '체계에 의한 생활세계 식민화 이론'으로 이어졌다.

(2) 갈등론의 공통 관점(- R. Dahrendorf)
① 사회의 모든 부분 요소는 사회의 와해와 변동에 기여한다.
② 모든 사회는 일부 성원들이 다른 성원들을 강제하고 억압하는 특징을 바탕으로 한다.
③ 모든 사회는 언제나 갈등과 대립을 표출한다. 따라서 사회적 갈등은 항상 존재한다.
④ 모든 사회는 늘 변화 과정을 겪게 마련이다.

(3) 특징
① 갈등을 일시적 현상으로 간주하는 기능론과 달리, 갈등론에서는 갈등을 사회의 본질적 모습으로 인식함
② 기능론이 강조하는 공유가치나 공유규범이라고 하는 것은 기존 사회체제의 혜택을 누리고 있는 지배집단이 자신들의 기득권을 유지하고 보강하기 위해 조작한 환상이자 이데올로기라고 봄
③ 사회 운동이나 사회 문제를 부정적으로 보지 않고 오히려 사회 발전의 계기로 간주
　→ 사회 변동과 제도적 개혁의 당위성을 강조(진보주의적 성향)
④ 기능론이 소홀히 다루었던 지배, 착취, 억압, 소외 등 중요한 사회 현상을 제기함으로써 현대 자본주의 사회의 이해에 공헌

(4) 장점 및 한계 (비상교육)
① 사회 구조 속에 존재하는 지배와 피지배의 관계와 갈등의 측면을 이해하는 데 유용하다.
② 사회 각 부분 간의 복잡한 관계를 지배와 피지배의 관계로 단순화하고, 사회에서 협동과 통합이 이루어지는 현상을 설명하기에는 어렵다는 한계가 있다.

갈등론적 관점

갈등론은 사회가 사회적 희소가치를 둘러싼 사회 구성원 간의 갈등과 대립의 장이라고 본다. 사회적 희소가치를 획득한 지배 집단은 부와 권력을 이용하여 기존의 지배 관계를 유지하려고 하지만, 피지배 집단은 이에 도전하므로 갈등과 대립은 항상 존재할 수밖에 없다는 것이다. 이처럼 갈등론에서는 갈등을 비정상적인 현상이 아니라 사회의 본질적인 속성으로 보며, 오히려 사회 변화와 사회 발전의 원동력이 된다고 본다.

이러한 관점에 따르면 사회 통합은 구성원의 합의에 따른 것이 아니라 지배 집단이 자신들의 기득권을 유지하기 위해 피지배 집단을 억압하는 가운데 강제적으로 이루어진 것이다. 또한 사회 각 부분의 기능과 역할도 지배 집단이 정당한 것으로 규정하거나 강제와 억압을 통해 기정사실로 된 것이며, 불평등을 재생산하는 도구에 불과하다고 본다.

이러한 갈등론은 지배와 피지배의 관계와 갈등의 측면을 이해하는 데 유용하지만, 지나치게 갈등을 강조함으로써 현실 속에 존재하는 협동과 조화의 현상을 경시한다는 비판을 받기도 한다.

[미래엔]

2. 사회문제론 – 갈등론

(1) **사회문제의 발생원인** : 사회 문제는 궁극적으로 성, 인종, 연령, 계급 등의 불평등 구조에 기인한다. 따라서 갈등주의는 사회 문제를 기능주의처럼 하나의 병리적인 현상으로 바라보는 것이 아니라, 현 사회구조의 문제점을 드러내며 보다 평등한 사회로 나아갈 수 있게 하는 계기로 본다.

 사회문제에 관한 갈등론의 주요 입장

사회 문제에 대한 갈등주의적 접근은 낙인론이 주로 소홀히 해왔던 사회적·법적 구조와 과정에 대해 의문을 제기하면서, 낙인의 주체와 낙인 과정, 낙인의 조건을 살펴본다. 갈등주의적 사회 문제론은 법의 제정과 차별적 적용에 초점을 맞춘다.

법의 제정과 관련하여, 셀린(Sellin, 1938)의 문화갈등론과 볼드(Vold, 1958)의 집단갈등론은 지배적인 사회집단 혹은 계층의 가치와 규범, 이해관계가 법으로 전환되며, 그렇기 때문에 그 집단과 대립되는 집단과 계층이 지배적 가치와 규범, 이해관계에 상충되는 행동을 함으로써 일탈이 발생한다고 본다.

한편, 지배 세력이 그들의 이해관계가 위협받는다고 인식될 때 법적 통제기구를 통하여 법 시행 – 예컨대, 체포, 기소, 유죄판결, 감옥수감 등 – 을 확대한다고 한다. 터크(Turk, 1969)의 '범죄화'론은 지배 세력과 피지배 세력 간의 문화적·사회적 차이에서 갈등이 비롯된다는 것 이외에도 후자의 조직력과 영향력 정도가 법의 시행에 중요하게 작용함을 강조하였다.

또한, 갈등주의는 법이 지배 세력의 이익을 위협하는 사람들에 대항하여 선별적으로 시행될 뿐만 아니라 지배 세력의 성원들 자신이 법을 위반할 때에는 엄격하게 시행되지 않는다고 한다. (Quinney, 1974, 1977). 퀴니(1970)의 '범죄의 사회실재'론은 법의 제정과 시행에서의 집단별 차별성에 대해 말하면서도 아울러 교육이나 종교 그리고 대중매체에 의해 범죄에 대한 지배 세력의 관념이 생산되고 유포되고 있다고 강조한다.

(2) **사회 문제의 해결방안** : 우선적으로 법 제정과 시행의 공정성을 확보하는 방안을 모색하는 것이며, 궁극적으로는 사회 불평등 구조의 개선(혹은 변혁)을 추구하는 것이다.

(3) **의의** : 법과 사회 통제 기구가 지배의 수단이 됨으로써 사회적 약자에게 주로 사회 문제가 발생하는 측면을 밝혀 준다. 갈등론은 '사회 문제'로 여겨지는 특정한 상황에서 관련된 구성원들 간의 권력관계와 이해관계를 고찰하고 국가, 법, 대중 매체 등이 상황을 어떻게 해석하고 정리하는가를 살펴볼 수 있도록 해준다.

(4) **평가**
ㄱ. 갈등론은 사회 전체의 변화나 구조의 전면적 타파와 같이 근본적인 변화만을 유일한 해결책이라고 생각하기 때문에, 점진적인 변화를 무시하기 쉬움 → 반대를 위한 반대로 치부되기 십상이며, 실질적인 사회 개선에 도움이 되지 못한다는 비판을 받음

ㄴ. 사회변화조차 인간이 중심이 되어 일으키는 것이 아니라, 제도의 모순에 의해 변화가 마치 저절로 오는 것처럼 묘사됨 → 기능론과 마찬가지로 인간의 자율성과 능동성을 소홀히 다루는 경향이 있음

3. 다렌도르프(R. Dahrendorf)의 갈등론

> 다렌도르프는 가치합의가 지닌 중요성이나 사회의 가치합의적 측면에 대한 기능주의적 해석의 정당성을 부인하지는 않지만, 갈등현상이 합의만큼이나 사회생활에 있어서 '구조적인' 성격을 띠고 있기 때문에 이 점을 무시한 현대 사회학이론의 오류는 수정되어야 한다고 언명한다. 그러나 그는 적어도 현재로서는 가치합의 – 통합이라는 측면과 갈등 – 변동이라는 측면을 모두 망라하는 하나의 포괄적인 이론의 존재 가능성을 인정하지 않는다. 그래서 그는 두 가지 이론적 모형, 즉 통합론적 모형과 갈등론적 모형이 다 같이 필요하다고 본다. 그런데 지금까지의 사회학 이론을 보면 합의 – 통합 모형을 개발하는 데 필요 이상의 관심을 기울여 왔기 때문에, 다렌도르프 자신은 갈등모형을 구성해 내는데 전념한다는 입장을 표명한다.

(1) 사회 불평등의 핵심은 자본가와 노동자 간의 적대적인 재산관계에 있지 않고 매우 다양한 사회적, 조직적 환경 내에서 발생하는 권위관계들에 있음을 지적하며 권위구조를 분석의 초점으로 삼음

(2) 사회의 모든 조직을 권위관계로 파악하면서, 이렇게 권위관계로 얽혀 있는 사회조직을 '명령적 권위관계로 조정된 결사'(Imperatively Coordinated Associations : ICA)로 부름으로써, 갈등을 모든 사회조직에 보편적인 것으로 봄

(3) 모든 유형의 사회조직에서는 권위를 행사하는 집단과 권위행사로부터 배재된 집단 간의 권위 관계가 나타남(다렌도르프는 흔히 조직 내에서 권위의 여러 등급이 존재함을 인정하지만, 그럼에도 불구하고 결사체에는 기본적으로 양분적인 권위구조가 상존한다는 주장을 폄)

① 권위 있는 지위의 사람들과 종속적 지위의 사람들은 내용과 방향에 있어서 상반되는 이해관계를 가짐(이들 대립되는 이해관심은 역할 그 자체에 내재하는 것으로 심리적 성격을 띠는 것은 아니라고 강조함)

② 종속적 지위에 있는 사람들은 변화를 추구하는 반면 지배적인 지위에 있는 사람들은 현상유지를 추구

③ 그러나 특정한 역할을 맡고 있는 사람들이 자신들의 이해관계를 반드시 알고 있는 것은 아니다. 특정 결사체에서 역할 담당자들이 기본적으로 대립되는 이해관계를 인식하지 못한다면, 그들은 그 이해관계를 인식하고 있는 사람들의 현재적인 이해관심과는 대조적으로 잠재적인 이해관심(latent interest)을 갖고 있는 셈이 된다.
④ 이해관계가 잠재적인 성격을 띨 때, 어떤 결사체 내에서 공통된 이해관계를 가진 사람들은 다렌도르프가 말하는 소위 준집단(quasi group), 즉 외부의 관찰자에 의해서는 구별이 되나, 아무런 집단적 일체감을 갖고 있지는 않은 집합체를 형성한다.
⑤ 서로 상반되는 이해관심을 지닌 사람들은 여건이 허락되면 이익집단(interest group)으로 조직화되며, 일단 조직된 이익집단들은 객관적 조건이 갖추어졌을 때 서로의 위치를 유지 또는 변경시키기 위하여 갈등에 돌입하게 된다.
⑥ 일단 사회적 갈등이 발생하면 사회구조에는 변화가 일어난다.

(4) 계급 갈등의 제도화
① 후기자본주의에서의 경쟁 집단들은 격렬한 계급투쟁이라기보다는 제도화한 갈등에 참여
② 계급 갈등의 제도화는 경제 영역의 경우 노조화와 단체교섭의 확산에 의해 가장 잘 예시되고 있고, 법적·정치적 영역에서는 법정을 통한 불만의 해결과 의회의 토론을 통한 입법적 절충, 정책 결정에서 잘 나타남
③ 갈등은 사회변동의 기본적인 추진력의 하나이지만, 그것은 또한 문제해결의 기능을 갖추고 있음으로써 응집과 화합을 가져오는 중요한 원천이기도 함
④ 다렌도르프에 따르면 갈등이나 투쟁의 발생은 자본주의의 혁명적 전복을 위한 격변적 힘이라기보다 오히려 현대 산업사회의 건전한 유지와 부단한 전진을 위한 수단임

4. 코저(L. A. Coser)의 기능적 갈등 이론
(1) 사회 현실을 상호관련된 이해관계의 집단들이 갈등을 계속하면서도 통합과 적응을 이루고 유지하고 발전하는 상태로 파악
(2) 갈등의 사회적 기능을 중시하는 코저는 사회적 갈등이 집단의 질서 유지와 결속의 증진에 적극적인 기여를 할 수 있다는 이론을 제시

- 집단들 사이의 갈등은 개별 집단 내부의 결속과 유대를 증대시킨다.
- 집단들 사이에서 갈등이 있으면 갈등 해결을 위해 또 다른 집단과의 협력이 나타날 수 있다.
- 갈등이 그다지 격렬하지 않고, 또 자주 일어나게 되면, 사람들의 긴장, 불만을 해소할 기회를 제공하게 되므로 체계 자체에 대한 극심한 긴장 상태를 야기하지 않을 수 있다.
- 갈등은 체계 내부에서 생긴 구조적인 문제에 주의를 기울이게 만들고, 따라서 문제를 해결하기 위한 혁신의 노력을 자극할 수 있다.

THEME 05 사회 문화 현상을 바라보는 관점 – 갈등론적 관점

THEME 05 사회 문화 현상을 바라보는 관점 - 갈등론적 관점

2005 임용

01 다음은 빈곤 문제에 대한 소집단 토론에서 두 학생이 나눈 대화 내용이다. (가)와 (나)의 관점으로 사회 문제를 바라보는 사회학 이론을 쓰고, 이 이론으로 사회 문제를 설명할 때 나타나는 한계점 1가지를 쓰시오. [2점]

> (가) 빈곤 문제는 사회나 국가에 책임이 있다고 봐. 빈곤의 책임을 가난한 사람들에게만 묻는 것은 잘못이야. 가진 자들이 자기들한테 유리하게 소득 분배 구조를 왜곡시키는 경우가 많기 때문이야.
>
> (나) 맞아. 부자들 중에는 부모한테서 재산을 물려받아 잘 사는 사람들이 많아. 그런데 가난한 사람들은 아무리 노력해도 빈곤을 극복하기 힘들잖아. 노력하면 잘 살 수 있다고들 하는데 그건 정말 어려워. 그러니까 가난한 사람들이 잘 사는 사람들에 대해 거부감을 갖게 되고 사회적 불신만 늘어나는 것 같아.

✓ 2011 임용

02 다음 (가), (나)에 나타난 사회학의 이론적 관점에 대한 설명으로 적절하지 않은 것은?

> (가) 한 사회가 감당하기 어려울 정도로 사회성원들을 많이 재생산한다면 그 사회는 식량, 주택 등의 다양한 사회문제에 시달릴 것이다. 반대로 한 사회가 생존하기 어려울 정도로 사회성원들을 적게 생산한다면 그것은 더욱 중요한 사회문제가 될 것이다. 지나친 저출산으로 인하여 한 사회의 인구가 줄어들거나 성비 불균형으로 인하여 결혼파동이 온다면 그 사회의 적절한 성장과 사회성원들의 재생산은 방해를 받을 것이다.
>
> (나) 식량이라는 것은 중요한 희소자원의 하나다. 아프리카의 후진국에서 나타나는 기아와 이로 인한 사망은 후진국이 선진국과의 희소자원을 둘러싼 경쟁에서 패하였기 때문에 나타나는 것이다. 실제로 지난 100여 년 동안 1인당 곡물생산은 지속적으로 증가해왔지만, 아프리카의 기아문제는 해결되지 않았다. 선진국이 생산하는 곡물의 3~5%만 이러한 나라들에 재분배하면 기아로 사망하는 사람을 없앨 수 있다.

① (가)는 사회의 규모에 따라 적정 인구 상태를 유지하려고 노력하지 않았기 때문에 인구문제가 발생한다고 본다.
② (가)는 사회의 요구에 부응하여 사회성원들을 문화적으로 통제하고 재사회화해야 인구문제가 해결될 것으로 본다.
③ (나)는 한정된 자원의 배분을 둘러싼 갈등과 불평등을 해소해야 인구문제가 해결될 것으로 본다.
④ (나)는 아프리카에서 발생하는 갈등과 사회적 관계를 이해해야 인구문제를 적절하게 설명할 수 있다고 본다.
⑤ (나)는 사회제도나 사회구조의 개혁이 인간사회에서 기아와 전쟁으로 인한 인구문제를 해결할 수 없다고 본다.

THEME 06 | 사회 문화 현상을 바라보는 관점
- 미시사회학 이론

📖 출현 배경 및 성격

구조기능주의와 실증주의는 1960년대까지 미국 사회학의 주도적 흐름을 형성했다. 그러나 1970년대에 이르러서는 거시적인 사회체계에 관심이 편중되어 있는 구조기능주의의 흐름을 비판하면서 미시적인 사회현상에 관심을 기울이는 미시사회학 이론들이 등장했다. 블루머(H. Blumer)와 미드(G.H. Mead)의 상징적 상호작용론, 호만스(G. Homans)의 교환이론, 슈츠(A. Schutz)의 현상학적 사회학, 가핀켈(H. Garfinkel)의 민속 방법론 등이 바로 그것들이었다. 이들은 베버적 전통에서 개인행위의 의미와 의도에 대한 이해를 중요시하면서, 상호작용을 통한 자아 형성 및 지식 형성, 대화를 통한 사회 관념의 공유 등을 보여주고자 했다.

1. 상징적 상호작용론

(1) 주요 학자

상징적 상호작용론의 발달에 영향을 미친 학자는 짐멜, 베버, 쿨리, 미드 등의 학자를 들 수 있다. 그리고 상징적 상호작용론이란 표현은 블루머(H.Blumer)에 의해서 처음으로 쓰여지기 시작하였으나 그 이론적 관점은 그의 스승인 미드(G. H. Mead)에 의해 정립되었다.

(2) 기본 명제

① 인간 사회 혹은 인간의 집단적 삶은 최소한 2인 이상의 행위자들의 상호작용이며, 이른바 사회구조라는 것도 궁극적으로는 행위자들의 상호작용의 산물이다. 여기서 상호작용이라고 하는 것은 행위자들이 서로의 행위를 해석하고 예견함으로써 자신의 행위를 타인과 서로 맞추어 가는 과정을 뜻한다.
② 우리가 어떤 대상을 지향할 때 우리는 우리가 그 대상에 부여하는 의미에 입각하여 행동한다.
③ 이러한 의미는 대상 그 자체의 본질적 속성도 아니고, 행위자 개인의 주관적이고 자의적인 의미부여의 산물도 아니다. 대상의 의미는 행위자 개인의 주관이나 대상 그 자체의 객관을 초월하는 영역으로, 행위자들 간의 상징적 상호작용과정에서 형성되는 것이다.
④ 의미는 고정된 것이 아니라 상호작용의 과정에서 끊임없이 변화하는 것이다. 왜냐하면 상호작용에 참여하는 우리의 자아는 생득적인 것이 아니라 사회적으로 부단히 형성되고 발전되어가는 것이기 때문이다.

(3) 특징

① 미시적 수준에서 상황에 대한 개인의 능동적 사고와 해석 과정 그리고 소집단 맥락에서 타자와의 의사소통 과정에 주목함
② 인간의 행위가 객관적인 사회 구조에 의해 결정되는 것이 결코 아니며, 사회 구조는 기껏해야 행위의 선택 범위를 제한할 뿐임을 주장함

③ 행위적 차원에서 중요한 것은 개인이든 집단이든 주어진 상황에 대한 주관적인 (따라서 상황과 행위 주체에 따라 달라지는) 정의(definition)이며, 관련된 타자와의 관계 속에서 행위 유형이 선택된다는 점이다.

④ 이와 같은 반거시적 지향뿐만 아니라 상징적 상호작용론은 인간의 상징적·해석적 능력을 강조함으로써 기계적이며 수동적인 자극-반응 유형의 행동주의를 거부한다.

(4) 장점 및 한계 (비상교육)[12]

① 개인 간의 상호 작용의 주관적 의미를 이해하고 밝히는 데 유용하다.
② 개인들의 행위에 영향을 미치는 사회구조의 힘을 소홀히 여긴다는 점에서 한계를 지닌다.

> **📖 상징적 상호작용론**
>
> 상징적 상호 작용론은 개인들이 일상적으로 상호 작용하는 과정에서 나타나는 행위의 주관적인 동기와 의미의 해석에 초점을 두어 현상을 보는 관점이다. 상징적 상호 작용론에 따르면 사회는 일상생활을 하는 개인들이 다양한 상징을 활용하여 의미를 주고받는 상호 작용이 다양하게 얽혀서 나타나는 곳이다.
> 상징은 사물이나 인간의 동작에 특정한 의미를 부여하여 공유하는 것으로, 몸짓이나 기호, 언어, 문자, 옷차림 등 그 종류가 다양하다. 예를 들어, 농담을 이해하고 웃거나, 교통 신호를 어긴 사람이 경찰관을 보고 놀라는 것은 언어나 옷과 같은 상징을 공유하기에 가능하다. 또 상징적 상호 작용론에서는 사회 구성원이 자신의 상황에 대해 각자의 의미를 부여하고 해석하는 상황 정의를 통해 행동한다고 본다.
> 상징적 상호 작용론은 인간이 가진 상징과 사회 구성원인 인간 개인의 능동성을 강조한다. 그러나 개인 행위자의 상호 작용에 영향을 미치는 사회 구조나 제도의 힘을 경시한다는 비판을 받는다.
>
> [천재]
>
> ---
>
> 미시적 관점으로서 상징적 상호 작용론은 인간이 자율성을 갖고 사회·문화 현상에 의미를 부여하는 주체라는 점을 강조한다. 이러한 관점에 따르면 인간은 각자의 *상황 정의를 바탕으로 행위를 선택하고, 의미 전달의 수단으로서 상징을 활용하여 타인과 상호 작용을 한다. 따라서 사회·문화 현상의 의미는 그것이 발생하는 상황 맥락에 따라 달라질 수 있다. 또한, 사람들은 지속적인 상호 작용을 통해 사회생활을 위한 규칙을 만들고 변화시켜 간다.
> 상징적 상호 작용론은 사회·문화 현상이 갖는 주관적인 의미를 부각한다는 점에서 의의가 있다. 하지만 이 관점을 비판하는 학자들은 사소한 문제에 한해서 인간이 자율성을 가질 뿐이라고 주장한다. 예컨대 대학교 진학과 같은 사회적으로 의미가 있는 선택에서 인간은 사회 구조의 영향으로부터 벗어날 수 없다는 점을 간과하고 있다는 것이다.
>
> [지학사]
>
> *상황 정의 : 행위 주체가 자신이 처해 있는 특정 상황에 대하여 해석하고 의미를 부여하는 것을 가리킨다.

---

12) <u>2025 임용</u> : 밑줄 친 '상징적 상호작용론의 한계'의 내용을 서술할 것.

2. 사회문제론 – 상징적 상호작용론

(1) **특징** : 언어와 상징을 매개로 상황, 행위자 그리고 타자(혹은 사회)의 세 축을 중심으로 한 상징적 상호작용론은 사회 문제를 접근하는데 있어서 '사회 문제'라는 상황 정의 및 '일탈자'로서의 역할 취득과 자아 형성 과정에 초점을 둔다. 상징적 상호작용론으로부터 파생된 대표적인 사회 문제 이론은 낙인 이론이다.

(2) **사회문제의 발생 원인** : 기능주의적 관점은 지배적 가치와 규범에 대한 합의를 전제하고, 그것에 대한 위반을 사회 문제로 본다. 하지만 낙인 이론은 문제적 행위 유형이 본질적으로 존재한다는 것에 의문을 제기한다. 동일한 행위라 할지라도 사회적 반응(즉 상황 정의)에 따라 일탈 여부가 정해진다. 낙인 이론의 주창자는 일탈의 사회적 구성뿐만 아니라 낙인이 후속적으로 일탈 행동에 미치는 영향과 일탈적 자아 형성과정에 대해 주목한다. 또한 상징적 상호작용론이 타자와의 상호작용 과정에서 역할을 학습하는 측면을 살펴본다는 점에서 서덜랜드(Sutherland)의 차별교제이론은 분명 상징적 상호작용론이 이론적 핵심에 정초하고 있다.

(3) **사회문제의 해결 방안**
① 한편으로, 낙인찍는 행위에 보다 주의를 기울임으로써 낙인으로 인한 사회적 오명을 감소시키고, 다른 한편으로, 일탈적 자아상을 가진 사람에게 자아 전환을 위한 치료 프로그램을 고려할 수 있을 것이다.
② 또, 다른 한편으로 교제의 대상을 선택하는 데 신중하라는 것이다. (이것은 의도하지 않은 낙인으로 작용할 수 있다.)

📖 **노인 단독 가구가 증가하는 현상을 여러 관점으로 살펴보면?**

* 가족과 떨어져서 혼자 사는 노인은 경제적 어려움뿐만 아니라 고독감이나 우울감 등 정신적인 어려움도 겪는다고 한다. 이러한 현상에 대한 원인과 대책을 읽고, 아래의 활동을 해 보자.

가 저는 가정이 노인을 봉양하는 역할을 제대로 하지 못해서 이렇게 되었다고 생각합니다. 가족 내에서 어른의 위치를 다시 회복하게 하는 방안을 찾아야 합니다. 가족이 없는 노인에게는 지역 내의 다른 가족과 결연을 맺어 주어서 홀로 사는 노인을 가족 구성원처럼 잘 보살피도록 해야 합니다.

나 그렇게 해서는 노인 단독 가구가 증가하는 현상이 해결되지 않을 것 같습니다. 현재 우리 사회에서 노인의 의미, 그리고 어른의 의미가 무엇인지를 다시 생각해 보아야 합니다. 특히 젊은 사람들이 나이 든 부모나 노인을 어떻게 이해하는지를 먼저 파악해야 합니다.

다 여러분이 놓친 게 있습니다. 우리 사회의 경우 경제력을 가진 사람이 중요한 사회적 결정을 한다는 점입니다. 노인 단독 가구의 대다수가 경제력이 낮습니다. 그러다 보니 사회적으로 그 중요성을 인정받기 어렵고 이로 인해 고독감과 우울감을 갖게 됩니다. 노인들의 경제적 불평등을 해소할 방안을 세워야 합니다.

[천재]

3. 현상학적 사회학 : 슈츠(A. Schutz)

(1) 현상학적 사회학(phenomenological sociology)은 현상학 철학자인 후설(E. Husserl)의 철학 방법론과 베버의 이해사회학을 병합하여 슈츠가 기초를 닦은 조류

(2) 사회과학의 일차적 목표는 사회적 실재(social reality)에 관한 체계적인 지식을 얻는 일

(3) **이론의 내용**
   ① 사회 성원들은 까다로운 질문없이 당연시되는 생활세계 속에서 살아간다고 파악
      ※ 생활 세계 : 상호주관성(intersubjectivity)이 발생하는 일상적인 세계
   ② 사회 성원들은 성찰의 대상이 아닌 '축적된 상식적 지식'에 의존하여 생활을 함
      → 타인들과의 상호작용은 그들 대부분이 우리와 같은 방식으로 세상을 본다는 가정에의해 유지
   ③ '축적된 상식적 지식'을 이용한 '전형화'와 '처방'에 의해 일상생활이 관리됨
      ㄱ. 전형화 : 사람들을 분류하고 정리하기 위해 사용하는 제한된 수의 범주들.
      ㄴ. 처방 : 다양한 상황들을 다루는 표준화된 방식들

(4) **사회과학의 연구방법 : 이념형적 방법**
   ① 사회학자는 '객관화하는 태도'(objectifying attitude)를 견지하면서 일상행위자들의 주관적 의미라는 관점에서 사회생활을 해석해야 한다.
   ② 이를 위하여, 사회학자는 '1차적 구성물'을 바탕으로 '2차적 구성물'을 만듦
      ㄱ. 1차적 구성물(first-order construct) : '사회생활을 영위하는 행위자들이 일상적으로 하는 상식적 사유에서 형성한 정신적 구성물'로 '상식적 구성물(construct of commen-sense) 이라고도 함
      ㄴ. 2차적 구성물(second-order construct)을 만들어내는 절차
         a. 사회학자는 사회적 실제에서 인간 행위와 관련 있는 사실 또는 사회현상을 관찰한다.
         b. 사회학자는 관찰을 토대로 '전형적 행위과정'(typical courses-of-action)을 파악하는 것, 즉 '전형 만들기'(典型化, typification)작업을 한다.
         c. 사회학자는 '전형화'를 근거로 '의식을 가진 가상의 행위자'(인형 또는 꼭두각시)를 상정한다.
         d. 사회학자는 그 가상 행위자에게 전형적 생각·목적·목표 등을 부여한다.
         e. 사회학자는 그렇게 만들어낸 인형이 같은 식으로 만들어진 다른 인형들과 상호작용하며 살아간다고 가정하여, '일상적 삶의 세계' 모형을 구성한다.

③ '이념형' 또는 '2차적 구성물'이 과학적 가치를 보장받기 위한 기준
　ㄱ. 논리적 일관성 : 자의적이어서는 안 됨
　ㄴ. 주관적 해석 : 행위자의 의미를 포착해야 함
　ㄷ. 적합성 : 일상 행위자도 상식으로 그 뜻을 이해할 수 있어야 함

4. 민속방법론(ethnomethodology)

(1) **등장 배경** : 기존의 사회학이론들은 상징·의미·규범 및 가치관까지 포함한 사회-문화적 세계가 인간의 지각 여부에 관계없이 '저기 어딘가에'(out there) 이미 존재하는 실체라는 가정을 사회연구의 암묵적인 전제로 공유하고 있었다. 그들 간에는 다만 개념·이론·방법론들만이 쟁점으로 되고 있었다. 그런데, 이처럼 자명한 것으로 받아들여져 왔던 사회의 실재성의 전제를 의문시하고 그것 자체를 쟁점으로 삼는 하나의 도전적인 전망이 민속방법론(ethnomethodology)이라는 이름으로 출현하게 되었다.

(2) **이론의 주요 주장 및 특징**

① 미국의 사회학자 가핑클(H. Garfinkel)을 필두로 하는 민속방법론자들은 이른바 객관적인 사회현실 혹은 질서보다도 오히려 그것이 실재한다고 서로 간에 납득시키고 설명하려는 사람들의 노력이 더욱 가시적이고 리얼하다고 본다.

② 그래서 민속방법론은 사회질서 그 자체를 연구하는 대신에, 상호작용하는 사람들이 어떻게 사회질서에 대한 감각을 창출하고 유지시켜 나가는가를 알려고 한다. 즉, 일상인들(ethno-)이 외재적 현실이 존재한다는 느낌을 서로서로 조성하고 확인하고 또는 변경시켜가는 방법(-method-)에 관한 연구(-logy)가 민속방법론의 핵심과제인 것이다.

③ 민속방법론자들이 찾아낸바, 실재감각 유지의 방법 혹인 일반적인 상호작용방법의 하나로 여백원리(Et Cetera principle)라는 것이 있다. 이것은 상호작용 당사자들이 구태여 직접적이고 세세한 언급과 확인을 하지 않고도 무언 중에 수용하는 일종의 배경가정과도 같은 것으로서, 예컨대 우리가 대화 중에 흔히 "있잖니…", 또는 "알잖아, 왜…"라는 따위의 말들을 집어 넣는 경우들이다.

④ 가핑클은 일상적인 상호작용과정을 고의로 교란시켜보는 실험을 해봄으로써, 사회적 실재의 감각을 구성하고 유지시켜 감에 있어서는 묵시적 동조의 방법이 매우 중요함으로 포착해 내었다. 이렇듯 민속방법론은 위반 실험(Breaching Experiments)의 방법을 통하여 일상적 행위의 정상적인 규칙들을 찾아 내곤 한다.

⑤ 상징적 상호작용론은 기존의 실증주의적 주류사회학의 기본가정을 근본적으로 의문시하는 새로운 연구시각을 창안해 낸 공적은 적지 않다 할 수 있으나, 상호작용의 미시적 측면에만 주안점을 둠으로써, 보다 큰 사회구조의 문제는 도외시한다는 비판을 받기도 한다.

5. 연극학적 접근(연극모형론) : 고프만(E. Goffman)[13]

(1) 인간은 상징을 통해 상호작용한다는 상호작용론의 기본 전제를 가지고 사람들의 실제 사회생활을 마치 연극[14]의 한 형태인 것으로 보고 그들이 처해 있는 사회적 상황 아래서 다른 사람들에 대한 인상을 어떻게 관리하는가를 밝히고자 노력하는 접근방법

> **📖 기본적 입장**
>
> 사람들이 처하고 있는 어떠한 상황도 – 비록 그 상황에 대한 인지는 문화적 규범이나 기대에 의해 이루어진다고 하더라도 – 결국은 참여자 스스로가 규정하고 구조화하는 것이다. 이런 점에서 볼 때 고프만은 미드와 같은 입장을 보여 주고 있다고 할 수 있다. 왜냐하면 두 사람은 모두 규범이 존재한다 해도 여전히 개인적인 해석의 여지는 남아 있다고 주장하고 있기 때문이다.

(2) **이론의 특징**

① 사회를 무대에, 사회적 개인들을 무대 위에서 연기하는 배우로 비유
   → 행위자들이 역할을 연기한다고 보는 입장

② 특정한 사회적 상황을 그 나름대로 해석해 내는 데 참여하고 있는 개인들은 자신들의 목표를 달성하는 데 가장 도움이 될 것 같다고 판단된, 그들 자신에 대한 가능한 최상의 혹은 그 나름대로의 이미지를 제시하려고 시도한다고 봄. 그러므로 개인들은 실제로 그들이 타인에게 부여한 자신에 대한 이미지를 관리하려고 한다고 봄

③ 자아는 주어진 무대 장면에서 발생한 연기의 결과이며, 개인들이 자아를 안정적으로 유지하는 것을 고프만은 '인상 관리'(impression magement)라고 함

④ 행위자들은 자신들이 원하는 방식대로 관객들이 자신을 정의하고 행동해주기를 바라며 다양한 형태의 인상 관리를 수행

⑤ 역할 수행자가 자신의 연기에서 기획하는 자아 이미지와 실제 역할이 맞지 않는다고 판단할 경우, '실생활에서 자신이 하고 있는 역할'을 경멸하듯이 내팽개치는 행위를 역할 거리(role distance), 혹은 역할 소원(role estranging)이라 함

⑥ 역할 거리의 기능
   ㄱ. 개인으로 하여금 개인의 위신에 관계되는 역할의 긴장을 이완시킴
   ㄴ. 역할을 넘어서 확장되는 자아의 모습을 확인하도록 함
   ㄷ. 역할에 대한 전적인 순응의 부담을 제거함으로써 사소한 위반을 덜 극적이게 만듦
   ㄹ. 대인관계에서 충돌을 줄여 줌

---

13) 2021 임용 : 연극학적 접근 (연극모형론) (단답)
14) 2025 임용 : 연극 (단답)

📖 연극모형론 – 『사회학 이론과 그 고전적 뿌리』

고프만의 자아 개념은 연극론적 접근방법에 의해 만들어진 것이다. 미드는 (대부분의 상징적 상호작용론자도 마찬가지로) 자아를 소유자의 소유물로 보지 않고, 대신에 행위자와 관계 간의 연기적 상호작용의 산물이라고 보았다. 달리 말해, 자아는 자신이 누군가의 관념으로서 현장에서 연기적 효과에 의해 나타난다. 자아는 연기에 의한 상호작용[15]의 산물이기 때문에, 연기수행의 과정에서 발생하는 교란에 취약하다. 고프만은 자신의 연극론에서 이러한 교란이 예방되거나 다뤄지는 과정에 관심을 기울였다. 고프만은 자아 논의의 대부분을 이러한 연기의 우발적 사건에 대해 초점을 맞추었지만, 대부분의 연기는 성공적이라고 보았다. 그 결과 일상적인 환경에서 연기 수행자는 확고한 자아를 부여받기 때문에, 자아는 그 연기자로부터 발산되는 것처럼 보인다.

고프만의 가정에 따르면, 개인들이 상호작용을 할 때, 남들이 수용할 수 있는 특정한 자아감(sense of self)을 드러내기를 원한다. 하지만 행위자들이 그러한 자아를 드러낸다 하더라도, 관객이 자신들의 연기수행을 방해할 수 있음을 알고 있다. 이 이유 때문에, 행위자들은 관객 – 특히 방해할 수 있는 관객 – 을 통제할 욕구를 가지게 된다. 행위자들은 관객에게 자신의 자아감을 아주 강력하게 드러내서 관객들이 자신이 원하는 바대로 자신을 정의해 주기를 바란다. 또한 이렇게 함으로써 자신(행위자)들이 원하는 대로 관객들이 자발적으로 행동하게 되기를 원한다. 고프만은 이 중심적 관심을 '인상 관리'[16](impression management)라고 명명했다. 인상 관리는 행위자가 자신들이 직면하게 될 문제에도 불구하고 특정한 인상을 유지하는데 사용하는 기법과 이러한 문제들을 극복하기 위해 사용하는 방법들을 포함한다.

고프만의 관심 중의 또 다른 하나는 개인이 주어진 역할을 받아들이는 정도에 대한 것이었다. 고프만이 보기에, 역할이 매우 많기 때문에 주어진 역할을 완벽하게 몰두하는 사람들은 거의 없다.

역할 거리(role distance)는 개인이 자신이 수행하는 역할로부터 자기 자신을 분리시키는 정도를 말하는 것이다. 예컨대, 나이든 어린아이들이 회전목마에 올라탄다면 그들은 자신이 그런 놀이를 즐기기에는 확실히 나이가 들었다는 점을 깨달을 수 있다. 그에 대처하는 한 가지 방법은 회전목마를 타는 동안 일부러 아슬아슬하게 보이는 행위를 연출함으로써 그 역할로부터의 거리를 증명해 보이는 것이다. 그런 행위를 연출함으로써, 그 나이든 어린아이들은 실제로 관중에게 자신들은 어린아이들이 하는 것과 같은 회전목마타기에 열중하고 있는 것이 아니며, 설사 자신들이 회전목마를 타고 있다고 해도 그것은 자신들이 하고 있는 바와 같은 특별한 일 때문이라는 것을 설명하는 것이다.

고프만의 중요한 통찰 중의 하나는 역할 거리가 개인이 갖는 사회적 지위의 함수라는 점이다. 높은 지위에 있는 사람은 종종 낮은 지위에 위치한 사람들이 나타내는 것과는 다른 이유 때문에 역할 거리를 드러낸다. 예컨대, 높은 지위에 있는 외과의사는 수술실에서 수술 팀의 긴장을 가라앉히기 위하여 역할 거리를 드러낸다. 낮은 지위에 있는 사람들은 역할 거리를 나타낼 때 보다 방어적이다. 예컨대, 화장실 청소부들은 늘쩍지근하고 무관심한 태도로 청소할 것이다. 그들은 관중에게 그런 일을 하기에는 자신들이 너무도 아까운 사람이라는 것을 말하려는 것이다.

---

15) 2021 임용 : 고프만은 일상생활에서의 다양한 상호작용 중에서 ⓒ <u>특정 유형의 상호작용</u> 과정에 주목하였다. 밑줄 친 ⓒ에 해당하는 상호작용 유형을 연극학적 접근에 입각하여 쓰고, 연극학적 접근에 대해 구조기능주의 관점에서 제기할 수 있는 문제점을 서술할 것

16) 2021 임용 : 인상관리 (단답)

6. 교환 이론

(1) **형성 배경** : 기능주의 인류학, 공리주의 경제학 그리고 행동주의 심리학 등에서의 가정과 연구들을 혼합하여 형성

① 아담 스미스로부터 발전한 공리주의 경제학은 자유경쟁시장 체제하에서 사람들은 실용과 보상의 합리적 계산에 의해서 이익을 최대화하려 한다는 가정을 내세움

② 행동주의 심리학자 스키너는 동물 실험을 통해, 과거의 어떤 특정 상황에서 어떤 특정 행동을 했을 때 보상을 받았다면, 그와 비슷한 상황이 다시 도래했을 때는 그 보상을 받았던 것과 비슷한 행동을 반복하려 한다는 강화이론(reinforcement theory)을 제시

③ 모스와 말리노프스키 등의 인류학자는 선물교환에서 보여주는 사람들 간의 교환관계는 사회적 응집력을 높여 주고 도덕 규범을 유지시키는 기능을 수행함을 밝혀 냄

(2) **대표 학자** : 호만스(G. Homans)

(3) **호만스의 이론 : 심리학적 교환주의**

① 인간의 상호작용은 본질적으로 보상과 비용의 교환으로 볼 수 있다. 인간은 모두 보상을 추구하는 존재이며, 인간과 인간의 관계 즉 사회적 관계는 결국 보상을 주고 받는(give-and-take)관계로서 유지된다.

② 보상이란 어떤 사람이 다른 사람으로부터 받은 것 중 가치있다고 생각하는 것을 총칭하는 개념을 말한다.
→ 보상은 반드시 물질적인 것만은 아니고 상징적인 성격을 띠는 경우도 흔히 있음
예 타인의 인정

③ 어떠한 상호작용에서든 행위자는 보상과 비용을 다 함께 경험한다. 행동을 동기 지워 주는 것은 바로 보상에의 욕구이며, 징벌이나 비용을 회피하려는 욕구가 행동을 저지한다. 비용에 대한 보상의 잉여가 있는 경우 이는 바로 '이윤'이 된다.
→ 사회현상은 심리학적 차원에서만 제대로 유의미하게 설명될 수 있다는 입장

④ 만약에 어느 일방이 받기만 하고 주는 것이 없을 때는 사회관계는 단절되거나 소멸함

> 📖 **호만스의 이론적 입장**
>
> 호만스의 기본입장은 사회학의 핵심이 개인의 행동과 상호작용의 연구에 있다는 것이었다. 그는 의식이나 대다수의 사회학자들이 관심을 갖는 여러 가지 거시구조와 제도에 거의 관심을 두지 않았다. 그의 주된 관심은 오히려 인간의 행동을 유발하게 하고 이를 강화시켜 주는 유형(reinfocement patterns), 즉 보상(rewards)과 비용(costs)의 역사에 있었다. 기본적으로 호만스는 인간은 그들이 과거에 보상받았던 행동을 계속하며 반대로 과거에 손실을 가져왔던 행동은 더 이상 하려 하지 않을 것이라고 주장하였다. 그래서 행동을 이해하기 위해서는 개인의 보상과 지불한 대가의 역사를 이해할 필요가 있다. 따라서 사회학의 초점은 의식이나 사회구조, 제도가 아닌 강화유형에 맞춰져야 한다는 것이다.

☞ 호만스의 기본 명제들 : 호만스는 모든 사회학적 명제를 다음과 같은 기본적인 심리학적 명제에 귀속시킨다.
1. 성공 명제 : 특정인의 특정 행동에 대해 더 자주 보상이 주어질수록 그 사람은 그 행동을 행할 가능성이 더 높아진다.
2. 자극 명제 : 과거에 발생했던 특정 자극이나 자극들이 원인이 되어 특정인의 행동이 보상받았다면, 현재의 자극들이 과거의 자극들과 유사하면 유사 할수록, 그 사람은 그 행동이나 그와 어느 정도 유사한 행동을 수행할 가능성이 더 커진다.
3. 가치 명제 : 특정인의 행위 결과가 그에게 더 큰 가치를 가지면 가질수록 그가 그 행위를 할 가능성은 더 커진다.
4. 박탈 – 포만 명제 : 특정인이 가까운 과거에 특정한 보상을 더 자주 받았을수록 더 이상의 어떤 단위의 보상도 그에게는 점차로 덜 가치 있게 받아들여진다.
5. 공격 – 승인 명제들
   5-1 : 한 사람이 그의 행위에 대해 기대했던 보상을 받지 못하거나 기대하지 않았던 처벌을 받게 되면, 그는 화를 내게 되며 보다 공격적 행동을 할 가능성이 높아지고, 그리고 그러한 공격적 행동의 결과를 보다 가치있게 여기게 될 가능성이 높아진다.
   5-2 : 한 사람이 그의 행위에 대해 기대했던 보상 특히 그의 기대보다 더 큰 보상을 받거나 그가 예상했던 처벌을 받지 않게 되면 그는 기뻐할 것이다. 그는 더욱 더 승인하는 행동을 하게 될 것이고 그런 행동의 결과들은 그에게 더 큰 가치를 갖게 된다.
6. 합리성 명제 : 특정인이 대안적 행동들 중에서 특정 행동을 선택할 때 그는 그가 그 시점에서 파악하고 있는 그 행동의 결과의 가치에 그 결과를 얻을 확률을 곱한 값이 더 큰 행동을 선택할 것이다.

⑤ 한계
ㄱ. 비제도화된, 그리고 비공식적인 행동을 연구하는 데는 적합하지만, 공식화된 규범을 포함하는 제도화된 행동을 파악하는 데는 부적합하다.
ㄴ. 모든 사회적 관계가 교환관계는 아니기 때문에 사회생활의 모든 면을 완전히 설명해 주지 못한다. 예를 들어 강압이나 일방적인 사랑, 또는 호혜의 규범이 확립되어 있지 않은 상황이나 사회에서는 교환이론의 적용이 한계성을 가진다.
ㄷ. 인간의 사회적 행위를 동물의 행동처럼 단순화시켜 본다는 점에서 동물과 인간 사이에 존재하는 본질적인 차이점을 제대로 유념하지 않고 있다.

📖 상징적 상호작용론과 교환이론

상징적 상호작용론과 교환이론은 모두 미시적 관점으로서 개인의 능동적인 사고 과정과 선택을 강조하지만, 두 관점은 행위의 어떤 측면에 초점을 두느냐에 따라 대비된다. 상징적 상호작용론은 인간이 의미를 추구하는 존재라는 점을 중시하고 상호 작용 과정에서 의미 해석을 살펴본다. 교환 이론에서 인간은 이익을 추구하는 존재로 그려지며, 행위는 이익을 고려한 전략적 사고의 결과이다. 인간의 행위가 의미와 이익 모두에 의해 영향을 받는다는 점에서 한 관점에서의 장점은 다른 관점에서의 단점이 된다.

교환이론 – 『사회학 이론과 그 고전적 뿌리』

호만스는 자신이 관심을 갖고 수립하고자 하는 교환이론의 성격을 밝히고자 두 명의 사무직원의 경우에 대한 분석을 예로서 들고 있다. 사무원칙에 따르면 각 직원은 자신의 책임 하에 자신의 일을 하게 되어 있으며, 만일 도움이 필요할 경우 부서상급자와 상담하도록 되어 있다. 그런데 만일 사무원 a가 종종 문제에 봉착하여 도움을 받으면 좋을 상황에 처하게 된다고 가정해 보자. 사무원칙에 따르자면 그는 부서상급자에게 상담을 구해야 되지만 그러나 그렇게 하는 것은 상급자에게 그의 무능함을 드러내 보이는 격이며 따라서 그의 향후 승진에 악영향을 미치게 될 것이다. 이 경우 차라리 동료직원 b에게 도움을 구하는 것이 보다 안전하며, 특히 b가 해당 사안에 대해 보다 경험과 능력이 풍부하다면 더욱 그러하다. 물론 동료에게 상담을 구하는 것을 부서상급자는 모르고 있어야 한다. 한쪽 사람은 전문적 도움을 제공하는 것이며 이해 대해 다른 쪽 사람은 감사와 호의를 제공하는 격이다. 이는 호의와 도움의 맞바꿈이라 할 수 있다.

기본적으로 개인들은 그들 앞에 놓인 여러 대안적 행동들에 대해 이모저모 생각해보고 계산하게 된다. 개인들은 각 행동들이 낳게 될 보상의 양들을 서로 비교하는 것이다. 그들은 또한 그러한 보상을 실제로 획득할 수 있을 개연성도 계산하게 된다. 자체로는 매우 높은 가치를 지닌 보상이라도 만일 행위자가 생각하기에 그것을 얻게 될 가능성이 낮다면 그 가치는 평가절하된다. 반대로, 자체로는 낮은 가치의 보상이라도 그것을 획득할 가능성이 매우 높다면 그 가치는 늘어나게 된다. 따라서, 보상의 본래적 가치와 그것의 획득 확률 간의 관계에 따라 가치가 가중되게 된다. 가장 바람직한 보상은 그 자체의 가치도 높으면서 동시에 획득 가능성도 높은 것이고, 그 반대의 경우는 자체의 가치도 작으면서 획득하기도 힘든 종류가 될 것이다.

호만스는 이 **합리성명제**를 다시 성공명제, 자극명제, 가치명제들과 연결시키고 있다. 합리성 명제는 우리에게 행위자가 어떤 행동을 할 것이냐 아니냐의 문제는 그 행동의 성공 여부에 대한 당사자의 인식에 달려 있다는 점을 말해 주고 있다.

그런데, 행위자의 이런 인식은 무엇이 결정하는 것일까? 호만스는 말하기를, 성공의 찬스가 높은지 낮은지에 대한 인식은 과거 성공의 경험 정도와 그리고 지금 상황이 얼마나 과거 성공의 상황과 유사하냐의 정도에 따라 달라진다고 주장한다.

합리성명제는 우리에게 왜 행위자가 어떤 보상을 다른 보상보다 바람직하게 여기는지 그 이유에 대해서는 언급해 주는 바가 없다. 그 점에 대해서는 우리는 가치명제가 필요하게 된다. 이런 방식으로, 호만스는 그의 합리성명제를 여타의 보다 행동주의적인 명제들과 연결시키고 있다.

THEME 06 사회 문화 현상을 바라보는 관점 - 미시사회학 이론

기출문제

✓ 2003 임용

01 다음은 어느 교사의 여행기에 나타난 일화이다. 이 교사의 관점에서 '실재(reality)의 의미'는 어떻게 정의될 수 있는지 40자 이내로 쓰시오.

> 인도의 한 외딴 마을을 지나는 도중 목이 몹시 말랐다. 마침 그 때 재래 시장의 길가 좌판에서 팔고 있는 먹음직스러운 수박이 눈에 들어왔다. 나는 얼른 노점상에게 서툰 인도말로 수박 한 조각을 주문하였다. 그 노점상이 수박을 막 자르려고 할 때, 나는 그 사람 손에 쥐어진 때국물이 줄줄 흐르는 녹슨 식칼을 보고야 말았다. 잠깐을 망설이다가 노점상에게 "칼이 더러운 것 같으니 좀 닦은 후에 잘라 주시오"라고 부탁하였다. 그는 망설임 없이 칼을 바로 옆 흙탕물에 푹 담가 휘저어 꺼냈다. 그런데 그 주변 바닥에는 지저분한 오물들이 널려 있었다. 나는 기겁을 하고 노점상에게 수박을 통째로 살 테니 자르지 말고 그냥 달라고 서둘러 말하였다.
>
> 내가 살고 있는 사회에서 일반적으로 경계하고 있는 '병균'이라는 것은 인도의 그 과일 노점상에게는 존재하지 않는 것 같았다. 그런데, 생각해 보면, 나와 그 노점상은 각자가 처한 상황에 대한 나름대로의 정의(definition)에 따라 행동하고 있었던 것으로 보인다. 나의 인식과 행동은 '병균은 존재한다'라는 과학적 사실을 직접 확인한 것에서 비롯되었다기보다는, 오히려 '눈에 보이지는 않지만 병균이 우리 주변에 득시글거린다'고 하며 청결을 강조하는 사회에서 자라고 교육받았기 때문이라고 할 수 있다. 물론 병균은 객관적으로 우리 주변에 엄연히 존재하며, 병균 감염은 병균에 대한 우리의 인식 여부와 관계없이 일어나는 것이다. 하지만, 나와 노점상의 행위에 직접적으로 영향을 주고 있었던 것은 병균에 관한 과학적 사실보다는, 오히려 병균의 존재에 관한 사회 문화의 분위기 탓이라고 여겨졌다.

2005 임용

02 다음을 읽고 물음에 답하시오.

> (가) 일탈은 행위의 속성에 따라 규정되는 것이 아니라 사회적으로 규정된다. 정치적·경제적으로 힘을 가진 사람들이 자신들의 기준에서 규칙을 만들고 그것을 약자들에게 적용함으로써 일탈자라는 꼬리표를 붙인다. 일단 일탈자라고 꼬리표가 붙은 사람은 자신이 일탈자라는 정체감을 형성하게 되고, 지속적으로 일탈을 반복하는 경향이 있다. 따라서 일탈을 이해하기 위해서는 누가 어떻게 특정 행위나 현상을 일탈이라고 규정하는지, 그리고 일탈자라고 규정된 사람에게 미치는 사회적 영향은 무엇인지에 초점을 두어야 한다.
>
> (나) 실재(reality)는 다중의 구성 실재로서, 각 개인의 주관적 의미에 대한 이해와 현상에 대한 총체적 탐구를 통해서 이해될 수 있다. 이 점에서 연구자는 연구 반응자(대상자)들의 관점을 중시하며, 연구 현장의 구체적 맥락 속에서 그들의 독특한 삶의 의미를 읽어낸다. 또한 연구가 수행되기 전에는 현상이 담고 있는 의미를 알 수 없기 때문에 사전에 엄격하게 계획된 설계보다는 발현적 연구 설계(emergent design)를 지향한다. 연구를 수행함에 있어서 연구자는 있는 그대로의 현장에서 감정이입적 이해와 독특한 통찰력을 통해 해석과 판단을 내린다.

2-1. (가)와 (나)는 어떤 사회학 이론에 공통적으로 근거하고 있다. 이 이론을 쓰고, 2줄 이내로 설명하시오. [3점]

• 이론 : _____

• 설명 : _____

✓ 2008 임용

03 (가)의 주장에 기초하여 (나)와 같은 탐구활동을 하고자 한다. (가)에 가장 부합하는 사회학 이론 (또는 접근 방법)의 명칭을 쓰고, (가)의 사회학 이론을 적용하여 (나)에서 수행할 수 있는 탐구활동의 예를 2줄 이내로 쓰시오. [3점]

> (가) 개인들이 사회에 종속적으로만 존재하는 것은 아니다. 오히려 개인은 사회질서를 주체적으로 구성하고 있다. 개인은 사회질서를 당연한 것으로 받아들이고 있기는 하지만 그것은 인간이 사회에 대해 수동적이고 무비판적으로 존재하기 때문이 아니라 개인들이 그러한 질서를 주체적으로 구성하고 있기 때문이다. 따라서 개인들이 사회적 상호작용의 기초가 되는 규범과 가치를 어떻게 해석하는가를 밝혀내는 것이 중요하다. 이를 위하여 사람들이 일상 생활에서 현실 상황을 지각하고 행동하는 방식을 관찰하고 분석하여야 한다.
>
> (나) 탐구주제 : 교실 내에서 작용하는 규범과 규칙은 어떤 것이 있는지 알아보자
> 탐구방법 : 가핑켈(Garfinkel)이 제안한 '위반 실험' 방법 활용

• 명칭 :

• 활동 :

✓ 2010 임용

04 다음 제시된 사회이론에 대한 설명으로 옳은 것은?

> 인간의 행동을 설명하려면 사회의 수요나 기능적 요건을 알아야 하는 것이 아니라 인간의 동기와 감정을 이해해야 한다. 개인 간 상호작용의 동기와 감정이 무엇인가를 이해하기 위해서는 인간 행동의 교환 양식을 분석해야 한다. 따라서 한 사람의 행동이 다른 사람들의 행동을 강화하거나 처벌하고 이에 따라 각자가 서로에 영향을 미치는 사회적 행동을 연구해야 한다.

① 상징을 매개로 한 상호작용 과정을 분석하여 사회구조를 이해하고자 한다.
② 사람은 다른 사람에게 보여지는 자신의 인상을 고려하여 행동한다고 본다.
③ 공유된 이해를 기반으로 이루어지는 사회적 상호작용의 기제에 관심이 있다.
④ 사람은 특정 행동에 대한 보상이 주어질수록 그 행동을 할 가능성이 크다고 본다.
⑤ 개인이 공평하다고 생각하는 교환기준은 사회규범과 제도에 의해 결정된다고 본다.

✓ 2021 임용

05 다음 글을 읽고 <작성 방법>에 따라 서술하시오. [4점]

『일상생활에서의 자아의 표현(The Presentation of Self in Everyday Life, 1959)』이라는 저서를 발표한 미국의 사회학자 A는 사회 속에서 개인이 자아와 사회 현실을 어떻게 전략적으로 구성하는지를 상호작용 과정 연구를 통해 밝혀내고 (㉠) 이론을 제시하였다. 개인의 사회적 역할은 자신의 감정이나 태도에 의해 결정되기보다는 자신에게 주어진 대본, 제공된 무대 및 소품 그리고 자신을 바라보는 관객에 의해서 더 많이 결정된다고 보았다.

A는 자신의 (㉠) 이론을 보다 구체적으로 설명하기 위하여 (㉡) 개념을 제시하였다. A는 일상생활에서의 다양한 상호작용 중에서 ㉢<u>특정 유형의 상호작용</u> 과정에 주목하였다. A에 따르면, 사람들은 상호작용을 할 때 다른 사람들이 자신을 어떻게 보느냐에 따라서 행동하고 자신이 기대하는 대로 다른 사람들이 반응하도록 하기 위하여 (㉡)을/를 한다. (㉡)은/는 의도된 행동뿐만 아니라 의도하지 않은 몸짓, 부당한 강요 그리고 실수와 같은 예기치 않은 행동들에 대처하는 방법 등도 포함한다.

─────<작성 방법>─────

○ 괄호 안의 ㉠에 해당하는 용어를 쓸 것.
○ 괄호 안의 ㉡에 해당하는 용어를 쓸 것.
○ 밑줄 친 ㉢에 해당하는 상호작용 유형을 ㉠ 이론에 입각하여 쓰고, ㉠ 이론에 대해 구조기능주의 관점에서 제기할 수 있는 문제점을 서술할 것.

2025임용

06 다음을 읽고, <작성 방법>에 따라 서술하시오. [4점]

아래 강사의 말은 혹실드(A. R. Hochschild)가 △△항공사의 승무원 훈련과정을 참여관찰한 뒤, 그 연구 결과를 담아 출판한 저서에 나오는 구절이다. 혹실드에 따르면, 고객응대 서비스업의 성패는 고객의 마음을 사로잡아 지갑을 열게 하는 데에 달려있다. 그래서 기업은 서비스 노동자들에게 (㉠) 노동을 요구하며 표정, 미소, 몸짓을 훈련시킨다. 서비스 노동자는 기업의 요구대로 자신의 (㉠)을/를 인위적으로 통제하며, 이로 인해 스트레스에 시달리기도 한다. 이러한 혹실드의 연구는 ㉡상징적 상호작용론에 속한다.

혹실드는 고프먼(E. Goffman)과 밀즈(C. W. Mills)의 영향을 받아 연구를 진행하였다. 고프먼은 『일상생활에서의 자아의 표현(The Presentation of Self in Everyday Life)』에서 무대에서의 자아연출이라는 극장의 은유를 사용하였다. 그는 사회생활이란 마치 배우가 (㉢) 무대에서 주어진 대본, 무대장치와 소품, 그리고 관객의 반응에 영향을 받으며 연기하는 것과 같다고 보았다. 밀즈는 『화이트 칼라(White Collar)』에서 인격의 판매와 자기 소외를 다뤘다. 혹실드의 연구는 이들의 시각을 접목한 것으로서, 그동안 ㉣상징적 상호작용론의 한계로 비판받아온 지점을 극복한 것으로 평가받는다.

―――――<작성 방법>―――――

○ 괄호 안의 ㉠, ㉢에 해당하는 용어를 순서대로 쓸 것.
○ 밑줄 친 ㉡이 강조하는 '비언어적 의사소통 형태(상징)'에 해당하는 3가지를 제시문의 첫 문단에서 찾아 쓸 것.
○ 밑줄 친 ㉣의 내용을 서술할 것.

THEME 06 사회 문화 현상을 바라보는 관점 – 미시사회학 이론

THEME 07 | 사회과학의 연구방법

1. 사회학의 연구 방법

	양적 연구	질적 연구[17]
전통	• 실증주의(사회현상 ≒ 자연 현상) • 방법론적 일원론	• 현상학과 해석학(사회 현상 ≠ 자연 현상) • 방법론적 이원론
기본 가정	• 객관적 실재로서의 사회 • 보편적 규칙성	• 주관적 구성물로서의 사회 • 사회현상의 유동성과 역동성
방법론적 전통	• 관찰자로서의 연구자(객관적 관찰) • 객관성 추구 • 일반화의 가능성(보편적 법칙) 추구	• 참여자로서의 연구자(공감적 이해) • 상호주관성 중시 • 소수사례에 대한 심층적 이해를 더 중시

방법론적 특징	• 연역적 논리 전개
	  자료 수집 전에 가설을 설정하고 수집된 경험적 자료에 대한 통계적 분석을 통해 가설을 검증
	• 수량적 형태로 제시되는 자료(양적 자료)의 수집 강조
	• 정확한 자료 수집을 위한 개념을 조작적으로 정의하는 과정을 강조
	• 인과관계를 분명하게 밝히기 위한 과정으로 조건의 통제를 실시하기도 함(실험법)
		• 귀납적 논리 전개
		  사전에 완벽하게 연구 설계를 하지 않고 연구를 진행하는 과정에서 구체화시켜 나가는 융통성을 지님
		• 대화 기록, 면접 기록, 관찰 일지, 역사적인 문헌, 현장 보고서, 일기 등과 같은 질적 자료의 수집 강조
		• 연구 결과보다 결과가 나오기까지의 과정을 면밀히 살펴보는 것을 강조

결과 보고	• 요점식 수량적 보고서 • 신뢰성 중시	• 서술식 이야기체 보고서 • 타당성 중시
장 점	• 탐구 대상을 수치화함으로써 정확하고 정밀한 연구 가능 • 계량화된 자료를 수집하고 통계 분석을 통해 결론을 도출하기 때문에 연구자의 가치나 이해관계가 개입될 가능성이 작음 • 일반적 법칙을 발견하고 현상 예측이 용이	• 표면에 드러나지 않는 사회 현상의 의미를 심층적으로 이해 • 상황 맥락에 따라 다양한 사회·문화 현상의 의미를 연구 대상자의 관점에서 이해하는데 유용
단 점	• 인간 행위의 심층적 의미를 파악하는 데 어려움이 있으며 계량화하기 어려운 분야를 연구하는 데에도 한계가 있음	• 연구자의 주관 개입이 염려되어 연구의 객관성에 대한 문제 제기를 받을 수 있으며, 연구 결과의 일반화에 어려움이 있다.

---

17) 2020 임용 : 실증주의 입장에서 신뢰도와 타당도 개념을 각각 활용하여, 해석적 연구 경향의 문제점을 서술할 것.

해석적 연구의 성격

해석적 연구는 실증적·경험적 연구를 위한 예비적 과정이 되며 또한 인과관계를 확정할 수 있는 근거가 될 수 있다.

 출산율 감소의 원인에 대한 설문을 구성하려 한다면, 결혼한 부부들이 어떤 감정, 의도, 동기로 출산을 하지 않게 되었는지를 이해할 필요가 있다. 그렇지 않다면 출산을 하지 않는 이유를 파악하기 위한 설문지 문항과 선택지의 구성 자체가 어려울 것이다.

베버 : "인간 행위의 대한 과학적 설명은 '해석적 이해'와 '인과적 설명'의 결합을 통해 가능하다."

질적 연구의 유형

(1) **전기적 연구**
① 제 3자 혹은 당사자가 개인의 삶의 과정을 기술하는 형태의 연구
② 개인의 기억에 의존하여 하나의 역사적 사건을 재조명해보는 구전역사 연구

(2) **현상학적 연구** : 하나의 개인이 아니라 복수의 개인들 간에 공유되는 하나의 개념이나 현상의 의미를 추적하는데 목적이 있는 연구

(3) **토대이론** : 현상학과 달리 어떤 의미를 탐구하기 보다는 현상과 관련된 사람들의 행위를 설명해 주는 이론적 틀을 발견하는 데 목적이 있음

 '죽음'이라고 하는 특정한 현상에 대해 사람들이 어떻게 반응하고 행동하는지 인터뷰 등의 방법을 통해 가능한 모든 정보를 수집하고, 이들 정보를 다시 귀납적으로 범주화하는 과정을 통해 이론적인 명제나 가설을 만들어 냄

(4) **민속기술연구**
① 사회 문화적 특성을 공유하는 집단에 대해 기술하고, 그 시스템에 대해 해석하는 연구방법
② 하나의 문화집단에 대한 일종의 총체적인 묘사라고 할 수 있는데, 그 묘사란 결국 집단 구성원들의 관점과 연구자 자신의 사회과학적 관점이 서로 어우러진 결과라 할 수 있음

(5) **사례연구** : 종합적인 정보를 활용하여 대상을 깊이 있게 기술한다는 점에서는 민속기술연구와 같지만 민속기술 연구가 집단을 대상으로 하는 반면 사례연구는 시공간으로 한정된 사례를 대상으로 한다는 점에서 다름

2. 실증적 연구와 해석적 연구의 절차

(1) 실증적 연구 절차

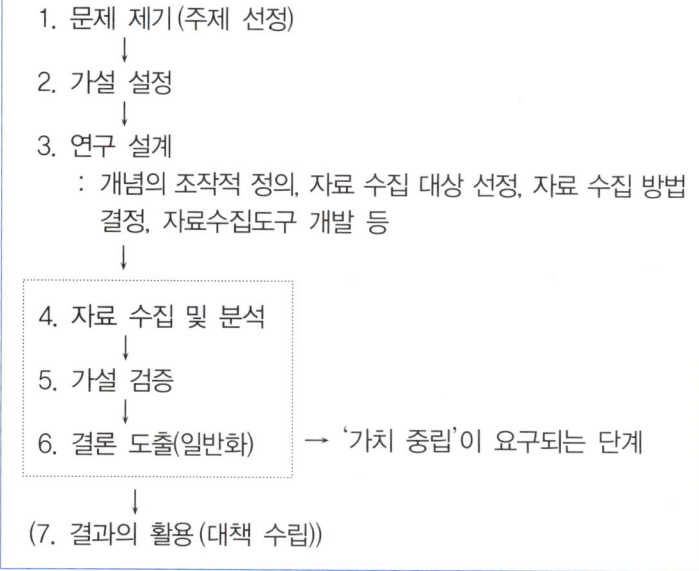

☞ 일반화 성공조건
: 표본의 대표성 확보

※ **개념의 조작적 정의[18][19]** : 사회 현상에 관한 추상적인 개념을 관찰과 측정이 가능한 형태로 바꾸어 정의하는 것을 말한다. 이는 곧 추상적인 개념을 측정 가능한 구체적인 현상과 연결시키는 과정이라 할 수 있다. 조작적 정의는 이론적·개념적 차원과 경험적·구체적 차원의 간극을 메워준다. 예를 들어, 학생들의 학습 의욕을 하루에 자습하는 시간으로, 가족 간의 친밀도를 일주일 간 가족 구성원이 식사를 함께하는 정도로 정의하는 것이 개념의 조작적 정의에 해당한다.

cf 개념적 정의 : 어떤 개념을, 그 특성을 나타내는 보다 간단한 다른 용어를 이용하여 규정하는 것이다. 개념적 정의가 경험적으로 관찰 가능한 것이 아니라면 경험적 세계로의 이전을 어떻게 이루어질 것인가 하는 문제가 생긴다. 이 난관을 돌파하기 위한 용도로 '조작적 정의'가 사용된다.

📖 가설의 요건 -지학사

1. <u>가설은 독립 변수와 종속 변수[20] 간의 인과 관계가 명확해야 한다.</u>
   여기서 독립 변수는 원인, 종속 변수는 결과에 해당하는 변수이다. 예를 들어 "독서량이 많아지면 학업 성적이 올라간다."라는 가설은 인과 관계가 명확하므로 좋은 가설이다.

2. <u>가설에 포함된 변수는 측정 가능해야 한다.</u>
   왜냐하면 가설은 경험적인 검증이 필요하기 때문이다. 예를 들어 "부모의 자녀에 대한 사랑이 깊을수록 자녀

---

18) 2019 임용 : 조작적 정의 (단답)
19) 2025 임용 : 밑줄 친 ㉠(인간 두뇌 기능에 미치는 영향)에 대한 갑과 을의 조작적 정의를 찾아 순서대로 쓸 것

의 학교생활 만족도가 높을 것이다."라는 가설은 부모의 자녀에 대한 사랑과 자녀의 학교생활 만족도 간의 관계를 경험적으로 알아보기 어렵다. 따라서 연구의 맥락에 맞도록 이것을 "부모와 자녀 간의 대화가 많을수록 자녀의 학교생활 만족도가 높을 것이다."라고 바꾸면, 직접 검증할 수 있는 좋은 가설이 될 수 있다.

3. <u>가설은 가치 중립적인 진술이어야 한다.</u>
예를 들어 "여학생은 남학생보다 텔레비전 프로그램 중 멜로드라마를 더 많이 시청한다."라는 진술은 학생의 성별이 멜로드라마 시청 시간에 영향을 미친다는 진술이기 때문에 좋은 가설이다. 하지만 "여학생은 남학생보다 텔레비전 프로그램 중 멜로드라마를 더 많이 시청하는 것이 바람직하다."라는 진술은 가치 중립적이지 않기 때문에 좋은 가설이 아니다.

변수의 의미

변수(variable)는 말 그대로 변하는 수를 의미한다. 고정값을 가지는 것이 아니라 값이 변한다는 것이다. 이에 반해 상수는 항상 고정값을 가진다. 원주율과 같은 것이 대표적인 예이다. 변수는 일반적으로 함수관계에서 사용되는 개념이다. 조건이나 환경에 관계없이 언제나 일정한 크기를 가지는 상수(constant)와는 달리, 조건의 변화에 따라 반응하며 그 크기가 언제나 변할 수 있는 수가 바로 변수이다.

연구에서 변수는 특별한 형태의 개념이라고 볼 수 있다. 개념화가 이루어진 결과인 개념이 사회 조사에서 연구대상이 되면 변수가 되는 것이다. 모든 개념은 사회과학 연구에서 연구의 대상이 되는 동시에 변수로 다룰 수 있게 된다. 일반적으로 우리가 '청소년 비행'이라고 말하는 것과 이 개념이 가설 속에 존재하게 되면 그것은 다르게 이해된다. 연구에서 가설 안에 하나의 개념으로 '청소년 비행'이 들어 있는 경우에는 앞에서 살펴본 것처럼 구체적으로 측정할 수 있는 상태가 되어 그 값이 측정되어 나오기에 하나의 변수가 된다. 그런 점에서 가설 속에서 개념은 변수로 설정된 것이고, 이러한 변수를 연구 과정에서 구체적으로 측정하기 위해서 연구자는 조작화 단계를 거치면서 개념의 변하는 값을 측정할 수 있는 양화 작업을 거치게 된다.

조작적 정의에 따라 가설 설정에 포함된 개념이 관찰가능한 상태가 되면 측정이 되어 값을 얻을 수 있는 '변수'가 되는 것이다. 위에서 설명한 것처럼 '비행'이라는 개념이 관찰할 수 있게 실제로 존재한다면, 그 현상을 측정할 때 그 값은 고정된 값이 아니라 여러 가지 값으로 나타난다. 예를 들어 '청소년 비행'이라는 개념을 '중·고등학생의 지난 1학기 동안 5만원 이하의 돈을 빼앗은 경험'이라고 정의하고 이를 측정한다고 하면 '없음', '1번' … 등 다양하게 그 값이 나타날 것이다. 이처럼 개념을 조작적으로 정의하고 그것을 측정하게 되면, 고정된 값이 아니라 변화되는 다양한 값으로 나타나는데, 이런 상태의 개념을 변수라고 한다.

- 노성호 외 「사회과학 연구방법론」

---

20) <u>2022 임용</u> : A연구에서의 종속변수를 쓸 것.

변수의 종류 1

1) 독립변수와 종속변수 [21]

독립변수는 가설에서 원인이 되는 변수를 말한다. 원인변수라고 부르기도 한다. 종속변수는 원인에 의해 발생하게 되는 결과에 해당하는 변수를 말한다. 결과변수라고 부르기도 한다. 예를 들어 '소득 수준에 따라 생활만족도에 차이가 있다.'라는 가설의 경우를 보자. 여기서 '소득 수준'은 생활만족도의 변화에 영향을 주는 변수이기 때문에 독립변수가 된다. 그리고 '생활만족도'는 소득 수준의 변화에 따라 영향을 받는 변수가 되기 때문에 종속변수가 된다.

이 경우에 두 변수 사이에 공분산(covariance)이 존재하고, 두 변수 사이에 시간적으로 한 변수(독립변수)가 다른 한 변수(종속변수) 보다 앞서며, 두 변수 간의 관계가 제3의 요인에 의해서 설명되지 않는다면 이 두 변수 사이에는 인과관계가 성립되며, 이 인과관계를 토대로 원인이 되는 독립변수와 결과가 되는 종속변수로 구분할 수 있게 된다.

2) 검정요인 또는 검정변수 [22]

독립변수와 종속변수라고 생각하는 두 변수에 공통으로 영향을 줄 가능성이 있는 제3의 요인을 검정요인(test factor)이라고 하고, 이러한 독립변수와 종속변수 사이의 인과적 관계를 검증하는 과정에서 사용하는 검정요인에 해당하는 변수를 검정변수(test variable) 혹은 통제변수라고 부른다. 일반적으로 사회현상의 분석은 2개의 변수만으로 이루어지는 것이 아니라 다양한 변수 간의 관계를 설명함으로써 이루어진다. 이러한 다양한 여러 변수들의 관계에 따라 검정변수는 몇 가지 유형으로 구분된다. 다음은 그러한 검정변수의 유형에 대해서 살펴보기로 한다.

가) 외생변수

두 변수 사이에 관계가 표면적으로 인과적 관계인 것처럼 보이지만 실제로는 두 변수 간에 내재적인 연결은 없고 각 변수가 우연히 어떤 다른 변수와 연결됨으로써 관계가 있는 것처럼 보이는 경우가 있다. 이런 경우에 검정요인을 통제하면 두 변수 간의 관계가 사라지게 되는 데, 이때 통제되는 검정요인을 외생변수(extraneous variable)[23]라고 한다. 이 경우에 표면적으로 인과관계처럼 보였던 관계를 허위관계(spurious relationship)라고 부른다. 사회과학의 연구에서는 연구모형에서 고려하지 않는 제3의 변수가 외생변수로서 모형의 분석 결과에 영향을 미칠 수 있기 때문에 선행 연구 결과나 이론을 고려해서 그럴 가능성이 있는 변수를 인과 모형의 가장 앞쪽에 포함하여 분석함으로써 그 영향을 통제하는 것이 바람직하다.

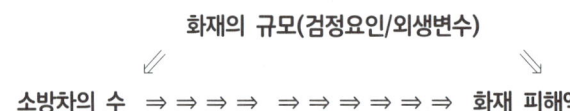

예를 들어 화재장소에 '소방차가 많을수록 화재피해액이 크다.'는 관찰의 결과가 있다. 이 예에서 소방차의 수를 독립변수, 화재피해액을 종속변수로 설정한다면, 언뜻 보아서는 소방차의 수가 화재피해액의 원인으로 보일 수가 있다. 그러나 실제로는 화재의 규모가 소방차의 수, 화재피해액 모두의 원인이 되는 것이다. 이때 소방차의 수와 화재피해액의 관계는 화재의 규모라고 하는 변수에 의해 우연히 연결된 관계에 불과하다. 여기서 화재의 규모를 통제한다면 소방차의 수와 화재피해액 사이에는 아무런 관계가 나타나지 않게 될 것이다. 이럴 때 '화재의 규모'는 외생변수가 된다.

나) 매개변수

독립변수와 종속변수 사이에서 독립변수의 결과인 동시에 종속변수의 원인이 되는 변수를 매개변수(intervening Variable)라고 한다. 즉 검정요인이 독립변수와 종속변수 사이에 놓인 변수를 말한다.

예를 들어 보자. 허쉬와 힌델랑(Hirschi and Hindelang, 1977)은 지능지수와 범죄와의 관계를 연구하면서 지능지수가 범죄행동에 영향을 준다고 보았다. 즉 '지능지수가 낮은 사람'이 범죄를 저지를 가능성이 크다고 본 것이다. 이때 지능지수는 독립변수이고 범죄율은 종속변수가 된다. 그런데 이들이 연구하면서 이 두 변수 사이의 인과관계를 조금 더 추적해 들어가 보니, 지능지수는 학업 성적에 영향을 주고, 이러한 학업 성적이 범죄율에 영향을 준다는 것을 알게 되었다. 즉 그 관계는 다음과 같이 나타난다.

지능지수 ⇒ ⇒ ⇒ 학업성적 (매개변수) ⇒ ⇒ ⇒ 범죄율

이를 보면 낮은 지능지수를 가지고 있는 청소년들이 학교에서 성적이 좋지 않고, 그에 따른 학교생활의 실패와 학업 능력 부족을 경험하게 되며 이는 비행 및 성인이 되고 나서의 범죄성과 관련이 있다는 것이다. 이런 경우에 '학업 성적'은 매개변수가 된다.

다) 선행변수

선행변수(antecedent variable)는 인과관계에서 독립변수에 앞서면서 독립변수에 대해 유의미한 영향을 주는 변수를 말한다. 선행변수는 매개변수와 다르게 독립변수와 종속변수 간의 관계를 설명하는 것이 아니라 그 관계에 미치는 영향을 명확히 하고자 할 때 도입한다.

여기서 중요한 것은 첫째로 선행변수를 통제할 때에 독립변수와 종속변수의 관계가 사라져서는 안 되며, 둘째로 독립변수를 통제할 때 선행변수와 종속변수와의 관계는 사라져야 한다. 선행변수와 외생변수의 차이점은 검정요인이 외생변수일 경우에는 이를 통제할 때에 독립변수와 종속변수의 관계가 소멸되지만, 검정요인이 선행변수라면 그 관계가 유지된다는 것이다.

위의 매개변수의 경우에 사용한 지능지수와 범죄율 사이의 관계의 예에서 만약 우리가 학업 성적과 범죄율 사이에 인과관계가 있다는 것을 먼저 알고 있다면, 학업 성적에 영향을 주는 변수가 무엇이 있을까를 생각해 볼 수 있다. 이때 지능지수가 학업 성적에 영향을 준다는 것을 찾아낸다면, '지능지수가 선행변수가 되는 것이다.'

- 노성호 외 「사회과학 연구방법론」

---

21) 2023 임용 : 갑의 연구에서 독립변수를 쓸 것. 갑의 연구에서 종속변수 2가지를 측정 가능한 형태로 쓸 것.
22) 2022 임용 : 주관적 행복감과 스마트폰 사용의 관계에 영향을 미치는 다른 변수의 영향을 배제하기 위한 (㉠) 변수로 부모와의 관계, 부모의 계층을 설정하였다. (단답)
23) 일반적으로 연구모형에서 고려하지 않는 변수라는 의미에서 외생변수라 부른다. 이는 연구모형의 독립변수 이외의 변수로서 종속변수에 영향을 미치는 변수를 말한다.

변수 간의 관계 : 상관관계와 인과관계

두 변수 중에서 각 변수에 분산(variance)이 존재하고, 두 변수 사이의 변이가 함께 변하는 공분산(covariance)이 존재하면 이를 상관관계라고 한다. 즉 두 변수가 함께 변한다면 상관관계가 존재하게 되는 것이다.

… (중략) …

여기에 두 가지 질문을 통해 상관관계와 인과관계의 차이를 알아보자. '모든 상관관계는 인과관계일까?' 여기에 대한 옳은 대답은 '아니요'이다. 상관관계가 저절로 인과관계가 되지는 않는다는 의미이다. 그렇다면 '모든 인과관계는 상관관계인가?'라는 질문에 옳은 대답은 무엇일까? 여기에는 '예'가 맞는 답이다. 인과관계가 성립되기 위해서는 일단 상관관계는 존재해야 하기 때문이다.

그렇다면 연구자가 궁극적으로 찾고자 하는 변수들 사이의 관계는 무엇일까? 그것은 인과관계이다. 즉 두 변수 사이의 인과관계를 규명함으로써 연구하고자 하는 현상의 원인, 즉 독립변수가 무엇인지를 찾아내는 것이 연구의 목적이다. 이것이 연구자가 연구현상이 발생하는 원인, 바로 왜(why)라는 질문에 답을 찾음으로써 현상에 대한 단순한 **기술(description)**이 아니라 현상에 대해 **설명(explanation)**을 하는 것이다.

그런데 사실 우리가 연구 조사를 통해 찾아낸 변수 간의 관계가 인과관계인지 아니면 단순히 상관관계인지는 말처럼 그렇게 간단한 문제는 아니다. 전문연구자들도 연구 결과로 얻어낸 변수 간의 관계가 인과관계라고 생각하지만 사실은 상관관계를 착각하는 경우도 드물지 않게 발생한다. 그것은 바로 허위관계, 즉 인과관계가 아닌 단순 상관관계를 인과관계인 줄 착각했기 때문인데, 복잡한 사회현상의 인과적 법칙성은 생각하는 것보다 훨씬 복잡하기 때문이다.

이때 연구자가 연구를 통해 밝혀낸 변수 간의 관계가 허위관계가 아닌 진짜 인과관계인지를 검증하기 위해 분석 과정에서 독립변수와 종속변수라고 생각하는 두 변수에 공통으로 영향을 줄 가능성이 있는 여러 제3의 변수, 즉 검정변수 또는 통제변수를 잘 활용해야 한다. 이러한 통제변수에는 외생변수, 매개변수, 선행변수 등이 있다.

통계적 처리 과정에서 통제변수를 사용했을 때 원래의 두 변수 사이의 인과적 관계가 사라지면 그 원래의 두 변수는 허위관계라고 결론을 내릴 수 있다. 반면에 통제변수를 사용한 후에도 원래의 두 변수 사이에 인과적 관계가 여전히 남아 있으면, 원래의 두 변수는 진정한 의미에서 독립변수와 종속변수가 되는 것이고 이 두 변수는 인과관계를 가진다고 결론을 내리게 되는 것이다.

- 노성호 외 「사회과학 연구방법론」

📖 통제의 중요성

 통제(control)란 원인과 결과의 관계에 제3의 요인이 영향을 미치지 못하도록 막는 것을 의미한다. 즉 원인이 결과에 미치는 순수한 영향을 알기 위해서 혹시 존재할지 모르는 제3의 요인의 영향력을 배제하는 것을 의미한다. 자연현상의 연구에서는 제3의 요인의 영향을 물리적으로 배제하여 통제하는 것이 가능하지만, 인간을 연구대상으로 하는 사회과학에서는 통제가 그리 간단하지 않다. 앞서 사용한 사례의 게임 시간과 학교성적의 관계에서 부모의 감독이 공통원인으로 작용한다고 가정해보자. 이 경우에 부모의 감독이라는 영향력을 통제할 수만 있다면 게임 시간과 학교성적 사이에 발견되었던 상관관계는 사라질 것이며, 따라서 허위관계로 밝혀질 것이다.

 그렇다면 게임 시간과 학교성적 간의 관계에 미치는 부모감독의 영향을 현실적으로 어떻게 통제할 수 있을까? 사회과학에서는 자연과학에서처럼 제3의 요인을 물리적으로 배제할 수는 없다. 그래서 물리적 통제를 대신할 다른 통제 방법을 찾아야 한다. 기본적으로 할 수 있는 방법은 연구하고자 하는 관계 이외에서는 모두 '동일한 조건'을 만드는 것이다. 즉 인과관계를 설명하는 두 현상만을 제외하고 영향을 줄 수 있는 나머지 변수의 영향력을 동일하도록 조건을 만든 후에, 연구자가 설정한 두 현상의 관계를 살펴보는 것이다.

 실제로 사회과학 연구에서 구체적으로 통제를 수행하는 방법은 사용하는 자료수집 방법에 따라서 다르다. 실험법의 경우 원인이 되는 요인을 제외한 다른 조건들이 동일하도록 실험집단과 통제집단을 구성함으로써 통제를 수행할 수 있다. 서베이의 경우 질문지에 통제할 변수를 측정하는 문항을 포함하여 자료수집이 끝난 후에 분석 단계에서 통계적 기법을 사용하여 사후에 통제하는 방법을 사용한다. 이에 따라 서베이 방법을 사용하여 연구할 때에는 연구자가 살펴보고자 하는 원인과 결과에 해당하는 변수만 문항으로 구성하여 측정하는 것이 아니라 두 변수의 관계에 영향을 미칠 수 있는 요인들을 포함해서 자료를 수집해야 한다는 것을 염두에 두어야 한다.

- 노성호 외 「사회과학 연구방법론」

일반적으로 양적 연구는 어떤 절차를 거칠까?

※ 제시된 연구 사례는 이해를 돕기 위해 가상으로 구성한 것임.

01 연구 주제 선정
고등학생의 가족과의 대화 시간과 스마트폰 중독 간의 관계에 대한 연구
→ 양적 자료를 활용하여 독립 변인과 종속 변인 간의 관계를 분석하고자 하는 연구 주제를 선정한다.

02 가설 설정
가족과의 대화 시간이 많은 고등학생일수록 스마트폰 중독 가능성이 작을 것이다.
→ 가설은 연구 주제에 관한 잠정적인 결론으로서 독립 변인과 종속 변인 간의 관계에 대한 연구자의 생각을 문장으로 진술한 것이다. 양적 연구에서는 일반적으로 가설을 설정하지만, 그렇지 않은 경우도 있다.

03 연구 설계
- 개념의 조작적 정의
  - 가족과의 대화 시간: 하루 평균 가족과 대면 또는 비대면하여 대화를 하는 시간
  - 스마트폰 중독: 스마트폰을 하루 평균 5시간 이상 사용함
- 자료 수집 대상: 모든 고등학생에 대하여 대표성을 갖도록 전국에서 선정된 고등학생 1,000명
- 자료 수집 방법: 설문 조사

→ 연구 진행을 위한 구체적인 계획을 마련하는 단계로서 개념의 조작적 정의, 자료 수집 대상 및 방법의 선정 등이 이루어진다. 개념의 조작적 정의는 추상적인 개념을 측정 가능한 구체적인 지표로 규정하는 것으로서 '무엇으로 어떻게 측정할 것인가?'에 대한 답을 하는 활동이다. 자료 수집 방법으로는 양적 자료의 수집에 적합한 설문 조사나 실험, 통계 문헌 등이 주로 활용된다.

04 자료 수집
조사 대상으로 선정된 고등학생들에게 설문지를 배포하고 답변을 수집한다.
→ 연구 목적에 맞게 제작된 자료 수집 도구를 활용하여 통계 분석을 위한 자료를 수집한다.

05 자료 분석

▲ 가족과의 대화 시간별 스마트폰 중독자 비율

→ 수집한 자료를 분류하고, 평균이나 비율, 변화율 등 가설 검증을 위한 정보를 산출하기 위해 통계 분석을 수행한다. 분석 결과는 일반적으로 변인과 변인 간의 관계를 보여 주는 표나 도표로 제시한다.

06 가설 검증
자료 분석 결과 가족과의 대화 시간과 스마트폰 중독 학생의 비율 간에 부(-)의 관계가 나타났으므로 가설은 타당하다.
→ 가설에서 설정했던 두 변인 간의 관계와 자료 분석 결과 나타난 두 변인 간의 관계가 일치하는지 확인하여 가설의 채택 여부를 결정한다.

07 결론 도출
고등학생의 가족과의 대화 시간과 스마트폰 중독 비율 간의 관계를 볼 때 가족과의 대화 시간 감소가 고등학생의 스마트폰 중독을 심화할 수 있음을 알 수 있다.
→ 조사 대상을 통해 파악한 두 변인 간의 관계를 전체 연구 대상의 특성으로 일반화하는 결론을 내린다.

(2) 해석적 연구 절차

> 1. 문제 제기
> 2. 연구 설계(연구 집단 선정, 자료 수집 방법 선택)
> 3. 자료 수집
> 4. 자료 처리와 해석
> 5. 결론

질적 연구의 나선형적 절차

질적 연구를 수행할 때에는 연구 주제와 가설에 대한 열린 태도를 유지해야 한다. 연구가 진행되는 동안 연구 주제나 가설이 바뀌는 경우도 있기 때문이다. 이런 점에서 질적 연구의 과정을 나선형적 절차(spiral path)라고 부르기도 한다. 그리고 양적 연구에서는 자료가 수집된 이후 분석을 하는 것이 일반적이지만, 질적연구에서는 자료 수집과 해석이 완전히 분리되지 않는다. 자료 수집과 동시에 자료에 대한 분석과 해석이 함께 이루어지는 것이 보통이다.

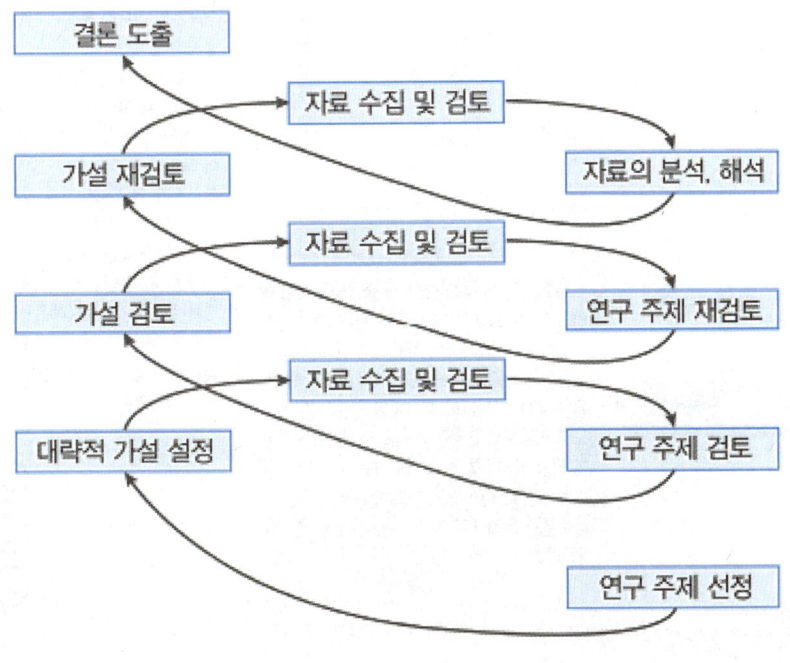

일반적으로 질적 연구는 어떤 절차를 거칠까?

※ 제시된 연구 사례는 이해를 돕기 위해 가상으로 구성한 것임.

01 연구 주제 선정

스마트폰에 중독된 고등학생의 학교생활에서 나타나는 중독 양상에 대한 연구

질적 자료를 활용하여 연구 대상자의 주관적인 세계를 이해하고자 하는 연구 주제를 선정한다.

02 연구 설계

- 연구 대상: 스마트폰에 중독된 ○○ 고등학교 2학년 학생 5명
- 자료 수집 방법: 연구 대상자들의 수업 시간 및 학교생활 관찰, 비정기적 면접
- 자료 수집 기간: 20△△년 △월부터 20△△년 △월까지

질적 연구는 연구 주제와 관련된 전형적인 연구 대상자를 선정하기 때문에 연구 대상자가 비교적 소규모이다. 또한, 질적 자료를 수집하기 위해 비교적 장기간에 걸친 관찰이나 면접을 계획하거나 일기 같은 비공식적 자료를 활용한다.

03 자료 수집

3개월간 학교 수업 시간과 같이 스마트폰을 사용하지 못하는 환경에서 나타나는 연구 대상자들의 행동을 관찰하면서 필요한 장면을 녹화한다. 관찰 과정에서 연구 대상자의 행동에 특이한 사항이 발견되면 방과 후에 면접을 시행하여 그러한 행동을 하는 동기나 목적 등을 알아본다.

질적 연구의 자료 수집과 해석 과정에서는 연구자의 직관적 통찰과 감정 이입적인 이해가 중시된다.
직관적 통찰은 연구자 자신의 경험과 지식 등으로부터 형성된 직관을 통하여 연구 대상자가 처해 있는 상황의 의미를 전체적으로 꿰뚫어 보는 것을 의미한다. 감정 이입적 이해는 연구자가 연구 대상자의 상황 맥락 속으로 들어가 그들의 입장이 되어 그들의 행위가 갖는 의미를 해석하는 방법이다.
한편, 질적 연구에서는 자료 수집과 해석 과정이 분리되지 않는 경우가 많다. 즉, 자료를 수집하면서 그 상황과 연구 대상자의 행위가 갖는 의미를 해석하는 활동이 거의 동시에 나타나기도 한다.

04 자료 해석

… (중략) …
영주(가명)는 학교생활에서 즐거움을 찾지 못하고 있다. 그러면서도 학교를 벗어나는 행동은 바람직하지 않다는 생각을 하고 있다. 이러한 모순적인 상황에서 선택한 대안이 바로 스마트폰을 통해 자신만의 즐거움을 찾는 것이었다. "스마트폰으로 연예인 기사를 검색하고 친구들과 문자 메시지를 주고받을 때는 시간 가는 줄 모를 정도로 즐거워요."라고 말하는 영주는 스마트폰을 통해 학교에서 누릴 수 없는 즐거움을 보상받고 있었다.
… (하략) …

05 결론 도출

스마트폰 중독으로 인한 연구 대상자들의 학교생활 양상은 다양한 유형으로 나타났다. … (중략) … 대안 모색형의 경우 학교생활에 심각한 문제가 발생하고 있음에도 스마트폰이 지루한 학교생활에 유일한 대안이라고 생각하여 중독의 심각성을 외면하고 있다.

질적 연구에서는 연구 대상자의 주관적인 세계에 대한 해석 내용을 종합하여 결론을 제시한다. 그러나 양적 연구와 달리 일반화를 중시하지 않기 때문에 연구 사례가 아닌 다른 모든 사례를 설명하고자 하는 결론을 제시하지는 않는다.

사회 과학의 연구 - 연역적 연구와 귀납적 연구

연역적 접근이란 이미 사실이라고 많은 사람이 믿고 있는 공리나 대전제 혹은 이론에서 시작하여 연구자가 관심을 가지고 있는 특수하고 구체적인 현상과 관련된 가설을 도출한 후 이것이 맞는지를 확인하기 위해 자료를 수집하는 과정에 이르는 접근법을 말한다. 반면 귀납적 접근이란 구체적이고 특수한 다양한 사례를 관찰하는 것으로부터 연구가 시작되는 것으로, 이러한 경험적 관찰을 통해 여기서 공통된 요소를 추려 내어 어떠한 결론에 도달하는 접근법을 의미한다.

양적 연구의 경우 이론적 검토를 통해 가설을 도출하는 것으로부터 연구가 시작되고 자료 수집을 통해 이 가설을 검증하는 절차를 거치므로 연역적 접근을 한다고 본다. 하지만 자료 수집을 통해 가설을 검증하고 이를 토대로 일반화하여 새로운 이론을 구축하거나 기존의 이론을 수정하는 과정은 귀납적 접근이라고 할 수 있다.

질적 연구의 경우 일반적으로 가설을 설정하기 보다는 먼저 관찰을 통해 자료를 수집하고 이를 해석함으로써 어떠한 결론을 도출해 내는 과정을 거치므로 귀납적 접근을 한다고 볼 수 있다. 하지만 질적 연구의 경우에도 연구 주제나 연구 대상을 정하고 연구 대상과 관련된 사회적 상황 등을 이해하기 위해 이와 관련된 이론을 검토한 후 이로부터 대략적 가정 또는 추상적 가설을 정한 후 자료를 수집하는 과정을 거치므로 이러한 점에서는 연역적 성격을 보이기도 함을 알 수 있다.

이처럼 양적 연구나 질적 연구와 같은 사회 과학의 연구는 연역적 접근과 귀납적 접근이 반복적으로 순환되는 과정을 거치게 된다.

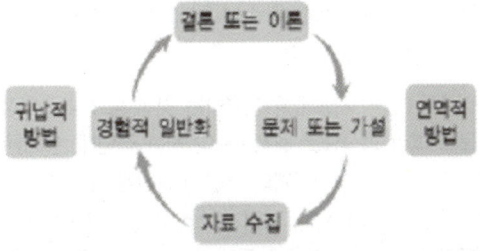

양적 연구 방법과 질적 연구 방법의 조화

양적 연구 방법은 사회 문화 현상에 대한 피상적인 사실 파악에 그칠 우려가 있다는 비판을 받는다. 상황 맥락이나 행위 주체의 주관적인 가치를 배제하고 표면적으로 드러난 사실만을 계량화하여 연구하기 때문이다. 질적 연구 방법은 연구자의 주관적인 해석의 우려가 있으며, 연구 결과를 일반화하는 데 한계가 있다. 결론을 도출하는 데 연구자의 해석에 의존하고, 소수의 사례를 대상으로 연구를 수행하기 때문이다.

사회 문화 현상에 대한 올바른 지식을 갖추기 위해서는 개개인의 가치와 상관없이 존재하는 사회 문화 현상의 규칙성과 행위자의 주관적 세계에 대한 심층적인 이해가 모두 필요하다. 따라서 사회 문화 현상을 연구할 때에는 연구 목적을 고려하여 양적 연구 방법과 질적 연구 방법을 조화롭게 활용하려는 노력을 해야 한다.

[지학사]

총체론적·관계론적 분석

이 방법은 앞의 두 가지 방법이 사회현상을 총체적으로 이해하는데 제한적이라고 보면서, 사회 현상을 이해하려면 단순히 외양적 관찰이나 주관적 의미의 이해만으로는 포착하기 어려운, 겉으로 드러나지 않는 심층적 구조와 법칙을 발견하는 것이 중요하다고 본다. 그리고 이러한 구조와 법칙을 파악하기 위해서는 개인에 대한 연구가 아니라 '사회관계'에 대한 연구에서 출발해야 한다고 본다.

예를 들어 자본주의적 사회관계는 개인의 의도로 환원할 수 없는 경제적 자원의 분배 및 교환 규칙을 지니고 있다. 그런데 이러한 규칙은 단순한 외적 관찰이나 양적 조사만으로 드러나지 않으며, 개인의 동기나 의도로도 충분히 설명되지 않는다. 그래서 자본주의적 관계를 총체적 관계적으로 보지 않으면, 계급 간, 집단 간에 갈등과 적대가 형성되고 작동되는 규칙을 이해하기 어렵다.

예를 들어 '학교에서의 입시경쟁교육이 성적을 향상시킨다'라는 진술이 실증적 조사를 통해 참이라고 입증되었다고 하더라도, 사회 전체적 차원에서 입시경쟁교육은 경쟁과 사교육의 과열로 상상력과 창의력을 키우는 교육을 어렵게 하여 사회에 부정적 영향을 끼칠 수 있다. 그리고 사교육이 성적에 미치는 영향이 커지면 교육불평등이라는 사회문제가 심화될 수 있다. 이처럼 사회 현실을 좀 더 심층적 차원에서 설명하기 위해서는, 개별적·부분적 진술들을 의심하면서 사회현상을 총체적·관계적인 시각에서 바라볼 필요가 있다. 나아가 이러한 시각에 입각하여 개별적 사실에 대한 부정과 비판의 사고를 통해 새로운 종합적 인식을 추구해가는 사고방식을 '변증법적 사고'라고 한다. 변증법적 사고는 사회관계 속에 존재하는 모순이나 적대들에 주목하면서, 이것들이 어떻게 사회변동을 낳게 되는지를 설명하려고 한다.

하지만 이러한 방법도 양적·질적 자료들을 분석하는 것의 중요성을 부정하지는 않는다. 이 입장에서 중요한 것은 이러한 자료들을 어떠한 방식으로 해석하느냐 하는 점인데, 총체론적 관계론적 방법에서는 개인적 자료 뿐만 아니라 집합적 자료를 통해 사회관계의 특징과 규칙을 다층적·복합적으로 해석하고자 한다. 예를 들면 자본가 계급, 노동자 계급, 국가와 시민, 기업과 소비자 등 유사한 경제적 자원이나 권력 자원을 소유하거나 소유하지 못한 집단들에 대한 조사 자료를 통해 자본가와 노동자의 관계, 국가와 시민의 관계, 기업과 소비자의 관계의 특성과 규칙을 파악함으로써, 사회관계의 특성과 이를 통한 행위자들의 행위의 의미를 설명할 수 있다.

THEME 07 | 사회과학의 연구방법

기출문제

✓ 1998 기출

01 다음과 같은 탐구 과제에 적용할 수 있는 사회과학 연구 방법론과, 그것의 일반적인 문제점을 한 가지씩 제시하시오. [6점]

> A : 통화량과 소비자 물가 간에는 어떤 관계가 있는가?
> B : 한국에 있는 외국인들이 한국 문화와 자국 문화간의 차이를 어떻게 이해하고 있을까?

1-1. A에 적합한 방법론과 문제점을 쓰시오. [3점]

• 방법론 :

• 문제점 :

1-2. B에 적합한 방법론과 문제점을 쓰시오. [3점]

• 방법론 :

• 문제점 :

THEME 07 사회과학의 연구방법

✓ 1999 기출

02 다음은 사회 현상의 인식과 관련된 문제를 함축하는 질문들이다. 질문을 읽고 물음에 답하시오.

- 수영복 차림으로 서있는 사람은 옷을 벗은 것인가, 입은 것인가?
- 이론(지식)은 연구(인식)의 결과인가, 연구의 수단인가?
- 역사는 사실적으로 규명되는 것인가, 해석과 재해석의 상승적인 순환인가?
- 진위(眞僞)의 판단은 사실의 문제인가, 가치의 문제인가?

2-1. 위 질문들은 사회과학 방법론에 있어 '특정한 관점'에 들어 있는 문제점을 제기하는 질문들이다. 질문들이 문제 삼는 '특정한 관점'에 들어 있는 방법론적 성격을 설명하시오. [3점]

2-2. 사회과 교육연구에 있어 위와 같은 '특정한 관점'이 적용된 대표적인 연구방법은 무엇인가? [2점]

2-3. 위 2-2번 연구 방법의 제한점을 극복할 수 있는 대안적인 연구 방법은 무엇인가? [2점]

✓ 2006 임용

03 다음 ㉠과 ㉡은 각각 연구 대상의 성격에 관한 전제를 달리 한다. 그 차이점을 '자연 현상'과 관련 지어 쓰고, ㉡의 자료 수집 방법을 1가지만 쓰시오. [3점]

> 사회 현상 탐구는 뉴턴(I. Newton) 이전에는 철학의 영역에 속했다. 그러나 뉴턴 물리학의 영향으로 콩트(A. Comte) 이후에는 사회 현상의 연구도 실증과학이 될 수 있다고 보게 되었다. ㉠이 흐름은 최근까지 영미를 중심으로 한 사회과학의 주류를 이루어 왔다. 그렇지만 이 연구방법론은 인간 행동의 동기와 의미를 이해하는 데 한계가 있다는 비판을 받고 있다. 이러한 비판적 관점에서는 심층적인 질적 연구의 필요성을 강조하며, ㉡대안적 연구방법론에 기초하여 사회 현상을 연구하고 있다.

• ㉠과 ㉡의 전제의 차이점 :

• ㉡의 자료 수집 방법 :

> 2009 임용

04 다음은 어느 연구 계획서의 일부이다. 이 연구에 적용할 연구방법론의 조사 과정으로 적합한 것을 <보기>에서 고른 것은?

> 최근 몇 년 동안 외국인 근로자와 결혼 이민 여성들이 부쩍 늘고 있어서, 이러한 추세가 지속된다면 다문화·다민족 사회가 머지않아 도래할 것이다. 타인종·타민족과 공존할 수 있도록 다문화주의가 요구되며, 그것의 출발점은 우리의 '단일 민족' 이데올로기를 극복하는 것이다. 이를 위해, 어떻게 그 이데올로기가 일상생활의 상호 작용에서 - 의도적이든 비의도적이든 - 차별 기제로 작용하는지 파악할 필요가 있다. 본 연구는 외국인 근로자가 우리의 일상적 행위를 어떻게 해석함으로써 문화적 장벽과 소외를 느끼는지 이해하고자 한다.

─< 보 기 >─

ㄱ. 신뢰도를 높이기 위해 '단일 민족' 이데올로기와 차별을 연관한 가설을 설정한다.
ㄴ. 외국인 근로자가 밀집된 지역을 선정한다.
ㄷ. 자료 수집 방법으로 참여 관찰법, 면접법, 문헌 연구법을 활용한다.
ㄹ. 가치 중립을 위해 외국인 근로자에 대한 연구자의 주관적인 체험을 통제한다.

① ㄱ, ㄴ 　② ㄱ, ㄷ 　③ ㄴ, ㄷ
④ ㄴ, ㄹ 　⑤ ㄷ, ㄹ

✓ 2012 임용

05 (가)와 (나)에 부합하는 연구 방법에 대한 설명으로 가장 적절한 것은?

> (가) 사르트르 대성당은 돌과 유리로 지어졌다. 그러나 그것은 단순한 돌과 유리 덩어리가 아니다 그것이 무엇이고 어떤 의미를 지니는가를 이해하기 위해서는 도로가 유리의 일반적 속성 이상의 것, 모든 건물에 공통된 것 이상의 것을 알 필요가 있다. 곧 특정한 시기에 특정한 사회 구성원들이 그 성당에 부여한 의미를 알아야 한다. 그것은 사회에 대해서도 마찬가지다. 사회 역시 특정한 맥락에서 상호작용하는 인간 행위의 결과다. 따라서 사회 현상이란 동기와 의미, 맥락을 고려해서 연구해야만 한다.
>
> (나) 자연 과학의 대상이 사회 과학의 대상보다 더 규칙적이다. 하지만 사회 현상에도 고도의 규칙성이 있다. 예를 들어 사람들이 아이를 낳는 이유는 매우 다양하지만, 한 사회의 출산율은 매년 큰 변동 없이 안정적이다. 개인의 태도가 아니라 사회가 출산율을 결정하기 때문이다. 따라서 출산율을 결정하는 요인은 사회에 대한 객관적 연구를 통해 확인할 수 있다.

① (가)는 마르크스주의와 밀접한 관련이 있다.
② (가)는 객관적인 사회적 실재가 존재하지 않는다고 전제한다.
③ (가)는 사회 현상에서 보편적 법칙을 찾아내는 것이 불가능하거나 불필요하다고 본다.
④ (나)는 뒤르켐보다 베버로부터 영향을 많이 받았다.
⑤ (나)는 인간의 정신적 세계를 객관적으로 연구할 수 없다고 본다.

✓ 2013 임용

06 다음 연구주제에 가장 적합한 연구방법에 대한 설명으로 옳은 것은?

> 나의 관심은 공적 문제에 대한 개인의 책임성에 관한 것이다. 분명 우리 사회는 이에 대한 공식적, 비공식적 합의를 가지고 있다. 정부 관리자는 공공장소를 청결하게 유지해야 하고 교통당국은 거리 표지판에 대한 책임이 있다. 그러나 만약 우리 중 누군가가 혼자서 자발적으로 공원의 쓰레기를 치운다든가 아니면 공중 화장실을 청소하고 있다면 주위 사람들은 어떤 반응을 보일까 아마 이상한 사람 취급을 한다든지 아니면 심지어 뭔가 다른 의도를 가진 사람으로 볼 수도 있을 것이다. 심지어 무언가 다른 의도를 가진 사람으로 볼 수도 있을 것이다. 공적인 일에 대하여 개인적으로 책임을 떠맡는 일은 일반적으로 사회 규범으로 보면 선한 행위이지만, 실제 발생한 상황 속으로 파고 들어가지 않으면 선한 일을 한 사람과 그것을 목격한 사람의 태도와 행위의 의미를 이해하기 힘들 수 있다.

① 변수 간 인과 관계의 검증이 용이하다.
② 획득한 자료에 대한 통계적 분석이 용이하다.
③ 사회현상에 대한 일반화된 이해에 더 적합하다.
④ 대규모 집단에 대한 기술(description)에 유용하다.
⑤ 연구 수행 과정에서 연구 설계를 유연하게 변경할 수 있다.

2013 임용

07 제시문의 ⓒ에 해당하는 내용을 사회현상은 자연현상과 본질적으로 다르다는 입장에서 3가지만 제시하고, ⓒ에 나타난 해석상의 오류를 3가지만 설명하시오.

> (가) 사회현상을 원인과 결과로 설명하고자 하는 사회과학의 경향에 통계학이 미친 영향과 기여는 매우 크다. 그렇지만 통계학적 방법으로 인간 행동을 설명하고자 하는 연구자들은 그 방법의 유용성 뿐만 아니라 ⓒ한계에도 깊은 주의를 기울여야 한다. 왜냐하면 통계학적 방법은 사회 현상을 자연 현상과 마찬가지로 과학적으로 연구할 수 있다는 신념에서 출발한 것이지만 사회현상에는 자연현상과 본질적으로 다른 요소가 있기 때문이다.
>
> (나) 뒤르케임(Durkheim)은 가톨릭 신자의 비율이 높은 A지역과 개신교도의 비율이 높은 B지역에서 신자의 비율과 평균 자살 건수의 관계를 조사하여 아래의 결과를 얻었다. 즉, A지역에서는 가톨릭 신자의 비율이 높은 구역일수록 자살률이 감소하는 반면, B 지역에서는 개신교도의 비율이 높은 구역일수록 자살률이 증가하였다. 이 조사 결과를 본 어떤 연구자들은 ⓒ개인의 종교 차이가 자살할 가능성 차이의 원인이라고 해석하였다.
>
> <19세기 독일 두 지역에서의 종교적 성향과 자살 건수>
>
> | A 지역(1867년~1875년) | | B 지역(1883년~1890년) | |
> |---|---|---|---|
> | 가톨릭 신자 비율 | 인구 100만 명당 평균 자살 건수 | 개신교도 비율 | 인구 100만 명당 평균 자살 건수 |
> | 50% 미만 구역 | 192 | 40% 미만 구역 | 96 |
> | 50~90% 미만 구역 | 135 | 40~60% 미만 구역 | 164 |
> | 90% 이상 구역 | 75 | 60~90% 미만 구역 | 220 |
> | | | 90% 이상 구역 | 265 |

• ⓒ :

• ⓒ :

2015 임용

08 밑줄 친 ㉠의 연구 방법론이 가지는 한계를 쓰시오. [10점 중 일부]

> … (중략) …
> ○ 호피 인디언의 사례를 통해 이 혈통 체계의 속성을 정리해보고, 그 ㉠<u>문화적 의미를 심층적으로 이해해</u> 봅시다.
> ○ 오늘 배운 개념과 동위 개념으로는 어떤 것이 있는지 개념 지도를 그려봅시다.

2020 임용

09 다음은 질적 연구 방법에 대한 글이다. <작성 방법>에 따라 서술하시오. [4점]

(가) 현지조사는 현재 문화인류학 외에도 많은 학문 분야에서 시행되고 있지만, 역사적으로는 인류학에서 특히 중요한 의미를 지니고 있다. 인류학적 현지조사는 현지인의 관점으로 그 문화를 이해하기 위한 연구 방법이며, 연구대상이 되는 사람들이 어떠한 의미 세계를 가지고 생활하고 있는지 밝히려는 데 목적이 있다. ㉠<u>인류학자들은 짧은 기간 방문하여 미리 준비한 설문조사를 실시하는 것만으로는 문화에 대한 깊이 있는 정보를 얻을 수 없다고 믿는다.</u> 현지 문화의 여러 측면들을 잘 표현하고 있는 (㉡)은/는 현지조사를 하면서 다양한 기법을 통해 자료를 수집해 문화를 분석하는 질적 연구 방법의 한 종류를 가리키기도 하고, 현지조사를 바탕으로 하여 특정한 문화에 대해 기술하는 작업 그 자체나 글로 써놓은 결과물을 지칭하기도 한다.

(나) 포스트모더니즘과 탈식민주의의 영향으로 사회과학 분야에서도 자료 수집 과정으로서 장기 현지조사뿐만 아니라 현지에서 벗어나 연구 결과물을 해석하는 과정과 독자를 향해 재현해내는 과정에도 주목하려는 시도가 있었다. 이것은 기존 사회과학에서 추구하던 ㉢<u>객관성 담보라는 실증주의 패러다임</u>에 대한 도전이었다. 이를 배경으로 사회과학적 연구에서는 일반화된 법칙을 발견하기보다는 ㉣<u>인간 행위나 경험의 다중성과 사회·문화적 맥락 등을 상황적으로 재해석하는 연구</u> 경향이 나타나게 된다.

―<작성 방법>―

○ 밑줄 친 ㉠으로 인해 인류학자들이 현지조사에서 주로 사용하는 자료 수집 방법을 2가지 제시할 것.
○ 괄호 안의 ㉡에 들어갈 용어를 제시할 것.
○ 밑줄 친 ㉢의 입장에서 신뢰도와 타당도 개념을 각각 활용하여, 밑줄 친 ㉣의 문제점을 서술할 것

✓ 2025 임용

10 밑줄 친 ㉠에 대한 갑과 을의 조작적 정의를 찾아 순서대로 쓸 것. [4점 중 일부]

> 갑과 을은 음식물 섭취와 두뇌 기능의 관계에 대한 연구를 수행하기 위해 선행연구를 검토하였다. 그 결과 영양 섭취가 두뇌 기능에 영향을 미친다는 사실을 알게 되었다. 특정 영양소가 기억력, 집중력, 인지 능력에 영향을 미치며, 특정 음식의 섭취는 사람의 감정과 행동에 영향을 미칠 수 있다는 것이다. 이에 갑과 을은 음식물의 섭취가 ㉠인간의 두뇌 기능에 미치는 영향을 검증하기 위하여 실험을 실시하였다.
>
> 갑은 K 중학교 2학년 학생을 대상으로 실험을 하려고 해당 교육청에 연구 목적을 설명하고 동의를 얻었다. 갑은 신학기가 시작되자 2학년 학생들에게 기존의 급식 대신에 기억력과 집중력 및 인지 능력을 향상시킬 것으로 예상되는 새로운 식단으로 구성된 급식을 6개월 동안 제공하였다. 실험 기간이 끝난 후, 갑은 실험 이전과 실험 종료 후의 학생들의 학업성적을 비교하였다.
>
> 을은 A 교도소와 B 교도소 재소자를 대상으로 실험을 하려고 교정 당국과 교도소 직원 및 재소자들에게 연구 목적을 설명하고 동의를 얻었다. 을은 A 교도소에는 폭력성을 감소시킬 것으로 예상되는 음식물을 중심으로 새로운 식단을 구성하여 재소자에게 6개월간 제공하였으며, B 교도소에는 폭력성을 증가시킬 것으로 예상되는 음식물을 중심으로 새로운 식단을 구성하여 재소자에게 6개월간 제공하였다. 실험 기간이 종료된 후, 을은 실험 이전과 이후 6개월 동안 2개 교도소에서 발생한 재소자들의 폭행건수를 비교하였다.

THEME 08 | 사회학의 방법론적 성격

1. 사회학의 과학성

(1) 실증주의의 입장
① 과학적 탐구의 대상이 되는 현상(자연현상 ≒ 사회현상)은 인과관계에 의해 설명되는 것으로, 관찰을 하는 개인을 떠나 존재하는 어떤 것을 의미함
↓
② 객관적이고 중립적인 관찰이 가능함
↓
③ 어떤 이론이나 규칙의 진위를 밝히는 것이 과학적 탐구의 가장 중요한 임무
↓
④ 이론이나 법칙의 진위 검증은 지식의 누적을 가져오고 이는 진리에 접근하는 것

(2) 자연현상과 사회현상의 차이 : 딜타이(W. Dilthey)
① 자연세계는 단지 그 외부로부터만 관찰이 가능하며 설명될 수 있는 반면, 인간활동의 세계는 그 내부로부터 관찰되며, 함축적인 이해가 가능함
② 자연세계의 현상들 사이의 관계는 인과적이고 기계적인 반면, 인간세계의 현상들 사이의 관계는 가치와 목적의 관계임
   ※ 사회현상과 자연현상의 차이를 인정하는 것은 사회과학을 과학이라고 간주할 수 있느냐 하는 문제를 야기함

(3) 쿤(T. S. Kuhn)의 과학개념
① 과학은 방법의 논리적 구속성, 즉 반드시 이렇게 해야 한다 또는 되어야 한다고 규정된 과정에 의해 정의될 수 있는 것이 아님
② 과학은 특정 과학자 커뮤니티의 규범, 다시 말해서 거기에 속하는 과학자들이 무엇을 어떻게 하고 있느냐에 따라 규정됨. 즉 과학은 과학자들의 탐구 이외의 어떠한 논리나 신념에 의해 지배될 수 없음
③ 패러다임(paradigm) 변화 이전과 이후의 과학은 완전히 서로 다른 세계관 내지 믿음의 체계에 서 있는 것으로, 두 과학의 지식 사이에는 일관성이 없는 것이 일반적
④ 사회과학이 과학이냐의 질문은 필요하지 않으며, 현재의 상태 그 자체가 그 분야에서 '과학'의 상태를 뜻함 → 사회과학이 과학이 되기 위해서는 자연과학의 방법을 받아들여야 한다는 주장은 아무런 의미를 갖지 못함

2. 객관성과 주관성

(1) 실증주의 입장
① 사물이나 현상에 대한 관찰이 현상 외부에서 이루어지며, 또 개인의 입장이 전혀 반영되지 않는 중립적인 상태에서 이루어질 수 있다는 입장
② 즉, 객관적 경험이 가능하다는 입장

(2) 쿤(T. S. Kuhn)을 포함한 반실증주의 입장
① 모든 과학적인 관찰이나 자료·개념 등은 결코 중립적일 수 없고, 바로 신념이나 기본가정에 의해 달라짐. 즉, 모든 대상에 대한 인식은 주관적인 것으로 볼 수 있음
② 그러나 비슷한 신념과 관념을 갖고 훈련을 받은 사람들은 어떤 대상을 대할 때 거의가 같은 것을 보게 되는데, 이와 같이 여러 사람들 사이에 공유되는 주관성을 '상호주관성'(inter-subjectivity)이라 함
③ 우리가 흔히 주장하는 객관성(objectivity)이라는 것은 실제에서는 바로 상호주관성을 가리킴
④ 방법론에서 상호주관성은 관찰자들이 공통적으로 갖는 잘못을 빼놓고는 관찰의 오류를 범하지 않는 것을 의미함

> **📖 객관화의 객관화**
>
> 사회학자들은 적어도 학문의 영역에서는 사회현상에 대한 주관적 편견, 자기중심적 사고를 넘어서기 위해 객관적 인식 방법을 통해 사회현상을 과학적으로 설명하려고 노력한다. 이러한 인식 방법을 일반적으로 '객관화'라고 부른다.
> 부르디외(P. Bourdieu)는 사회학자들의 객관적·과학적 인식 과정에 영향을 미칠 수 있는 사회적 존재조건들, 즉 그들의 사회적·경제적·계급적·성적 위치, 이념적·정치적 입장, 가치관, 세계관 등을 살펴봄으로써 사회학자들의 객관적 인식 자체의 객관성을 의심해볼 필요가 있다고 했다. 이처럼 학자가 생산한 객관적 지식을 그의 사회적 존재조건에 비추어 다시 객관화해 살펴보는 것을 '객관화의 객관화'라고 한다.

3. 가치 중립에 대한 두 가지 입장

: 사회 과학은 탐구 목적에 따라 두 조류로 나누어진다. 하나는 과학주의로서 학문 탐구의 목적은 과학적 지식의 발견과 엄격한 이론을 정립하는 데 있다는 입장이고, 다른 하나는 개혁주의로서 현실을 개선하고 삶을 윤택하게 하는 것이 학문 탐구의 목적이 되어야 한다는 입장이다.

(1) 과학주의
① 사회 과학도 자연 과학처럼 엄격하고 객관적인 학문이 되어야 한다는 입장이었던 19c 사회과학자들에 의하여 추구
② 사회과학적 탐구가 사회 개혁에 관여하게 되면 가치 판단이 개입되어 객관적 학문을 정립할 수 없다는 입장

③ 사회 문화 현상을 정태적인 것으로 취급하고 사회의 모순과 문제를 소홀히 하며, 현상태 유지에만 기여할 가능성이 크다는 한계를 가짐

(2) 개혁주의(비판적 사회과학)
① 자본주의 사회의 모순을 해결하고자한 마르크스(K.Marx)로부터 비롯
② 의도적인 개혁을 위하여 직접 노력하는 것을 학자의 주요한 임무로 보고 사회 문화 현상을 발견의 대상이라기보다 개혁의 대상으로 취급
③ 사회문화 현상 탐구는 원천적으로 가치 중립적인 탐구가 불가능하다는 입장
④ 비판적 사회 과학이라 불리기도 함
⑤ 지나치게 사회 문제 해결에 집착한 나머지 문제의 실상을 객관적으로 파악하지 못할 수 있다는 비판을 받음

4. 사실 문제와 가치 문제

(1) 사실 문제
① 실제의 세계에 존재하는 대상이나 현상으로 경험적으로 검증이 가능한 명제
② ~이 있다/ 없다, ~이다 / 아니다의 형식으로 표현

(2) 가치 문제
① 주관적인 평가로 선택하여 받아들이는 것으로, 경험적으로 증명할 수 없는 명제
② ~을 해야 한다 / 하지 말아야 한다, ~이 바람직하다 / 바람직하지 않다의 형식으로 표현

5. 가치관련(value relevance)과 가치중립(value neutrality) - 베버(M. Weber)

: 좌우 이데올로기가 극심했던 시대에 살았던 베버는 사회학자와 사회학이 '학문외적 압력'으로부터 벗어나 진리를 탐구할 수 있는 방법을 모색하였다. 그는 '가치관련'과 '가치중립'이라는 두 개념으로 사회학이 객관성을 확보할 수 있을 것으로 보았다.

(1) 가치 관련
① 가치관련이란 사회학자가 자신의 가치와 흥미에 따라 연구주제를 선택하고, 설명수준을 정하는 것을 가리킨다. (학문적 목적의 가치판단이며 경험적 과학적 인식을 위한 불가피한 전제)
② 베버는 '사회과학적 현상'이 가지는 의미는 그 자체가 '객관적'으로 주어지는 것이 아니라, 학자의 연구 관심의 방향에 따라 정해진다고 했으며, 연구의 대상과 인과관계에 대한 추적의 정도는 학자와 그 시대를 지배하는 가치이념에 의하여 규정된다는 점을 인정했다.
③ 사회현상에 대한 인식이 사회과학자의 정치적 규범적 관점으로부터 전적으로 자유로울 수는 없다는 점을 분명히 보여줌

④ '가치관련'은 특정 가치주장이나 가치관에 대한 찬성 또는 반대를 뜻하는 '가치판단'과는 달리 연구의 객관성을 해치지 않는다.

(2) 가치 중립

① 2가지 의미

ㄱ. **사회학자의 규범적 명령** : 사회학자는 과학자로서의 역할에 입각한 과학 정신에 인도되어야지 결코 시민으로서의 역할에 지배되어서는 안 된다.

ㄴ. **사실과 가치의 분리** : 사회학자는 연구과정에서는 '가치판단'을 배제하고 철저히 '사실판단'에만 입각하여야 하고, '존재 진술'로부터 '당위 진술'을 끌어내어서는 안 된다.

② 베버가 제시한 '가치중립'을 준수하며 연구를 수행할 경우 사회학자는 자신의 객관적 연구결과를 토대로 어떤 행위가 초래할 가능성을 예측하거나 평가할 수는 있어도, 어떤 일을 "해야 한다"거나 "해서는 안 된다"라는 가치판단에 바탕을 둔 진술을 할 수는 없다.

③ 베버가 강조하는 가치중립성이란 사회 과학자가 모든 가치판단을 중지해야 한다는 뜻이 아니라, 연구자가 미리 기대하는 연구 결과를 얻기 위해 연구 과정과 내용을 조작하거나 왜곡시켜서는 안된다는 것을 의미

④ 가치 중립이 유지되기 위하여 자료 수집과 분석, 결론의 도출에 이르는 탐구 과정에서, 연구자는 실증적이고 합리적인 방법을 통하여 경험적 자료에 근거한 객관적인 사실 인식과 논리적인 추론만을 이끌어나가야 함

"이론적 관심과 연구가 실제적·실천적 관심에 의해 규정되는 것은 불가피하지만, 객관적 탐구를 위해서는 가능한 한 그러한 영향을 물리치려고 노력하는 것, 가치판단으로부터 자유와 중립을 지키려고 노력하는 것이 학자의 윤리"

📖 굴드너의 '가치 몰입'(value involvement)

굴드너는 베버 시대 독일의 상황에서 그의 주장은 지극히 타당하였지만, 미국에서는 과학자의 학문적 자유가 거의 절대적으로 보장되어 있어 베버의 주장이 큰 의미를 갖지 않는 것으로 보았다. 그에 따르면 과학자는 미국의 상황에서는 오히려 자기의 가치를 명백히 밝히는 것이 잘못된 비참한 결과를 막는 데 도움이 된다고 주장하였는데, 그가 강조한 이러한 태도를 '가치몰입'이라고 한다.

그는 모든 사회학자가 학문적 야망을 추구한다는 점, 동성애자인 사회학자가 동성애 문제를 연구 주제로 삼는 것처럼 사회학자는 특정 연구 분야에 특별한 관심을 갖게 된다는 점 등 가치 중립이 실질적으로 어렵다고 주장한다. 따라서 가치문제와 관련하여 연구자가 최대한 할 수 있는 일은 자신의 가치를 독자에게 투명하게 밝히는 일이다.

THEME 09 | 자료 수집 방법

1. 문헌 연구법

(1) 특징

① 연구하고자 하는 문제와 관련된 기존의 연구 결과 및 역사적인 문헌을 수집하거나, 이미 발표된 통계에서 자료를 얻는 방법을 문헌 연구법이라 한다.
② 문헌에는 논문이나 기사 이외에도 개인의 일기나 서신 등 다양한 형태의 기록물이 모두 포함된다.
③ 성격상 기존의 문헌이 보여 주는 것은 과거의 일이므로 이런 연구법을 역사적 연구 또는 역사적 방법(historical research 또는 method)이라고도 한다.
④ 또, 자신이 직접 수집한 자료를 분석하지 않고 이미 있는 자료를 분석하므로, 2차적 분석(secondary analysis)이라 부르기도 한다.
⑤ 문헌 연구법은 연구자가 연구 주제와 관련된 자료를 수집하기 위해 사용하는 방법이지만, 자신의 연구와 관련된 최근의 연구 동향이나 현재까지의 연구 성과를 살펴보기 위해서도 사용하기 때문에 실제로 모든 연구자가 활용하는 방법이라 할 수 있다.

(2) 장점

① 시·공간적 제약을 극복하여 자료를 수집할 수 있고 직접 조사하는 것보다 시간과 비용이 적게 든다. (미래엔)
② 기존 연구 성과를 파악할 수 있어 체계적인 연구를 수행하는 데 도움이 된다. (지학사)

(3) 단점

① 문헌의 신뢰도에 문제가 있는 경우 연구 결과의 신뢰도에 문제가 발생할 수 있다. (천재)
② 문헌을 해석하는 과정에서 연구자의 주관이 개입될 수 있다. (미래엔)

2. 질문지법

(1) 특징

① 조사 내용을 질문지로 작성하여 조사 대상자에게 직접 기입하게 하는 방법이다.
② 조사 대상자의 규모가 크고, 계량화된 자료 수집이 필요할 때 주로 사용하는 자료 수집 방법이다.
③ 질문지법은 다수의 사람에게 동일한 형태의 질문을 하고 표준적인 대답을 얻는 것이 가능하기 때문에, 특정 사안에 대한 사람들의 태도나 의식 등과 같은 정보를 얻고자 할 때 쓰인다.

(2) **장점**
① 비교적 짧은 시간에 다수의 대상에게서 자료를 수집할 수 있기에 시간과 비용을 줄일 수 있다. (천재)
② 같은 항목으로 여러 사람을 조사하여 통계적으로 분석하기 쉽다. (미래엔)
③ 구조화된 조사 도구인 질문지를 사용하기 때문에 자료를 수집할 때 연구자의 가치 개입을 줄일 수 있다. (비상)

(3) **단점**
① 조사 대상자가 질문지의 항목에 국한하여 응답하므로 깊이 있는 정보를 얻기 어렵다. (미래엔)
② 연구 대상자의 자발적인 응답에 의존하기 때문에 회수율이나 응답률이 낮고, 불성실한 응답이나 악의적인 응답의 문제가 발생할 수 있다. (지학사)
③ 문자 언어를 통해 질문을 제시하면 문맹자에게 활용되기 어렵다. (지학사)

(4) **질문의 형태**
① 개방형 질문(open-ended question) : 응답자가 아무런 제약 없이 자유롭게 대답을 하도록 구성된 질문 → 탐색적 연구나 예비 조사(pilot study)에 유용
② 폐쇄형 질문(closed-ended question) : 응답 항목을 미리 제시해 놓고 그 중에서 선택하도록 구성된 질문 → 무응답률이 낮고, 수집된 자료의 처리·분석이 용이하다.

※ **사전검사(pretesting)** : 본조사의 절차와 원칙에 따라 사전에 질문지를 적용하여 본조사에 발생될 수 있는 문제점을 미리 찾아 이를 수정하기 위한 절차.

(5) **질문지 작성 시 유의 사항**
① 용어나 표현을 명확히 할 것
② 두 가지 내용을 하나의 설문에 포함시키지 말 것
③ 응답자의 능력을 고려할 것
④ 특정 답변을 유도하는 질문을 하지 말 것
⑤ 응답자의 자존심을 건드리는 질문을 하는 것을 피할 것
⑥ 부정 또는 이중 부정 문항은 피할 것
⑦ 응답항목의 중복이나 불균형을 피할 것
⑧ 응답항목은 모든 가능성을 포괄할 것

적절하지 않은 질문지의 사례

1. 귀하의 거주지 인근 지역에는 문화 시설이 어느 정도나 있습니까?
   ① 많이 있다.   ② 적당히 있다.   ③ 거의 없다.   ④ 전혀 없다.
2. 귀하는 우리 학교 도서관의 낙후된 시설을 교체하고 도서관을 확충해야 한다는 의견에 어느 정도 동의하십니까?
   ① 전혀 동의하지 않는다.   ② 동의하지 않는 편이다.
   ③ 동의하는 편이다.   ④ 매우 동의한다.
3. 지난 한 달 동안에 소주를 얼마만큼 마셨습니까?
4. 귀하는 지역 주민의 안전과 건강을 심각하게 위협하는 원자력 발전소의 건립을 중단해야 한다고 생각하십니까?
   ① 반드시 중단해야 한다.   ② 중단할 필요가 없다.   ③ 잘 모르겠다.
5. 대부분의 가정이 지니고 있는 자동차를 가지고 있습니까?
6. 정부가 새로운 부동산 정책을 즉각 실시하지 않는 것에 반대하십니까?
7. 이 제품의 어떤 점이 가장 마음에 들어서 선택하였습니까?
   ① 디자인이 좋아서   ② 스타일이 좋아서   ③ 멋있어서
   ④ 가격이 적당해서   ⑤ 실용적이어서
8. 귀하의 아버지는 학교를 어디까지 다니셨습니까?
   ① 초등학교   ② 중학교   ③ 고등학교   ④ 전문대학   ⑤ 대학교   ⑥ 대학원

선택 범주의 포괄성과 상호배제성

폐쇄형 질문에서 선택 범주는 서로 겹치지 않아야 하고, 또 모든 부분을 포괄하여야 한다. 그러나 다음 그림에 예시한 것처럼, 그 내용을 충실히 준수하기 힘든 경우가 적지 않다. 그 해결 방법은 두 가지가 있다.

〈그림 : 선택 범주의 포괄성과 상호 배제성 문제와 그 해결 방법〉

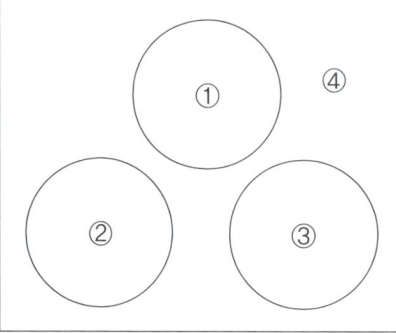

(가) 포괄성 문제 해결 : 기타 범주

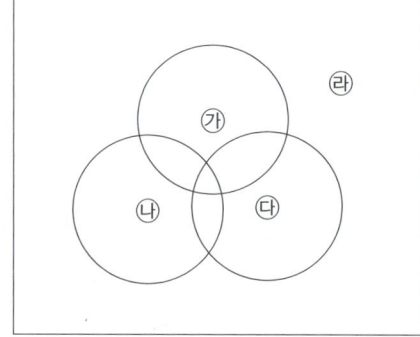

(나) 상호배제성 문제 해결 : 복수응답

첫째, 포괄성 문제는 '기타' 범주를 사용하여 해결할 수 있다. 사전조사나 기존 연구 검토를 통해 응답 범주를 만들더라도, 그것이 모든 부분을 포괄할 수 없기 때문에 '기타(구체적으로 :   )' 범주를 제시하도록 한다. 응답결과는 개방형 질문과 마찬가지로 처리하여 폐쇄형 범주와 결합시킨다.

둘째, 상호배제성 문제는 복수응답으로 질문 형태를 변환함으로써 해결할 수 있다. 외국인 노동자가 한국에 오기 위하여 필요한 돈을 마련하는 데 빚을 내고 저축한 돈을 쓰거나, 퇴직금을 활용하는 등 다양한 방법을 동원하는데, 어느 한 가지 방법만 이용하기보다는 여러 가지 방법을 병행하는 것이 많다.

> **예** 귀하는 한국에 오기 위하여 필요한 돈을 어떻게 마련하였습니까? 해당하는 곳에 모두 O표 하여 주십시오.
> _____ ㉮ 빚을 내었다.
> _____ ㉯ 저축한 돈을 사용하였다.
> _____ ㉰ 퇴직금을 사용하였다.
> _____ ㉱ 기타 (구체적으로 :   )

📖 전수조사(complete survey)와 표본조사(sampling survey)

연구 문제의 해결을 위하여 필요한 자료를 수집하기 전에 측정도구를 적용할 대상을 선정하여야 한다. 즉, 연구 대상으로 포함된 사람이나 집단의 전부로부터 자료를 수집할 것인가, 또는 그 일부만을 측정대상으로 하여 자료를 수집할 것인가를 결정해야 한다.

이 때 연구 대상의 전부를 조사하는 것을 전수조사(complete survey)라 하고, 그 일부만 조사할 때 그것은 대개 연구 대상 전체(모집단)를 대표하는 표본을 상대로 조사하는 것이기 때문에 표본조사(sampling survey)라고 한다.

표본조사의 경우, 즉 모집단의 일부인 표본만을 대상으로 자료를 수집하는 경우, 수집한 자료의 분석결과는 모집단 전체를 대상으로 일반화될 수 있어야 한다. 따라서 표본추출의 핵심은 모집단으로부터 선택된 일부인 표본의 특성을 바탕으로 모집단의 특성을 추론할 수 있어야 한다는 데 있다. 이러한 점에서 표본이 모집단을 대표할 수 있는지의 여부, 즉 표본의 대표성(representativeness) 확보가 표본추출에서 가장 중요한 과제이다.

📖 표본조사의 장단점(vs 전수조사)

장점	• 비용과 시간을 절약하여 경제적 　→ 표본에 대한 세밀한 조사 가능 　→ 시간이 걸리면 의미가 상실되는 조사의 경우 더 적합 • 전수조사보다 자료의 수집·집계 과정을 더 잘 통제할 수 있음 　→ 상대적으로 비표본추출오차(nonsampling error)가 적음 • 전수조사가 불가능한 경우에 적용할 수 있음 　→ 모집단이 무한히 많은 경우, 모집단의 정확한 파악이 불가능 한 경우, 대상의 파괴를 수반하는 경우 등
단점	• 모집단을 완벽하게 대표하는 표본 선정이 힘듦 　→ 어느 정도의 표본오차는 불가피 • 모집단의 이질성이 클 경우 표본오차가 커짐 • 모집단 자체가 작은 경우에 무의미 • 복잡한 표본설계를 필요로 할 때는 오히려 시간이 많이 들고 오차가 크게 발생

(6) 표본추출(표집) 방법

① **확률표집(probability sampling)** : 만약에 모집단을 구성하고 있는 개별 요소들이 동질적이라면 어떤 요소를 추출해 내더라도 모집단의 성격을 규명하는 데 어려움이 없을 것이다. 극단적인 경우에는 단 하나의 사례로도 충분하다. 그러나 사회과학에서 대상으로 하고 있는 모집단은 내적으로 매우 다양하고 이질적인 요소로 구성되어 있기 때문에 모집단을 잘 대표할 수 있도록 표본을 추출하는 일은 매우 중요하다. 확률표집은 그러한 의미에서 기본적으로 각 요소가 표본에 포함될 수 있는 확률을 같게 하려고 하는 것이다.

1) 단순무작위 표집(simple random sampling)

모집단의 전체 구성요소를 파악한 다음 개별 요소에 대하여 일련번호를 부여하고, 난수표(亂數表)를 이용하여 필요한 수의 표본을 추출하는 방법을 말한다. 단순무작위표집 방법을 사용하기 위해서는 우선 모집단의 구성요소를 정확히 파악하여 명부를 작성해야 하는데, 그 작업이 여간 어려운 것이 아니다. 예를 들어 서울시만을 조사대상으로 한다고 했을 때 2010년 인구주택총조사에 따르면 서울의 상주인구는 1,000만 명을 초과하고 있으며, 20~64세 성인인구도 600만 명을 초과하고 있어서 시민의 명부를 마련한다는 것은 개별 연구자의 입장에서 보면 현실적으로 불가능한 것이다. 따라서 단순무작위표집은 흔하게 쓰이지 않으며, 또한 그 방법으로 추출된 표본이 반드시 가장 정확하다고 할 수도 없다.

2) 계통 표집(systematic sampling)

그러한 까닭에서 단순무작위표집을 수정한 계통표집이 많이 쓰이고 있다. 물론 이 방법에서도 명부는 작성되어야 한다. 일단 명부가 마련되면 그 명부에서 매 몇 번째 사람을 뽑는 식으로 표본을 추출해 낸다. 모집단의 크기가 10만명이고 표본의 크기를 1000명으로 한다면 매 100번째 사람을 고르면 된다. 그러나 최초의 사람만을 무작위로 선택하게 된다. 말하자면 최초의 1번에서 100번 사이에서 무작위로 한 사람을 고르고 그 다음부터는 100의 표집간격으로 추출하면 되는 것이다. 그런데 명단이 어떠한 유형을 가지고 배열되어 있다면, 계통표집의 방법은 편중된 표본을 추출하게 된다. 특히 명단이 어떠한 주기를 나타내고 있고 그 주기가 표집간격과 우연히도 일치할 때 그러한 문제가 발생한다. 예를 들어, 고층아파트에서 세대주 명단이 동·호수 순으로 작성되어 있다면, 계통표본은 때로는 저층이나 고층으로만 몰릴 수도 있고, 때로는 각 층의 제일 끝집이나 아니면 엘리베이터 옆집만이 추출될 수도 있다. 따라서 각 층의 제일 끝집이나 아니면 엘리베이터 옆집만이 추출될 수도 있다. 따라서 계통표집을 사용하기 전에는 명단이 특정한 규칙을 가지고 배열되어 있는가를 살펴보고, 그러한 순서가 편중된 표집을 가져올 가능성여부를 검토해 보아야 할 것이다.

3) 층화표집(stratified sampling)[24]·[25]

전체의 모집단에서 표본을 추출하는 것이 아니라, 모집단을 일련의 하위집단들로 층화한 다음 각 하위집단에서 적절한 수의 표본을 뽑아내는 방법이다. 층화표집은 동질적인 하위집단에서의 표집오차가 이질적인 집단에서의 오차보다 더 작다는 데에 그 논리적인 근거를 두고 있다. 따라서 층화표집에서는 모집단을 동질적인 하위집단으로 재구성한다. 모집단을 어떠한 기준에 따라 층화할 것인가는 어떤 변수가 사용 가능한가와, 그러한 변수가 어느 정도 중요한 의미를 갖는지를 판단한 후에 결정한다. 층화표집은 단순무작위추출에서 얻어진 표본보다 모집단을 더 잘 대표하고 있다고 볼 수 있다.

> 그런데 층화 표집을 할 때 각 집단의 표본 크기를 어떻게 결정할지 기준을 정해야 하는데, 이때 모집단의 구성 비율에 따른다면 이를 비례층화 표집(proportionate stratified sampling)이라고 부른다. 층화 표집은 각 집단(층)의 특성을 잘 반영하는 표본을 얻을 수 있으며, 적은 비용과 시간으로 대표성 있는 표본을 얻을 수 있는 장점이 있다. 특히 비례층화 표집을 잘 구성하면 표본의 대표성 확보가 더 용이하다. 그러나 연구자가 모집단의 특성을 잘 반영하지 못하는 집단(층)으로 집단을 층화를 할 경우에는 대표성에서 문제가 될 수 있다. 따라서 층화 표집을 사용 할 때는 모집단의 구성 등과 같은 특성을 연구자가 정확하게 아는 것이 중요하다.
> — 노성호 외

4) 집락표집(cluster sampling)[26]

표집 단위를 개인이 아닌 집락(cluster)으로 한다. 개인 단위의 명부를 마련하는 것이 현실적으로 불가능할 때에 일단 집락으로 추출하고 거기에서 다시 개인을 추출하는 방법을 쓰게 된다. 집락표집에서는 층화표집과는 달리 가급적이면 집락을 이질적인 요소로 구성하고자 한다. 앞에서 설명한 대로 층화표집에서는 각 계층에서 개별 요소를 추출하고자 하기 때문에 모든 계층이 표본에 포함되고, 따라서 각 계층 내에서는 가급적 동질적으로 그리고 계층 간에는 가급적 서로 다르게 구성되게 된다.

반면에 집락표집에서는 모든 집락을 선택하는 것이 아니라 그 중 일부를 표본으로 택하기 때문에 만약 집단이 내부적으로 동질적이라면 한쪽으로 치우친 표본을 택하게 될 위험성이 있다. 많은 경우에서 집락표집은 여러 단계에 걸쳐 이루어지고, 또한 앞에서 소개한 다른 표집 방법과 병행해서 사용된다. 예를 들어 모집단을 먼저 지역크기 등으로 층화표집한 이후에 각층 내부에서 집락표집을 실시할 수 있다.

☞ 층화표집에서는 표본의 크기가 같다고 했을 때, 단순무작위표집에서보다 표집오차가 작다. 왜냐하면, 층화표집에서는 우선 비교적 동질적인 각 계층별로 분리하고 그 안에서 표본을 추출하기 때문이다. 그와 반대로 집락표집에서는 표본의 크기가 같을 때 단순무작위표집에서보다 표집오차가 크다.

---

24) <u>2014 임용</u> : 단순무작위표집을 비례층화표집으로 변경할 경우 표집오차가 줄어들면서 표본의 대표성이 높아지는 이유를 쓰시오.
25) <u>2024 임용</u> : 층화표집 (단답)
26) <u>2019 임용</u> : 집락표집 (단답), 집락표집의 장점을 1가지 서술

> 집락 표집을 여러 단계에 걸쳐 하는 경우에는 다단계 집락 표집이라고 한다. 즉 집락을 몇 차례에 걸쳐서 단계를 나누어 단계별로 집단을 선택하면서 표본을 추출하는 방법이다. 여기서 다단계라고 부르는 것은 먼저 여러 단계로 집락을 표집으로 추출한 과정을 거친 후에 마지막 단계에서 개인을 추출하기 때문이다. 여기서 집락을 추출할 때는 무작위나 체계적 표집법으로 추출하고, 각 집락에서 개별 요소들은 다시 무작위나 체계적 표집 방법에 의해 표본을 추출할 수 있다.
>
> 다단계 집락 표집은 일반 집락 표집에 비해서 대표성을 더 높일 수 있다. 또한, 다단계 집락 표집을 하는 경우에는 첫 번째 단계에서 집락을 선택할 때 그 숫자를 많이 선택하는 것이 대표성을 높이는 데 도움이 된다. 그리고 각 집락을 선택하는 과정에서 무작위 추출을 사용하는 것도 대표성을 높이는 데 도움이 된다. 일반적으로 집락 표집은 층화 표집이나 단순 표집에 비해 특정 집단을 과다하게 또는 과소하게 추출하게 되고, 이로 인해 표집오차가 크게 나타나는 경우가 있어서 표집의 대표성에서 문제가 생길 수 있다. 그럼에도 층화 표집이나 단순 무작위 표집에 비해 시간과 비용이 절약된다는 점에서 실제로 많이 활용되는 방법이다.
>
> — 노성호 외

5) 가중표집(weighted sampling)

확률표집의 논리를 따르면서도 필요에 따라 표집률을 달리하여 표본을 추출하는 방법이다. 모집단에서의 비율은 1/2에 지나지 않는데 표본의 수를 동일하게 한다든가, 반대로 모집단에서는 동일한 비율인데 표본의 수를 달리하는 경우와 같은 것이다. 모집단의 비율과 동일한 비율로 표집하게 되면 그 수가 적어서 유용한 분석을 하기 힘들 때 그러한 방법을 많이 쓴다. 각각의 표본을 별개로 분석하거나 비교연구의 목적으로 자료를 수집할 때에는 표집률이 다른 것에 크게 개의할 필요가 없지만, 각각의 표본을 합쳐서 하나의 표본으로 만들고자 할 때에는 서로 다른 표집률을 고려하여야 모집단의 비율로 다시 환원하여 분석할 수 있다.

② 비확률표집(nonprobability sampling)[27] : 확률표집이 사실상 불가능하거나 모집단을 정확하게 규정지을 수 없는 경우, 또는 표집오차가 큰 문제가 되지 않거나 반드시 확률표집을 써야 할 필요가 없는 경우에는 비확률표집의 방법을 쓰게 된다. 비확률표집은 확률표집에 비해 훨씬 간편하고 경제적이라는 장점을 가지지만 그것을 통계적 검정의 근거로 삼기는 어렵다.

1) 편의 표집(convenience sampling)

편의 표집은 손쉽게 이용 가능한 대상만을 선택하는 방법이다. 그러므로 그것을 때로는 우연 표집(accidental sampling)이라고 부르기도 한다. 예를 들어, 광화문거리에서 길을 지나는 최초의 100명을 골라 면접을 한다거나 강의실에 들어온 학생들을 대상으로 하여 어떤 조사를 실시하는 것 등은 모두 편의표집의 방법에 의한 것이다. 이 방법으로 얻어진 표본은 그 대표성을 추정할 길이 없으며 결과에 대해서는 표준오차의 추정치를 부여할 수도 없다. 또한 편의표집으로 내적 타당도는 유지할 수 있겠으나 외적 타당도를 유지하기 힘들다. 다시 말하면, 일반화에 어려움이 있다.

그러나 이 방법이 갖는 한계성뿐만 아니라 유용성에 대해서도 관심을 기울여야 한다. 편의표집을 통해 획득된 자료라 할지라도 때에 따라서는 매우 유용할 수 있기 때문이다. 특히 여러 가지 제약으로 인해 엄격한 표집계획이 어려운 경우, 편의표집으로 수집된 자료라도 우리가 필요로 하는 정보를 충분히 제공해 줄 수 있다. 엄밀히 이야기하면, 상당수의 표집계획에 어느 정도의 편의성이 개입되어 있다고 볼 수 있다.

---

[27] 2022 임용 : A의 연구가 자료수집과정에 어떠한 문제가 있는지 '모집단'과 '표본'이라는 용어를 포함하여 서술할 것.

2) 유의 표집(purposive sampling)

유의 표집은 때로 판단 표집(judgemental sampling)이라고도 부르는데, 모집단에 대한 연구자의 사전 지식을 바탕으로 표집하는 것이다. 유의표집은 일반적으로 연구자에게 자신의 이론적 실용적 관심을 고려할 수 있도록 융통성을 부여한다. 따라서 유의표집이 갖는 장점 중의 하나는 연구자가 자신의 연구능력과 사전지식을 활용하여 응답자를 고를 수 있다는 점이다. 이 방법은 연구대상자의 일부분은 쉽게 식별할 수 있지만 모집단 전체를 모두 확인하는 일이 거의 불가능할 경우 사용한다.

예를 들면, 청소년 비행에 대해 연구를 하고자 했을 때 비행청소년들은 개별적으로는 쉽게 찾아볼 수 있겠지만 모집단으로서의 비행청소년 전체의 규모나 성원을 식별하고 규정짓는 일은 매우 어렵다. 따라서 이 경우에 비행청소년의 전형이라고 판단되는 청소년들을 선정하여 면접하는 방법을 택하게 된다.

유의표집은 특히 연구계획의 초기단계에서 질문의 적용 가능성과 조사도구의 타당성 등을 검토하기 위하여 많이 사용하고 있으며 사전검사(pre-test)를 위해 많이 쓰이기도 한다.

> 예를 들면, 물가의 변동을 대표하는 소비자물가지수, 도매물가지수 등은 유의적 표집에 의해 산정된다. 우리나라의 경우에 물가지수를 계산할 때, 모집단을 구성하는 수많은 상품의 물가를 다 파악할 수 없기에 그중에서 물가 변동을 잘 반영하는 것으로 생각되는 몇 개의 품목만을 표본으로 정하고 이들의 물가만 계산하여 물가지수를 제공하는 것이 그 예이다. 우리나라의 강수량을 파악할 때에도 지형을 고려하여 전문연구자들의 판단에 따라 아예 몇 군데를 정하고 이를 바탕으로 우리나라의 평균 강수량을 구하는 것이 더 유리한 경우에 이런 표집 방법을 사용할 수 있다.
>
> - 노성호 외

3) 눈덩이표집(snowball sampling)

최근 들어 점차 그 사용빈도가 커져 가는 표본추출방법이다. 작은 눈뭉치를 굴려 점점 큰 눈덩이를 만들어 가듯이 처음 단계에는 표집 대상이 되는 소수의 응답자들을 찾아내어 면접하고, 다음 단계에서는 그 응답자들을 정보원으로 활용하여 비슷한 속성을 가진 다른 사람들을 소개하도록 하고 그들을 대상으로 면접한다. 그와 같은 절차를 지속적으로 반복하여 연구수행에 필요한 만큼의 표본수가 충족될 때까지 표집해 나가면 된다.

이 방법은 모집단을 잘 모르는 경우나 대상자가 눈에 잘 띄지 않아 일상적 표집절차로서는 조사가 현실적으로 어려운 경우 - 예를 들어 성매매, 마약, 동성연애 등 일탈적 하위문화에 관한 연구 - 에 보다 적합하다. 또한 이 방법은 관찰연구나 지역사회연구에 특히 유용하다.

4) 할당표집(quota sampling)[28]

할당표집은 모집단이 갖는 특성의 비율에 맞추어 표본을 추출하는 방법이다.[29] 근자에는 확률표집 방법과 병행하여 쓰이기도 하는데, 다단계표집 과정의 마지막 단계에서 많이 사용한다. 특히 선거와 관련된 조사나 일반적인 여론조사에서 많이 활용되고 있다. 모집단의 특성(예를 들면, 성별·교육 수준별 구성 등)을 정확히 알아야 그것에 근거하여 할당기준을 마련할 수 있다.

할당은 일반적으로 전체 인구와 같은 비율로 한다. 그러나 필요에 따라서는 특정 속성을 갖는 대상을 가중표집할 수 있으며 그 경우에 모집단의 특성을 추정하고자 한다면 다시 가중치를 주어 모집단의 분포와 같아지도록 하여야 할 것이다. 할당표집을 하기 위해서는 우선 할당표를 작성한 다음, 할당표에 따라 미리 정해진 방법으로 응답자를 선정하여 면접하고, 해당 기준에 따른 할당이 채워지면 대상자가 나타나더라도 배제하게 된다.

그러나 할당기준이 설정되어 있다 하더라도 실제 표본추출 과정에서 조사자의 편견이 개재될 수 있는 여지는 얼마든지 있다. 할당량을 채우기 위해 지속적으로 조사해 나가는 과정에서 어떤 대상들은 쉽게 배제된다. 예를 들어, 사나운 개가 있는 집의 사람이라든가, 귀가시간이 늦은 사람들은 조사대상에 잘 포함되지 않을 수 있다. 따라서 할당표집은 표본선정 시 편의(偏倚)가 없고 가능한 한 대표성을 갖고 일반화될 수 있도록 유의하여야 할 것이다.

> ☞ 할당표집은 모집단을 일정한 기준에 따라 분류한다는 점에서 층화표집과 유사하지만, 층화표집은 무작위적 표집방식이나 할당표집은 작위적 표집이다. 따라서 할당표집은 연구자의 편견이나 현장의 상황적 조건이 개입될 여지가 있어 표본의 대표성 측면에서 층화표집보다 문제점이 있을 수 있다.[30] 또한 대부분 모집단에는 많은 수의 변수들이 존재하며 이들의 특성도 매우 다양하기 때문에, 모든 변수들에 대한 할당비율을 사전에 알기는 쉽지 않다.

(7) **측정수준** : 측정이 관찰된 현상에 대해 일정한 규칙에 따라 수치를 부여하는 것이라 한다면, 척도는 그러한 측정을 위한 도구라고 할 수 있다. 사회조사에서 변수는 명목척도, 서열척도, 등간척도, 비율척도로 측정된다. 그 4가지 형태의 척도는 제공되는 정보의 수준과 자료 분석에 이용할 수 있는 통계적 방법의 수준에 따라 순위가 정해진다. 즉, 명목척도 < 서열척도 < 등간척도 < 비율척도의 순으로 보다 많은 정보를 제공해 주며, 활용할 수 있는 통계적 기법도 다양해진다.[31]

---

28) **2024 임용** : 할당표집 (단답)
29) **2024 임용** : 괄호 안의 ⓒ에 해당하는 내용을 서술할 것.
30) **2024 임용** : ⓛ방법(할당표집)이 ⓒ방법(층화표집)보다 대표성이 떨어지는 이유를 'ⓛ방법은 ~ 때문이다'라는 문장 구조로 서술할 것
31) **2017 임용** : 활용할 수 있는 통계 방법이 가장 다양한 것은 등간척도이고 다음으로 명목척도, 서열척도의 순이다. 를 올바르게 고쳐 서술하시오.

① 명목척도(nominal scale)[32]

: 명목척도는 단지 분류적인 개념만을 내포한다. 성별이라든가 종교, 출신 시·도 등의 변수가 이에 속한다. 그 척도에서는 각 응답 범주에 똑같은 비중이 주어진다.

> **예** 귀하의 종교는?
> ① 개신교   ② 가톨릭   ③ 불교   ④ 원불교   ⑤ 천도교   ⑥ 기타 종교   ⑦ 종교 없음

이 예에서 보면 각 범주에 부여되는 점수는 아무런 계량적 의미를 갖지 않는다. 그것은 운동선수의 등번호와 마찬가지로 각 범주를 식별해 주는 목적 이상의 별다른 의미를 가지고 있지 않기 때문이다.

② 서열척도(ordinal scale)

: 서열척도는 명목척도가 가지고 있는 속성 이외에 서열성을 갖고 있어, 특정의 성격을 가지고 있는 정도에 따라 범주들을 서열화할 수 있다. 사회계층적 지위를 측정하기 위하여 우리는 다음과 같은 질문을 자주 던진다.

> **예** "우리나라 사람들을 아래와 같이 4개의 계층으로 나눈다면 귀하의 가족은 어디에 속한다 생각하십니까?"
> ① 상층   ② 중의 상층   ③ 중의 하층   ④ 하층

이 때 우리는 지위의 서열상 상층은 중의 상보다 높고, 중의 상은 중의 하보다 높고, 중의 하는 하층보다 높다는 것을 가정하고 있다. 서열척도는 개개인들을 서로 구분되는 범주들로 나눌 수 있을 뿐만 아니라 그들을 일정한 기준에 따라 서열화할 수 있기 때문에 명목척도보다 상위수준의 척도이다.

그러나 서열척도에서 각 범주 간의 간격이 반드시 같다고 보기는 힘들다. 즉 상층과 중의 상과의 간격이 중의 상과 중의 하와의 간격과 동일한 것은 아니다. 조사연구에서는 서열척도가 많이 사용되는데, 태도를 묻는 질문에 대한 응답에서 '전적으로 동의한다', '동의한다.', '반대한다.', '전적으로 반대한다'와 같은 범주가 전형적인 예이다.

③ 등간척도(interval scale)

: 등간척도는 대상을 서열화할 수 있을 뿐만 아니라 대상들 간의 간격을 표준화된 척도로 표시할 수 있다. 예를 들어 길이는 보통 미터, 온도는 섭씨, 소득은 원 또는 달러로 측정한다. 그러나 사회과학에서 모든 사람들이 동의할 수 있고, 상황에 관계없이 일정한 결과를 가져오는 측정치를 찾기는 힘들다. 특히 태도를 나타내는 측정치의 경우 연구자에 따라 수치부여 방법을 달리할 수 있기 때문이다. 예를 들어, 지능이나 권위주의 또는 위신(威信)과 같은 추상적 개념을 측정하는 표준화된 단위를 찾는다는 것은 어려울 수 밖에 없다. 표준화된 측정 단위가 있다면 두 점수의 차이가 20단위라든가, 하나는 다른 하나의 2배라고 이야기할 수 있을 것이다. 우리는 저울 위에다 물건을 놓아 무게를 더할 수도 있고, 긴 나무토막을 10cm

---

[32] 2014 임용 : 명목척도 (단답)

정도 잘라내어 길이를 줄일 수도 있다 마찬가지로 남편과 아내의 소득을 더하여 가구소득을 산출할 수도 있다. 그러나 두 사람의 IQ점수를 더하는 것은 의미가 없다.

사회과학에서는 엄밀한 의미의 등간척도를 찾기가 쉽지 않다. 등간척도로 측정된 값이라 해도 엄밀하게 말해서 그 값이 대상의 실젯값을 나타내 주는 것이라고 하기 어렵고 수량적으로 표시되었다 하더라도 대상 자체가 갖는 속성의 크기가 아닐 수도 있다. 그렇지만 IQ점수와 같은 척도는, 자연과학에서 사용되고 있는 등간척도보다 엄밀성이 떨어짐에도 불구하고, 사회과학에서는 일반적으로 등간척도로 인정받고 있다.

> 결국 등간측정은 서열측정 중에서 점수 간의 간격(interval)이 동일한 측정이다. 예를 들어 나이를 1) 0세 ~9세, 2) 10세~19세, 3) 20세~29세, 4) 30세~39세, 5) 40세~49세, 6) 50세 ~59세, 7) 60세 ~ 69세, 8) 70세~79세, 9) 80세~89세, 10) 90세 이상으로 측정하였다면 10세~19세의 간격도 10세이고 80세~89세도 동일한 10세 간격이라 형식적인 의미에서 등간측정이라고 볼 수 있다. 여기에서 형식적이라고 표현한 것은 10세 간격으로 등간이라고 하지만, 사회현상의 특성인 질적 의미를 고려하면 엄밀한 의미에서 등간척도라고 하기 어렵기 때문이다.   - 노성호 외

④ 비율척도(ratio scale)

: 비율척도는 등간척도와 모든 다른 특성에서 동일하나 0이 자의적으로 부여된 값이 아닌 절대적 의미를 갖게 된다는 점에서 등간척도와 구분된다.[33] 온도의 측정치와 IQ점수를 예로 들어보자. 온도에서 섭씨 0도라 함은 온도가 없다는 뜻이 아니며, 지능지수가 0이라 함도 지능이 없다는 이야기가 아니다. 이 때의 0은 척도구성상의 어느 하나의 위치일 따름이다. 섭씨 30도가 10도보다 3배 더 더운 것은 아닌 것과 마찬가지로 등간척도인 연령에서 0은 나이가 없다는 뜻이 아니며, 60세가 30세보다 두 배 더 늙었다고 이야기하는 것은 의미가 없다.

그러나 비율척도는 진정한 의미에서의 0의 존재를 설정하고 있다. 예를 들어, 특정 지역 인구가 0이라면 그 지역에 살고 있는 사람이 없다는 것이고, 소득이 0이라 함은 소득이 없다는 뜻이다. 도시화율, 실업률, 평균가족크기 등도 마찬가지이다.

비율척도에는 사람이나 행위 또는 집단들을 세어서 얻은 것이 많다. 예를 들어, 범죄율은 기록된 범죄행위의 수를 세어 그것을 전체 인구로 나누어 표준화한 것이다. 도시화율, 실업률, 평균가족크기 등에서 0의 의미는 분명하다. 특정지역에서 여자가 차지하는 백분율이 0이라고 할 때, 그 지역에는 여자가 한 명도 없다는 뜻이다. 그러나 그 차이에도 불구하고 실제 자료를 분석할 때에는 등간척도와 비율척도를 구분하지 않고 동일한 기법을 적용하는 것이 보통이다.

---

33) **2017 임용** : 등간척도와 비율척도가 말하는 0의 의미가 어떻게 다른지 서술

각 측정 수준의 특징

측정수준	범주의 특징			
	상호배제성·포괄성	서열성	표준측정단위 유무	0의 의미 유무
명목척도	+			
서열척도	+	+		
등간척도	+	+	+	
비율척도	+	+	+	+

☞ **유의점 1**

우리는 수집된 조사 자료를 분석할 때 항상 각 척도의 특성을 염두에 두고 자료의 측정수준에 합당한 통계적 방법을 쓰지 않으면 안 된다. 자료는 명목척도의 수준에서 측정되었는데, 서열척도나 등간척도에 적합한 통계 방법을 쓴다면 논리적으로 오류를 범하게 되고[34], 반대로 자료는 보다 정교한 수준에서 측정되었는데 분석 방법은 더 낮은 수준의 것을 사용한다면, 분석과정에서 유용한 정보를 많이 잃게 될 것이다. 그러한 이유에서 정확한 통계적 방법을 사용하는 것은 매우 중요하며, 어떠한 분석방법을 쓸 것인지를 자료 수집 과정에서 미리 구상해 두는 것이 좋다.

변수의 측정수준

사용된 통계치의 측정 수준	명목	서열	등간·비율
명목	문제없음	정보의 상실	정보의 상실
서열	논리적 오류	문제없음	정보의 상실
등간·비율	논리적 오류	논리적 오류	문제없음

보기 :
문제없음
정보의 상실
논리적 오류

☞ **유의점 2**

같은 내용의 변수라도 여러 가지 척도로 전환 가능하다는 점을 고려할 필요가 있다. 예를 들어 연령을 생후의 연수로 나타내면 등간척도상의 변수이지만, 그것을 생애주기별로 나누어 ① 유아기 ② 소년기 ③ 청년기 ④ 중년기 ⑤ 노년기로 구분하거나, ① 20세 미만 ② 20~29세 ③ 30~39세 ④ 40~49세 ⑤ 50~59세 ⑥ 60세 이상 등으로 구분하여 서열변수로 사용할 수도 있고, ① 피부양인구(0~14세 또는 65세 이상)와 부양인구(15~64세)로 나누어 명목변수로 쓸 수도 있다.

---

34) 2017 임용 : 명목척도의 대푯값을 제시하기 위해서는 평균을 사용해야 한다. 를 올바르게 고쳐 서술하시오.

연구대상 관련 고려 사항 - 분석단위와 관련된 오류 - 노성호 외

가) 생태학적 오류

생태학적 오류는 분석단위를 집단으로 정하여 집단의 특성을 조사하였지만, 해석은 집단에 속해 있는 개인의 특성으로 해석함으로써 발생하게 되는 오류이다. 흑인 인구가 많은 도시가 흑인 인구가 적은 도시보다 범죄율이 높다는 점을 발견했다고 해서 범죄가 실제로 흑인에 의해 더 많이 저질러졌는지는 알 수 없다.

마찬가지로 자살률이 가톨릭 신자가 많은 도시나 국가보다 개신교 신자가 많은 도시나 국가에서 높다는 점을 발견했다고 해서 가톨릭교도보다 개신교도가 더 많이 자살했는지는 확신할 수 없다. 이런 점을 고려하면, 유명한 고전 사회학자인 뒤르켐(Durkheim)의 저서 〈자살론〉에서 개인의 자살행위를 분석하면서 생태학적 오류가 있었음을 알 수 있다.

여기서 우리가 알아야 할 것은 집합체를 분석단위로 사용하면서 개인 행위를 분석하는 연구에서는 이러한 생태학적 오류의 가능성이 존재한다는 사실이다. 그렇다면 집합체를 분석단위로 하는 거시연구는 모두 문제가 있는 것인가? 이러한 거시적 연구는 연구할 필요성이 없는 것인가? 그것은 아니다. 사회과학의 핵심적인 연구 관심이 사회구조가 개인의 행위에 미치는 영향을 알고자 하는 것이라고 보면 어쩌면 거시적 연구는 사회과학에서 필수적인 연구일 것이다. 단지 이러한 집합체를 분석단위로 사용하면서 연구할 때에는 자료의 분석과 해석을 함에 있어서 생태 오류의 가능성을 인지하고 매우 조심스럽게 접근을 해야 한다는 것이지, 집합체를 분석단위로 삼는 거시적 연구 자체가 문제점이 있다거나 불필요하다는 의미는 아니다.

나) 개인주의적 오류

개인주의적 오류는 위의 경우와 반대로 분석단위를 개인으로 정하여 개인의 특성을 조사하고 해석을 할 때에 집단의 특성으로 해석함으로써 발생하게 되는 오류이다. 공교육을 전혀 받지 못하고도 부자가 된 사람을 분석한 결과를 활용하여, 교육 수준이 낮으면 소득 수준이 높다는 일반적 경향성으로 해석해서는 안 되는 것이다. 한두 명의 사례를 통해 교육 수준이 낮은데도 소득 수준이 높은 사람을 개인적으로 만났다고 할지라도 사회 전반적으로 교육 수준이 높으면 소득 수준이 높은 현실이 부정되는 것은 아니기 때문이다.

다) 환원주의적 오류

환원주의적 오류는 특정한 현상을 제한적이거나 하위개념으로 설명하려고 시도할 때 발생하는 오류이다. 환원주의적 설명이 전적으로 잘못되었다는 것이 아니라 단지 지나치게 제한적 설명이라는 것이다. KBO에 속한 팀의 우승 예측을 할 때 각 팀에 소속되어 있는 개별 선수들의 역량에 초점을 맞추어 예측할 수 있을 것이다. 이것이 완전히 잘못되었다고 보기는 어렵지만, 팀의 우승은 단지 그 팀에 속해 있는 개인 선수들 이상을 포함하고 있다. 예를 들면, 감독의 지도력, 팀워크, 전략, 재정, 시설, 팬의 충성도 등을 포함한다. 그럼에도 오직 팀 소속 개별 선수들의 역량으로만 가지고 우승을 점친다면 환원주의적 오류라고 부를 수 있다. 이처럼 어떤 현상의 원인을 규명하고자 할 때 단 하나의 원인으로만 그 현상을 설명하고자 할 때 환원주의적 오류의 위험에 처할 가능성이 생긴다.

3. 면접법

(1) 특징

> 면접법은 연구자가 연구 대상자와 대화를 통해 자료를 수집하는 방법이다. 비교적 적은 수의 인원을 대상으로 깊이 있는 정보를 얻고자 할 때 사용한다. 면접법은 연구자가 연구 대상자에게 연구 주제를 설명하고 연구 주제와 관련하여 질문하는 형태로 진행한다. 연구자가 연구 대상자에게 질문할 때는 미리 정해진 질문을 하기도 하지만, 연구 대상자의 반응에 따라 보충 설명을 하거나 추가적인 질문을 하는 등 질문의 구성이나 순서는 달라지기도 한다. 면접법에서는 깊이 있는 질문을 통해 연구 대상자의 숨겨진 의도나 신념, 태도, 느낌 등을 파악하는 것이 중요하다. 이를 위해서 연구자는 연구 대상자가 느끼는 감정에 공감하면서 자연스럽고 편안한 분위기에서 면접을 해야 한다. 연구자와 연구 대상자 사이에 신뢰 관계가 형성되어야 설문을 통해서는 얻기 어려운 깊이 있는 정보를 얻을 수 있다.
> [비상]

(2) 장점
① 문맹자에게도 실시할 수 있고, 무성의한 응답이나 악의적 응답을 줄일 수 있다. (미래엔)
② 소수의 사람을 상대로 주관적인 세계에 대한 깊이 있는 자료를 수집하는 데 적합하다. (지학사)

(3) 단점
① 다수의 사람을 상대로 활용하기에는 시간과 비용 측면에서 한계가 있으며, 연구 주제에 부합하는 소수의 전형적인 대상자를 선정하는 데 어려움이 있다. (지학사)
② 연구자의 주관적인 해석을 방지하기 어렵고, 연구 결과를 일반화할 수 없다는 한계가 있다. (지학사)

(4) 면접의 형태
① 구조화 면접(structured interview) : 질문의 내용, 형식, 순서 등에 대하여 사전에 작성한 면접표에 따라 면접을 수행하는 것 → 넓은 의미의 질문지법에 해당
② 비구조화 면접(unstructured interview) : 질문의 내용, 형식, 순서 등을 미리 정하지 않고 상황에 따라 자유롭게 면접을 수행하는 것 → 사전에 정형화된 틀이 없기 때문에 자유응답식인 경우가 많으며 대표적인 예로 심층 면접을 들 수 있음

4. 참여 관찰

(1) 특징
① 연구자가 연구 대상과 함께 생활하거나 연구 대상의 활동에 직접 참여하여 관심 있는 현상을 관찰하고 기록하면서 자료를 수집하는 방법이다.
② 비공식적 면접(informal interview)과 함께 인류학적 현지조사(field work)[35]에서 주로 쓰인다.

---

[35] **2020 임용** : 인류학자들이 현지조사에서 주로 사용하는 자료 수집 방법을 2가지 제시할 것.

(2) 장점
① 조사 대상자의 행동을 직접 관찰하고 대화한 내용을 기록하므로 자료의 실제성이 높다. (미래엔)
② 언어가 다른 사회의 사람이나 유아처럼 언어적 의사소통이 불가능한 대상에게서도 자료를 수집할 수 있다. (미래엔)
③ 비교적 장기간에 걸쳐 연구 대상자의 일상생활을 실제로 접하면서 자료를 수집하므로 심층적인 정보를 얻을 수 있다. (지학사)

(3) 단점
① 관찰하고자 하는 현상이 나타날 때까지 기다려야 하므로 시간과 비용이 많이 든다. (비상)
② 조사대상자가 연구자를 의식해 평소와 다르게 행동하면 정확한 자료를 수집하기 어렵다. (미래엔)
③ 면접법과 마찬가지로 연구자의 주관적인 해석이 우려되고, 연구 결과를 일반화하기 어렵다. (지학사)
④ 예측하지 못한 상황이 돌발적으로 일어날 수 있다. (비상)

(4) 관찰자의 역할
① 완전한 참여자(complete participant) : 이때의 연구자는 내집단의 완전한 성원이 되어 그의 활동은 완전히 은폐된다.
② 관찰자로서의 참여자(participant as observer) : 이때의 연구자는 관찰자로서의 활동이 전적으로 은폐되는 것은 아니지만 주로 참여자로서 활동하게 된다.
③ 참여자로서의 관찰자(observer as participant) : 관찰자의 활동이 처음에 공개적으로 알려지고, 따라서 사람들로부터 어느 정도 공개적으로 지원을 받는다.
④ 완전한 관찰자(complete observer) : 완전관찰자는 자기 자신을 완전히 감추어버리거나 아니면 그의 활동을 완전히 공개적으로 한다.
☞ 참여관찰에서 중요시되는 역할은 ②와 ③이라고 볼 수 있다.

5. 실험법

(1) **특징** : 관심의 초점이 되는 대상 변수 이외의 요인들이 작용하지 않도록 통제하고, 실험집단에 실험 처리를 한 뒤 통제집단[36]과 비교함으로써 독립변수의 효과를 확인하는 자료수집방법

(2) **실험의 요소** : 고전적 실험의 의미에는 다음 세 요소가 포함되어 있다.

① 독립변수와 종속변수[37]의 설정이다. 실험에서 사용되는 자극(stimulus)이 대개 독립변수가 되며, 자극에 대한 반응(response)이나 결과(consequence)가 종속변수가 된다. 실험에서는 변수들을 사전에 엄밀히 규정짓는 것이 보통이지만, 넓은 범위에서 시작하여 분석 도중에 개념을 정립해 나갈 수도 있다.

② 실험집단과 통제집단의 구분[38]이다. 실험집단이란 실험의 대상이 되는 집단이고, 통제집단이란 모든 다른 조건은 실험집단과 동일하고 다만 실험자극을 주지 않는 집단이다. 실험에서 실험자극에 의한 변화를 파악해 낼 수 있는 것은 통제집단이 있기 때문이다.

③ 사전검사(pretesting)[39]와 사후검사(posttesting)이다. 사전검사는 실험자극을 주기 이전에 실험대상의 상태를 측정하는 것을 말하며, 사후검사는 실험자극 이후에 실험대상의 상태를 측정하는 것을 말한다. 만약 두 측정결과 간에 차이가 나타난다면, 그것은 자극의 영향으로 간주된다.

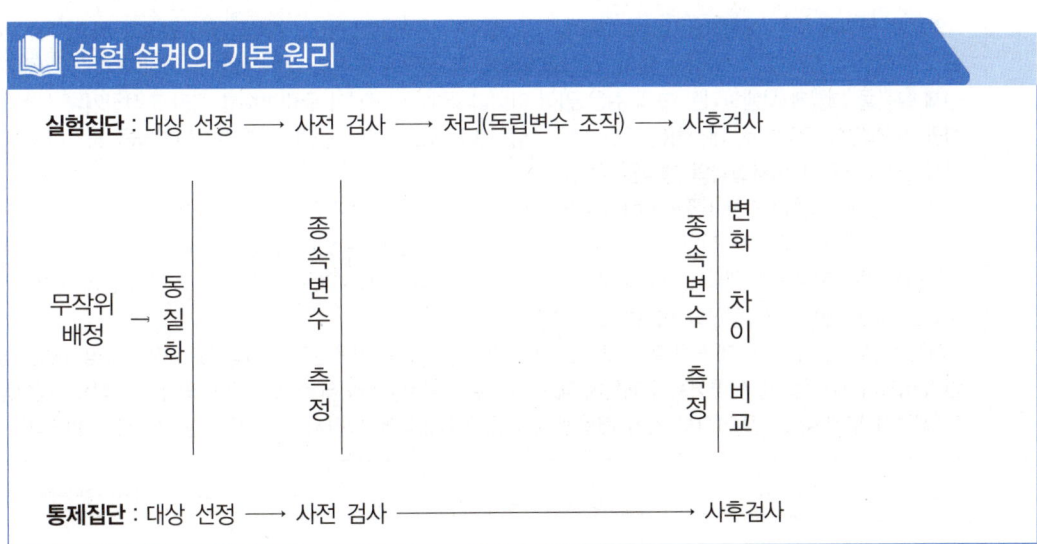

실험 설계의 기본 원리

---

36) 2016 임용 : 통제집단(단답), 통제집단이 없음으로 인해 발생하는 문제점 서술
37) 2021 임용 : 갑의 연구사례에서 독립변수, 종속변수를 제시.
38) 2016 임용 : 실험의 3가지 구성 요소 중 빈칸에 들어갈 내용 쓰기
39) 2018 임용 : 사전검사(단답), 사전검사가 연구결과를 왜곡할 수 있는 이유를 서술.
  + 사전검사가 없어도 타당한 결론이 도출되려면 연구 대상자와 관련한 어떤 조건이 충족되어야 하는지 서술

생각해보기 : 통제집단의 설정 이유와 실험집단의 개수 문제

실험설계에서는 기본적으로 통제집단을 설정하는 것을 강조한다. 통제집단을 설정하는 이유는 기본적으로 실험에서 독립변수를 인위적 자극으로 제시한 후 종속변수의 효과를 비교할 수 있는 집단을 구성하려는 것이다. 더불어 다른 모든 조건은 동일하면서 오로지 실험 처치만 달리하는 통제집단을 구성하면 실험집단에서 나타나는 실험 처치에 따른 독립변수의 효과가 외생변수에 의한 효과가 아님을 증명할 수 있기 때문이다.[40]

이에 따라 통제집단을 설정하여 독립변수를 적용하기 전에 실험집단과 통제집단을 대상으로 사전 검사를 통해 두 집단의 종속변수가 동일한 상태임을 파악한다. 이러한 점에서 통제집단의 설정은 실험에서의 내적 타당도를 확보하는 데 있어서 매우 중요하다. 그리고 통제집단의 설정에 따라 실험 효과를 살펴보기 위해서는 실험집단에서의 사전-사후검사 결과를 비교하는 것이 아니라, 실험집단과 통제집단의 사전검사 비교, 실험집단과 통제집단의 사후검사 비교를 통계적으로 하게 된다.

또한 실험에서 실험집단은 하나가 아니라 여러 개를 설정해도 된다. 연구자가 실험설계를 하면서 독립변수로 제시하는 실험처치(자극)를 여러 개로 달리하게 되면 그에 따라 실험집단이 여러 개 설정 되는 것이다. 예를 들어 A라는 수업 방법, B라는 수업 방법, C라는 수업 방법이 학생들의 학업성취에 미치는 영향을 살펴보려면 이들 3개의 수업 방법 모두를 실험집단으로 각기 구성해도 된다.

 의사실험(quasi-experimental design)

엄격한 원칙에 따른 실험(true experimental design)에서는 실험집단과 통제집단이 있어야 하고, 독립변수를 의도적으로 조작할 수 있어야 하며, 피실험자들을 각 집단에 무작위로 배정할 수 있어야 한다. 그렇지만 실제 실험을 그렇게 시행하기란 그리 쉬운 일이 아니다. 특히 연구자가 독립변수를 직접 조작하거나 실험대상자를 각 집단에 무작위로 배정하는 것은 매우 어렵거나 때로는 불가능하다. 그러한 원칙들을 엄격히 지키지 못할 경우, 우리는 의사실험의 형식을 취한다.

의사실험이란 피실험자를 실험집단과 비교집단에 무작위로 배정하지 않는 연구설계이다. 대신에 실험집단의 비교대상은 동등하지 않은 집단이거나 실험하기 전의 동일집단일 수 있다. 또한 시간대를 달리하거나 장소를 달리해서 얻은 자료를 사용해서 의사실험을 행할 수도 있다. 즉, 의사실험은 동일집단을 시간대 간에 비교하거나 동일한 시간 대에 여러 집단을 비교하는 것이다.

어떤 종류의 의사실험설계를 택할 것인가는 어떤 종류의 자료가 가용한가에 달려 있다. 의사실험에서는 집단 간의 비교가 사후적으로 이루어지기 때문에 때로 그것을 사후실험이라 부르기도 한다. 의사실험에서는 피실험자의 배정이 무작위로 이루어지지 않기 때문에 실험효과와 실험에 의하지 않은 효과를 구분하기 힘들다.

---

40) 2023 임용 : 밑줄 친 내용(다른 돈은 가져오지 않기)과 같은 조치를 위한 이유를 '독립변수'와 '종속변수'라는 단어를 포함하여 서술할 것.

실험 연구에서의 타당도 문제 - 노성호외(2020) p286

타당도란 척도가 원래 측정하고자 한 대상을 실제로 측정한 정도를 의미한다고 할 수 있다. 실험법에서 인과적 설명을 할 때도 타당도라는 개념을 사용하기는 하지만, 척도 구성에서 말하는 타당도 개념과는 맥락에서 차이가 있다. 실험법에서 타당도의 개념은 내적 타당도와 외적 타당도로 구분된다. <u>내적 타당도란 수행한 실험설계의 내용과 연구 결과에서 독립변수와 종속변수 간의 인과관계가 정확하게 일치하는 정도를 의미한다. 그리고 외적 타당도란 실험의 결과를 모집단, 즉 일상적 세계로 일반화할 수 있는 정도를 의미한다</u>

외적 타당도를 저해하는 요인 - 노성호외(2020) P291-292

외적 타당도에 영향을 미치는 주요 요인은 <u>연구 표본, 상황, 과정의 대표성</u>이다. 특정 실험을 시행하였을 때 특정 지역에서 선정된 피험자는 그 지역의 재정적, 행정적 특성의 영향을 받게 된다. 이때 실험에서 독립변수와 종속변수의 인과적 관계를 설명하는 내적 타당도에는 아무런 문제가 없다. 그렇지만 특정 지역에서 실험한 결과를 그 지역과는 재정적, 행정적 특성이 전혀 다른 지역에 적용하는 것이 항상 적절하다고 할 수는 없다. 결국 두 지역의 모습이 얼마나 유사한가에 따라서 일반화의 가능성은 달라질 수 있을 것이다. 따라서 실험을 설계할 때 그 실험이 대표하고자 의도한 대상, 즉 모집단을 구체적으로 설정한다면 이러한 설정에 맞춰서 실험의 결과를 일반화하는데 큰 문제가 없을 것이다.

또한 <u>실험상황과 실험 자극 간에 상호작용이 있는 경우</u>에도 실험 결과를 일반화하는 데 위협을 받을 수 있다. 일반적으로 실험을 시작하면서 피험자들을 대상으로 사전검사를 수행하게 된다. 그렇게 되면 실험집단의 피험자들은 실험의 주제에 대해서 민감해져 있을 가능성이 높다. 따라서 독립변수를 처치할 때 더 민감하게 받아들일 가능성이 높아지는 것이다. 이러한 실험설계에서 의도한 결과가 나타났다고 해서 이런 결과를 일반화할 수 있는지에 대해서 더 생각해볼 필요가 있다. 독립변수의 처치, 즉 실험자극이라는 것이 사전검사에 의해서, 민감해진 실험집단에 더 큰 효과를 보일 수도 있기 때문이다. 즉 이러한 실험자극이 일상적인 생활 가운데서도 동일한 효과를 나타낼 것이라고 장담하기는 어렵다. 이러한 요인들을 방지하기 위해서 솔로몬 4집단 설계 등의 실험설계가 개발되었다.

(3) **장점**
① 정확하고 정밀한 자료를 수집할 수 있다. (지학사)
② 조건을 엄격히 통제하기에 인과 관계를 명확히 파악할 수 있다. (천재)

(4) **단점**[41]
① 사람을 대상으로 하기 때문에 엄격하게 통제된 실험이 곤란하다.(지학사)
☞ **호손효과(hawthorne effect)** : 연구나 실험에 참여하는 사람들이 다른 비교집단의 사람들에 비하여 그들이 특별히 취급받는다고 느낌으로써 의식적으로 나타내는 효과를 말한다. 이 경우에는 독립변수로 인하여 종속변수에 나타나는 실제적 효과와 특별한 관심이 됨으로써 종속변수에 나타난 효과를 구분하기 어렵고 두 가지 효과가 상호작용하여 나타날 수 있다. 이런 효손효과를 예방하기 위해서는 실험실 연구에서 어렵지만 그들이 언제 어떻게 관찰될 것인지를 알려주지 않는 방법을 취할 수 있다.[42]

---

41) <u>2021 임용</u> : 실험법의 일반적인 단점을 2가지 서술할 것.
42) 「사회복지조사방법론」 -최성재-나남출판 166p

☞ **존 헨리 효과(John Henry effect)** : 실험집단과 통제집단을 만들어 실험집단에는 바람직한 어떤 독립변수를 적용하고 통제집단에는 적용하지 않을 경우, 통제집단이 실험집단에서 통제집단과는 다른 것이 이루어지는 것을 알고 자기들이 어떤 이점을 박탈당했다고 느끼고 그들이 박탈당한 것을 보상하는 의미에서 의도적으로 종속변수에서 예상하는 이상으로 효과를 나타내거나 아니면 실망하거나 의기소침하여 기대 이하의 효과를 타나내는 경우가 있는데 이를 보상적 경쟁효과(compensatory rivalry) 또는 존 헨리 효과라 한다.[43]

② 사람이 실험 대상이므로 윤리적·법적 문제가 발생할 있다. (지학사)
③ 통제된 실험 내용을 일상생활에 그대로 적용하기 어렵다. (천재)

(5) 진실험설계(true experiment design)의 실제
① 사전 사후검사 통제집단 설계

집단	시간의 흐름(→)		
	사전검사(O)	독립변수 처치(자극)(×)	사후검사(O)
실험집단	종속변수의 측정(o1)	×	종속변수의 측정(o3)
통제집단	종속변수의 측정(o2)	—	종속변수의 측정(o4)

② 사후검사 통제집단 설계

사후검사 통제집단 설계(posttest - only control group design)는 사전검사를 하지 않는다는 점만 제외하고는 사전 - 사후검사 통제집단 설계와 동일하다. 사전검사를 하지 않는 사후검사 통제집단 설계가 가능한 이유는 다음과 같다. 실험에서 아예 사전검사를 하는 것이 불가능한 경우이거나, 사전검사를 했을 경우에 사전검사로 인해 실험에 미칠 영향력이 존재하는 실험 주제인 경우이다. 즉 사후검사 통제집단 설계는 사전검사가 외생변수로 작용할 가능성이 있는 경우에 한하여 가능한 설계라고 볼 수 있다.

그런데 사전검사를 하지 않음으로 인해서 사후검사 통제집단 설계의 경우에는 사전 - 사후검사 통제집단 설계에 비해 종속변수에서 나타나는 효과가 오로지 독립변수의 효과인지를 파악하기 어려운 문제가 나타날 수 있다. 이러한 문제를 일정 부분 해결하기 위해서는 앞에서 살펴본 사전 - 사후검사 통제집단 설계와 마찬가지로 무작위 표집을 통해 실험집단과 통제집단을 동질적으로 구성한 후에 실험해야 한다.

집단	시간의 흐름(→)		
	사전검사(O)	독립변수 처치(자극)(×)	사후검사(O)
실험집단	—	×	종속변수의 측정(o1)
통제집단	—	—	종속변수의 측정(o2)

---

43) 상동 164p

③ 솔로몬 4집단 설계

사전검사를 한 실험집단과 통제집단, 그리고 사전검사를 하지 않은 실험집단과 통제 집단을 설정하여 실험설계의 내적 타당도 및 외적 타당도를 위협하는 조건을 상당 부분 통제 하면서도 실험의 효과를 명확하게 파악하기 위해 사용하는 것이 솔로몬 4집단 설계이다. 따라서 솔로몬 4집단 설계는 앞에서 살펴본 사전 – 사후검사 통제집단 설계와 사후 통제집단 설계를 합한 것이라고 볼 수 있다.

집단	시간의 흐름(→)		
	사전검사(O)	독립변수 처치(자극)(X)	사후검사(O)
실험집단	종속변수의 측정(o1)	×	종속변수의 측정(o3)
통제집단1	종속변수의 측정(o2)	–	종속변수의 측정(o4)
통제집단2 (사전검사 없는 실험집단)		×	종속변수의 측정(o5)
통제집단3 (사전검사 없는 통제집단)		–	종속변수의 측정(o6)

(6) 유사실험설계(준실험설계 또는 의사실험설계, quasi–experimental design)의 실제

① 비동등 통제집단 설계(nonequivalent control group design)

실험집단과 통제집단 구성에서 무작위 표집 방법을 통해서 동일한 특성을 갖는 집단으로 구성해야 하는데, 때로 이것이 어려운 상황이 존재하며, 이러한 경우에 비동등 통제집단 설계를 하게 된다. 따라서 비동등 통제집단 설계는 대체로 무작위 표집 이외의 표집을 통해 유사한 두 집단을 정하고, 한 집단을 실험집단으로 다른 집단을 통제집단으로 정하여 실험을 하는 설계를 말한다.

유사실험설계 중에서 실험의 타당도를 일정 수준 확보하려고 노력하였지만, 무작위 표집을 통한 집단 구성이 어려워서 유사실험설계를 해야 하는 상황에서는 비동등 통제집단 설계가 일반적으로 많이 활용된다.

또한 통제집단에 독립변수인 실험처치(자극)를 전혀 하지 않는 진실험설계에서와 달리, 비동등 통제집단 설계에서는 통제집단에 대안적인 처치(예를 들어 수업 연구에서는 전통적인 설명식 수업 등)를 하거나 의학 실험에서의 위약을 처치하는 것과 같은 실험처치를 하는 경우도 있다, 이럴 경우에는 통제집단이라고 부르기보다는 비교집단으로 부르기도 한다. 비동등 통제집단 설계의 진행 과정을 그림으로 나타내면 다음과 같다.

집단	시간의 흐름(→)		
	사전검사(O)	독립변수 처치(자극)(X)	사후검사(O)
실험집단	종속변수의 측정(o1)	×	종속변수의 측정(o3)
통제집단 (비교집단)	종속변수의 측정(o2)	–/×′	종속변수의 측정(o4)

② 단순 틈새 시계열 설계(simple interrupted time - series design)

단순 틈새 시계열 설계는 단일집단을 대상으로 실험집단을 구성하여 실험을 하는 연구 설계이다. 즉 통제집단을 따로 설정하지 않으며, 그 대신 실험집단에 대하여 사전검사와 사후검사를 각각 여러 차례에 걸쳐 실시한다. 단순 틈입 시계열 설계라고 불리기도 하는데, 그냥 시계열 설계 (time - series design)라고 하는 경우도 있다.

실험설계에서 통제집단 없이 실험집단만을 구성하지만, 기본적으로 사전검사와 사후검사를 여러 차례 시행하는 과정을 통해 실험에서의 타당도를 유지하려고 한다는 점에서 향후 설명할 전실험설계와는 차이가 있다. 그럼에도 시계열 설계의 경우에는 비교집단 없이 실험집단만을 대상으로 실험하는 것이기에 내적 타당도에서 위협을 받는 경우가 많다. 단순 틈새 시계열 설계의 진행 과정을 그림으로 표현하면 다음과 같다.

집단	시간의 흐름(→)								
	사전검사(○)				독립변수 처치(자극)(×)	사후검사(○)			
실험집단	o1	o2	o3	o4	×	o5	o6	o7	o8

> 📖 **사례보기 : 담뱃값 인상 정책이 담배 판매에 미치는 영향**
>
> 담뱃값 인상이라는 정책 도입이 담배 판매에 미치는 영향을 살펴보는 연구를 살펴보자. 이 경우에는 담뱃값 인상 정책 도입이 독립변수이고, 종속변수인 담배 판매를 조작적 정의하여 월평균 담배 판매 개수로 정할 수 있다. 실험처치(자극)는 연구자가 직접적으로 하는 것이 아니라 정부가 담배가 인상 정책을 도입하는 상황이 되는 것이다. 정책 도입이 예고되고, 사전 4개월 동안 담배 판매 개수에서 변화가 없는지를 1개월 단위로 4차례에 걸쳐서 파악할 수 있다. 그러다가 담뱃값 인상이 이루어지고 나서 4개월에 걸쳐 매달 담배 판매개수에서 변화가 없는지를 4차례에 걸쳐 파악하면 된다. 이러한 분석 결과에 따라 여러 차례의 사전검사 점수에 비해 여러 차례의 사후검사 점수에서 담배 판매개수가 일정하게 줄어드는 양상이 나타나면 정책의 효과가 있다고 할 수 있을 것이다.

(7) 전실험설계의 실제

① 단일 회기 단일 사례 연구 (one-shot case study)

단일 회기 단일 사례 연구는 단발 사례 연구라고도 하고, 1회 사례 조사라고도 한다. 말 그대로 실험집단에 대하여 사전검사 없이 독립변수의 처치를 한번 수행하고, 그에 따라 종속변수의 영향을 파악하기 위하여 사후검사를 하는 연구를 말한다. 이에 따라 내적 타당도와 외적 타당도 전반에 심각한 문제가 있어서 독립변수와 종속변수 간의 인과관계를 증명하기 어려운 경우가 대부분이다.

집단	시간의 흐름(→)		
	사전검사(○)	독립변수 처치(자극)(×)	사후검사(○)
실험집단	–	×	종속변수의 측정(o1)

② 비노출집단 비교

비노출집단 비교(static-group comparison)는 정태적 집단 비교라고도 불린다. 두 집단을 선정한 후 이는 한 집단(실험집단)에게는 실험처치를 하고 다른 집단에게는 그에 해당하는 처치를 하지 않는데, 이때 실험 처치를 하지 않는 집단은 통제집단이 아니라 비노출집단 혹은 정태적 집단이 된다. 그리고 두 집단에 모두 사후검사를 실시하여 이 점수를 비교하는 것이다. 이 설계는 기본적으로 실험집단의 사후검사 점수를 비교할 집단으로 비노출집단(정태적 집단)을 구성함으로써 실험의 요건으로 중요하게 다루는 통제집단을 갖추려고 노력하는 것이다. 그러나 무작위 표집에 의한 엄격한 통제집단을 구성하지 않았기에 집단 구성에서 타당도 문제가 발생하게 되기에, 이를 통제집단이라고 지칭하지 않고 비노출집단(정태적 집단)이라고 하는 것이다. 이러한 실험설계를 했을 경우에는 실험집단과 비노출집단의 사후검사의 평균 점수를 비교하여 통계적인 유의도를 구하면 된다. 그럼에도 집단 구성의 문제로 사후검사의 점수 차이가 독립변수의 처치에 따른 차이인지, 원래 두 집단의 특성의 차이에 의한 것인지 파악하기 어렵다는 한계가 있다.

집단	시간의 흐름(→)		
	사전검사(O)	독립변수 처치(자극)(X)	사후검사(O)
실험집단	-	×	종속변수의 측정(o1)
비노출집단	-	-	종속변수의 측정(o2)

③ 단일집단 사전-사후검사 설계

단일집단 사전-사후검사 설계(one-group pretest-posttest design)는 통제집단 없이 즉, 한 집단만을 연구대상으로 정하고 그 집단에 사전검사, 실험처치(자극), 사후검사를 실시하는 실험설계를 말한다. 즉 하나의 집단을 대상으로 사전검사를 실시하고, 실험처치를 한 후에, 후검사를 구하여 사전검사 점수와 사후검사 점수를 비교하여 통계적 유의도를 구하는 것 말한다. 그러나 사전 및 사후검사 결과를 비교할 통제집단이 없다는 점에서 단일집단 사전-사후검사 설계도 내적 타당도에 많은 문제가 있다. 하지만 앞에서 살펴본 단일 회기 단일 사례 연구나 비노출집단 비교에 비해서 실험에서 요구하는 통제 조건을 일정 수준으로는 지키려고 노력한 것으로 볼 수 있다.

집단	시간의 흐름(→)		
	사전검사(O)	독립변수 처치(자극)(X)	사후검사(O)
실험집단	종속변수의 측정(o1)	×	종속변수의 측정(o2)

6. 자료수집방법의 선택

(1) 자료 수집 방법은 그마다 장단점이 있으므로 연구의 성격이나 목적에 적합한 방법을 선택해야 한다. 예를 들어 대통령 선거 후보자에 대한 국민의 지지도를 연구할 때에는 질문지법이 적절하겠지만, 학교 폭력 피해자의 심리 상태를 연구하고자 할 때에는 심층적인 면접법이 적절할 것이다.

(2) 한 가지 연구 주제에도 여러 가지 자료 수집 방법을 사용하여 좀 더 정교하고 풍부한 연구 결과를 도출할 수 있다. 맞벌이 부부의 결혼 생활 만족도를 연구할 때 질문지법으로 전반적인 만족도 수준을 파악하는 동시에 몇몇의 맞벌이 부부와의 면접을 통해 좀 더 심층적인 자료를 수집함으로써 연구에 대한 이해를 높일 수 있다.

(3) 대체로 구조화된 방법일수록 신뢰성이 높음(질문지 > 면접 > 관찰)

(4) 비구조화된 방법일수록 타당성이 높음(관찰 > 면접 > 질문지)

  * 신뢰성 : 동일한 절차나 조건에서 동일한 자료를 얻는 정도
  * 타당성 : 수집된 자료가 당초에 얻고자 했던 자료와 일치하는 정도

THEME 09 | 자료 수집 방법

> 2000 임용

01 다음과 같이 질문지를 작성하여 우편으로 우송한 후, 동봉한 반송용 봉투를 회수하여 자료를 수집하려 한다. 질문지를 보고 물음에 답하시오. [총 5점]

---

1. 귀하께서는 자동차의 기능에 대하여 얼마나 알고 계십니까?
   ① 매우 많이 안다.   ② 상당히 안다.   ③ 조금 안다.
   ④ 보통이다.   ⑤ 잘 모른다.   ⑥ 거의 모른다
   ⑦ 전혀 모른다.

2. 귀하께서는 신용카드로 현금 서비스를 받으신 후 주로 어느 용도에 사용하십니까?
   ① 생활비   ② 문화비   ③ 신용카드 대금 결제
   ④ 부채 상환   ⑤ 기타

3. 우리 주변에 골프장을 많이 건설하면 국민건강증진에 도움을 줄 것이라고 생각합니다. 이러한 상황을 고려할 때 귀하께서는 골프장 건설에 대하여 어떻게 생각하십니까?
   ① 찬성한다.   ② 반대한다.   ③ 잘 모른다.

1-1. 질문지법이 갖는 일반적인 장점을 두 가지 쓰시오. [2점]

•

•

1-2. 위의 질문지가 갖고 있는 문제점을 세 가지 쓰시오. [3점]

•

•

•

✓ 2002임용

02 다음을 읽고 물음에 답하시오.

(가) 베버는 사회현상이 과학적으로 연구되어져야 한다는 점에서는 뒤르켐과 같은 입장이었다. 그러나 뒤르켐이 사회를 사회적 사실과 사회구조의 차원에서 분석한데 비해 베버는 <㉠ 사회 구성원 개인의 행위를 분석의 기본 단위로 삼았다. 특히 그는 인간행동의 동기와 그 행위에 부여하는 의미의 이해(Verstehen)를 강조하였다.> 이러한 그의 입장은 (A)의 기초가 되었다.

2-1. ㉠을 연구하기 위해 가장 많이 사용되는 연구법으로 다음 <표>의 ③에 적합한 연구법을 한 가지만 적고, 그 연구법의 단점을 한 가지만 쓰시오.

⟨표⟩ 자료를 얻는 상황과 그 원천에 따른 연구법 분류

자료의 원천 \ 자료를 얻는 상황	인위적 조작 정도가 높음	인위적 조작 정도가 낮음
언어적 반응이 많음	질문지법	①
비언어적 반응이 많음	②	③

• 연구법 : _____

• 단점 : _____

✓ 2004 임용

03 다음 두 사례에서 '공통으로' 사용한 자료 수집 방법을 쓰고, 그것의 단점을 1가지만 쓰시오.

> (가) '갑'은 장희빈이 살았던 시대의 생활 모습에 관하여 연구할 목적으로 「조선왕조실록」과 「인현성후덕행록」을 조사하였다.
> (나) '을'은 농촌 지역 학생들의 인터넷 사용 실태를 파악하기 위하여, 각 학교 현장의 보고 자료를 수집하여 작성한 「교육부 통계 자료」를 조사하였다.

• 자료 수집 방법(1점) :

• 단점(2점) :

✓ 2004 공통사회

04 밑줄 친 ㉠조사를 위한 자료 수집 방법으로서 가장 적절한 것을 쓰고, 그 방법이 가지는 문제점을 2개만 쓰시오. [2점]

> 최근 세계 ㉠50개국 국민들을 대상으로 각각 200명을 선발하여 인터넷을 통하여 행복도를 조사한 결과가 발표되었다. 놀랍게도 최빈국에 속하는 방글라데시가 1위이고 미국과 일본은 각각 45위와 44위를 차지하여 하위권에 머물렀다. 이 결과는 사람들의 행복은 우리가 흔히 생각하는 1인당 GDP의 크기와는 상관 관계가 적다는 것을 보여주고 있다.

•
•

✓ 2005 임용

05 다음을 읽고 물음에 답하시오.

> (가) 일탈은 행위의 속성에 따라 규정되는 것이 아니라 사회적으로 규정된다. 정치적·경제적으로 힘을 가진 사람들이 자신들의 기준에서 규칙을 만들고 그것을 약자들에게 적용함으로써 일탈자라는 꼬리표를 붙인다. 일단 일탈자라고 꼬리표가 붙은 사람은 자신이 일탈자라는 정체감을 형성하게 되고, 지속적으로 일탈을 반복하는 경향이 있다. 따라서 일탈을 이해하기 위해서는 누가 어떻게 특정 행위나 현상을 일탈이라고 규정하는지, 그리고 일탈자라고 규정된 사람에게 미치는 사회적 영향은 무엇인지에 초점을 두어야 한다.
>
> (나) 실재(reality)는 다중의 구성 실재로서, 각 개인의 주관적 의미에 대한 이해와 현상에 대한 총체적 탐구를 통해서 이해될 수 있다. 이 점에서 연구자는 연구 반응자(대상자)들의 관점을 중시하며, 연구 현장의 구체적 맥락 속에서 그들의 독특한 삶의 의미를 읽어낸다. 또한 연구가 수행되기 전에는 현상이 담고 있는 의미를 알 수 없기 때문에 사전에 엄격하게 계획된 설계보다는 발현적 연구 설계(emergent design)를 지향한다. 연구를 수행함에 있어서 연구자는 있는 그대로의 현장에서 감정이입적 이해와 독특한 통찰력을 통해 해석과 판단을 내린다.

5-1. (나)관점에 기초하여 수행되는 연구의 가장 대표적인 자료 수집 방법을 2가지만 정확하게 쓰시오

✓ 2005 임용

06 다음 그림은 사회 조사 과정에서 요구되는 자료의 신뢰도와 타당도에 관한 것이다. <보기>는 신뢰도와 타당도가 모두 충족된 것을 나타낸다. 그러나 (가)와 (나)는 각각 한 가지씩만 충족된 것이다. 신뢰도와 타당도의 의미를 쓰고, (가)와 (나)에서 각각 충족된 사항은 무엇인지 쓰시오. [3점]

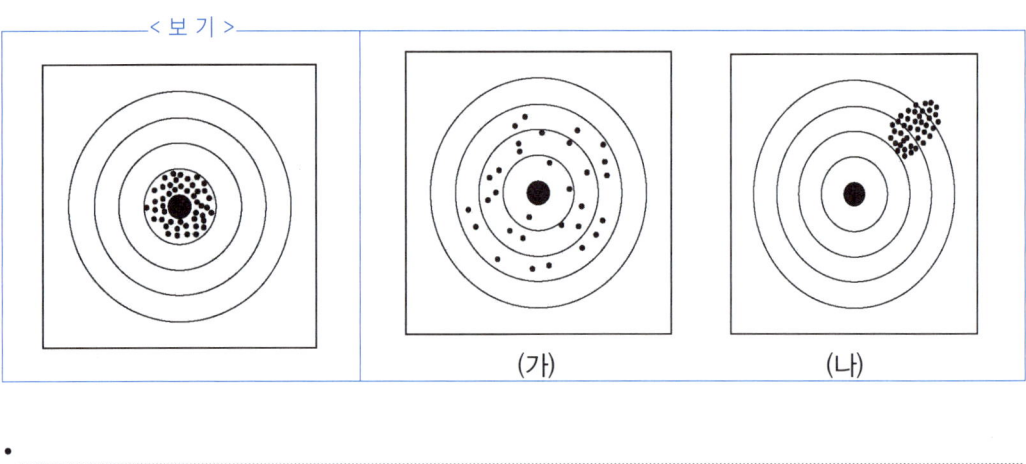

-
-

✓ 2007 공통사회

07 다음 (가), (나)의 자료수집 방법의 명칭을 쓰고, 공통되는 단점 2가지만 각각 1줄로 쓰시오. [4점]

(가) 조사자가 응답자를 직접 만나 대화하면서 필요한 정보를 수집하는 방법이다 이 방법은 많은 사람에게서 정보를 얻기보다는 표본이 되는 소수에게서 깊이 있는 정보를 얻고자 할 때에 사용한다. 이 방법으로 조사할 때 조사자는 질문 내용을 충분히 익히고 응답자와의 편안한 분위기를 조성해야 하며 옷차림이나 언어 사용에도 유의해야 한다.

(나) 조사자가 연구 대상 지역에 들어가 일정 기간 함께 생활하면서 자료를 수집하는 방법이다. 면접이나 설문으로 충분한 자료를 얻을 수 없을 때 의사소통이 어려운 종족에 대한 자료를 수집할 때 피조사자의 경계나 비협조로 명확한 응답을 얻을 수 없을 때 등에 유용한 방법이다.

-
-

✓ 2008 임용

08 다음은 서로 다른 사회과학 연구방법론을 이용한 연구 내용이다. (가)에 사용된 사회과학 연구방법론의 장점을 (나)의 연구방법과 비교하여 2가지 서술하고, (나)에서 활동이 타당하지 않은 연구 단계와 그 이유를 쓰시오. [4점]

(가) 부시맨 문화를 장기간 참여 관찰하던 리처드(Richard)는 크리스마스가 되자 감사의 표시로 커다란 황소 한 마리를 사서 부시맨들에게 선물하였다. 은근히 선물에 대한 칭찬을 기대하였으나 리처드에게 돌아온 것은 소를 잘못 골랐다는 비난뿐이었다. 리처드는 부시맨들이 좀처럼 다른 사람을 칭찬하지 않는다는 것을 새삼스럽게 알게 되었다. 부시맨은 동료가 사냥에 성공하였을 경우에도 결코 칭찬하지 않았다. 오히려 형편없는 사냥을 하였다고 핀잔을 주었다. 이는 칭찬을 받는 사람은 교만하게 되고 한 사람의 교만은 마을의 평화를 해칠 것이라고 생각하기 때문이었다. 리처드는 부시맨들이 어떻게 평등한 사회관계를 유지할 수 있는지를 비로소 이해하게 되었다.

(나) 흡연자와 비흡연자의 건강 만족도 차이 연구

연구 단계	활동
가설 설정	흡연자와 비흡연자 사이에는 자신의 건강 상태에 대한 인식의 차이가 있다.
개념의 정의	비흡연자는 최근 5년 이내 한 번도 흡연하지 않은 자, 흡연자는 그 외의 사람이라고 조작적으로 정의한다.
표본 추출	30세 이상 남성 중 현재 흡연하고 있는 자와 흡연하지 않는 자 각 500명을 무작위로 추출한다.
자료 수집 방법	5단계 중 어느 하나에 응답할 수 있는 구조화된 질문지를 구성하여 설문 조사한다.
자료 분석	통계 처리를 통해 집단 간 차이를 검증한다.

• (가)의 장점 :

• 연구 단계 :

• 이유 :

2010 임용

09 다음은 □□연구원이 시행 중인 연구의 조사요원 모집 공고이다. 이 연구의 자료 수집 방법에 대한 설명으로 옳은 것을 <보기>에서 모두 고른 것은?

―――― < 조 사 요 원 모 집 공 고 > ――――

□□연구원에서는 설문 조사를 담당할 조사 요원을 다음과 같이 모집합니다.

― 다 음 ―

1. 연구주제 : 부모에 대한 정서적 친밀성이 청소년의 학업 성취에 미치는 영향
2. 조사개요
   - 조사방법 : 구조화된 설문지를 이용, 조사요원이 직접 방문하여 조사 실시
   - 조사대상 : 서울특별시와 6대 광역시의 고등학교 2학년 재학생 1,500명
   - 조사일시 : 2009년 11월 6일 ~ 2009년 11월 20일 (15일간)
   - 특이사항 : 연구진이 조사대상 지역에서 50개 구·군을 무작위로 선정, 구·군별로 1개 학교를 대상으로 2학년을 30명씩 조사하되, 방문 조사할 학교와 학급은 조사요원이 임의로 정함
3. 조사요원 모집 안내
   - 모집인원 : 50명(연구진이 선정한 50개 구·군별 각 1명
   - 모집기간 : 2009년 10월 30일 18:00까지
   - 수당지급 : 1개 학교당 30명 조사를 기준으로 10만원 지급
   - 접 수 처 : □□연구원 조사팀 (전화 : 000-000-0000)
   - 특이사항 : 현지 조사에 앞서 조사요원 교육을 실시함

―――― < 보 기 > ――――

ㄱ. 청소년의 학업 성취는 조사 결과의 분석에서 종속변수에 해당한다.
ㄴ. 질적 연구에 비하여 적은 비용으로 깊이 있는 자료를 얻을 수 있다.
ㄷ. 정서적 친밀성과 학업 성취를 조작적으로 정의하여 설문문항을 작성한다.
ㄹ. 조사 결과는 7대 도시 고등학교 2학년 재학생에 대하여 일반화할 수 있다.

① ㄱ, ㄴ ② ㄱ, ㄷ ③ ㄴ, ㄷ
④ ㄴ, ㄹ ⑤ ㄷ, ㄹ

✔ 2011 임용

10 다음의 연구 계획에 대한 설명으로 옳은 것을 <보기>에서 고른 것은?

> 1. 연구 주제 : 스마트 폰의 평가에 관한 신문 보도에 대한 조사 연구
> 2. 연구 목적 : 스마트 폰의 평가에 대한 신문 기사의 내용을 분석하여 객관적인 자료로 제시
> 3. 조사 개요
>   - 분석 대상 : 전국 4대 일간지의 기사에 나타난 스마트 폰의 평가에 대한 기사(사설 제외)
>   - 조사 항목 : 스마트 폰의 디자인 / 스마트 폰의 수신기능 / 스마트 폰의 국내 브랜드여부
> 4. 조사 기간 : 2010. 9. 1 ~ 2010. 9. 30

< 보 기 >

ㄱ. 위의 조사 방법은 질적 내용을 양적 자료로 전환하는 방법이다.
ㄴ. 위의 조사 방법은 일반적으로 설문조사방법보다 비용과 시간이 덜 든다.
ㄷ. 위의 조사 연구는 연구자의 편향(bias)을 방지하거나 추적하기 어렵다.
ㄹ. 위의 조사방법에 있어 조사항목 변수들의 측정수준(단위)은 명목, 서열, 등간, 비율척도 모두 사용할 수 있다.

① ㄱ, ㄴ   ② ㄱ, ㄷ   ③ ㄴ, ㄷ
④ ㄴ, ㄹ   ⑤ ㄷ, ㄹ

✓ 2012 임용

11 다음은 어느 연구 계획서를 요약한 것이다. 이에 대한 설명으로 옳은 것만을 <보기>에서 있는 대로 고른 것은? [1.5점]

(가) 연구 주제 : 사회 경제적 지위가 출산 장려 정책에 대한 태도에 미치는 영향
(나) 조사 대상 : 20세 이상의 전국 성인 남녀
(다) 조사 방법 : 구조화된 질문지를 이용, 비확률 표본 추출, 1000명에 대하여 설문조사 실시
(라) 가설 : 사회 경제적 지위가 높을수록 출산 장려 정책을 지지하는 비율이 높을 것이다.
(마) 변수 측정 : '사회 경제적 지위'는 (바)의 설문 (1), '출산 장려 정책 지지 여부'는 설문 (2)로써 측정한다.
(바) 설문 문항
　설문 (1) 우리나라 사람을 아래와 같이 4개의 계층으로 나눈다면 귀하는 어디에 속한다고 생각하십니까?
　　　1) 상층　　　　2) 중의 상층
　　　3) 중의 하층　　4) 하층
　설문 (2) 귀하는 출산 장려 정책을 지지하십니까?
　　　1) 예　　　　　2) 아니오

< 보 기 >

ㄱ. 종속 변수는 명목 척도로 측정된다.
ㄴ. 조사 결과는 20세 이상의 전국 성인 남녀에 대하여 일반화할 수 있다.
ㄷ. (라)의 '사회 경제적 지위'는 독립 변수이며, 설문 (1)에서 서열 척도로 측정된다.
ㄹ. 설문 (1)은 (라)의 '사회 경제적 지위'에 대한 조작적 정의로부터 도출된다.

---

① ㄱ, ㄴ　　　　② ㄱ, ㄷ　　　　③ ㄴ, ㄹ
④ ㄱ, ㄷ, ㄹ　　　⑤ ㄴ, ㄷ, ㄹ

2013 임용

12 다음은 연구자 갑의 연구계획서 중 일부이다. 이에 대한 설명으로 옳은 것을 <보기>에서 고른 것은?

> (가) 연구주제 : 한국인의 주관적 계층 지위가 복지 태도에 미치는 영향
> (나) 주요 변수 개념 정의
>   • 주관적 계층 지위 : 자신의 계층적 지위에 대한 주관적 인식
>   • 복지 태도 : 복지의 확대에 대한 개인의 인식
> (다) 가설 : 다른 모든 조건이 동일하다면 주관적 계층 지위가 높을수록 복지의 확대에 찬성하지 않을 것이다.
> (라) 조사 대상 : 만 20세 이상의 전국 성인 남녀 1,000명
> (마) 조사 방법 : 확률 표집 기법 가운데 다단계 집락 표집 기법, 구조화된 설문지 이용
> (바) 주요 변수 측정 문항
>   • 주관적 계층 지위 : 한국 사회를 10개의 계층으로 나눈다면 현재 귀하는 어느 계층에 속해 있다고 생각하십니까?
>   • 복지 태도 : 귀하는 정부가 공공복지를 지속적으로 확대하는 것에 어느 정도 찬성하십니까?

< 보 기 >

ㄱ. 종속 변수는 서열 척도로 측정 가능하다.
ㄴ. 연구 결과의 일반화를 위해 (라)와 (마)가 필요하다.
ㄷ. (나)는 주요 변수를 조작적으로 정의하는 단계이다.
ㄹ. 이 연구는 특정 현상에 대한 기술적(descriptive) 연구에 해당한다.

① ㄱ, ㄴ   ② ㄱ, ㄷ   ③ ㄴ, ㄷ
④ ㄴ, ㄹ   ⑤ ㄷ, ㄹ

✓ 2014 임용

13 다음 자료에서 [문항1]의 측정수준(척도유형)이 무엇인지 쓰고, 표본추출방법을 (가)의 단순무작위표집에서 (나)의 학년별 비례층화표집으로 변경할 경우 표집오차(Sampling Error)가 줄어들면서 표본의 대표성이 높아지는 이유를 쓰시오. [3점]

(가) 조사연구 계획서(초안)

- 연구 주제 : 고등학생들의 스마트폰 사용과 학업 성취도의 관계
- 조사 배경 : 스마트폰의 과다한 사용으로 고등학생들의 학업 성취도가 낮아진다는 주장이 있다. 이를 사회조사를 통해 경험적으로 확인할 필요가 있다.
- 조사 대상 : 전국의 고등학생
- 표본수 : 3,000명
- 표본추출방법 : 단순무작위표집(Simple Random Sampling)
- 주요 변수 측정 문항 :
  [문항1] 지난 일주일간 스마트폰을 사용한 시간은 총 20시간 이상입니까?
  　　　　1. 예　　　　0. 아니오

  [문항2] ……

　　　　　　　　… (후 략) …

(나) 조사연구 계획서(수정안)

　　　　　　　　… (전 략) …

- 표본수 : 3,000명 (학년별 표본의 총합)
- 표본추출방법 : 학년별 비례층화표집(Proportional Stratification Sampling)
  - 학년별 층화 근거 : 모집단의 학년별 학생 수가 다르고, 학년에 따라 스마트폰 사용 시간이 다르다고 알려져 있다.
  - 표본추출절차 : 모집단의 학년별 학생 수에 비례하여 학년별로 표본수를 배분한다. 각 학년에서의 표본추출은 단순무작위표집을 따른다.

　　　　　　　　… (후 략) …

✓ 2016 임용

14 다음은 가상의 실험 연구와 이에 대한 교수와 학생의 대화이다. 괄호 안의 ㉠에 해당하는 요소를 쓰고, ㉡, ㉢에 들어갈 내용을 활용하여 이 연구의 실험 설계상 문제점을 설명하시오. [4점]

연구자 A는 규칙적인 운동이 체중에 미치는 영향을 연구하고자 100명의 과체중 집단을 대상으로 체중을 측정한 다음, 이들을 대상으로 한 달 동안 동일한 내용의 운동 프로그램을 수행하게 하였다. 한 달 후 체중을 다시 측정한 결과, 운동 시작 전 집단의 평균 체중에 비해 한 달 후 집단의 평균 체중이 미리 설정한 유의수준에서 통계적으로 유의하게 감소하였음을 발견하였다. 모든 실험 참가자는 사전 조사와 사후 조사에 참여하였으며 모든 조사에 동일한 체중계가 사용되었다. 이 결과에 근거하여 연구자 A는 규칙적인 운동이 체중의 감소에 영향을 미친다고 결론을 내렸다.

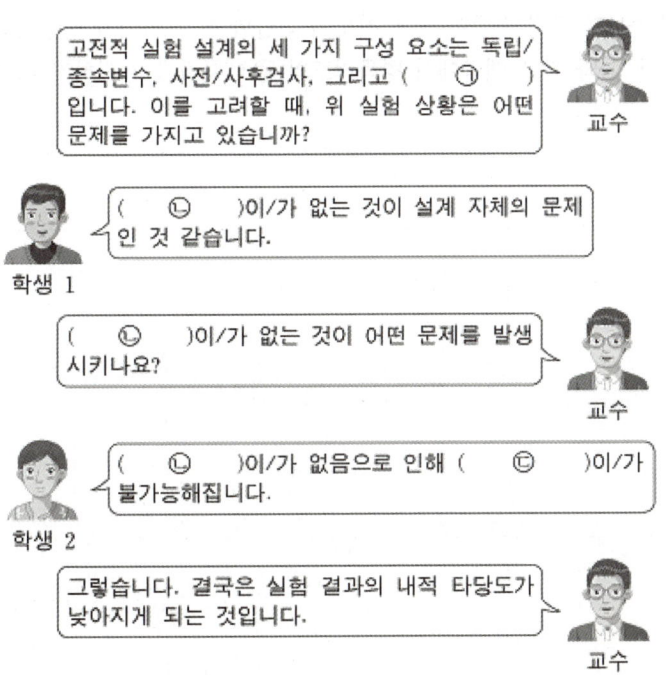

✓ 2017 임용

15 다음은 변수의 측정 수준에 대한 설명이다. 다음 글에서 밑줄 친 ㉠에 제시된 두 척도가 말하는 0의 의미가 어떻게 다른지 서술하고, 밑줄 친 ㉡, ㉢을 올바르게 고쳐서 서술하시오. [4점]

> 사회 조사에서 변수의 측정 수준은 조사 방법과 통계 분석에서 중요한 의미를 가진다. 모든 척도에서는 숫자를 사용하지만, 그 숫자가 가진 의미는 달라진다. 예를 들어 ㉠<u>등간척도와 비율척도는 동일하게 0이라는 숫자를 사용하지만 그 의미가 다르다.</u> 또한 4가지 측정 수준에 따라 자료 분석에 이용할 수 있는 통계 방법의 수준이 달라진다. 예를 들어 등간척도, 명목척도, 서열척도를 비교할 때, 활용할 수 있는 통계 방법이 가장 다양한 것은 ㉡<u>등간척도이고 다음으로 명목척도, 서열척도의 순이다.</u> 따라서 자신이 분석하고자 하는 통계 수준에 적합하게 측정 수준을 맞춰서 자료를 수집할 필요가 있다. 수집된 자료를 분석할 때 항상 각 척도의 특성을 염두에 두고 자료의 측정 수준에 합당한 통계 방법을 사용해야 한다. 해당 변수의 측정 수준보다 측정 수준이 높은 척도에 적합한 통계 방법을 사용하면 논리적으로 오류를 범하게 된다. 이와 같은 맥락에서 명목척도의 ㉢<u>대푯값을 제시하기 위해서는 평균을 사용해야 한다.</u>

-
-
-

✓ 2018 임용

16 <사례>와 <분석>을 읽고, <작성 방법>에 따라 서술하시오. [4점]

― < 사 례 > ―

갑은 폭력적인 영상물이 공격성을 유발하는지 검증하고자 하였다. 자발적으로 참여한 남녀 대학생 참가자들을 두 집단으로 구분한 뒤, 실험에 영향을 미칠 수 있는 외부 요인을 차단한 다음, 한 집단에게만 폭력적인 뮤직 비디오를 보여 주었다. 이후 갑은 폭력적인 뮤직 비디오를 시청한 집단과 그렇지 않은 집단 각각에 대해 공격성의 정도를 측정하기 위한 구조화된 설문 조사를 실시하였다. 갑은 대상자들을 달리하여 이 실험을 반복하였다. 그 결과 폭력적인 뮤직 비디오를 시청한 집단의

공격성이 그렇지 않은 집단의 공격성보다 높다는 사실을 발견하였다. 이 실험을 토대로 갑은 폭력적인 영상물이 공격성을 유발한다고 결론을 내렸다.

― < 분 석 > ―

갑의 연구에서는 통상 실험적 처치의 효과를 검증하는 데 필요한 (㉠)이/가 행해지지 않았다. 아마도 갑은 그것이 ㉡연구 결과를 왜곡할 수도 있다는 우려 때문에 이를 생략한 것으로 보인다. 이 실험에서 (㉠)이/가 없어도 타당한 결론이 도출되려면 연구 대상자와 관련하여 ㉢이 조건이 충족되어야 한다.

―<작성 방법>―

○ 괄호 안의 ㉠에 공통으로 들어갈 내용을 쓰고, 괄호 안의 ㉠이 밑줄 친 ㉡을 유발할 수 있는 이유를 서술할 것.
○ 밑줄 친 ㉢이 무엇인지 서술할 것

●

●

✓ 2019 임용

17 다음 글을 읽고 <작성 방법>에 따라 서술하시오. [5점]

1. 연구문제 : A지역의 중학교 교사를 대상으로 하여 그들이 느끼는 행복감에 영향을 주는 요인이 무엇인지 파악하고자 한다.
2. 연구모형에 포함되는 변수
   - 종속변수: 행복감
   - 독립변수: 인간관계 만족도
3. 가설: 인간관계 만족도가 높을수록 행복감이 높아질 것이다.
4. 변수의 (㉠)
   1) 행복감: 주관적 행복감을 5점 척도로 구성된 10개 문항으로 측정
   2) 인간관계 만족도: 학교장과의 관계, 동료 교사와의 관계, 학생과의 관계에 대한 주관적 만족도를 각각 5점 척도로 구성된 5개 문항으로 측정
5. 연구방법: 질문지를 사용한 서베이 방법
6. 표집방법
   1) 모집단: A지역의 중학교 교사
   2) 표본: A지역의 중학교 교사 1,000명
   3) 표집과정
      ① A지역의 10개 교육지원청 중에서 5개를 무작위로 추출한다.
      ② 추출된 교육지원청에서 무작위로 중학교를 10개씩 추출한다.
      ③ 선정된 학교에서 무작위로 20명씩의 교사를 선정하여 조사한다.
7. 자료수집: 1,000부의 질문지를 선정된 교사의 학교에 보내 ㉡우편조사를 통하여 자기기입식으로 응답하게 한 후에 회수하고, ㉢조사 기간이 지난 후에는 질문지 회수를 다시 한 번 요청하는 우편을 보낸다.

―――――<작성 방법>―――――

○ 괄호 안의 ㉠에 해당하는 용어를 제시할 것.
○ 이 연구에서 사용한 표집방법의 명칭을 제시하고, 단순 무작위표집과 비교할 때 이 표집방법의 장점을 1가지 서술할 것.
○ 면접원 조사와 비교하여, 밑줄 친 ㉡ 방법의 대표적인 단점을 밑줄 친 ㉢을 고려하여 서술하고, 이로 인해 야기되는 문제점을 서술할 것.

✓ 2021임용

18 다음 글을 읽고 <작성 방법>에 따라 서술하시오. [4점]

> 갑의 집 대문 주변에는 언제부턴가 사람들이 버린 쓰레기가 조금씩 늘어나더니 비닐봉지에 담긴 쓰레기가 쌓일 정도로 심각해졌다. CCTV를 설치해도 효과가 없었다. 갑은 사회과학 방법론 수업 시간에 배운 자료 수집 방법 중 하나인 (㉠)을/를 아래와 같이 2주 동안 적용하여 해결 방안을 연구하였다.
>
> 1주차:
> 대문 주변을 청소한 후 그날부터 1주간 대문 주변에 버려진 쓰레기 총량을 측정하고 CCTV 영상을 통해 쓰레기 투기자 수를 파악하였다.
>
> 2주 차:
> 대문 주변을 청소하고 CCTV를 통해 24시간 녹화하고 있다는 경고문을 써서 대문 옆에 부착한 후 그날부터 1주간 대문 주변에 버려진 쓰레기 총량을 측정하고 CCTV영상을 통해 쓰레기 투기자 수를 파악하였다.
>
> 갑은 1주 차와 2주 차에 수집한 자료를 비교한 결과 상당한 차이가 있다는 것을 발견하였다.

─────<작성 방법>─────

○ 갑의 연구사례에서 독립변수를 1개 제시할 것.
○ 갑의 연구사례에서 종속변수를 2개 제시할 것.
○ 괄호 안의 ㉠에 해당하는 자료 수집 방법의 일반적인 단점을 2가지 서술할 것.

✓ 2022임용

19 다음 글을 읽고 <작성 방법>에 따라 서술하시오. [4점 중 일부]

> 최근 우리 사회에서는 거의 모든 중·고등학생들이 스마트폰을 사용하고 있다. 이에 연구자 A와 B는 스마트폰의 사용이 중·고등학생들에게 미치는 영향을 알아보기 위해서 각각 연구를 수행하였다.
>
> 연구자 A는 중·고등학생 1,000명을 대상으로 설문 조사를 수행하였다. A는 조사 대상을 구하는 데 어려움이 있어서 자신이 개인적으로 알고 있는 교사들에게 부탁하여 그들이 담당하고 있는 학급을 대상으로 자료를 수집하였다. 스마트폰의 사용 정도는 스마트폰 중독 정도와 스마트폰 사용 시간으로 측정하였고, 주관적 행복감은 6문항으로 측정하였다. 또한 주관적 행복감과 스마트폰 사용의 관계에 영향을 미치는 다른 변수의 영향을 배제하기 위한 (㉠) 변수로 부모와의 관계, 부모의 계층을 설정하였다.
>
> 연구자 B는 중·고등학생 80명을 대상으로 학생과 부모에게 동의를 받고, 무작위로 각각 40명씩 2개의 집단으로 구분하였다. 스마트폰 사용의 영향을 분명하게 찾아내기 위해서 한 집단에는 한 달 동안 스마트폰으로 하루에 18시간씩 게임이나 영상 시청 등의 앱을 사용하도록 하고, 다른 한 집단에는 스마트폰을 전혀 사용하지 못하도록 하였다. 한 달 후에 B는 두 집단의 주관적 행복감을 측정하여 그 결과를 비교하였다.
>
> 한편 이들의 연구를 평가한 연구자 C는 A의 연구가 ㉡ 자료수집 과정에 문제가 있음을 지적하였고, B의 연구는 연구윤리에 문제가 있음을 지적하였다

───────── <작성 방법> ─────────

○ 괄호 안의 ㉠에 해당하는 용어를 쓸 것.
○ A 연구에서의 종속 변수를 쓸 것.
○ 밑줄 친 ㉡을 '모집단'과 '표본'이라는 용어를 포함하여 서술하시오.

-
-
-

✓ 2023 임용

20 다음 글을 읽고 <작성 방법>에 따라 서술하시오. [4점]

> 연구자 갑은 □□초등학교 2학년 2개 학급을 무작위로 선정하여 해당 학급 학생들을 대상으로 연구 자료를 수집하기로 하였다. 학부모들에게 사전 동의를 구하였으며 학생들에게는 사후에 설명하기로 하고, 다음과 같이 자료를 수집·분석하였다. 해당 학급 담임교사 을과 병은 각각 수업을 마친 후, 칠판에 '약속 지키기'라고 쓰고 자기 학급 학생(각각 20명) 모두에게 5,000원짜리 지폐가 들어 있는 봉투를 나누어 주었다. 그리고 지켜야 할 약속은 '내일 학교에 올 때, 나눠 준 봉투에 1,000원 짜리 지폐 4장, 500원짜리 동전 1개, 100원짜리 동전 5개로 바꾸어 담아 오고 <u>다른 돈은 가져오지 않기</u>'라고 알려 주면서, 이 두 가지 약속을 지킨 학생들에게 그 돈을 용돈으로 주겠다고 하였다. 다음날 두 학급 학생들은 모두 약속을 지켰고, 그 돈은 학생들의 용돈이 되었다. 을은 '독거노인의 겨울나기'라는 10분짜리 동영상을 자기 학급 학생들에게 보여 주고 나서 교탁 위에 성금함을 올려놓은 후 "우리 학교에서는 홀로 사는 할아버지와 할머니를 돕기 위해 성금을 모으고 있으니 성금을 낼 사람은 교탁 위에 있는 성금자 명단에 자기 이름을 쓰고 성금함에 성금을 넣은 후 집에 가세요."라고 말하고 곧장 교실에서 나갔다. 같은 시각 병은 자기 학급 학생들에게 동영상을 보여 주지 않고 교탁 위에 성금함을 올려놓은 후 "우리 학교에서는 홀로 사는 할아버지와 할머니를 돕기 위해 성금을 모으고 있으니 성금을 낼 사람은 교탁 위에 있는 성금자 명단에 자기 이름을 쓰고 성금함에 성금을 넣은 후 집에 가세요."라고 말하고 곧장 교실에서 나갔다. 학생들이 모두 귀가한 후, 갑은 수집된 자료를 분석하여 2개 학급의 모금 결과에 차이가 있다는 것을 발견하였다.

────<작성 방법>────

○ 갑의 연구에서 독립변수를 쓸 것.
○ 갑의 연구에서 종속변수 2가지를 측정 가능한 형태로 쓸 것.
○ 밑줄 친 내용과 같은 조치를 취한 이유를 '독립변수'와 '종속 변수'라는 단어를 포함하여 서술할 것.

- ....
- ....
- ....

✓ 2024 임용

21 다음을 읽고, <작성 방법>에 따라 서술하시오. [4점]

> 대학원에 재학 중인 교사 A, B는 연구방법론 강의에서 '다문화 사회'에 관련된 연구 주제를 정하고 연구설계를 작성한 후에 자료 수집 방법에 대해 발표하였다. 교사 A는 ○○지역의 다문화 청소년들이 가지는 고유한 특성이 청소년 교우 관계에 미치는 영향을 파악하기 위해서, 다문화 청소년을 포함한 청소년 2,000명을 대상으로 조사를 수행하기로 하였다. 표본추출을 위해서 (㉠) 방법을 사용하는데, 먼저 ○○지역 전체 청소년들의 다문화 여부와 학교급별 구성 분포에 대한 자료를 수집한다. 그 구성 비율에 따라서 표본 2,000명을 다문화 여부, 초·중·고를 교차한 6개의 동질적인
> 집단으로 구분하고, 각 집단에서 체계적 표집방법을 사용하여 조사대상자를 선정하고 대면 면접의 방법으로 자료를 수집한다. 교사 B는 다문화 가정에 대한 우리나라 사람들의 태도를 파악하기 위하여 전화 면접 방법을 사용한 전국적인 조사를 수행하기로 하였다. 표본추출을 위해서 (㉡) 방법을 사용하는데, 먼저 전체 표본 2,000명을 우리나라의 인구 분포를 참고하여 성별과 연령 구분(20대 이하, 30대, 40대, 50대, 60대 이상)에 따라 10개의 집단으로 구분한다. 그리고 전화번호 목록을 사용하여 통화가 이루어지는 순서대로 각 집단에 해당하는 수만큼 자료를 수집한다.
> 발표를 들은 교수는 교사 A와 B가 사용한 표본추출 방법은 유사한 점이 많은 방법이라고 설명하였다. 이 두 방법에서 표본을 추출하기 위해서는 집단을 구분할 때 사용하는 변수의 (㉢). 이 두 방법은 비슷한 단계를 거쳐 표본을 추출하지만, 집단에서 표본을 추출하는 마지막 단계에서 수행하는 방식이 달라서, <u>㉡방법은 ㉠방법에 비해서 대표성이 떨어진다</u>고 하였다.

─────────<작성 방법>─────────

○ 괄호 안의 ㉠, ㉡에 해당하는 용어를 순서대로 쓸 것.
○ 괄호 안의 ㉢에 해당하는 내용을 서술할 것.
○ 밑줄 친 내용의 이유를 "㉡방법은 … 때문이다." 라는 문장 구조로 서술할 것.

THEME 10 | 사회 문화 현상을 탐구하는 태도

1. 객관적 태도

(1) 의미
 ① 연구자의 주관적 가치, 선입견, 편견 등을 배제하고 있는 그대로의 사실만을 관찰하는 태도
 ② 가능한 감정적 요소를 배제한 냉정한 제3자의 입장으로 보는 태도
 ③ 누구나 인정할 수 있는 경험적인 근거에 입각해서 탐구하는 태도

(2) 객관적 태도를 유지하기 어려운 이유
 ① 탐구 대상인 사회 문화 현상 속에 연구자 자신이 포함되어 있다.
 ② 연구자 자신이 주관적 가치관을 가지고 연구를 수행한다.
 ③ 연구자가 속한 집단의 이해 관계로부터 자유롭기 힘들다.
 ④ 연구자가 살고 있는 시대의 지배적 가치로부터 자유로울 수 없다.

2. 개방적 태도

(1) 의미
 ① 사회 문화 현상의 연구 방법이나 결과에 대해 여러 가지 가능성이 동시에 공존할 수 있다는 사실을 인정하고 다른 새로운 사실이나 주장을 받아들이는 태도
 ② 아무리 논리적으로 완벽해 보이는 주장이라 할 지라도 그것이 경험적 증거에 의해 확인되기 전까지는 가설로 받아들이는 태도
 ③ 어떤 특정 이론을 무비판적으로 추종하거나 무조건 배격하는 것을 피하는 태도

(2) 개방적 태도가 필요한 이유 : 사회 문화 현상은 시간과 공간에 따라 그리고 관찰자가 보는 관점에 따라 여러 가지의 견해가 가능하기 때문에 개방적 태도가 필요

3. 상대주의적 태도

(1) 사회 문화 현상을 시간과 공간에 따라, 또는 그것이 나타난 현실적인 상황과 문화적인 맥락에서 이해하고 각각의 고유한 가치와 의미를 인정하는 태도
 → 특정 기준으로 문화를 평가하지 않으며 문화적 다양성을 존중하는 태도

(2) 상대주의적 태도가 부족한 태도
 ① 자문화 중심주의
 ② 사대주의

4. 윤리적 태도44)45)

(1) **의미** : 사회 과학자가 지켜야 할 연구 윤리를 지키는 태도

(2) **사회 조사 연구시 지켜야 할 윤리적 원칙**

① 연구자는 연구 대상자가 조사에 참여하기 전에 연구의 목적과 연구에 참여함으로써 발생할 수 있는 결과에 대해 정보를 제공해야 함
→ 실험이나 참여 관찰과 같이 연구 목표에 대한 연구대상자의 사전 인지가 그의 응답이나 반응에 영향을 줄 것으로 판단될 경우에는 조사가 끝난 후 반드시 그 사실을 밝히고 조사의 성격상 사전에 제대로 알려주지 않았음을 말해야 함

② 연구자는 연구를 정직하고 성실하게 수행할 의무가 있으며 연구 결과를 정직하고 공정하게 밝혀야 함

③ 연구 대상에 관한 자료와 연구 결과는 연구 대상자의 사생활을 침해하지 않도록 비밀이 보장되어야 함

④ 연구 대상자가 조사에 참여함으로써 생길 불이익이나 불안감을 주는 일이 없도록 해야 함

⑤ 연구 결과가 사람들에게 악영향을 주어서는 안 되고, 특정의 조직체나 단체에 유리하게 또는 불리하게 왜곡되어서는 안 된다.

(3) **사회 과학자에게 필요한 윤리 의식**

① 연구 목적과 연구 과정에서의 인권 존중
② 사실의 왜곡을 방지하여 과학적 객관성을 유지하려는 노력
③ 연구 결과에 대한 반성적 태도와 사회적 책임 의식

---

44) 2022 임용 : 밑줄 친 ⓒ(연구윤리에 문제가 있음)의 내용을 구체적으로 서술할 것.
45) 2025 임용 : 갑과 을은 각각 어떤 점에서 연구윤리를 위반했는지 순서대로 서술할 것.

THEME 10 사회 문화 현상을 탐구하는 태도

기출문제

✓ 2003 임용

01 다음 연구 사례들에서 공통으로 발견되는 '연구자의 행위'에 나타나는 핵심적 문제점을 20자 이내로 쓰시오. [3점]

(가) 정OO 박사는 폭력적인 성향의 온라인 게임에 대한 장기간 노출이 청소년들의 폭력 성향에 끼치는 영향을 밝히기 위한 실험 연구를 계획하였다. 이 연구를 수행하기 위해 정 박사는 연구에 참여할 청소년들을 모집하기 위한 구인 광고를 냈다. 특히, 가능한 한 자연스러운 상황 하에서 자료를 얻기 위하여, 구인 광고에서 연구의 목적은 구체적으로 밝히지 않고, "◇◇ 온라인 게임 개발 연구에 참여할 남녀 청소년을 구합니다. 사례비는 시간당 XX원입니다."라고 밝혔다. 정 박사는 광고를 보고 찾아온 청소년들에게 연구의 구체적 계획을 알리지 않고, 폭력성이 강한 온라인 게임에 장기간 참여하게 하였다. 이 실험을 통해 폭력적 온라인 게임이 청소년들의 심리적 성향에 끼치는 영향에 관한 자료가 수집되었고, 수집된 자료를 바탕으로 한 연구 결과는 학술지에 발표되었다.

(나) 고△△ 박사는 '중·고등학교 사회과 교사들의 교과 이해도'에 관한 사례 연구를 실시하였다. 고 박사는 교사들이 가질 수 있는 연구 자체에 대한 반감을 낮추고, 응답자의 동의를 수월하게 얻기 위하여, 학교에 보내는 연구 협조문에 연구 목적을 '중·고등학교 교사들의 근무 여건 조사'라는 제목으로 조정하여 발송하였다. 고 박사는 연구에 동의한 학교에서 1년여 동안 중·고등학교 사회과 교사들을 대상으로 참여관찰을 실시하였다. 이 과정에서 중·고등학교 사회과 교사들의 교과 이해도에 관한 자료를 수집하고, 그 결과를 분석하였다.

✓ 2007 임용

02 다음에서 터먼(L. Terman)의 연구 태도의 잘못된 점이 무엇인지를 적고, 사회과학 연구에서 이러한 잘못을 극복하기 어려운 이유를 2가지 쓰시오. [3점]

> 지능검사는 원래 정신박약아를 구별해 내기 위한 목적으로 프랑스 비네와 시몽이 개발한 이래 널리 활용되어 왔다. 스탠퍼드 대학의 터먼교수는 이 검사 방법을 보완하여 새로운 지능검사 방법을 고안해 냈다. 그런데 터먼은 자신이 만든 지능검사에서 늘 여성이 남성보다 높은 점수를 보이자, 여성에게 이롭다는 느낌이 드는 항목을 잘못 작성되었다며 모두 삭제해 버렸다. 또한 터먼은 멕시코인과 흑인 등을 대상으로 한 지능검사의 결과를 해석하면서 그들을 모두 가벼운 정신박약인들로 여겼으며, 이는 유전자 특질에서 비롯한다고 주장했다. 그는 유전적 특질의 원인을 다산(多産)에서 찾았으며, 이에 따라 흑인과 멕시코인들을 격리하여 교육해야 하며, 그들의 출산도 억제해야 한다고 정부에 적극적으로 건의하였다.

• 잘못된 점 :

• 이 유 :

20022 임용

03 다음 글을 읽고 밑줄 친 ⓒ의 내용을 구체적으로 서술하시오. [4점 중 일부]

> 최근 우리 사회에서는 거의 모든 중·고등학생들이 스마트폰을 사용하고 있다. 이에 연구자 A와 B는 스마트폰의 사용이 중·고등학생들에게 미치는 영향을 알아보기 위해서 각각 연구를 수행하였다.
>
> 연구자 A는 중·고등학생 1,000명을 대상으로 설문 조사를 수행하였다. A는 조사 대상을 구하는 데 어려움이 있어서 자신이 개인적으로 알고 있는 교사들에게 부탁하여 그들이 담당하고 있는 학급을 대상으로 자료를 수집하였다. 스마트폰의 사용 정도는 스마트폰 중독 정도와 스마트폰 사용 시간으로 측정하였고, 주관적 행복감은 6문항으로 측정하였다. 또한 주관적 행복감과 스마트폰 사용의 관계에 영향을 미치는 다른 변수의 영향을 배제하기 위한 (㉠) 변수로 부모와의 관계, 부모의 계층을 설정하였다.
>
> 연구자 B는 중·고등학생 80명을 대상으로 학생과 부모에게 동의를 받고, 무작위로 각각 40명씩 2개의 집단으로 구분하였다. 스마트폰 사용의 영향을 분명하게 찾아내기 위해서 한 집단에는 한 달 동안 스마트폰으로 하루에 18시간씩 게임이나 영상 시청 등의 앱을 사용하도록 하고, 다른 한 집단에는 스마트폰을 전혀 사용하지 못하도록 하였다. 한 달 후에 B는 두 집단의 주관적 행복감을 측정하여 그 결과를 비교하였다.
>
> 한편 이들의 연구를 평가한 연구자 C는 A의 연구가 ⓒ자료수집 과정에 문제가 있음을 지적하였고, B의 연구는 ⓒ연구윤리에 문제가 있음을 지적하였다.

✓ 2025 임용

04 갑과 을은 각각 어떤 점에서 연구윤리를 위반했는지 순서대로 서술하시오. [4점 중 일부]

> 갑과 을은 음식물 섭취와 두뇌 기능의 관계에 대한 연구를 수행하기 위해 선행연구를 검토하였다. 그 결과 영양 섭취가 두뇌 기능에 영향을 미친다는 사실을 알게 되었다. 특정 영양소가 기억력, 집중력, 인지 능력에 영향을 미치며, 특정 음식의 섭취는 사람의 감정과 행동에 영향을 미칠 수 있다는 것이다. 이에 갑과 을은 음식물의 섭취가 ⊙인간의 두뇌 기능에 미치는 영향을 검증하기 위하여 실험을 실시하였다.
>
> 갑은 K 중학교 2학년 학생을 대상으로 실험을 하려고 해당 교육청에 연구 목적을 설명하고 동의를 얻었다. 갑은 신학기가 시작되자 2학년 학생들에게 기존의 급식 대신에 기억력과 집중력 및 인지 능력을 향상시킬 것으로 예상되는 새로운 식단으로 구성된 급식을 6개월 동안 제공하였다. 실험 기간이 끝난 후, 갑은 실험 이전과 실험 종료 후의 학생들의 학업성적을 비교하였다.
>
> 을은 A 교도소와 B 교도소 재소자를 대상으로 실험을 하려고 교정 당국과 교도소 직원 및 재소자들에게 연구 목적을 설명하고 동의를 얻었다. 을은 A 교도소에는 폭력성을 감소시킬 것으로 예상되는 음식물을 중심으로 새로운 식단을 구성하여 재소자에게 6개월간 제공하였으며, B 교도소에는 폭력성을 증가시킬 것으로 예상되는 음식물을 중심으로 새로운 식단을 구성하여 재소자에게 6개월간 제공하였다. 실험 기간이 종료된 후, 을은 실험 이전과 이후 6개월 동안 2개 교도소에서 발생한 재소자들의 폭행건수를 비교하였다.

THEME 11 | 지위와 역할, 역할 갈등, 행위와 사회적 상호작용

1. 지위와 역할

(1) **지위** : 한 개인이 집단 내에서 차지하고 있는 위치

① 지위의 종류

ㄱ. 귀속 지위 : 선천적, 자연적으로 차지하게 된 지위
  예 남자, 아들, 41살

ㄴ. 성취 지위 : 개인의 능력이나 노력에 따라 후천으로 차지하게 된 지위
  예 아버지, 남편, 회사원 등

② **지배적 지위(master status)** : 한 사람의 다양한 지위 중 사회적 정체성을 결정하는데 중요한 역할을 하는 지위

(2) **역할** : 어떤 지위에 대해 사회적으로 기대되는 행동 방식

(3) **역할 행동** : 어떤 역할을 실제로 수행하는 구체적인 행동

① 역할기대의 차이, 역할 기대에 대한 해석의 차이, 상황이나 능력의 차이로 인해 사람마다 다르게 나타남

② 역할 행동이 역할과 일치하는가의 여부에 따라, 즉 일치하는 경우 사회적 보상이 이루어지고, 일치하지 않는 경우 여러 가지 사회적 제재가 가해지게 된다.

2. 역할 갈등

(1) **정의** : 한 개인이 동시에 여러 가지 역할을 수행해야 하는 상황에서 역할 간에 충돌이 발생하여 어떻게 역할을 수행할 것인지 곤란을 겪게 되는 현상을 역할 갈등이라 한다.

(2) **종류**

① **역할 모순** : 한 사람이 여러 가지 지위를 동시에 가져서 그 각각의 지위가 요구하는 역할들이 서로 충돌하는 현상

② **역할 긴장** : 하나의 지위에 대해 상반되는 두 가지 역할이 동시에 요구되어 역할들이 충돌하는 현상

(3) **역할 갈등의 해결 방법**

① **개인적 차원** : 역할의 중요성을 바탕으로 우선순위를 정하여 중요한 것부터 수행하고, 갈등을 유발하는 지위와 역할을 고려하여 합리적인 의사 결정을 해야 함

② **사회적 차원** : 개인들에게 지속적이고 빈번하게 나타나는 역할 갈등에 대하여 어떤 것을 우선하는 것이 바람직한지에 대한 사회적 합의를 마련해 주어야 한다. 또한 여러 가지 역할을 동시에 수행할 수 있도록 제도적 뒷받침이 마련되어야 한다.

> 📖 **역할 소원(role distance)**
>
> 역할 소원은 고프만(E .Goffman)이 제시한 개념으로, 역할 행위자가 특정 역할의 진정한 의미를 받아들이지 않고 형식적, 의도적으로 외형적 역할만 수행하는 현상을 말한다. 즉 어떤 역할이 지니고 있는 의도, 의미 등과 내면적 일체감이 없이 역할과 자신 사이에 어느 정도의 거리를 두면서 주어진 역할을 수행하는 것이다.

3. 행위와 사회적 상호작용의 유형

(1) **행위(social action)** : 의미나 의도를 가지고 다른 사람에게 직·간접적으로 영향을 미치는 움직임을 행위라 한다.

   cf 행동, 행태(behavior) : 단순한 신체의 움직임

(2) **행위의 4가지 기본 유형 – 베버(M. Weber)**

  ① 목적 합리적 행위
    ㄱ. 권력·부·명예 등 세속적인 목적을 달성하기 위해 가장 효과적인 수단을 동원하는 행위 유형을 말함
    ㄴ. 어떤 일을 하기 위한 수단을 확보하는 데 전념하는 행위
    ㄷ. 주어진 목표의 달성으로 이어질 수 있는 대안적 수단은 여럿이고, 이 대안들에 직면한 개인은 목표 달성을 위해 택할 수 있는 수단 각각의 상대적 효율성을 저울질 함

  ② 가치합리적 행위[46]
    ㄱ. 규범·신앙·이데올로기·가치관 등 특정한 가치의 실현을 목적으로 하는 행위
    ㄴ. "성공 가능성과는 무관하게 어떤 행동형태 그 자체가 갖는 가치에 대한 자의식적인 믿음에 의해 결정된" 행위를 말함

  ③ 감정적 행위
    ㄱ. 희로애락과 같은 특정한 감정을 표출하는 행위
    ㄴ. 감정 상태의 지배를 받아서 취해지며, 의미 있는 행위와 무의미한 행위의 중간에 있는 행위임

  ④ 전통적 행위
    ㄱ. 통상적인 관습과 관례에 따라 하는 행위
    ㄴ. 감정적 행위와 마찬가지로 의미 있는 행위의 언저리와 무의미한 행위의 언저리가 중첩되는 곳에 있는 행위임

---

[46] 2024 임용 : 가치합리적 (단답)

> **✗ 비판 / 파슨스의 행위 분류**
>
> 파슨스는 베버의 행위 분류에 영향을 받아 인간의 행위가 동기나 가치를 지향한다고 보면서, 지향양식(models of orientation)에 따라 '동기 지향'과 '가치 지향'으로 구분했다. 주어진 사회적 조건 속에서 이루어지는 개인의 단위행위(unit act)는 동기 지향과 가치 지향을 수반한다 인간은 인지적·감정적(심리적)·평가적 동기를 지니며, 이에 상응하여 인지적·감상적·도덕저 가치를 지닌다. 여기서 행위자의 행위에 어떤 동기나 가치가 강한 영향을 미치느냐에 따라서 행위의 유형은 도구적(목적합리적)·표출적·도덕적 행위로 나눌 수 있다. 이러한 개인의 단위행위는 상호작용을 통해 일정한 유형을 형성하게 되는데, 이것이 바로 사회체계이다. 사회체계는 지위와 역할의 체계로서 사회규범에 따르는 일정한 규칙을 통해 재생산된다.

(3) 사회적 상호작용의 유형

① **협동** : 협동적 상호작용이란 상호 작용에 참여하는 사람들이 공동의 목표를 위하여 업무를 분담하거나 서로 돕는 상호작용을 말한다. 협동적 상호작용은 당사자들이 어떤 목표를 달성하기 위한 활동에 누구나 참여할 수 있고, 그 결과로 달성된 목표나 혜택이 고루 분배된다는 조건의 보장이 있을 때 주로 일어난다.

② **경쟁** : 목표는 제한되어 있고 그것을 달성하려는 사람들이 많을 때 그 희소한 목표를 둘러싸고, 두 사람 또는 두 집단 이상이 서로 상대방에 앞서 목표를 달성하려는 상호작용을 말한다. 경쟁적 상호작용은 공정하게 적용되는 규칙에 따라 정당하게 목표를 달성하려고 한다는 점에서 뒤에서 언급하는 갈등과는 차이를 보인다.

③ **갈등** : 희소한 목표를 달성함에 있어 당사자들의 목표나 이해관계가 상충되어, 서로를 적대시하거나 상대방을 제거 또는 파괴하려는 상호작용을 갈등적 상호작용이라고 한다. 한편, 갈등의 상황에서 당사자가 다른 당사자에 비해 훨씬 힘이 강하며, 이 힘으로 자신의 이익이나 의지를 약자의 이익이나 의지에 반하면서 관철시키려는 경우를 강제, 또는 지배라고 함

④ **교환** : 사람들이 보수나 보답을 받으려는 목적으로 서로에게 행위를 하는 상호작용. 시장에서 이루어지는 거래, 직장에서의 고용주와 종업원의 관계 등이 전형적인 교환 관계이다. 그런데 반드시 교환이 물질적인 것만을 대상으로 하는 것은 아니다. 선물교환처럼 보수를 바라지 않는 교환도 있다.

> **📖 선물 교환**
>
> 모스(M. Mauss)는 '원시' 부족사회에서 이루어지는 교역이 시장거래와는 다른 '선물교환'의 성격을 띠고 있다고 보았다. 선물교환은 영혼을 가진 사물의 교환이며, 선물교환을 통해 맺어지는 유대는 교환 당사자 간의 영적인 유대를 의미한다. 선물을 주고받는 사람들은 선물교환을 통해 사회적 의무와 정서적 유대를 확인하고 표현한다. 선물교환시 교환 당사자 간에는 호혜성의 의무가 존재하는 데 그것은 '주어야 할 의무', '받아야 할 의무', '갚아야 할 의무'를 의미한다. 한편, 선물 교환은 호혜성의 원리에 기초하고 있지만, 교환망을 전략적으로 활용함으로써 개인의 위세와 명예를 증진시키는 수단이 될 수도 있다.

THEME 11 지위와 역할, 역할 갈등, 행위와 사회적 상호작용

MEMO

THEME 11 | 지위와 역할, 역할 갈등, 행위와 사회적 상호작용

기출문제

✓ 2005 임용

01 다음 (가)와 (나)를 공통적으로 설명할 수 있는 사회학 개념을 쓰고, 2줄 이내로 정의하시오.

[3점]

(가) 고등학교 시절 문제아였던 K는 한 교사의 따뜻한 격려와 정성어린 지도로 학업에 성실히 임할 수 있었다. 그 결과 그는 후일 경찰관이 되어 행복한 삶을 영위할 수 있었고 평생 그 은혜에 보답하겠다는 마음을 간직하고 있었다. 그런데 어느 날 자신이 담당한 폭행 사건을 수사하는 과정에서 그 교사가 유력한 용의자임을 알게 되어, 어떻게 행동해야 할 것인지에 대해 심각하게 고민하고 있다.

(나) 무역 회사에 근무하고 있는 Y는 회사로부터 대단히 유능하다는 평판을 받고 있고, 자신의 일에 대해 자부심과 긍지를 가지고 있다. 더구나 수년 전부터 갈망해 왔던 해외 지사 파견 근무를 떠날 수 있게 되었다. 그런데 최근에 아버지의 병환이 위독함을 알게 되었고, 이번에 해외 파견 근무를 포기한다면 이런 기회가 다시는 오지 않을 것 같아서 해외 파견 근무를 떠나야 할지 말아야 할지 심각한 고민에 빠져 있다.

• 개념 :

• 정의 :

✓ 2024 임용

02 다음을 읽고, 괄호 안의 ㉠, ㉡에 해당하는 용어를 순서대로 쓰시오. [2점]

> 베버(M. Weber)는 사회적 행위나 사회현상들을 비교·연구하기 위해 현상을 구성하고 있는 다양한 내용 중 세세한 것은 무시하고 특징적인 측면만을 부각한 순수 형식이자 분석적 구성물인 (㉠)을/를 고안하였다. 베버는 개인의 행위를 이해하기 위해 행위를 4가지 유형의 (㉠)(으)로 분류하였다. 첫째, 목적합리적 행위는 권력, 부, 명예 등 세속적인 목적을 달성하기 위해 가장 효과적인 수단을 동원하는 행위이다. 둘째, (㉡) 행위는 규범, 신앙, 이데올로기 등의 실현을 목적으로 하는 행위이다. 셋째, 전통적 행위는 통상적인 관습과 관례에 따라 하는 행위이며, 마지막으로 감정적 행위는 희로애락과 같은 특정한 감정을 표출하는 행위이다.

THEME 12 | 사회화

1. 사회화

(1) **의미**
   ① 사람들이 자신이 속한 사회 안에서 문화적 규범과 생활양식을 내면화하는 과정
      (by 모방, 언어적 상호작용, 보상과 처벌의 경험)
   ② 개인의 성장 과정에서 다원적인 사회적 위치에서의 사회적 교류, 즉 상호작용을 통해 자아
      (ego)와 인성(personality)을 형성해 가는 과정

(2) **기능**
   ① 개인적 차원 : 개인을 사회 구성원으로 성장시키고, 자아 정체성, 사회적 소속감 형성
   ② 사회적 차원 : 구성원의 동질화를 가져오며 사회와 문화를 존속하게 하는 기능을 수행

(3) **사회화의 기관**

1차적 사회화 기관	• 언어나 기초적 생활방식을 습득하는 초기 사회화가 이루어지는 기관 • 개인의 기본적 인성과 정체성을 형성해 줌 예 가족, 친족, 이웃, 또래집단 등
2차적 사회화 기관	• 아동기 이후 전문적인 지식이나 정보 등을 사회화하는 기관 예 학교, 학원, 직장, 대중 매체, 시민 단체 등
공식적 사회화 기관	• 사회화 자체를 목적으로 형성된 기관 예 학교, 학원, 직업 훈련소 등
비공식적 사회화 기관	• 다른 목적으로 설립되었으나 개인의 사회화에 영향을 미치는 기관 예 가족, 대중매체, 회사, 직장, 시민 단체 등

(4) **재사회화** : 급격한 개인적·사회적 환경의 변화로 자신의 과거와는 근본적으로 다른 새로운 규범, 지식, 가치, 정서들에 노출되었을 때, 이러한 것들을 습득하여 새로운 태도를 형성해 가는 과정
   예 북한 이탈 주민을 대상으로 하는 적응 교육
      외국으로 이민 간 사람이 그 사회에 적응하는 과정

(5) **예기 사회화** : 앞으로 자신이 맡으려고 하는 지위에 부합되는 가치, 태도, 기술 등을 먼저 습득하는 것
   예 조기 영어 교육, 신입생 예비 교육, 신입 사원 연수 등

(6) **탈사회화** : 기존의 사회화되어 있었던 행동 양식이나 가치 등을 버리는 과정
   ☞ 재사회화가 이루어질 때 기존에 습득한 규범이나 생활 방식을 버리는 탈사회화가 동시에 나타나기도 함

2. 보편적 성숙 및 사회 통합 과정으로서의 사회화

(1) 상징적 상호작용론적 관점

① 쿨리와 미드는 아동기의 사회화에 초점을 맞추면서, 어린아이가 한 사회의 보편적인 사회적 질서나 규범에 통합되어가는 형식적 과정에 주목했다. 그런데 이들은 사회화를 일방적 교육과정으로 보기보다는 사회적 상호작용 과정으로 본다는 점에서 사회화를 단순히 수동적 학습과정으로 보는 시각과는 다르다.

② 상징적 상호작용론의 관점은 기능론적 관점과 갈등론적 관점에서 주장하는 사회화 개념이 개인의 자발성을 무시한다고 비판하면서, 사회적 상호작용을 통한 자아 발달을 사회화의 핵심이라고 간주한다.

③ 쿨리(C. H. Cooley)

ㄱ. 거울자아(looking-glass self) : 자신에 대한 다른 사람들의 생각이나 판단을 거울삼아 자아 관념을 형성해가는 자아 → 자신을 대상화하여 평가하는 자기성찰성 강조

ㄴ. 자아의 형성 과정

  ⅰ) 타인에게 비쳐지는 나의 모습을 상상
  ⅱ) 그 모습에 대해 타인이 어떻게 판단하고 평가할지를 상상
  ⅲ) ⅱ)를 바탕으로 긍지나 모욕감 같은 자신의 느낌 형성

④ 미드(G. H. Mead)의 역할취득 단계[47]

ㄱ. 준비단계(preparatory stage) : 의미에 대한 이해 없이 타인의 행동과 말을 모방

ㄴ. 놀이단계(play stage) : 제한된 수의 타자의 시각만을 취해보는 최초 역할취득 단계

ㄷ. 게임단계(game stage) : 조직화된 활동에 참여하는 여러 명의 타자의 역할들을 취해보는 단계

ㄹ. 일반화된 타자(generalized others)의 입장에 서서 생각할 수 있는 단계
  → 한 공동체의 전반적인 시각, 혹은 일반적 신념, 가치, 규범을 취해보는 단계
  → 일반화된 타자의 역할을 취득하는 것이 곧 사회화

> 📖 **일반화된 타자(generalized others) : '태도들의 공동체'**
>
> : 그 사회의 가치와 문화에 따라 행동하는 것으로 개개인의 머리에 각인된, 즉 자아에 반영된 다른 사람의 모습 - 권태환
> : 사회의 일반적인 규범과 가치를 내면화한 일반적인 인간의 역할과 태도 - 비판
> : 어떤 행동과 사고에 대한 사회의 일반적인 기대나 규범으로 개인의 마음속에 내면화되어 있는 관념. 이에 비해 '의미 있는 타자'(significant other)는 부모나 교사처럼 사회화 과정에서 중요한 영향력을 행사하는 구체적인 사람을 뜻함 - 천재교육

---

[47] 2023 임용 : 게임, 일반화된 타자 (단답)

> **주체적 자아와 객체적 자아** – 미드(G. H. Mead)
>
> 미드는 사람들이 상호작용 과정에서 자신을 타자의 입장에서 보게 된다는 것을 강조한다. 그래서 그는 자아를 '자신의 눈으로 바라보는 나'인 주체적 자아(I)와 '타자의 눈으로 바라보는 나'인 대상적 자아(me)로 구분하면서, 어린 시절 상징적 몸짓들을 통해 발달하는 자기성찰성이 '주체적 자아와 대상적 자아의 통합체'로서 자아의 인성을 형성해가게 된다고 본다. 여기서 주체적 자아가 충동적으로 행동하는 자아라면, 대상적 자아는 자신의 행위를 대상화하고 그 결과를 성찰함으로써 생겨나는 자아이다.
> ☞ 일반화된 타자는 '대상으로서의 나'(Me)에 반영된다.

⑤ 자아의 발달은 점점 커지는 '타자들'의 규모와 역할을 취득하는 능력이 커지는 과정에서 이루어진다.

(2) 기능론적 관점

① 사회화를 사회 구조의 안정과 질서를 유지하는 데 필요한 과정으로 파악한다. 즉 사회화를 새로운 세대가 기존의 사회 제도와 질서에 적응하도록 도와주는 과정으로 이해하고, 사회화가 사회 유지 및 존속 기능을 수행하는 것으로 본다. 기능론은 개인이 정상적인 사회화를 거쳐야만 사회 규범을 준수하고 사회 안정에 이바지한다고 보므로 사회화를 매우 중시한다. 또한 기능론에서는 사회화의 내용이나 방법 등은 개인과 사회의 필요에 의해 합의된 것으로 간주한다.

② 뒤르켐(Durkheim, E.)과 파슨스(Parsons, T.)의 사회화 이론 – 비판

> 뒤르켐은 사회 통합을 위한 보편적인 규범, 도덕, 가치관의 형성이라는 측면에서 사회화를 강조하였다. 그는 사회 통합을 위해서는 과거의 집합주의적 규범과는 다른 새로운 규범이 필요하다고 보았다. 그는 '도덕적 개인주의'를 새로운 규범으로 내세우면서 도덕 교육을 통해 유기적 연대의 형성과 사회 통합을 추구하는 것이 필요하며, 사회화는 여기에 초점이 맞춰져야 한다고 보았다.
>
> 뒤르켐의 영향을 받은 파슨스는 사회 질서가 어떻게 지속적으로 유지되는가에 관심을 두고, 사회화를 통해 사회의 구성원들이 사회 체계가 요구하는 보편적 가치나 규범에 통합되어 가는 과정에 주목하였다. 파슨스에게 사회화는 개인이 사회의 공통적인 가치 기준을 내면화함으로써 사회 체계의 요구에 맞게 행동하게 하는 과정이며, 이를 통해 사회 통합이 이루어진다고 강조하였다.

3. '지배 이데올로기' 습득 과정으로서의 사회화

(1) 마르크스(K. Marx)

① "지배 계급의 사상이 지배적 사상이 된다.": 지배계급이 사회화 과정을 지배하면서 지배 이데올로기를 보편적 가치관으로 확산시킬 수 있음
② "사회적 존재가 의식을 규정한다.": 사회화의 내용이 개인이 속한 계급적 위치에 따라 서로 다르게 이루어질 수 있음
③ 결론 : 사회화 과정은 이데올로기적 지배의 과정이면서 동시에 차별적이고 특수적 과정

(2) 알튀세르(L. Althusser)의 사회화 이론 – 비판

> 알튀세르는 사회화 과정은 지배 이데올로기를 습득시키는 과정이며, 이를 통해 기존의 사회관계, 사회 질서를 안정적으로 유지해 나가는 과정이라고 하였다. 그는 자본주의 사회에서 자본을 소유한 지배 계급과 이들의 이익을 대변하는 국가가 학교, 교회, 언론, 대중 매체 등 핵심적인 이데올로기 생산 수단, 즉 '이데올로기적 국가 기구'(Ideological State Apparatus)들을 소유하고 장악하게 된다고 보았다. 지배 계급과 국가는 이 기구들을 통해 '지배 이데올로기'를 생산하고 유포하여 피지배 계급을 포섭함으로써 자신들에게 물질적 이익을 가져다주는 기존의 사회관계를 안정적으로 재생산할 수 있게 되는 것이다.

📖 파슨스 vs 알튀세르

> 파슨스는 인간을 체계의 일부로서 보편적 규범이나 가치를 다음 세대에 전달하는 존재로 보며, 인간이 지닌 욕구와 개성을 억누르며 과잉사회화된 인간을 당연시하는 경향이 있다. 그런데 오늘날 가족이나 학교는 개인들에게 사회의 지배적 규범을 내면화시키는 데 종종 실패하고 있다.
> 반면에 알튀세르는 인간의 주체성을 지배 이데올로기의 효과로 설명한다는 점에서 파슨스와 대립된다. 하지만 역시 인간을 수동적 존재로 보고 있다는 점에서 비판받기도 한다.

4. 프롬(E. Fromm)의 '사회적 성격' 이론

① 나치의 탄압을 피해 미국으로 망명한 프롬은 1941년 『자유로부터의 도피』를 통해 "왜 하층 중산계급이 나치즘을 열렬히 지지하게 되었는가."하는 문제를 해명하고자 했고, '사회적 성격'은 바로 이를 위해 그가 도입한 개념이다.
② 그는 기본적으로 마르크스주의적 관점에 서 있으면서도 프로이트의 이론을 받아들여, 사회화 과정을 통해 형성된 특정한 계급이나 집단의 사회적 성격이 행위의 중요한 심리적 요인이 된다는 점을 강조
③ 사회적 성격은 인간의 본성을 사회구조에 능동적으로 적응시킴으로써 발생한다.
④ 프롬은 제1차 세계대전 이후 독일의 사회적 경제적 변화, 특히 구중간 계급의 쇠퇴와 독점자본주의 세력의 증대가 민중들에게 심각한 심리적 영향을 미쳤다고 봄
⑤ 그에 따르면, 나치즘은 하층 중산계급의 사회적 성격, 즉 '권위주의'를 심리적으로 동원하여 독일제국주의의 경제적 · 정치적 목적을 위한 투쟁의 힘으로 전환시켰다.

> 권위주의적 성격의 본질은 사디즘(sadism)적인 충동과 마조히즘(masochism)적인 충동이 동시에 있는 것인데, 사디즘은 다른 사람을 지배하는, 다소 파괴성이 혼합된 무한한 권력을 목표로 하면, 마조히즘은 자기 자신을 압도적으로 강한 권력 속에 종속시켜 그것의 힘과 영광에 참여하는 것을 목적으로 삼고 있다.

THEME 12 사회화

✓ 2003 임용

01 다음 두 사례를 공통으로 설명할 수 있는 사회학 개념을 쓰시오. [2점]

> (가) 유토피아인들은 인간들이 황금을 자신보다 더 소중하게 생각하는 이유를 이해하지 못한다. 또한 그들은 어리석고 부도덕한 인간이 황금을 많이 소유하고 있다는 이유만으로 현명한 사람들을 마음대로 부리는 것에 대해서도 이해하지 못한다. 유토피아인들이 이런 사고방식을 갖는 것은 황금보다는 인간을 더 중시하는 사회에서 성장하며 교육을 받았기 때문이다.
>
> (나) 서로 다른 문화권에서 성장했다고 할지라도, 이질적인 문화를 이해할 수 있다는 사실이 연구를 통하여 밝혀지고 있다. 생활양식의 배경에 감추어져 있던 원인들이 오랫동안 간과되어 왔던 주된 이유는 모든 사람들이 '그 대답은 신밖에 모른다'라고 믿어 왔기 때문이다. 어떤 지역의 문화를 이해할 수 없을 정도로 신비롭게 보는 이유 중의 하나는, 사람들이 환경과 관련지어 생활양식을 설명하려고 하기보다는, 정신적인 현상으로 설명하는 것이 보다 가치롭다고 교육을 받아 왔기 때문이다.

✓ 2023 임용

02 다음 글에서 괄호 안의 ㉠, ㉡에 해당하는 용어를 순서대로 쓰시오. [2점]

> 미드(G. H. Mead)는 자아 형성과 발달에 있어서 역할 취득의 중요성을 강조하였다. 그는 자아 형성과 발달이 몇 가지 단계를 거치게 된다고 주장하였다. 첫 번째, '준비' 단계는 의미에 대한 이해 없이 타인의 행동이나 말을 단순히 흉내 내거나 모방하는 단계이다. 이때는 주변 사람들이 만들어 내는 자극에 대해 어느 정도 반응을 하고 아주 제한적으로 역할 모방을 한다. 두 번째, '놀이' 단계는 놀이를 통하여 다른 사람의 역할이 가지는 의미를 이해하게 되는 단계이다. 이때는 의미 없는 모방이나 흉내를 넘어서 자아상이 도출 될 수 있는 최초의 역할 취득이 이루어진다. 세 번째, '(㉠)' 단계는 실제로 구체적인 역할을 취득하여 일관되고 적절한 행동을 할 수 있는 능력을 가지게 되는 단계이다. 이 단계를 거치면서 개인이 정해진 규칙을 인지하고 어떤 역할과 태도를 취해야 하는지를 이해하게 되면, 사회화 과정 전체의 통일성을 표상하는 (㉡)의 역할과 태도를 인식할 수 있게 된다. 이를 통해 개인은 공동체의 보편적인 신념, 가치, 규범을 내면화하게 된다.

• ㉠ : _____

• ㉡ : _____

THEME 12 사회화

MEMO

THEME 13 | 사회구조, 개인과 사회의 관계를 바라보는 관점

1. 사회 구조

사회구조의 의미

　사회에서 사람들이 사회적 상호 작용을 지속하면 학생과 교사의 관계, 사용자와 노동자의 관계, 직장 상사와 부하 직원의 관계 등과 같은 사회적 관계가 형성된다. 이러한 사회적 관계가 오랫동안 유지되면서 유형화되고 정형화되어 일정한 틀을 이루게 되면 사회 구조가 형성된다. 즉 사회 구조란 한 사회의 개인과 집단이 사회적 관계를 맺는 방식이 정형화되어 안정된 틀을 갖추고 있는 상태를 말한다. 자유롭게 생각하고 행동하는 개인으로 구성된 사회 속에서 개인의 행동이 비슷한 양상으로 나타나는 것은 개인이 사회 구조의 틀에 크게 벗어나지 않는 범위 내에서 행동하기 때문이다.

[미래엔]

사회구조와 개인의 행위

　개인은 ❖사회적으로 구조화된 행동을 함으로써 안정적인 사회생활을 영위할 수 있고, 사회는 질서와 안정을 유지할 수 있다. 또한 사회 구조를 통해 다른 개인의 사회생활을 쉽게 예측할 수 있다. 한편 사회 구조는 개인의 자유로운 행동을 제한하기도 한다. 어떤 사람이 장례식장에 화려한 색의 옷을 입고 가서 큰 소리로 웃으면, 그 사람은 다른 사람들로부터 비난을 받을 것이다. 이처럼 사회적으로 구조화된 행동을 하지 않는 사람은 비난을 받기도 하는데, 이는 사회 구조가 개인에게 강제력을 행사할 수 있다는 점을 보여 준다.

사회 구조는 개인의 행동에 미치는 영향이 매우 크고, 개인은 사회 구조의 영향에서 자유롭기 어렵다. 그러나 사람들이 사회 구조에 종속된 행동만을 하는 것은 아니다. 기존의 사회 구조에 저항하거나 그것을 바꾸고자 하는 개인이나 집단의 행동은 과거부터 끊임없이 이어져 왔고, 그 결과 사회 구조가 바뀌기도 하였다. 한편 사회 구조를 바꾸고자 하는 의식적인 행동이 아니라, 사람들의 가치관이나 행동이 자연스럽게 변화함에 따라 사회 구조가 바뀔 수도 있다.

❖ 사회적으로 구조화된 행동 : 정형화되어 사회 구성원 대부분이 당연한 것으로 받아들이고 따르는 행동을 말한다.

[미래엔]

2. 개인과 사회의 관계를 바라보는 관점

(1) 사회실재론(社會實在論)

> 사회 실재론은 사회를 개인의 단순한 합 이상이며, 구성원 개개인의 특성만으로 설명할 수 없는 고유한 특성을 지니는 독립적 실체라고 본다. 사회 실재론에 따르면 사회는 개인의 외부에 실제로 존재하면서 개인의 삶에 영향을 미치고 사고와 행동을 구속하기 때문에 개인은 사회의 영향을 받아 행동한다. 따라서 사회를 연구할 때 사회 구조나 사회 제도 등에 초점을 두고, 사회 문제의 해결책으로 사회 구조나 제도의 개선을 강조한다. 사회를 생물 유기체에 비유하여 이해하는 *사회 유기체설은 사회 실재론의 관점을 반영한다.
>
> 사회 실재론은 사회·문화 현상을 이해할 때 사회 제도나 집단 등 사회 구조적 요인에 주목하기 때문에 사회가 개인의 행동에 어떤 영향을 미치는지 잘 설명할 수 있다. 그러나 인간의 주체적이고 능동적인 행위를 설명하기 곤란하며, 전체를 위한 개인의 희생을 정당화할 우려가 있다.
>
> * 사회 유기체설 : 사회를 생물 유기체에 비유하고, 사회 구성원으로서의 개인을 생물 유기체의 기관에 비유한 사회학설로, 개인은 사회 유기체의 한 부분으로서 저마다의 역할을 수행하지만, 사회 유기체를 떠나서는 존재할 수 없다고 설명한다.
>
> [비상]
>
> 사회 실재론은 사회가 개인의 속성과는 구별되는 독립적인 실체이며, 개인의 외부에 실제로 존재한다고 보는 관점이다. 즉, 사회는 개인의 총합 이상으로서 개인으로 환원될 수 없는 고유한 성격을 가진다는 것이다. 사회는 개인의 사고와 행위의 한계를 정하고 구속하며 개인은 독자적인 판단이나 사고에 따라 행동하는 것이 아니라 사회의 영향을 받아 행동한다는 것이다. 따라서 사회·문화 현상을 이해하려면 개인의 특성보다는 사회 구조를 탐구해야 한다고 본다. 사회 실재론은 개인이 사회의 영향을 받아 사고하고 행동한다는 점을 잘 설명할 수 있다. 하지만 개인이 사회의 구속으로부터 자율성을 갖고 사회를 변화시킬 수 있는 존재라는 점을 간과할 수 있다.
>
> [천재]

📖 뒤르켐(Durkheim, E.)의 사회실재론 – 미래엔

> 사회는 단순히 사회 구성원 각각의 행위와 이해관계의 집합 이상의 고유한 실체이다. 사회적 사실은 외부에 존재하며 개인의 삶과 지각의 범위 밖에 존재한다. 또 사회적 사실은 개인에게 강압적 힘을 발휘한다. 사람들은 자신의 선택에 의해 행동한다고 믿으면서 살아가지만, 사실은 사회적 사실에 순응하는 것이며 이를 잘 인식하지 못한다. 즉 사람들은 스스로의 생각으로 행동하는 것이 아니라 사회에서 통용되는 보편적 방식을 따를 뿐이다. 또한 사회적인 처벌이나 사회적으로 거절하는 방식 등을 통해 사회는 개인의 행위를 규제하거나 강제한다.

사회적 사실(social fact) - 뒤르켐(E.Durkheim)

- 의미 : 개인적 속성으로는 환원될 수 없는, 개인에게 외재하며 구속력을 행사할 수 있는 일체의 감정, 사고, 행동양식(발현적 속성)
    - 예 집합의식(collective conscience), 언어, 종교, 사회연대 등
- 뒤르켐에 따르면 사회현상은 개인의 행위나 심리로 환원될 수 없는 독자적인 사회적 사실이며 바로 이러한 사회적 사실이 사회학의 연구대상이라고 주장

뒤르켐과 마르크스

뒤르켐은 사회구조, 제도, 집합의식 등 사회적 사실은 개인에 외재하면서 개인을 강제하는 성격을 지닌 객관적 실재라는 점을 강조하고 있다. 말하자면 사회구조는 개인들을 강제하는 외적인 힘이라는 것이다.

마르크스 역시 비슷한 견해를 보여주고 있다. 그는 『정치경제학 비판 서문』에서 인간은 "그들의 의지로부터 독립되어 있는 일정한 물질적인 한계, 전제, 조건 아래에서 노동하는 개인들이다." 그리고 "그들 생활의 사회적 생산에서 그들의 물적 생산력들의 일정한 발전 수준에 조응하는, 그들의 의사와는 무관한 일정한 필연적 관계들, 즉 생산관계들을 맺는다"라고 말한다. 인간들은 생산관계라고 하는 사회적 관계들의 외적 힘에 제약을 받는 것이다.

이처럼 뒤르켐과 마르크스에서 사회구조는 개인의 의지나 의도와 무관한 외적인 힘으로서 개인의 행위를 제약하고 강제하는 성격을 지닌 것이다. 여기서 사회구조는 단순히 인간들 간의 사회관계 그 자체만을 의미한다기보다는 이러한 사회관계를 지탱하는 물질적 정신적 조건들과 사회적 규칙들을 포함하는 것이다.

그렇다면 이들은 개인을 사회구조의 제약에서 벗어날 수 없는 존재로 보고 있는 것일까? 그렇지 않다. 이들은 사회구조를 개인들 간의 결합으로 형성된 '관계적 실재'로서 변화 가능한 것으로 보고 있다. 그래서 인간의 행위가 사회구조의 변화를 위해 능동적이고 효과적으로 개입할 수 있는 지점을 찾고자 한다. 마르크스는 생산관계를 변형시키기 위한 집합적 존재로서의 노동자계급의 혁명적 실천에 주목했으며, 뒤르켐은 사회적 사실이 의존하고 있는 조건들에 인간들이 충격을 가함으로써 사회발전을 가속하거나 늦출 수 있다고 보았다.

개인행위의 의도하지 않은 결과

사회구조가 개인들의 의도와 의지와 무관하게 존재한다는 점을 이해하는 또 다른 방식은 '개인행위의 의도하지 않은 결과'를 보여주는 것이다.

예를 들어 마르크스는, 자본가들이 이윤을 증대시키려는 의도로 대규모 공장을 건설하여 노동자들을 대량으로 고용하는데, 그 결과 노동자들이 노동조합을 결성하여 자본가들에게 조직적으로 저항하게 됨으로써 자본주의 체제 자체가 위기에 빠져들 것이라고 보았다. 여기서 자본가들의 행위는 의도하지 않은 결과를 가져왔다고 할 수 있다. 이것은 자본가들이 자신의 행위와 연관된 다양한 사회구조적 변수를 고려하지 못한 '인식의 한계'의 결과이다.

'합성(결합)의 오류'도 역시 개인행위의 의도하지 않은 결과가 나타날 수 있는 방식을 보여준다. 다수의 개인이 동일한 의도나 목적을 가지고 동시에 같은 행위를 할 때, 그 행위들의 결합은 개인행위가 애초에 기대했던 결과를 낳을 수 없게 한다.

(2) **사회 명목론(社會名目論)**

> 사회 명목론은 사회는 개인들이 모여 있는 집합체에 붙여진 이름에 불과하며, 실제로 존재하는 것은 사회가 아니라 개인뿐이라고 본다. 사회 명목론에 따르면 개인은 사회와 관계없이 자신의 자유 의지에 따라 사고하고 행동하므로 사회·문화 현상의 분석 단위로 개인의 의식, 정서, 심리 상태를 중시한다. 따라서 개인의 특성과 행동 양식에 초점을 두고 사회를 연구하고, 사회 문제의 해결책으로 개인의 의식 개혁을 강조한다. 개인들이 자신들의 권리 보장을 위하여 상호 계약을 통해 국가를 만들었다는 사회 계약설은 이러한 사회 명목론의 관점을 반영한다.
>
> 사회 명목론은 개인의 자유 의지에 기초한 능동적인 행동을 설명할 수 있다는 점에서 의미가 있다. 그러나 사회 제도나 사회 구조가 개인의 행위에 미치는 영향력을 간과할 수 있다는 한계가 있으며, 개인의 이익만이 강조되어 극단적 이기주의를 초래할 우려가 있다. [비상]

> 사회 명목론은 사회가 개인의 합에 이름을 붙인 것으로 실제로 존재하지 않는다는 관점이다. 즉, 사회는 명목상으로 존재하며 개인의 집합체에 불과하다는 것이다. 실제로 존재하는 것은 사회가 아니라 자유 의지에 따라 행동하는 개인뿐이라는 것이다. 따라서 사회·문화 현상을 이해하려면 그 사회를 구성하는 개인들의 특성을 탐구해야 한다고 본다. 사회 명목론은 개인이 자유 의지를 가진 능동적인 존재이며 사회를 변화시키는 원동력이 될 수 있다는 점을 인정한다. 하지만 사회가 개인에게 미치는 영향을 간과할 수 있다. [천재]

📖 개인과 사회의 조화

> 사회 명목론과 사회 실재론은 개인과 사회의 관계를 각기 다른 입장에서 파악한다. 사회 명목론이 사회보다는 자유 의지에 따라 행동하는 개인에 초점을 맞춘다면, 사회 실재론은 개인의 행동과 의식에 영향을 미치는 사회에 초점을 맞춘다.
>
> 예를 들어, 청소년 비행이 일어나는 원인을 분석할 때 사회 명목론은 비행 청소년 개개인의 정서나 심리 상태 등을 중시하지만, 사회 실재론은 비행 청소년을 둘러싼 사회적 환경이나 사회 구조 등을 중시한다. 그러나 대부분의 청소년 비행은 개인적인 요인과 사회 구조적인 요인이 복합적으로 작용하여 발생하기 때문에, 사회 명목론과 사회 실재론 중 어느 한 관점만으로는 청소년 비행을 제대로 이해할 수 없다.
>
> 이처럼 사회·문화 현상은 사회 구성원 개개인의 특성과 사회 구조나 제도 등이 상호 작용을 하면서 나타나는 경우가 많다. 따라서 사회·문화 현상을 제대로 이해하기 위해서는 개인과 사회의 밀접한 상호 연관성에 중점을 두고 사회 명목론과 사회 실재론을 상호 보완적으로 적용해야 한다. [비상]

📖 구조와 행위의 관계 : '구조화 이론' - 기든스(A. Giddens)

　기든스는 사회학계에서 오랫동안 양분되어 있던 이원적 대립 개념들을 통합하여 하나의 해결책을 제시하고 있다. 기존의 사회학에서 찾아볼 수 있는 접근 방법은 크게 두 가지로 나뉜다. 그 첫 번째는 인간관계의 지속적인 패턴을 밝혀내서 그것을 이해하려는 방법으로 이는 우리들의 인식과는 관계없이 그 행동패턴이 우리의 행동을 결정하는 것으로 가정하고 있다. 두 번째는 개인이나 집단의 행동을 살펴보면서 어떻게 사람들이 이 세상에서 생각하고 이해하며 행동하는지를 연구하는 방법이다.

　기든스는 이런 이원적 접근방법 대신에 '구조화 이론'을 제시하고 있는데, 이는 구조와 행동을 하나의 이론적 틀에 함께 묶어 서로 긴밀하게 엮어내는 새로운 접근법이다. 기든스의 구조화이론은 '구조는 행위의 매개이자 결과'라는 명제를 핵심으로 삼고 있다. 다시 말해 사회 구조는 인간이 만들어놓은 결과이며 동시에 인간 행위를 제약하는 조건이 된다.

　기든스가 구조화 이론을 제시하면서 가장 큰 관심을 갖는 부분은 '사회적 실천'이라는 부분이다. 전통적인 사회학의 관점으로 보았을 때 구조는 행동을 제한하는, 또는 행동 그 자체를 결정짓는 것으로 취급되어왔다. 그러나 기든스는 구조가 사회 구성원의 행동을 제한하는 것만이 아니라 행동을 가능하도록 만들기도 한다고 주장한다. 다시 말해 이런 모든 상대적 개념들이 제각기 분리되어 상호 배타적으로 대치된 채 존재한다고 볼 것이 아니라, 동전의 양면과 같은 이원성으로 이해해야 한다는 것이다.

　즉 구조와 행위는 필연적으로 서로 연관되어 있다. 사회, 공동체, 집단은 사람들이 일상적으로, 명백히 예측 가능한 방식으로 행동할 때만 '구조'를 갖는다. 다른 한편으로 생각하면, 사회적 '행위'란 우리 모두가 개인으로서 사회적으로 구조화된 상당한 지식을 가지고 있기 때문에 가능해지는 것이다. 예를 들어, 언어가 존재하기 위해서는 그것이 충분히 구조화되어야 한다. 모든 언어 사용자들이 준수해야 할 언어 사용 법칙이 있다. 만약, 어떤 이가 주어진 맥락에서 특정한 문법적 규칙을 따르지 않고 말한다면, 사람들은 그것을 이해할 수 없다. 그러나 언어의 구조적 속성은 개인 언어 사용자가 실제로 그 법칙을 따르는 한에서만 존재할 수 있다. 언어는 지속적으로 구조화 과정에 있는 것이다.

THEME 13 사회구조, 개인과 사회의 관계를 바라보는 관점

✓ 2003 임용

01 다음 글에서 '갑'과 '을'의 입장에 공통으로 나타나는 '사회를 보는 관점'은 무엇인지 쓰시오. [2점]

> 갑 : 사회의 특성을 파악하려면 개인의 특성을 파악하는 것이 중요하다. 사회악이나 사회문제는 개인의 잘못에서 연유하기 때문에, 그것을 해결하기 위해서는 개인을 잘 교육하는 것이 우선적인 과제이다.
> 을 : 집단의 성격은 집단 구성원들의 성향이나 행동 양식에 따라 달라진다. 집단은 단지 집단을 구성하는 개개인이 모인 합에 불과하기 때문이다.

✓ 2009 임용

02 다음 글에 나타난 개인과 사회에 관한 관점에 부합하는 것을 <보기>에서 고른 것은?

> 성스러운 의식은 어떻게 발생하는가? … (중략) … 한 곳에 모인다는 그 사실 자체가 강력한 흥분제처럼 작용한다. 일단 개인들이 모이고 나면, 그 모임에 의해 이상할 정도로 그들을 재빨리 열광시키는 일종의 전류가 생겨난다. 열광 상태에 도달하면, 평상시와는 다르게 행동하고 생각하게 만드는 일종의 외적인 힘에 의해 자신이 지배당하고 이끌리는 것을 느낀다. 그의 동료들 또한 같은 방식으로 변화되는 것을 느끼며, 울부짖음, 몸짓, 태도 등을 통해 그들의 감정을 표현한다. 이러한 격정적인 사회 환경 가운데서 그리고 격정 자체로부터 종교적 관념이 생겨난다.

< 보 기 >
ㄱ. 계층은 이론가가 사회 구성원들을 임의적으로 범주화한 것이다.
ㄴ. 계급의 이해관계는 그 구성원들이 믿는 이해관계와 다를 수 있다.
ㄷ. 인간은 물질적 생산 과정에서 자신들의 의지와는 독립된 일정한 생산 관계에 참여한다.
ㄹ. 국가가 특정한 일을 한다고 말하는 것은 사실상 정치나 공무원이 하는 일에 대해 말하는 것이다.

① ㄱ, ㄴ　　　② ㄱ, ㄷ　　　③ ㄴ, ㄷ
④ ㄴ, ㄹ　　　⑤ ㄷ, ㄹ

THEME 14 | 일탈의 개념과 사회적 기능, 생물학·심리학적 이론

1. 일탈의 개념과 상대성

(1) 일탈의 개념
① 일반적으로 규범이 허용하는 한도, 즉 규범의 관용범위(tolerance limits)를 벗어나는 행동을 일탈행동이라 함
② 일탈의 일반 개념 속에는 사회적으로 허용하는 긍정적인 것도 포함되지만 사회학에서 주로 관심을 두는 일탈은 주로 부정적이고 사회적 관용범위를 넘어선 행동유형들임

(2) 일탈의 상대성
① 동일한 행위라도 사회적 규범과 규칙에 따라 일탈이 될 수도 있고 되지 않을 수도 있음
→ 시간적·공간적 상황에 따라 다르게 받아들여짐
② 이상적인 규범들(ideal norms)과 현실적으로 실행되고 있는 실제적인 규범들(practical or real norms)을 구별할 필요가 있음
③ 회피규범(norm of evation)
: 원규나 법률에서 어떤 것을 금지하는 데도 많은 사람들이 그것을 하고 싶어할 때, 그런 행동을 금지하는 규범 자체에는 공개적으로 도전하지 않지만 결국 그런 행위를 하는 것
→ 일탈행동이 반제도화(半制度化)된 사례

2. 일탈 행동의 기능

(1) 일탈행동의 3가지 순기능 – 에릭슨(K. Erikson)
① 일탈행동과 그에 대한 제재는 일반적인 가치와 규범이라는 것이 구체적인 상황에서는 어떤 의미를 갖게 되는가를 명확하게 함
② 일탈행동이 집단결속과 규범적 질서를 강화하는 경계유지(boundary maintenance) 기능을 수행함
③ 비행자나 범죄자가 처벌되는 것을 일반인에게 확인시킴으로써 범죄를 억제함

(2) 일탈 행동의 사회적 기능
① 일상적이지 않은 일탈적 사고나 행동은 신선하고 새로운 아이디어를 낳을 수 있고 또 사회적으로 유용한 결과를 가져다줄 수 있다.
② 어떤 사회질서나 사회적 규범이 변화의 요구에 부딪힐 때 기존 질서를 변화시키는 긍정적 힘으로 작용하기도 한다.
③ 한 사회에서 생겨날 수 있는 여러 가지 억압과 스트레스를 해소할 수 있게 함으로써 사회 전체적으로 불만이나 정신적 병리 현상의 발생을 줄여 사회가 심리적·정신적으로 더 안정되도록 하는 데 기여한다.

3. 생물학적·심리학적 일탈이론 : 개인의 특성에서 본 일탈

(1) 생물학적 접근

① 롬브로소(C. Lombroso)
ㄱ. 범죄자는 생물학적으로 진화가 덜 되었거나 퇴화한 사람들
ㄴ. 범죄자는 얼굴이나 머리의 비대칭, 원숭이 같은 큰 귀, 두꺼운 입술, 튀어나온 광대뼈, 긴 팔, 많은 주름살 등의 신체적 특징을 가짐
ㄷ. 이외에도 '정신이상'으로 인한 범죄자 유형, '격정'에 쉽게 휩싸이는 유형이 있음

② 셀던(W. Sheldon) : 아동들의 체형을 비만형, 여원형, 잘 균형잡힌 정상형이라는 3가지 체형으로 나누고 그들의 비행률을 비교하여 세번째 균형잡힌 신체를 지닌 아이들이 비행에 가담한 경향이 가장 높았음을 입증

③ 샌드버그(A.A. Sandberg) : Y염색체가 정상보다 많은 사람이 범죄를 저지른다고 주장하면서 염색체의 형태로 일탈을 설명

④ 한계
ㄱ. 인과관계가 불분명하거나 사례가 불충분하여 생물학적 요소와 범죄 간의 관계를 입증하는 데에게까지는 이르지 못함
ㄴ. 무엇이 범죄인지를 규정하는 것과 개인이 범죄 행위에 이르는 과정은 사회적 상황에 달려 있음을 간과

(2) 심리학적 접근

① 정신분석학적 이론 – 프로이드(S. Freud)
ㄱ. 인성은 욕망의 덩어리인 id와 그것을 억제하는 요소인 superego, 그리고 이 둘의 갈등을 조정 중재하는 ego로 구성되어 있음
ㄴ. 일탈행위는 superego나 ego가 적절히 발달하지 못하여 id의 쾌락 추구성향을 적절히 통제하지 못할 경우에 일어나는 현상
ㄷ. 부모의 부재, 부모와의 비정상적 관계, 애정결핍, 무관심 등에 따른 잘못된 성격 형성을 강조하기도 하고, 이미 형성된 죄의식에서 벗어나기 위한 방법으로 스스로 벌을 받기 위해 범죄를 저지른다고 설명하기도 함
ㄹ. 한계 : 일탈 행동과 범죄의 발생 원인을 주로 성적 욕구나 아동기의 심리적 경험에 둠으로써, 성격형성에 영향을 미치는 더 거시적인 사회적, 환경적 요인들을 간과

② 성격 이론
ㄱ. 범죄의 원인을 무의식적 동기보다는 타고난 성격(비정상적, 범죄적 성격)에서 찾음
ㄴ. 범죄자는 친사회적 태도를 사회화하지 못하거나, 옳고 그름에 대한 감각을 발전시키지 못하거나, 동정심이 없거나, 후회나 죄의식을 느끼지 못하는 자기 중심적 사람들임
ㄷ. 한계 : 성격특성과 일탈행동 간의 인과적 관계를 일관되게 보여주지 못하고 있고, 범죄적 성격이 타고난 것인지 학습된 것인지 분명히 밝히지 못하고 있음

THEME 15 | 일탈이론 ① - 아노미 이론

1. 뒤르켐(E.Durkheim)의 아노미 이론

(1) 아노미(anomie)의 의미
   ① '규범이 없음' → 규제와 억압이 존재하지 않는 상황
   ② '자신이 어디에 소속되었는지를 모르는 상태' → 유기적 연대에서의 병리적 현상

(2) 뒤르켐의 시각에서 보면, 사회변동에 따라 규범이 급격히 변화하거나 현대사회와 같이 개인주의가 확산되어 보편적 규범이 약화하고 다양한 가치와 규범이 혼재하는 사회에서, 개인들은 아노미로 인한 규범적 혼란을 겪을 수 있다. 특히 규범적 일관성을 유지하기 어려워 정서적 불안정에 빠지거나 안정적인 욕구충족의 수단을 찾기가 어렵게 된다. 자아정체성의 혼란, 정신적·정서적 혼란, 욕구불만 등이 지속되면, 사람들은 신경증에 걸리거나 비행, 자살 등과 같은 일탈행동에 빠져들기 쉬우며, 심한 경우 범죄를 저지르게 된다.

> **📖 아노미의 사례**
> 부부 간의 역할이 엄격히 분리되어 있었던 전통 사회에서는 가사일을 둘러싼 부부 싸움이 거의 없었지만, 현대 사회에서는 부부간의 역할 규범이 과거에 비해 약화되었으나 아직 지배적인 규범이 등장하지 않아서 가사일을 둘러싼 부부 싸움이 나타나는 것이 아노미의 사례라 할 수 있다.

(3) 『자살론』
   ① 연구 목적 : 개인들이 왜 자살하는가를 설명하는 것이 아니라 특정 모집단의 자살률이 왜 오랜 기간 동안 비교적 안정적으로 유지되는지를 설명하는 것
   ② 결론 : 자살은 개인적 현상이 아니라 사회적 현상이며 사회적 통합 수준(degree of integration)과 사회적 규제 수준(degree of regulation)이라는 독립된 두 요소가 자살의 여러 유형을 결정

(4) 자살의 여러 유형

	지나치게 강함	지나치게 낮음
사회적 통합	이타적 자살	이기적 자살
사회적 규제	숙명적 자살	아노미적 자살

   ① 이기적 자살[48] : 사회적 통합이 약해짐에 따라 나타나는 자살 유형
    미혼자의 자살률 > 기혼자의 자살률
   개신교신자의 자살률 > 천주교신자의 자살률
   정치적 안정기의 자살률 > 정치적 위기시의 자살률

---

48) 2016 임용 : 이기적 자살 (단답)

② 이타적 자살 : 사회적 통합이 아주 강함에 따라 나타나는 자살 유형
   예 일본의 가미카제 비행사들, 불명예를 피하기 위한 일본인들의 할복자살
③ 아노미(anomie)적 자살 : 사회적 규제의 약화로 인해 야기되는 자살 유형
   예 급작스러운 경기침체나 경기호황 혹은 급속한 산업화 시기의 자살률 증가
④ 숙명론적 자살 : 개인이 사회에 의해 과도하게 규제될 때 나타나는 자살 유형
   예 억압적인 규율 때문에 희망을 상실하여 자살하는 노예

2. 머튼(R. Merton)의 아노미 이론

(1) 아노미의 개념
① 뒤르켐의 아노미 개념을 독창적으로 수정하여 이를 미국의 사회적 현실에 적용
② 머튼은 사람들은 원래 높은 열망을 가지며 사회적 규제는 이러한 인간의 열망을 통제할 필요가 있다는 뒤르켐의 주장을 반박 → 목적과 수단은 학습되어진다고 주장
③ 머튼은 사회체계를 문화목표(cultural goals)와 제도화된 수단(institutionalized means)로 양분함. 이때 문화목표란 대부분의 사회성원들에게 바람직한 것으로 간주되고 있는 이상이나 가치를 말하는데, 현대 사회에서는 주로 성공으로 표시되는 금전획득이나 지위달성 같은 것을 의미[49]. 한편 제도화된 수단은 그 같은 문화목표에 도달하기 위한 합법적 경로나 방법을 뜻하는데, 여기서는 근면이라든가 성실, 또는 교육 등이 포함됨
④ 아노미의 의미[50] : 사회 구성원들이 일반적으로 받아들이는 문화적 목표와 사회적으로 승인받은 제도적 수단[51] 사이에 괴리가 있어, 사회가 인정하는 수단을 통해서는 자신의 문화적인 목표를 달성할 수 없을 때 생겨나는 갈등상태
   → 가치와 기회(value-opportunity)론, 구조적 긴장론(Structural Strain Theory)이라고도 불림

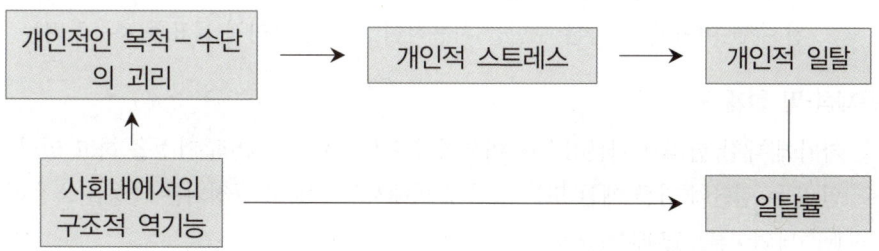

---

49) 2017 임용 : 문화적 목표를 하위문화라는 측면에서 비판하고, 아노미 이론이 특정계층이 특정한 목적으로 저지르는 범죄를 잘 설명해 준다고 할 때, 특정 계층과 특정한 목적을 구체적으로 서술
50) 2014 임용 : 아노미 (단답), 아노미의 의미 서술
51) 2024 임용 : 제도적 수단 (단답)

(2) 아노미상태에 대한 개인의 5가지 적응양식52)

구분		문화적 목표	제도적 수단
동조(conformity)		수용	수용
일탈적 적응	ㄱ. 혁신(innovation)	수용	거부
	ㄴ. 의례주의(ritualism)53)	거부	수용
	ㄷ. 도피주의(retreatism)	거부	거부
	ㄹ. 반역(rebellion)	대체	대체

① 혁신 : 목표 달성을 위해 모든 수단을 동원   예) 사기, 횡령, 불법선거운동
② 의례주의 : 규칙에 따르지만 목표의식은 상실   예) 관료들의 형식주의(red tape)
③ 도피주의 : 삶에 대한 의욕 상실로 인해 자포자기의 생활   예) 약물 중독자, 방랑자
④ 반역 : 기존의 문화와 사회구조를 바꾸려는 노력   예) 혁명가, 히피, 반문화운동

☞ 머튼에게서 일탈행동은 아노미 상황에서 개인이 사회에 적응하는 양식이 된다.
☞ 사회가 특정 문화적 가치에 너무 큰 비중을 두는 반면에 이를 성취할 수 있는 합법적 방법은 일부계층 등에만 제한되어 있을 때, 또는 목표는 중시하나 거기에 이르는 수단이나 방법은 중시하지 않을 때 사회적 긴장이 조성되고 이러한 사회적 긴장은 사회적 압력으로 작용하여 원래 선량한 사람들을 범죄로 이끌어 일탈이나 범죄를 초래한다는 것이다.

(3) 머튼 이론의 강점
① 일탈 원인을 문화와 사회구조 속에서 파악하려 한다. (권태환)
② 기회구조가 차단된 집단의 범죄를 설명하는 데 유용하다. (천재교육)
③ 청소년 범죄나 비행을 이해하는데 많은 도움을 줌 (권태환)
   → 하층 소년들은 중간층 소년들과 동등한 교육의 기회를 누릴 수 없으므로, 사회적으로 인정된 수단 이외의 또 다른 수단을 사용하여 기존의 문화적 목표를 추구하려는 경향이 나타남

(4) 문제점 및 한계
① 가치에 대한 합의가 기본적으로 이루어지고 있다는 기능론적 가정을 하고 있기 때문에, 한 개인 또는 집단이 다른 개인 또는 집단에 의해서 일탈자로 규정되는 과정을 소홀히 다루고 있다. (vs 낙인이론) (권태환)

---

52) 2019 임용 : 아노미에 대한 5개 적응유형 중에서 하층민의 절도와 같은 재산범죄를 설명하는데 가장 적합한 적응유형의 명칭을 제시하고, 그 이유를 설명할 것
53) 2024 임용 : 의례주의(단답형), ㄴ유형(의례주의)의 특징을 '문화적 목표'와 괄호 안의 ㉠(제도적 수단)을 포함하여 서술할 것.

② 개인의 상호작용과정의 결과로서의 일탈행동을 충분히 고려하지 않고 있다. (vs 차별적 교제이론) (권태환, 비상교육)

③ 중상류층의 범죄를 설명하는 데는 한계가 있으며, 문화적 목표에 상관없이 발생하는 일시적 범죄 등을 설명하기 어렵다는 단점이 있다. (천재교육)

(5) **대책**

① 규범교육의 강화나 문화적 목표를 달성할 수 있는 적합한 수단의 제공들이 필요하다고 본다. (지학사)

② 사회적 합의에 바탕을 둔 지배적 규범을 확립하고 사회적 목표를 달성할 수 있는 기회를 공평하게 보장하기 위한 제도를 마련한다. (비상교육)

> ### 뒤르켐의 아노미 vs 머튼의 아노미
>
> 기능주의적 관점에서 파생된 대표적인 사회 문제의 하위이론은 아노미론이다. 뒤르캠의 아노미론은 급격한 사회 변동으로 인한 가치와 규범의 혼란과 마찰이 사회적 결속과 통합을 약화시키며 사회 문제를 야기한다고 한다. 뒤르켐의 아노미론은 시카고학파의 사회조직와해론(혹은 사회해체론)의 주된 논지를 형성한다. 후자에 따르면, 공업화와 도시화에 따른 도시 환경의 변화 – 이주에 의한 인구 밀도 증가, 가치와 규범의 갈등, 약한 일차적 사회관계 등 – 가 사회 해체와 사회 문제의 조건을 형성시킨다고 주장한다. (Shaw and McKay, 1931)
>
> 머튼(Merton, 1938)은 아노미 개념을 문화적 목표와 제도적 수단 간의 괴리로 재정의함으로써 문화와 제도 간의 비유기적 혹은 역기능적 연관관계에서 비롯된 사회 문제 및 다양한 형태의 사회병리적 현상을 다루었다. 머튼은 뒤르켐과 달리 규범의 부재 및 혼란에서만 근본적인 원인을 찾지 않는다. 물론 일차적으로 문화적 목표에 대한 사회적 혼란과 개인적 거부가 존재한다면, 그 자체가 사회 문제로 이루어질 것이다. 하지만, 문화적 목표 – 미국의 경우 경제적 성공 – 에 대한 합의의 수준이 높다고 하더라도, 목표를 성취할 수 있는 제도적 수단이 사회구조적으로 뒷받침되어 있지 않을 때 – 따라서 상류계층보다는 하류계층에서 – 사회 문제가 일어날 가능성이 높다는 것이다. 이처럼 머튼의 이론적 기여는 문화와 제도 간에 내장된 구조적 긴장을 조명했다는 데 있다.

THEME 15 | 일탈이론 ① - 아노미 이론

✓ 1992 임용

01 일탈 행동의 발생 원인에 대한 머튼[R. K. Merton]의 주장은?

① 개인의 욕구가 충족되지 않을 때
② 문화적 목표와 제도적 수단 사이에 틈이 생길 때
③ 충동적인 무의식 속의 이드(id)와 사회적 요구가 상충될 때
④ 하류층이 현실적으로 중류층의 지위와 성취 기준에 도달할 수 없음을 자각할 때

✓ 2000 임용

02 다음을 읽고 물음에 답하시오. [총 5점]

> 머튼(Merton, R.)의 아노미론에서는 사회적으로 인정된 목표 달성의 수단을 가지지 못할 때 사회 성원들은 상대적 박탈감을 가지게 되고, 목표를 달성하기 위하여 사회적으로 용인되지 않은 수단을 사용할 때 일탈 행위가 일어난다고 본다. 또한 그는 개개인의 적응 방식 유형을 동조형, 혁신형, 의례형, 패배형, 반역형으로 나누고 있다.

2-1. 머튼(Merton, R.)의 아노미론에서 전제하고 있는 사회·문화 현상을 바라보는 관점을 쓰시오. [2점]

2-2. 머튼(Merton, R.)의 아노미론이 지니고 있는 강점과 약점을 각각 한 가지씩 제시하시오. [3점]

• 강점 :
• 약점 :

✓ 2010 공통사회

03 다음 글에서 밑줄 친 ㉠과 ㉡의 개념을 정의하고, 해당 사례를 기술하시오. 그리고 머튼의 아노미 이론을 갈등론적 관점과 상징적 상호작용론의 관점에서 비판하시오. [15점]

> 머튼(R. K. Merton)은 사회체계 내에서 '문화적 목표'와 그 목표를 성취하기 위하여 '제도적으로 인정하는 수단' 간의 불일치를 아노미 상태로 규정하고, 이러한 개념을 통하여 개인의 행동을 설명하고자 하였다. 머튼은 '문화적 목표'와 '제도적으로 인정하는 수단'이라는 두 범주를 이용하여 사회 구성원들의 적응 방식을 '동조형(conformity)', ㉠'혁신형(innovation)', ㉡'의례형(ritualism)', '도피형(retreatism)', '반항형(rebellion)' 등 다섯 가지 유형으로 구분하였다.

✓ 2014 임용

04 다음 ( )안에 들어갈 사회학적 용어를 쓰고, 그 의미를 서술하시오. [3점]

> 사람들은 왜 범죄를 저지를까? 왜 부유한 국가에서는 범죄율은 낮아지지 않을까? 자기 규율과 노력에 의해 물질적 성공을 이룰 수 있다는 생각은 대부분의 사회에서 받아들여지는 일반적 가치에 속한다. 그러나 미국의 사회학자 머튼(R. Merton)에 따르면 이런 생각은 꿈에 불과하다. 왜냐하면, 사회에서 가장 불리한 처지에 놓여 있는 사람들 대부분에게는 사회학적으로 용인되는 성공의 기회가 제한적으로만 주어지거나 전혀 주어지지 않는 것이 현실이기 때문이다. 머튼은 이러한 상황을 ( )(으)로 규정하고 이러한 상황에서 발생하는 사회 성원의 적응 유형을 다섯 가지로 구분하였다.

✓ 2016 임용

05 다음은 어느 사회학자의 주장을 재구성한 것이다. 밑줄 친 유형을 쓰시오. [2점]

> 나의 관심은 왜 특정 개인이 자살을 하느냐가 아니라 왜 한 집단이 다른 집단보다 높은(혹은 낮은) 자살률을 보이느냐는 것이다. 만약 한 집단과 다른 집단 간 또는 한 시대와 다른 시대 간 자살률의 차이가 있다면 이 차이는 사회적 요인 특히 사회적 추세의 변화 때문이다. 프랑스에서 집계된 특정 시기 자살의 공식적인 통계를 살펴본 결과, 가톨릭 신자보다는 개신교 신자 중에, 결혼한 사람들보다는 혼자 사는 사람들 중에 자살한 사람이 더 많은 것으로 나타났다. 이러한 결과는 <u>이 유형</u>의 자살을 설명하는 근거가 된다. 위의 사례들에서 발견되는 집단 간 자살률 차이는 공동체의 내적 통합 정도와 결속력의 차이, 그리고 여기에서 발생하는 공동체 속 개인들의 고립 정도의 차이에 의해 만들어지고 있는 것이다. 강한 집합의식과 여기에서 나오는 방어적인 사회적 조류는 사람들에게 보다 광범위한 삶의 의미를 제공해 준다. 반면 어딘가에 속해 있다는 집합의식이 약할 때 개인이 삶에 대해서 무의미함을 느끼는 감정은 커질 것이며 이는 자기 파괴의 욕구로 발전하게 된다. <u>이 유형</u>의 자살은 가장 사적인 행위에서조차도 사회적 사실이 주요한 결정 요인으로 작용하고 있다는 것을 잘 보여 준다.

THEME 15 일탈이론 ① – 아노미 이론

✓ 2017 임용

06 다음 글은 일탈을 설명하는 이론에 대한 것이다. 이 글의 설명에 해당하는 일탈 이론에서 밑줄 친 ㉠을 하위문화라는 측면에서 비판하고, 밑줄 친 ㉡의 '특정 계층'과 '특정한 목적'을 구체적으로 서술하시오. [4점]

> ㉠ <u>현대 사회에서는 물질적 및 경제적 성공이라는 가치가 강조되며 구성원들이 이를 목표로 공유하고 있다</u>. 또한 성공할 수 있는 수단은 자기 규율과 노력이라는 것이 받아들여지며, 열심히 일하는 사람은 어디에서 출발하든 성공할 수 있다고 믿는다. 그렇지만 현실적으로 이것은 말 그대로 꿈에 불과할 뿐이다. 사회에서 가장 불리한 처지에 놓여 있는 사람들 대부분에게는 성공할 수 있는 합법적인 기회가 주어지지 않거나 제한적으로만 주어져서 공유된 가치를 실현할 가능성이 낮기 때문이다. 그럼에도 불구하고 성공하지 못한 사람들은 그들 스스로 무능력해서 성공을 이루지 못했다는 비난을 받을 것이라는 점을 안다. 이러한 상황에서 합법적이든 비합법적이든 가리지 않고 성공하려는 압력이 존재한다. 일탈은 경제적 불평등에 따른 동등한 기회의 결여에 의해서 생겨난다. 이 이론은 개인적 요인이 아니라 사회구조적 측면에서 일탈 행동과 범죄를 설명한다는 점에서 의의가 있으며, 특히 ㉡ <u>특정계층이 특정한 목적으로 저지르는 범죄</u>를 잘 설명해 주고 있는 것으로 알려져 있다.

✓ 2019 임용

07 다음 글을 읽고 아노미에 대한 5개 적응유형 중에서 하층민의 절도와 같은 재산범죄를 설명하는데 가장 적합한 적응유형의 명칭을 제시하고, 그 이유를 설명하시오. [4점 중 일부]

> 대표적인 구조기능주의 학자인 파슨스(T. Parsons)의 이론에 동조하지만 그의 이론이 지나치게 추상적이라고 비판한 머튼R. Merton)은 특정한 분야나 특수 주제에 대한 (㉠)이/가 필요하다고 주장하고, 그 대표적인 사례로 노동 계급의 범죄와 일탈에 대한 연구를 제시하였다. 현대 사회에서 문화적으로 정의된 목표와 목표를 달성하기 위한 제도적 내지는 합법적 수단 사이의 불일치를 아노미라고 정의하고, 이것이 결과적으로 일탈과 범죄의 원인이라고 하였다. 특정 사회에서 모든 사회 구성원들에게 경제적 성공이라는 단일한 목표를 강조하는 문화가 경직된 사회계층 구조 혹은 심한 불평등 구조와 결합했을 때, 그 사회에 아노미가 팽배할 것으로 예측된다. 이러한 문화적 사회구조적 상황에서 제도적 수단의 정당성은 크게 약화될 수밖에 없다. 그는 아노미 상태에 개인이 적응하는 방식을 5개의 적응유형으로 제시하였는데, 이는 개인의 사회화 방식과 내용에 따라 사회에 대한 적응방식이 달라질 수 있으며, 일탈은 개인이 사회화 과정을 통해 형성한 자아, 인성, 성격, 가치관 등에 따라 사회에 적응하는 방식 중 하나라는 사실을 보여준다.

THEME 15 일탈이론 ① – 아노미 이론

✓ 2024 임용

08 다음을 읽고, <작성 방법>에 따라 서술하시오. [4점]

> 머튼(R. Merton)은 아노미 개념을 문화적 목표와 (㉠) 간의 괴리라고 정의하며, 구조적 차원에서 하위 계층의 범죄를 설명하고자 하였다. 사회구성원들이 경제적 부라는 문화적 목표를 받아들이지만, 이를 달성할 수 있는 (㉠)이/가 제한됨으로써 문화적 목표를 달성하지 못할 때 생기는 갈등 상태가 아노미이다. 문화적 목표는 일률적으로 강조되지만 (㉠)은/는 사회구조적으로 불균등하게 분포되어 있는 상황에서, 하위 계층은 위법적인 방법으로 그러한 목표를 추구하게 된다. 그는 아노미 상태가 되었을 때 개인들이 적응하는 방식을 5가지로 제시하였는데, 그중에서 형식과 의식에 집착하는 관료주의의 병폐를 설명하기에 가장 적합한 유형은 (㉡)이다.
>
> 머튼의 이론은 사회에 존재하는 (㉢)을/를 고려하지 못했다는 비판을 받는다. 그 이유는 아노미 이론이 어느 사회에서나 문화적 목표와 가치에 대한 기본적인 합의가 이루어지고 있다는 공통가치설을 전제하고 있기 때문이다. 코헨(A. Cohen)은 머튼과 마찬가지로 하위 계층의 좌절을 범죄의 원인으로 보았다. 하위 계층의 청소년들은 중산층의 문화가 행위규범의 준거가 되는 학교교육에서 부적응과 좌절을 경험한다. 이때, 이들은 중산층이 되려는 노력을 포기하고 자신들만의 (㉢)을/를 형성하게 되고 이에 따라 비행을 하게 된다.

─────<작성 방법>─────

○ 괄호 안의 ㉡, ㉢에 해당하는 용어를 순서대로 쓸 것.
○ ㉡ 유형의 특징을 '문화적 목표'와 괄호 안의 ㉠을 포함하여 서술할 것.

THEME 16 | 일탈이론 ② - 학습이론 : 차별적 교제 이론

1. 차별적 교제 이론(differential association theory)[54]

(1) 발생 배경

① 시카고학파 학자들 중 쇼와 맥케이(C. Shaw and Mckay)는 120년에 걸친 미국 시카고의 근린 연구를 통해 특정 우범지역의 경우 오랜 기간을 거쳐 원래의 거주자들이 다른 인종으로 완전 대체된 상황 하에서도 과거의 높은 범죄율이 그대로 지속되고 있다는 사실을 발견

② 그들은 사회조직와해가 전통적인 사회 통제력을 약화시켰을 때 일탈이 일어나는 비율이 높고, 이러한 일탈이 사회생활의 한 면으로 차츰 자리 잡게 되어 이것이 하나의 전통으로 확립되면 이러한 전통은 개인적 그리고 집단적 접촉을 통하여 대대로 전수된다고 주장

> **사회 해체 이론(social disorganization theory)**
>
> 사회 해체이론은 1920~1930년대 미국의 시카고 대학 사회학자들이 도시 범죄 및 비행을 연구하면서 시작되었다. 쇼와 맥케이는 하위계층 거주자들의 비행률이 도심지역에서 가장 높고, 부유한 지역으로 갈수록 낮아진다는 사실을 경험적으로 드러내고자 했다. 그들의 연구는 주거지역에서 상업지역으로 변화하는 '전이지역'에서 비행률이 가장 높음을 보여주었다.
>
> 전이지역은 물질적 쇠퇴, 열악한 주거환경, 한부모 가정, 높은 사생아 비율, 이질적인 인종의 혼재 등으로 특징지어지며, 사회적·경제적 수준도 낮다. 그리고 높은 비행률과 함께 성인범죄, 약물중독, 알코올중독, 성매매, 정신병 등의 공식통계 수치도 높았다. 사회해체 이론가들은 이런 현상들을 도시화에 따른 사회해체의 결과로 이해하려고 했다. 이 지역에서 일탈행동과 범죄의 비율이 높은 것은 주민들이 특정한 생물학적, 정신적 문제가 있어서가 아니라 비정상적인 사회환경에 대응해온 자연스러운 결과이다. 예를 들어 소수 주변집단에 대한 사회적 배척으로 인해 이 집단들이 흑인 빈민가와 같은 특정 지역에 따로 밀집해 생활하게 되는 경우, 그 지역의 사회문화적, 환경적 특성으로 인해 범죄 발생률이 증가하거나 범죄가 집중되는 결과를 낳는다는 것이다.

③ 이 같은 쇼와 맥케이의 해석을 계승한 서덜랜드는 차별적 접촉(differential association)이라는 개념을 사용하여 일탈이 전달되는 과정을 체계화시켜 하나의 이론으로 제시함

(2) 이론의 주요 내용

① 일탈은 보편적인 사회적 규범을 충분히 내면화하지 못한 결과, 즉 '사회화 실패의 산물'이 아니라, 특정한 규범이나 태도를 자연스럽게 학습한 결과, 즉 '정상적인 사회화의 산물'이라는 입장 → 문화전달(cultural transmission)이론 중 가장 영향력 있는 이론

② 일탈을 촉진시키는 사회구조적 조건보다는 한 인간이 일탈되어 가는 과정에 보다 많은 관심을 기울이는 이론

---

[54] 2015 임용 : 차별적 교제이론(단답), 차별적 교제이론이 가지고 있는 한계에 대해 2가지 서술

(3) 기본명제들[55]

① 범죄행동은 유전적인 것이거나 심리적 특성에 의한 것이 아니라 학습된 것
② 범죄행동은 타인과의 언어적 의사소통 과정에서 학습됨
③ 범죄행동의 학습에 있어 주된 부분은 친밀한 사적(私的)집단 내에서 이루어짐
④ 범죄행동이 학습될 때, 그 학습에는 범죄의 기술 뿐만 아니라 동기, 동인, 합리화 및 태도도 학습됨
⑤ 범행의 동기는 법규범을 냉소적으로 보는 분위기를 통해 학습됨.
⑥ 어떤 사람이 범죄 행위를 하게 되는 것은 법을 위반해도 좋다는 정의가 법을 위반해서는 안 된다는 정의를 넘어서기 때문임
⑦ 차별적 교제는 교제의 빈도[56], 기간, 강도, 우선성에 따라 결정됨
⑧ 차별적 교제에 의한 범죄행위의 학습 과정은 다른 정상적인 학습의 원리와 같음
⑨ 범죄 행위는 일반적 욕구와 가치의 표현이지만 그러나 비범죄적 행동도 같은 욕구와 가치의 표현이기 때문에 범죄 행동은 그런 일반적 욕구와 가치에 의해 설명될 수 없음

(4) 비판

① 일탈 행동을 하는 집단과 접촉하는 사람이 모두 일탈자가 되는 것은 아니라는 점을 설명하지 못하는 한계가 있다. (천재교육)
② 우연적이고 충동적 범죄는 설명해 주지 못한다. (비상교육)
③ 범죄가 어떻게 학습되어지는가를 설명할 수 있을지는 모르나 범죄문화 자체가 왜 존재하게 되었는가라는 보다 궁극적인 원인을 적절히 규명하지 못함
④ 비행의 학습은 친밀한 관계보다 대중매체에 의해 이루어지는 경우가 많다는 점을 간과

(5) 대책 : 일탈 행동을 하는 사람과의 접촉을 차단하고, 정상적인 사회 집단과의 교류를 촉진한다. (지학사)

> **참고** 차별적 교제 이론의 이론적 배경
>
> 차별교제이론이 처음 논의된 『범죄학 원론』(1934) 제2판에서 서덜랜드는 문화의 갈등을 범죄의 근본 원리로 파악하였으며, 제3판(1939)에서도 범죄자와의 교제 맥락이 되는 문화 갈등과 사회 해체를 중시하였다. 그러나 차별교제이론의 완결판이라 할 수 있는 제4판(1947)에서, 그 당시 널리 퍼져있는 사회해체적 관점과 달리, 상호작용과 학습의 차원을 강조하였다. 이런 점에서 볼 때, 차별교제이론의 이론적 핵심은 상징적 상호작용론에 정박하고 있다.

---

55) 2021 임용 : 범죄학자 A는 범죄자가 되는 과정을 설명하는 (　　　　)이론을 명제의 형태로 제시하였는데, 그 명제의 일부를 요약하여 제시하면 다음과 같다. (단답)
56) 2021 임용 : 차별적 교제의 양상은 (　　　), 지속기간, 우선성, 강도의 측면에서 다양하다. (단답)

THEME 16 | 일탈이론 ② - 학습이론 : 차별적 교제 이론

✓ 2004 임용

01 다음 글을 읽고 물음에 답하시오.

> (가) 갑순이는 고등학교 시절에 고전소설 읽기를 좋아하였다. 그래서 '고전소설 읽기 동아리'에 소속된 친구들과 자주 어울렸고, 그 친구들의 생각이나 행동을 따라하고 싶어했다. 그렇지만 학교 공부에 지장을 줄까봐 그 동아리에 가입하지는 않았다.
>
> (나) 갑돌이는 고등학교 졸업 후 대학에 입학하여 평범한 대학생으로 지냈다. 그러다 2학년이 되면서 동아리 활동에 관심을 가졌고, 우연히 '컴퓨터 동아리'에 가입하게 되었다. 그런데 그 동아리에는 컴퓨터와 인터넷에 관한 지식뿐만 아니라 해킹 기술에 관심 있는 선배나 친구들이 많았다. 그래서 갑돌이는 그들과 어울리면서 해킹에 관한 지식을 배워 실력 있는 해커가 되었다. 대학교를 졸업한 후 갑돌이는 별다른 죄책감 없이 인터넷 해킹 행위를 했고 급기야 구속되는 지경에 이르렀다.

1-1. 갑돌이가 동아리에 가입한 후 구속에 이르는 과정을 적합하게 설명할 수 있는 일탈 이론을 쓰시오. [2점]

THEME 16 일탈이론 ② – 학습이론 : 차별적 교제 이론

✓ 2009 임용

02 다음의 밑줄 친 '이론'을 사회학적 관점에서 바르게 설명한 것을 <보기>에서 모두 고른 것은?

[2.5점]

> 시카고 학파에 따르면, 대도시 내의 이민자 집단들이 많이 모인 지역에서는 범죄율이 높지만 그 도시의 다른 지역에서는 그만큼 높은 비율이 나타나지 않는다. 시카고 학파의 영향을 받은 이 이론은 범죄율이 높은 지역의 사회 해체와 문화 갈등 등에 주목하면서도, 친밀한 집단 사이의 교제에 의해 특정한 범행 기술, 범행 동기, 충동, 합리화 태도 그리고 법위반에 대한 호의적인 생각 등이 학습된다는 점을 강조하였다.

< 보 기 >

ㄱ. 상징적 상호작용론의 입장에서 범죄의 사회화에 초점을 두고 있다.
ㄴ. 교제에 의해 학습되는 요소를 일탈 요인으로 보는 교환이론적 관점을 반영한다.
ㄷ. 일탈의 원인으로 가치 합의의 부재에 주목한다는 점에서 기능주의를 배경으로 한다.
ㄹ. 이민자 집단이 준법 행위에 대한 부정적 태도를 가질 수 있음을 고려한 점에서 갈등주의의 단면을 보여준다.

① ㄱ, ㄴ ② ㄴ, ㄹ ③ ㄱ, ㄴ, ㄷ
④ ㄱ, ㄷ, ㄹ ⑤ ㄴ, ㄷ, ㄹ

✓ 2021임용

03 다음 글에서 괄호 안의 ㉠, ㉡에 해당하는 용어를 순서대로 쓰시오. [2점]

> 범죄학자 A는 범죄자가 되는 과정을 설명하는 (㉠) 이론을 명제의 형태로 제시하였는데, 그 명제의 일부를 요약하여 제시하면 다음과 같다.
>
> ① 범죄행위는 학습된다.
> ② 학습은 타인과의 상호작용 속에서 의사소통을 통해 이루어진다.
>
> … (중 략)…
>
> ⑥ 법위반을 부정적으로 평가하기보다는 긍정적으로 평가하게 되면 범죄를 저지르게 된다.
> ⑦ (㉠)의 양상은 (㉡), 지속기간, 우선성, 강도의 측면에서 다양하다.
>
> … (중 략)…
>
> 한편 에이커스(R. Akers)는 A의 이론을 보다 발전시켜 학습과정에서 중요한 4가지 개념을 제시하였다.

• ㉠ :
• ㉡ :

THEME 16 일탈이론 ② – 학습이론 : 차별적 교제 이론

THEME 17 | 일탈이론 ③
- 차등기회 이론, 비행하위문화 이론

1. 차등기회(illegitimate opportunity structures)이론

(1) 이론의 주요 특징
① 클로워드와 올린(R. Cloward & L. Ohlin)이 차별교제이론과 아노미이론의 미비점을 보완하면서 이 이론들을 융합하려고 시도한 일종의 하위문화이론
  → 부조리한 기회구조 이론, 기회구조차이 이론이라고도 함
② 클로워드와 올린은 아노미 이론에서 강조하는 합법적 기회와 차별적 교제 이론에서 강조하는 비합법적 기회가 모두 차등적으로 배분되어지고 있다는 점에 착안하여 특히 대도시 슬럼지역의 하층계급 청소년들의 다양한 비행양식을 설명함
③ 일탈을 유발시키는 원인
  → 합법적 수단이 없는 아노미적 상태 + 비합법적 수단이 있는 비행 하위문화 조건

(2) 머튼이 제시한 적응 유형 중 혁신형(innovation)을 차등기회에 따라 세분화

문화적 목표	합법적 수단	비합법적 수단	폭력 사용 여부	적응유형	비행 하위문화
+	+	·	·	동조형	·
+	−	+	·	① 혁신형	범죄적 하위문화
+	−	−	+	② 폭력형	갈등적 하위문화
+	−	−	−	③ 은둔형	도피적 하위문화

> **📖 3가지 유형의 하위문화**
>
> 특정 공동체에서 '범죄 하위문화'가 나타나기 위해서는 범죄를 통해서 생계를 유지하고 더 나아가서 경제적 성공을 거둘 가능성이 존재해야 한다. 클로워드와 올린은 이를 위해서는 비행청소년과 전문범죄자 사이의 연결이 중요하다고 보았다. 적절한 역할 모형과 인맥은 범죄세계에서의 성공을 보장하기 때문이다. 그런데 성인 범죄자와의 연결망이라는 구조적 조건이 모든 공동체에서 발견되는 것은 아니다.
> 연령집단 간의 통합과 가치의 통합이라는 구조적 조건이 결여되어 불법적 기회마저 주어지지 않는 공동체에서 하층 청소년의 좌절은 훨씬 더 클 것이다. 이러한 상황에서 '갈등 하위문화'나 '도피 하위문화'가 나타나게 된다. 갈등 하위문화가 존재하는 공동체는 사회해체현상이 두드러지며, 비조직적이고 개별적이며 사소한 범죄들이 만연한다. 청소년들은 지위를 확보하기 위한 길을 폭력에서 찾게 되는데, 분노와 좌절의 표현방법이 될 뿐 아니라 폭력적 수단에의 접근에는 장애가 없기 때문이다.
> 도피 하위문화는 '이중의 실패'를 겪는 청소년들의 선택이 될 가능성이 크다. 이중의 실패란 성공을 위한 합법적 수단과 불법적 수단 모두에서 기회가 차단된 경우를 일컫는다. 불법적 수단에는 경제적 성공을 위한 불법적 수단과 지위 획득을 위한 폭력이라는 불법적 수단을 모두 포함한다.

2. 비행하위문화이론

(1) 특징
① 이 분야의 대표적 연구자로는 비행하위문화(delinquent)로써 소년비행을 설명하고 있는 코헨(A. Cohen)을 꼽을 수 있음
② 1950년대에서 1960년대 흔히 발견할 수 있었던 청소년들의 갱(gang)에 주목한 이론
③ 하층 사람들의 하위문화가 중산층 중심의 지배문화에 대한 저항적, 반항적 성격을 띠며, 이것이 범죄를 낳게 된다는 점을 강조

(2) 주요 내용
① 미국 사회를 연구한 코헨은 중산층 문화가 먼저 형성되고 이러한 중산층 문화에 참여하지 못한 계층이 종속적인 하위문화를 형성하면서도 중산층의 문화적 목표를 지향하게 된다고 보았다. 머튼의 아노미이론처럼 하층 청소년들은 이러한 문화적 목표를 가지지만 이를 성취할 제도적 수단이 충분하지 못하여 좌절을 겪는다. 또한 중산층 문화가 행위규범의 준거가 되는 학교 교육에서도 이들은 부적응과 좌절을 경험한다.
② 여기서 코언은 이들이 중산층이 되려는 노력을 포기하고 오히려 중산층의 지배문화를 거부하는 하위문화를 형성하게 된다는 점을 강조한다. 머튼의 적응 유형에 따르면 이들의 하위문화는 혁신이나 반역의 형태로 볼 수 있는데, 하층 청소년들의 문화는 중산층 문화에 반항함에 따라 비행하위문화가 된다.

> **참고 코헨 이론의 특징**
>
> 코헨에 따르면 인간이 공통적으로 겪는 중요한 문제는 '지위 문제'이다. 어떠한 집단에 소속되고 그 집단으로부터 인정받으려고 하는 욕구가 모든 인간에게 매우 중요하다는 것이다. 코헨은 지위 좌절을 겪는 하층의 청소년들이 비행적인 하위문화를 형성함으로써 지위 문제를 해결하려 한다고 본다. 중산층의 지배 규범을 거부하는 그들만의 하위문화를 형성하고, 그들의 집단, 즉 갱을 준거집단으로 상정함으로써 그 안에서 소속감을 느끼고 지위를 달성하려 한다는 것이다. 이것이 바로 코헨이 말하는 '문화적 혁신'이다. 그들이 목표로 하는 지위를 달성하기 위해 새로운 수단을 강구하기 때문이다. 그리고 이는 그들이 공통적으로 겪는 문제에 대한 집합적 해결책이 된다. 문화적 혁신이 개인적 현상이 아니라 집합적 현상이라는 부분은 머튼과의 중요한 차이점이라고 할 수 있다.
>
> 이처럼 하층의 아이들은 비행 하위문화를 형성함으로써 집합적 해결책을 찾는다. 그런데 그 대가는 지배문화와의 괴리이다. 그들의 집단 밖에서 그들의 지위는 오히려 더 낮아지게 된다. 그럴수록 그들의 당파적인 연대감은 강화되고, 지배문화에 대한 노골적인 반대와 지속적인 비행으로 중간계급과의 분리 및 지배문화와의 괴리가 더욱 심화되면서 비행 하위문화는 공고화된다는 것이다.

THEME 18 | 일탈이론 ④ - 낙인 이론, 비판 범죄론

1. 낙인 이론(labeling theory)[57]

(1) **대표학자** : 베커(H. Becker), 레머트(E. Lemert)

(2) **이론의 주요 특징**

① 일탈에 관한 기존 연구에 바탕이 되어온 일탈의 실재론적 가정을 지적하며 등장한 이론

② 일탈이란 행위의 속성이 아니라 사회적 정의(social definition)의 산물이라 주장
  → 특정 행위가 일탈인가 아닌가는 사회 또는 다른 사람이 그 행위에 대해서 어떻게 반응 (social reaction)하는가에 달려 있다고 본다.
  → 낙인 이론을 사회적 반응론(social reaction approch)이라고도 부른다.

③ 일탈 행동의 상대성을 강조하고, 어떤 행위도 본원적으로는 일탈이 아니라는 입장
  → '정상'과 '일탈'을 분명하게 구분하는 전제가 근거 없는 것이라고 비판한다.

④ 규칙을 만드는 사람들이나 규칙을 집행하는 사람들이 없으면 일탈도 없을 것으로 간주

⑤ 낙인 이론적 설명은 사회학 이론의 배경으로 볼 때 갈등론과 상호작용론의 입장을 모두 내포하고 있다.
  → 갈등론적 관점은 일탈의 요인을 근본적으로 불평등한 규범구조에서 찾고 있는데, 이러한 논지를 인정하면서도 낙인이론은 일탈자의 행동에 대한 타인들의 반응에 초점을 두며 일탈자가 되는 과정을 중시한다.

⑥ 사회구조보다는 사회적 과정에, 그리고 사회학의 거시적 차원보다는 미시적 차원에 관심을 둔다.
  → 특정인이 비행자로 낙인찍히는 과정, 낙인찍힌 사람이 스스로를 비행자로 자기규정하는 과정, 그리고 결국 경력비행자가 되는 과정을 분석하는 데 주력

(3) **베커(H. Becker)**

① "사회집단들은 규칙위반을 일탈로 규정하는 규칙을 제정함으로써, 그리고 이 규칙을 특정한 사람들에게 적용하여 그들을 국외자로 규정함으로써 일탈을 만들어낸다"
  → 범죄는 형법의 제정으로 구성되는 것이다.

반응 \ 행위		행위의 규범 동조 여부	
		동조 행위	위반 행위
행위에 대한 사회적 반응	일탈로 인식됨	(ㄱ) 오인된 일탈자	(ㄴ) 진짜 일탈자
	동조로 인식됨	(ㄷ) 규범 동조자	(ㄹ) 숨겨진 일탈자

---

[57] 2015 임용 : 낙인이론 (단답), 낙인 이론이 가지고 있는 한계에 대해 2가지 서술

(ㄱ)의 사례 : 자기는 동조하는 데도 중류계급에 의해서 '흉칙한 놈으로 간주되는 하층계급의 젊은이, 문화가 다르다고 외국인이면 무조건 '괴짜', '오랑캐'라고 부르는 사례
(ㄴ)의 사례 : 알려지고 체포되어 처형이 가해진 범법자, 실지로 범법을 하고 그 죄로 선고를 받은 자
(ㄷ)의 사례 : 인정된 표준에 따라 행동하는 선량한 사람으로 남도 그렇게 인정할 때
(ㄹ)의 사례 : '벽장' 동성애인, 집에서 몰래 종일 술 마시는 주부

※ (ㄱ)과 (ㄹ)의 유형은 동일한 행동이 계층에 따라 비행으로 낙인되는 경우도 있고 낙인되지 않을 수도 있는 구조적 불평등의 문제와 관련 → 비판범죄론의 발전에 기여

② 일탈자라고 낙인된 사람들은 그들이 과거에 어떤 지위를 가지고 있었든지 간에 일탈자라는 지배적 지위(master status)를 부여받게 되고, 그에 따라 일반 사람들은 그들의 행동이 실제로는 평범한 일상적인 상호작용일지라도 그 한 가지 특성만 가지고 해석하려 하게 된다.

(4) 레머트(E. Lemert)[58]

① 원초적 일탈에서 이차적 일탈로 발전하는 과정을 분석하는데 초점

② 원초적 일탈(primary deviance) : 낙인이론에 따르면, 모든 사람이 때로는 일탈적으로 행동할 수 있는데, 그때의 일탈행동은 대개의 경우, 경미하고 일시적이며 쉽게 감추어질 수 있다. 이러한 일탈을 원초적 일탈이라 한다.

> 예 종합소득세를 적게 내기 위해 세무서에 연간 소득액을 다소 낮추어 보고하는 봉급자
> 극빈자 장학금을 타기 위하여 가정 형편이 괜찮은데도 매우 빈곤한 척하는 학생
> 시험시간에 전날 외웠던 내용이 정확하게 생각나지 않아 노트를 슬쩍 넘겨보는 학생
> 호기심 때문에 대마초를 한 번쯤 피워본 청소년

③ 2차적 일탈(secondary deviance) : 원초적 일탈행동은 모르는 채 지나가는 것이 대부분이며, 그 당사자 스스로도 자신을 일탈행위자로 생각하지 않는다. 그러나 그러한 행동들이 일단 발견되고 세상에 알려지면 상황은 급격히 변화하여, 이제 그 개인은 일탈행위자로 낙인이 찍히고 다른 사람들은 "낙인찍힌 사람"으로 대하기 시작한다. 결과적으로 그러한 개인들은 낙인을 의식적이든 무의식적이든 받아들이게 되며, 새로운 자아의 개념을 발전시키고, 거기에 따라 행동하기 시작한다. 따라서 그 단계에서의 일탈은 습관화되기 쉬우며, 그 행동은 '2차적 일탈'로 불린다.

> cf 3차적 일탈 : 일탈자가 자신의 일탈적 행동을 일탈행동이 아닌 '정상적'인 것이라고 재낙인하는 단계로, 이 단계에서는 사회의 주류에 의한 일탈의 규정 자체를 거부하고 자신의 일탈을 정상화(nomalize)하려는 데 이를 일컬어 3차적 일탈이라 한다.

(5) 낙인이론에 따른 범죄 억제책

① 탈범죄화(decriminalization)정책을 국가가 채택할 필요가 있음. 특히 피해자 없는 범죄나 관련자들 간의 합의에 의해 범죄가 이루어진 경우에는 범죄행위로 규정하는 데 신중을 기하는

---

[58] 2018 임용 : 낙인이론 (단답), 2차적 일탈 (단답), 범죄와 공식적인 사회 통제의 관계를 설명하는 낙인이론의 문제점을 서술

것이 필요하다.
② 수감을 신중하게 하고, 수감된 경우도 선도 가능성이 있는 경우에 출옥 조치를 해주는 정책도 낙인론의 시각에서 볼 때 적절한 정책이다.

(6) 고프만(E. Goffman)의 낙인이론(stigmatization theory)
① 고프만은 일상생활의 상호작용 과정에서 통상적으로 기대되는 것들과 다른 바람직하지 못한 특성을 '오명'(stigma)이라 하고, 특정 속성에 이러한 오명을 부여하여 바람직하지 못한 것으로 규정하는 행위를 '낙인'(stigmatization)이라 했다.
② 오명은 개인의 다양한 속성 중 하나이지만, 다른 속성들은 쉽게 무시되고 개인의 모든 것이 특정한 오명에 따라 판단됨. 이렇게 되면 낙인이 찍힌 사람도 자신을 대하는 다른 사람들의 일반적인 태도와 기대에 맞추어 나름대로 자신의 역할을 학습하고 또 행동하게 된다. 이러한 낙인은 범죄자가 범죄에서 벗어나기 어렵게 만든다. 그래서 한번 찍힌 낙인은 범죄를 없애기보다는 오히려 더 조장하는 결과를 낳게 된다.

(6) 낙인이론에 대한 비판
① 일차적(최초의) 일탈의 원인을 설명하기 어려움 (비상교육, 비판)
② 낙인찍히지 않았음에도 반복적으로 일탈 행동을 하는 경우나 반대로 낙인이 있었음에도 일탈이 일어나지 않는 경우를 설명하지 못하며, 일탈 행동을 합리화할 수 있다. (천재교육)
③ 빈곤계층에게 지나치게 동정적인 일면을 가지고 있음 (권태환)
④ 모든 일탈행동과 범죄를 사회적 권력에 의해 규정된 결과로 설명하는 것은 적절하지 않다. (비판)

(7) 대책
① 특정 행동에 대한 주변 사람들의 낙인이 일탈 행동을 초래한다고 주장하므로 신중한 낙인과 올바른 정체성을 회복할 수 있도록 도와주는 재사회화를 강조한다. (비상교육)
② 불필요한 낙인을 줄이려는 노력과 일탈 행동을 신중하게 규정하려는 사회적 합의가 필요하다. (천재교육)

> 📖 **아노미이론, 차별적 교제이론, 낙인이론의 공통적 한계**
>
> 범죄 또는 일탈 행동을 일종의 의도적이고 계산된 행동으로 이해하려는 관점을 전혀 고려에 넣지 않고 있음. 즉 계획적이고 목적적인 일탈을 설명하기 어려움

2. 비판 범죄론

(1) 주요 내용
① 일탈행동과 범죄를 발생시키는 가장 근본적인 원인은 자본주의 사회의 모순적 구조 자체에 있다고 봄
② 빈곤층은 생계를 위해 절도, 사기, 폭력, 성매매 등 윤리와 도덕, 사회규범을 위배하는 일탈행동으로 내몰리게 된다.

③ 지배계급의 착취에 대한 피지배계급의 저항은 지배계급의 이익을 옹호하는 국가에 의해 불법행위 또는 일탈행동으로 규정되고 통제된다.

(2) 급진적 범죄학의 주요 요점 – 퀴니(R. Quinney)

> 📖 **범죄가 사회적 실재로 만들어지는 과정에 관한 6가지 명제 - 퀴니**
>
> 1. (범죄의 정의) : 범죄는 사회의 권력있는 집단에 의해 만들어진 인간행동의 정의이다. 범죄는 행동에 내재한 고유한 특성이 아니라, 어떤 사람이 내린 판단에 의해 만들어지는 것이다.
> 2. (범죄적 정의의 형성) : 범죄적 정의는 권력을 가진 지배집단이 그들의 이해관계를 공공정책으로 묘사하는 과정에서 지배집단의 이익에 따라서 만들어진다. 따라서 사회의 여러 분파들 사이에 이해관계의 갈등이 클수록, 권력집단이 범죄적 정의를 만들 가능성은 높아진다.
> 3. (범죄적 정의의 적용) : 범죄적 정의는 형법을 집행하고 운영할 권한을 가진 지배집단에 의해 적용된다. 여기서 범죄적 정의가 적용될 가능성은 권력을 가지지 못한 집단의 행동이 권력집단의 이해관계와 충돌하는 정도에 따라서 변한다.
> 4. (범죄적 정의와 관련된 행동양식의 발전) : 행동양식은 분파적으로 조직된 사회에서 범죄적 정의와 관련하에 구조화되며, 이 맥락 안에서 사람들은 범죄적인 것으로 정의될 상대적 가능성을 가진 행동에 참가한다. 그런데 모든 사람들은 그들의 행동이 범죄적인지 아닌지에 상관없이 그들의 상대적인 사회적 문화적 환경에서 배운 규범체계에 따라서 행동하게 되는데, 어떤 사람이 형법을 위반하게 될 가능성은 그가 속한 집단이 법을 제정하고 집행하는 데 얼마나 많은 권력과 영향력을 갖고 있는지에 따라 결정된다.
> 5. (범죄적 개념의 구축) : 범죄의 개념은 다양한 의사소통수단에 의해 사회의 각 부문에 형성, 확산된다.
> 6. (범죄의 사회적 실재) : 범죄의 사회적 실재는 범죄적 정의의 형성과 적용, 범죄적 정의와 관련된 행동양식의 발전, 그리고 범죄적 정의의 구축에 의해 만들어진다.

(3) 이론적 특성
① 비판적 시각은 낙인의 시각과 유사하게 사회문제가 속성에 의해 정의되는 것이 아니라, 사회적 관계에 의해서 나타난다는 점을 보여준다. 특히 자본주의 사회에서 빈곤, 저임금, 노동쟁의, 부패, 성차별 등의 사회문제들이 자본가계급의 이해관계와 관련하여 필연적으로 만들어지는 것이라는 점을 보여준다.
② 범죄의 정치적 성격을 강조하며 왜 사람들이 법질서를 위반하는가에 초점을 맞추기보다는 법질서 그 자체를 연구대상으로 삼는다.
③ 지배의 범죄는 숨겨지고, 저항의 범죄는 낙인되어 드러나는 부도덕성을 지적한다.
④ 갈등론의 이론적 공헌은 일탈행동을 일탈자 개인의 차원에서가 아니라 분배적인 권력집단의 이해관계 차원에서 분석을 시도한 사실에 있다.

THEME 18 | 일탈이론 ④ - 낙인 이론, 비판 범죄론

✓ 2002 임용

01 다음을 읽고 물음에 답하시오.

> (가) 베버는 사회현상이 과학적으로 연구되어져야 한다는 점에서는 뒤르켐과 같은 입장이었다. 그러나 뒤르켐이 사회를 사회적 사실과 사회구조의 차원에서 분석한데 비해 베버는 <㉠ 사회 구성원 개인의 행위를 분석의 기본 단위로 삼았다. 특히 그는 인간행동의 동기와 그 행위에 부여하는 의미의 이해(Verstehen)를 강조하였다.> 이러한 그의 입장은 (A)의 기초가 되었다.
>
> (나) 일탈행위를 보는 사회학적 관점은 여러 가지가 있다. 사회구조에 초점을 둘 수도 있고, 사회과정에 초점을 둘 수도 있다. 사회의 지배 규범이 이를 어긴 자를 일탈자로 낙인찍기 때문에 일탈행위가 발생한다고 보는 낙인 이론의 경우, 전자의 입장에 있는 <㉡ 갈등론에서는 낙인을 찍는 기준이 되는 그 사회의 지배 규범이 어느 집단에 의해 만들어졌는지에 관심>을 두고, 후자의 입장에 있는 (A)에서는 일탈자의 행동에 대한 타인의 반응, 즉 의미 부여 과정에 관심을 둔다.

1-1. 위 글의 (A)에 공통적으로 들어갈 사회학 이론을 쓰시오. [2점]

1-2. ㉡의 관점에서 일탈의 원인을 30자 이내로 쓰시오. [3점]

✓ 2010 임용

02 다음은 청소년 비행을 바라보는 관점을 나타낸 글이다. 이에 부합하는 내용으로 가장 옳은 것은?

> 우리는 주변에서 다양한 원인과 경로로 일시적으로 비행을 저지르거나 비행 친구들과 어울려 지내는 청소년을 쉽게 발견할 수 있다. 하지만 이들의 행동이 모두 비행으로 인식되는 것은 아니며 이들이 모두 비행 청소년이 되는 것은 아니다. 여기서 중요한 것은 이들의 행동에 대한 사회적 반응이다. 청소년이 비행을 저지르면 부모나 교사를 비롯한 주변 사람들이 그것을 주목하거나 비행으로 문제 삼기도 하면서 청소년의 행동에 대해 여러 가지 방식으로 개입하거나 반응한다. 성인들의 다양한 반응을 경험한 청소년들은 상대방의 반응에 대해 나름대로 해석하면서 대응한다. 특히 성인들의 부정적 반응을 경험한 청소년들은 이를 받아들일 것인지 갈등하게 된다. 이런 과정을 겪으면서 대부분의 청소년은 자연스럽게 비행을 그만두게 되지만 일부 청소년들은 비행을 지속하면서 비행자로서의 자아정체감을 형성하기도 한다.

① 비행 하위문화와의 접촉이 청소년 비행을 유발하는 원인이다.
② 청소년 비행은 친밀한 사람과의 대면 접촉을 통한 상호작용 과정에서 학습된다.
③ 부모와의 친밀한 애착을 형성하지 못한 청소년이 비행 청소년이 될 가능성이 높다.
④ 부모나 교사의 기대 수준과 청소년의 성취 수준 간의 갈등이 청소년 비행의 원인이다.
⑤ 청소년 비행은 행위의 속성을 나타내는 것이 아니라 특정한 행위를 비행이라고 규정한 것이다.

✓ 2012 임용

03 일탈에 관한 사회학적 관점 중 교수·학습 자료에 나타난 관점에서 ⊙과 ⓒ을 설명하고, 각각을 기능론적 관점에서 비판하시오.

일탈 수업에서 학생들의 일상생활에 친근한 사례로 폭주족 사례를 들어서 청소년 일탈의 원인과 대책을 가르치는 것이 어떨까요?

네, 학생들의 일상생활에 친근한 사례를 드는 것은 좋습니다. 저도 폭주족 사례를 수업에서 활용한 적이 있습니다. 그런데, 일탈의 원인을 개인에서 찾기보다는 일탈 자체가 사회적으로 구성되고 사회 불평등에서 비롯된다는 측면을 이해할 수 있도록 하는 것이 필요합니다. 제가 활용한 교수·학습 자료를 보여 드리겠습니다.

박 교사 / 김 교사

─〈박 교사의 교수·학습 자료〉─

최근 일부 청소년들의 오토바이 폭주는 하나의 사회 문제로 인식되고 있다. 오토바이 폭주는 사회 문제로 부상되기 이전부터 있어 왔으며 도로교통법에 의해 규제할 수 있었다. 그런데 도시 차량이 대폭 늘어나면서 경찰과 검찰에 의해 공공질서를 문란하게 하는 하나의 청소년 '문제'로 정의되기 시작하였다. 범죄학자 퀴니(R. Quinney)가 주장하였듯이, 이러한 '문제' 정의는 법적으로 공식화된다. 실제로 2007년 12월 21일 개정된 소년법 제4조 제1항 제3호 가에서 우범 소년의 대상을 '집단적으로 몰려다니며 주위 사람들에게 불안감을 조성하는 성벽(性癖)이 있는' 청소년으로 확대함으로써, 청소년들이 함께 어울려 오토바이를 타는 행위 자체를 규제할 수 있게 되었다.

또 한 가지 주목할 만한 것은 오토바이 타기에 대한 부정적 시각이 대중매체 등 다양한 의사소통 수단을 통하여 사회적으로 확산된다는 사실이다. 일례로, TV 뉴스는 특정 장면, 즉 누가 보기에도 아슬아슬하고 위험천만한 폭주 장면에만 초점을 맞춘 동영상 자료를 지속적으로 방영한다. 그것은 청소년이 집단적으로 오토바이 타는 행위를 일탈로 보게 하는 사회적 관념을 강화할 뿐만 아니라 '질서유지'라는 명분으로 소년법의 시행을 정당화한다.

그러나 '폭주족'이라 불리는 모든 청소년이 실제로 폭주족 즉, 일탈자는 아니다. 일부 청소년들은 오토바이 타는 것을 즐기는 또래 집단을 형성하여, 고난이도의 운전 기술과 묘기를 자랑하며, 종종 속도의 쾌감을 경험하기도 한다. 만약 폭주를 하지 않고 도로교통법을 준수한다면, 오토바이 타기는 하나의 건전한 청소년 여가 문화로 발전할 수도 있다. 마치 성인이 자유롭게 결성하고 활동하는 오토바이 동호회의 문화처럼 말이다. 하지만 현행 소년법 제4조 제1항 제3호 가의 시행은 청소년들의 행복추구권을 제한할 수도 있다.

이와 같은 오토바이 폭주족 사례를 통해 ⊙<u>일탈에 대한 정의</u>, ⓒ<u>일탈의 법적 공식화와 시행</u>, 그리고 일탈에 대한 관념의 사회적 확산 등에 의해 일탈 행위가 사회적으로 구축됨을 알 수 있다. 지배 집단은 이 일련의 과정을 공공연히 혹은 은밀하게 주도한다. 청소년 일탈을 정의하고 관련 법을 제정 혹은 개정하며 시행할 수 있는 권력을 가진 국가나 기성세대는 청소년을 보호하고 교육시킬 의무를 갖기도 하지만 가능하면 전면적으로 감시하고 통제하려고 한다. 청소년에 대한 끊임없는 감시와 통제는 교육과 마찬가지로 사회적으로 필요한 노동력을 재생산해야 된다는 보이지 않는 구조적 요구로부터 비롯된다. 이런 점에서 볼 때, 청소년 일탈이란 그러한 구조적 필요를 충족시키려는 국가와 기성세대의 권력 작용이자 사회구조적 산물이기도 하다.

◎ 학습 활동 및 과제 ◎
1. 폭주족 사례를 통해 청소년 인권이 왜 그리고 어떻게 침해되고 있는지를 토론해 보자.
2. 청소년들의 인권 침해를 방지하기 위한 개선 방안을 정리하여 발표해 보자.
3. 폭주족 사례 이외에 사회구조의 불평등에서 비롯된 일탈 사례를 조사해 보자.

THEME 18 일탈이론 ④ – 낙인 이론, 비판 범죄론

✓ 2013 임용

04 다음 글에 나타난 청소년 일탈을 바라보는 관점에 부합하는 진술을 <보기>에서 고른 것은?

> 범죄자를 만드는 데 있어 지대한 역할을 하는 것 중 하나는 누군가를 그의 또래 집단으로부터 배제하는 악의 극화(dramatization of evil) 과정이다. 이 과정에서 범죄자는 다른 세계에 살게 된다. 대부분의 경우 최초 법 위반 행위는 비조직적이고 일관성이 없으며 드문 현상이지만, 체포 후 공식적 제도에 편입되어 가는 단계에서 일탈의 유형이 안정적으로 형성된다. 그러므로 일탈자에 대한 사회적 반응은 일탈 그 자체를 이해하는 데 필수적이며, 일탈의 원인은 아니라 할지라도 중요한 요소이다.

< 보 기 >

ㄱ. 일탈에 대응하는 기제는 오히려 일탈자를 생산한다.
ㄴ. 자아 개념은 자기에 대한 타인들의 관념에 대한 반응이다.
ㄷ. 일탈은 사회에 대한 개인의 유대나 애착이 약하거나 깨졌을 때 발생한다.
ㄹ. 범죄 행위의 학습에서 중요한 사항은 친밀한 인격적 집단에서 이루어진다.

① ㄱ, ㄴ   ② ㄱ, ㄷ   ③ ㄴ, ㄷ
④ ㄴ, ㄹ   ⑤ ㄷ, ㄹ

✓ 2015 임용

05 다음 (가)와 (나)에서 제시하고 있는 일탈 이론이 각각 무엇인지 차례대로 쓰고, 두 이론이 가지고 있는 한계에 대해 각각 2가지씩 서술하시오. [5점]

> (가) 우리는 타인들이 우리를 어떻게 생각하는가를 고려하여 자아를 형성한다. 만약 중요한 타자가 어떤 사람을 특정한 성격의 소유자라고 여기면서 그와 교류한다면, 자기실현적 예언이 작동되어 그 사람은 실제 그러한 성격을 가지게 된다. 범죄자가 되는 과정도 이와 같다. 사회 집단은 그들이 만들어 놓은 규칙을 위반한 특정인을 아웃사이더라고 규정함으로써 일탈을 만들어 낸다. 즉 일탈은 사람이 저지르는 행위의 속성에 있는 것이 아니라 규칙과 처벌을 '위반자'에게 적용한 결과라고 할 수 있다.
>
> (나) 범죄 행위는 글쓰기, 읽기 등의 다른 모든 행위들과 마찬가지로 범죄와 관련된 가치와 태도를 습득한 결과이다. 법 위반에 호의적인 가치와 태도를 가지고 있는 사람을 가까이 하게 되면 본인도 법 위반에 대해 호의적인 가치와 태도를 습득하게 되어 범죄를 저지르게 된다. 이때 습득하게 되는 내용은 범죄 기술, 범죄 동기, 태도 등을 포함한다. 그리고 이러한 습득 과정은 주로 함께 있는 시간이 많은 가까운 친구, 가족, 친척과 같은 친밀한 집단 내에서 이루어진다.

●

●

✓ 2018 임용

06 (가)는 일탈 행위에 대한 이론이고, (나)는 이를 검증한 연구 결과이다. <작성 방법>에 따라 서술하시오. [4점]

> (가) 공식적인 사회 통제는 범죄 행위를 증가시키는 효과가 있다. 이는 그 과정이 범죄자라는 부정적 자아 개념의 형성 가능성을 높이기 때문이다. 사람들은 사회적, 문화적, 심리학적, 생리학적 요인 등 다양한 요인들 때문에 일탈 행위를 한다. 이런 종류의 일탈 행위는 사회적 반응을 유발할 수도, 유발하지 않을 수도 있다. 사회적 반응을 유발하지 않은 일탈 행위는 행위자의 지위와 심리 구조에 별로 영향을 주지 않는다. 그러나 일탈 행위가 사회의 부정적 반응들을 야기할 경우에는 행위자의 삶에 중대한 영향을 미친다. 사회의 부정적 반응은 행위에 대한 부정적 정의를 행위자에 대한 부정적 정의로 변화시킨다. 사람들 중에서 범죄 행위를 그만둘 의향이 없거나 그럴 수 없는 사람은 어느 순간부터 자신에 대한 부정적 정의를 반영하여 자아 개념을 재구성한다. 이렇게 ㉠<u>사회의 부정적 반응에 따라 자아 개념을 수정한 경우, 그 사람은 일탈적 삶에 완전히 빠져들거나 일탈 경력에 관여하게 된다.</u>
>
> (나) 비행을 저지른 청소년들에 대한 검찰의 기소유예율과 해당 청소년들의 재범률 간에는 정(+)의 관계가 나타났다.

<작성 방법>

○ (가)는 어떤 일탈 행위 이론인지 그 명칭을 제시할 것.
○ 밑줄 친 ㉠과 같은 경우를 레머트(E. Lemert)는 무엇이라 규정했는지 그 개념을 제시할 것.
○ (나)를 근거로, 범죄와 공식적인 사회 통제의 관계를 설명하는 (가)의 문제점을 서술할 것.

THEME 19 | 일탈이론 ⑤ - 중화이론, 사회유대이론

1. 중화이론(neutralization theory)

(1) **대표학자** : 맛짜(D. Matza)

(2) **이론의 전제**
  ① 일탈자와 일반인은 인습가치와 태도, 도덕적 신념을 받아들이는 수용에 있어 차이가 없다고 본다. 즉 차별접촉이론이나 비행하위문화이론에서 강조하는 법 위반 태도나 도덕적 신념은 일탈을 설명할 수 있는 원인이 되지 못한다고 보는 것이다.
  ② 인간은 규범동조와 규범파괴라는 두 극 사이에서 왔다갔다 표류하는 존재임. 표류란 평소에는 인습적 가치를 갖고 있어 비행을 해서는 안 된다는 생각을 갖고 있으면서도 어느 순간에 인습가치에 벗어나 비행을 저지르는 것을 말한다.

(3) **이론의 주요 내용**
  ① 일탈을 정당화시켜 내적 통제로부터 자유롭게 해주는 중화의 기법을 가진 사람은 누구든 일탈자가 될 수 있다고 보는 이론 (인습적 가치가 확고하지 못한 상황이 청소년들을 표류하게 하고 표류의 상태에 있는 청소년들은 자신의 행동을 중화하게 됨)
  ② 하층비행소년들은 사실상 중류층의 가치관을 거부하는 것이 아니라 그것을 '중성화'시키고 자기네의 특수한 행동을 '정당한' 예외로 생각함으로써 자신들의 일탈행동에 대하여 죄의식을 느끼지 않으려 함을 강조
  ③ 일탈자도 사회적 질서를 완전히 부정하는 것이 아니고 동조자와 마찬가지로 관례적 가치를 수용함을 지적하면서 차별적 교제이론의 입장에 대해 비판

(4) **중화(neutralization)의 기법**
  ① 책임의 부정(denial of responsibility) : 일탈 행위를 하고 나서 그 탓을 자신이 아닌 외적 요인으로 돌리는 방법
   예 "술김에 그랬다."
  ② 상해의 부정(denial of injury) : 자기가 저지른 행위의 잘못된 점을 부인함으로써 일탈을 합리화하는 방법
   예 "훔친 게 아니라 빌린 거다."
  ③ 피해자의 부정(denial of victim) : 피해자가 마땅히 징벌을 받아야 할 사람이기 때문에 자신의 행동은 정당한 행동이라고 주장하는 방법
   예 "그놈이 맞을 짓을 했다."

④ 범죄통제자에 대한 비난(condemnation of the condemners) : 자신을 비난하는 사람들의 잘못을 찾아 그들의 행동이 자신의 잘못보다 더 나쁘다고 주장하는 방법
   예 "경찰은 뇌물 받고 판사는 썩었다."
⑤ 더 고상한 원칙에 호소하는 기법(appeal to higher loyalties) : 더 고차적인 원칙에 대한 헌신 때문에 기존의 규범을 어겼다고 주장하는 방법
   예 "친구들간의 의리 때문에 어쩔 수 없이 그랬다"

(5) 이론적 장점
① 대부분의 사람들은 청소년 때에 이런 저런 일탈행위를 저지르게 되지만, 어른이 되면서 일탈행위를 그만두게 되는 현실을 잘 설명해 줌
② 범법자들도 정상인으로 행위할 때는 별다른 모습을 보이지 않는 현실을 잘 설명해 줌
③ 일탈자를 획일적으로 규정하고 범주적으로 차별해 온 기존 이론과 정책 당국자들의 인식을 새롭게 했다는 점에게 큰 공헌을 함

(6) 이론적 단점
① 일탈행위의 인과관계에 있어 중화가 어떤 위치에 놓이는가를 밝혀 낸 연구가 없음
② 중화기법을 익힌 사람들 중에 범죄를 저지르려 하지 않는 사람들도 있다는 현실을 설명하기 곤란함
③ 인간을 두 극 사이에서 표류하는 존재로 보는 이유에 대한 이론적 해명이 분명치 않음

2. 사회유대 이론(social bonding theory)
(1) 이론의 전제
① 사람들은 누구나 법을 위반하거나 범죄를 저지르려는 동기를 지니고 있으며, 거리낌이 없다면 범죄를 저지를 수 있다고 봄
② 인간이 선천적으로 범죄성향을 가졌다는 것과는 달리 사회는 반일탈적이고 인습적이어서 이러한 동기와 성향을 통제해 줄 수 있다고 봄
③ 일탈행동이나 범죄의 원인이나 동기를 직접적으로 설명하기보다는 "왜 사람들은 법을 위반하지 않는가?"라고 질문함
④ 허쉬는 대부분의 사람들이 범죄 동기와 성향을 갖지만 인습적인 사회와 유대가 강해 자신의 범죄 성향을 통제할 수 있게 되어 범죄를 안 하지만, 그렇지 못한 일부 사회유대가 약한 사람들은 범죄 동기와 성향이 통제되지 못해 범죄의 가능성이 높다고 주장
(2) 허쉬는 "비행은 사회에 대한 개인의 유대가 약하거나 깨졌을 때 일어난다."고 봄

(3) **사람들을 사회와 법률 준수 행위에 묶는 4가지 유형의 결속**
① 타인에 대한 애착(attachment) : 다른 사람이나 집단에 대해서 느끼는 심리적 정서적 관심
② 헌신(commitment) : 규범준수와 사회적 보상의 관련성
③ 참여(involvement) : 자신의 관례적 활동에 투입하는 시간의 양
④ 신념(belief) : 지배적 규범과 가치를 내면화한 정도

(4) 부모, 교사, 친구 등과의 관계에서 유대를 형성하는 요인들이 강할수록 개인의 행동은 사회규범이나 법에 순응하도록 통제되는 반면에, 그렇지 못하면 법을 위반할 가능성이 커진다. (사회 학습 이론의 주장과 상통)

> **참고** 사회 유대의 주요 요소
>
> 애착은 청소년을 주 대상으로 해 온 연구에서 부모, 친구, 학교 선생 등 사회의 중요한 타자와의 애정적 결속관계를 말한다. 애착은 실제 경험연구에서, 예컨대 가장 중요한 요소인 부모와의 애착의 경우 부모와의 애정관계, 상호작용 및 대화의 정도, 동일시 정도 등으로 측정되어 부모를 좋아하고, 부모와 많은 대화를 나누고, 앞으로 부모와 같은 사람이 되고 싶은 청소년들이 비행가능성이 낮다고 본다.
>
> 헌신은 사회에서의 주요 활동에 대한 헌신도 또는 관여를 말하는데 비행과 범죄를 저지름으로써 잃어버릴 수도 있는 사회에서의 일에 대한 투자분이라 할 수 있다. 예를 들어 좋은 지위의 직장인의 경우 범죄로 잃을 수 있는 지위 때문에 범죄를 안 한다는 것이다.
>
> 참여는 그러한 인습적 사회활동에 시간적으로 얼마나 참여하고 있는가를 말한다. 가정, 직장일, 학업, 과외활동 등 인습활동에 참여와 시간이 많을수록 그만큼 범죄를 저지를 시간이 없기 때문에 사회의 일로 통제되어 범죄를 하지 않는다고 보는 것이다.
>
> 마지막으로 신념은 사회의 인습적인 가치, 규범을 얼마나 받아들이고 있는가의 정도를 말한다. 허쉬는 사회에 인습적인 도덕적 가치만이 존재한다고 가정했기 때문에 사회와 유대를 맺을수록 인습적 가치와 도덕적 신념을 받아들이고 범죄를 저지르지 않게 된다고 보았다.

THEME 19 일탈이론 ⑤ - 중화이론, 사회유대이론

1996 임용

01 청소년의 비행에 대하여 다음과 같이 주장하는 이론은?

> 사람에게는 누구에게나 자신의 욕구를 충족시키기 위하여 법을 어기고 비행을 저지르려는 경향이 있다. 또한 누구에게나 비행을 극복하고 유혹을 이겨내려는 자제심이 있다. 따라서 비행을 예방하기 위해서는 극기훈련 등을 통해 자기를 이기도록 하여야 하고 부모와의 대화 기회를 넓혀야 하며 학교에서의 여러 가지 활동에 참여하도록 하여야 한다.

① 통제 이론
② 낙인 이론
③ 정신 분석학적 이론
④ 긴장 이론

THEME 20 | 사회집단과 사회조직의 분류

1. 사회 집단

(1) 둘 이상의 사람이 모여서

(2) 소속감 및 공동체 의식을 가지고

(3) 지속적인 상호작용을 하는 인간의 무리

> cf 군집 : 우연한 시점에 우연한 장소에서 만나지만 서로 상호작용하지도 공통의 감정을 지니지도 않는 사람들의 무리

2. 사회 조직

(1) 사회 집단 가운데 그 목표와 경계가 더욱 뚜렷하고

(2) 구성원의 지위와 역할도 명백하게 구별되어 전문화되어 있고

(3) 규범도 엄격하게 규정되어 구성원의 행위를 제한하는 집단

3. 사회 집단의 분류

(1) 소속감에 따른 분류 – 내집단[59](in-group)과 외집단(out-group) : 섬너(Sumner)

> **📖 내집단과 외집단**
>
> 사회 집단은 소속감을 기준으로 내집단과 외집단으로 구분할 수 있다. 내집단은 개인이 소속되어 있으며 소속감을 느끼고 있는 집단이다. 내집단 구성원들은 '우리'라는 강한 동질감을 갖고 서로에 대해 동료애와 유대감을 느낀다. 이와 달리 개인이 소속되어 있지 않으면서 소속감을 느끼지 못하는 집단을 외집단이라고 한다. 외집단은 우리와는 다른 타자들의 집단으로 여겨지며 이질감을 넘어 종종 경쟁이나 적대감의 대상이 된다. 이런 점에서 내집단을 '우리 집단', 외집단을 '그들 집단'이라 부르기도 한다. 내집단과 외집단의 경계와 범위는 상황에 따라 달라질수 있다.
> 　내집단에 대한 강한 정체감은 구성원의 결속력을 강화하여 집단이 발전하고 위기를 극복하는 원천으로 작용할 수도 있지만, 외집단에 대한 부정적이고 배타적인 태도로 이어져 사회 <u>통합을 저해할 수도 있다</u>[60]. 특히 내집단이 권력을 가진 경우, 이를바탕으로 다른 외집단에 대한 편견이나 차별을 정당화하거나 다른 집단과의 분리나 긴장을 초래하기도 한다.
> [천재]

---

59) **2024 임용** : 내집단 (단답)
60) **2024 임용** : 괄호 안의 내용을 서술할 것.

(2) 결합의지에 따른 분류 - 공동사회(Gemeinschaft)와 이익사회(Gesellschaft) : 퇴니스(F.Toennies)

📖 공동사회(공동체)와 이익사회(결사체)

사회 집단은 구성원의 결합 의지에 따라 공동 사회(공동체)와 이익 사회(결사체)로 구분할 수 있다. 공동 사회(공동체)는 인간의 본능적 의지에 따라 자연 발생적으로 형성된 집단으로, 가족이나 소규모의 촌락 등이 전형적인 예이다. 공동 사회(공동체)의 구성원은 공동의 가치관과 정서를 지니고 있으며 주로 친밀한 인간관계를 맺는다. 이익 사회(결사체)는 구성원이 필요할 때 선택적 의지에 따라 인위적으로 형성한 집단으로 회사나 학교, 정당 등이 해당한다. 이익 사회(결사체)에서 구성원의결합은 특정한 목적을 달성하기 위한 수단이 되고, 개인의 이해관계에 따른 의도적인 인간관계가 형성된다.
[미래엔]

사회 집단은 구성원의 결합 의지에 따라 공동체와 결사체로 구분할 수 있다. 공동체는 인간의 본질적이고 자연적인 의지에 따라 자연 발생적으로 형성된 집단으로, 가족, 친족, 전통적인 촌락 공동체 등이 이에 속한다. 공동체에서 구성원 간의 관계는 친밀하고 정서적이며 상호 신뢰와 협동심이 강하다. 결사체는 인간의 합리적이고 선택적인 의지에 따라 특정 목적을 위해 의도적으로 만들어진 사회집단으로, 회사, 학교, 정당 등이 이에 속한다. 공식적인 계약과 규칙에 따라 운영되는 결사체에서 구성원 간의 관계는 타산적이고 목표 지향적이다.
[천재]

☞ 퇴니스의 이러한 분류를 현대사회에 그대로 적용하기는 어렵다. 예를 들어 특정한 부류의 아이들만을 모아놓은 유치원은 또래집단이지만 자연적으로 형성된 공동사회라고 말하기는 어려우며, 집보다 회사에서 더 안락함을 느끼는 사람들에게 회사를 단순히 결사체라고만 말하기도 어렵다.
[비판]

(3) 접촉 방식에 따른 분류 - 1차 집단과 2차 집단 : 쿨리(C.H. Cooley)

📖 1차집단과 2차집단

사회 집단은 구성원 간의 접촉 방식과 친밀도에 따라 1차 집단과 2차 집단으로 구분할 수 있다. 1차 집단은 구성원들이 대체로 장기간 직접 접촉하며 친밀한 관계를 형성하는 전인격적인 집단으로, 가족이 이에 해당한다. 1차 집단은 대체로 규모가 작고, 개인의 자아 및 정체성 형성에 큰 영향을 주는 집단으로, 구성원 간의 인간관계 그 자체를 목적으로 한다. 2차 집단은 1차 집단과 달리 구성원들이 간접적이고 부분적으로 접촉하며 상호 친밀감이 약한 집단으로, 회사, 학교, 정당 등이 이에 해당한다. 2차 집단은 대체로 규모가 크고, 특정 이익이나 목적을 달성하기 위해 만들어진 집단으로, 구성원 간의 인간관계가 수단적이고 형식적이다.
[천재]

1.5차 집단, 3차 집단

　동창회는 교육을 위해 의도적으로 조직된 학교를 통해 형성되었지만 함께 공부한 학생들이 서로 친밀감을 느끼면서 만든 집단이다. 또 돈벌이를 위해 회사에 입사한 사람들이 등산모임이나 운동모임과 같은 비공식 조직을 만들어 친밀감을 형성하기도 한다. 이처럼 양면적 성격을 띠고 있는 집단들을 '1.5차 집단'이라고 부르기도 한다.

　한편, '컴퓨터를 매개로 한 커뮤니케이션'을 통해 전인격적인 상호작용을 하고 친밀감을 형성하는 집단을 '3차 집단'이라고 부르기도 한다.

4. 준거 집단

(1) **정의** : 자신의 지위 평가나 행동양식의 기준으로 설정하는 집단
　　　: 개인의 가치, 태도, 행동에 직접 영향을 주는 모든 개인 또는 집단

(2) **머튼(R.Merton)의 분류**
　① 표준(규범)준거집단 : 사고와 행위의 가치 기준이나 규범의 표준이 되는 집단
　② 비교준거집단 : 자신이 처한 상황을 비교(평가)하기 위해 기준으로 삼는 집단
　　→ 상대적 박탈감(relative deprivation)과 관련

(3) 준거 집단 개념은 개인의 소속집단이 개인의 행위에 어떻게 영향을 미치는지를 파악하는데 유용한 개념
　① 준거 집단이 소속 집단과 일치하는 경우
　　→ 소속집단의 영향력 강화, 집단의 결속 강화, 만족감과 적극적 의지
　② 준거 집단이 소속 집단과 일치하지 않는 경우
　　→ 소속집단의 영향력 약화, 집단의 결속 약화, 심리적 긴장과 불만
　　→ 예기적 사회화, 주변인(→ 일탈과 비행), 비동조자

 비동조자(non-conformist)

　머튼(R.K.Merton)은 단순한 범죄자가 아닌, 보다 고차원의 신념으로 실정법을 어기는 확신범이나 양심범의 경우를 비동조자라고 불렀다. 이들은 현재의 법은 어겼으나 단순한 파렴치범과 달리 그들 나름의 규범에 동조하고 있다.

📖 준거집단과 소속집단

준거 집단은 현재 자신이 속한 집단일 수도 있고 그렇지 않을 수도 있다. 자신이 속한 집단과 준거 집단이 일치하면 소속 집단에 대한 만족감이 높아진다. 반면에 소속 집단과 준거 집단이 일치하지 않을[61] 경우에는 현재 상황에 불만을 갖거나 상대적 박탈감을 느낄 수 있다. 이와 달리 준거 집단에 속하기 위해 노력하는 계기가 되기도 한다.[62] [비상교육]

준거 집단이 소속 집단이면 소속 집단에 관한 만족감이 높고 자신의 판단과 행동에 자신감을 지니게 되어 안정적인 사회생활을 할수 있다. 반면 소속 집단과 준거 집단이 일치하지 않으면 개인은 자신의 소속 집단에 불만을 품거나 준거 집단에 속하고자 노력할 수도 있다. [미래엔]

5. 조직 유형의 분류

(1) **조직의 통제방식과 구성원의 순응양식에 따른 조직 유형 분류 – 에치오니(A. Etzioni)**[63]

① **자발적 조직(voluntary organization)** : 도덕적 권위가 통제의 주요 원천이고, 조직 구성원의 자발적이고 규범적인 순응을 특징으로 하는 조직
  ㄱ. 자유롭게 가입과 탈퇴를 할 수 있는 조직
  ㄴ. 조직활동의 물질적 대가를 받지 않음
  예 정당, 시민단체 종교조직, 전문직협회

② **강제적 조직(coercive organization)**
  ㄱ. 물리적 강제력에 의한 통제와 조직 구성원의 소외적 순응을 특징으로 하는 조직
  ㄴ. 강제적인 힘에 의해 가입과 탈퇴가 이루어지는 조직
  예 의무교육을 실시하는 초등학교, 교도소, 군대 등

③ **공리적 조직(utilitarian organization)**
  ㄱ. 조직의 금전적 통제와 구성원의 이해타산적 순응이 특징인 조직
  ㄴ. 자발적 조직처럼 가입과 탈퇴가 자유롭기는 하지만 구성원들이 실리적 필요에 따라 가입한다는 점에서 전적으로 자유로운 것은 아님
  예 기업

※ 위와 같은 집단의 범주는 순수한 형태로서, 많은 공식조직들은 하나 또는 그 이상의 속성을 동시에 가짐
  예 군대조직 : 징집되는 병사에게는 강제적 조직, 직업군인들에게는 공리적 조직
  정당 : 참여시민에게는 자발적 조직, 당직자들과 사무직원에게는 공리적 조직

---

61) 2024 임용 : 괄호 안의 내용을 서술할 것.
62) 2024 임용 : 밑줄 친 ⓔ에 해당하는 내용(긍정적인 측면)을 '준거집단'을 포함하여 서술할 것.
63) 2019 임용 : 강제적 조직(단답), 공리적 조직(단답)

(2) 조직의 주요 수혜자에 따른 조직유형 분류 – 블라우(P.Blau)와 스콧(R.Scott)
　① 호혜형 조직(mutual-benefit organization) : 조직구성원들이 일차적 수혜자인 조직
　　예 노동조합, 주택조합, 정당, 교원공제조합, 취미클럽, 종교단체
　② 기업형 조직(business organization) : 조직의 소유자가 일차적 수혜자이며, 이윤을 추구하여 소유자들에게 더 많은 이윤을 제공하기 위해 결성된 조직, 고용을 통해 노동자들에게도 부분적인 혜택을 제공할 수 있음
　　예 기업, 은행 등 각종 사업체
　③ 서비스형 조직(service organization) : 각종 서비스를 제공받는 외부의 고객 또는 일반 대중이 일차적 수혜자인 조직
　　예 사회사업기관, 학교, 병원, 법률 구조단 등
　④ 공익형 조직(commonwealth organization) : 대중일반을 주요 수혜자로 하는 조직
　　예 군대, 경찰, 소방서

　　※ 한계 : 많은 조직들이 하나 이상의 형태를 동시에 가지고 있는 경우가 있음
　　　　예 병원의 주된 설치 목적은 환자들에게 혜택을 주기 위한 것이지만 병원에 종사하는 의사나 간호사들은 기업적 관심이 더 클 수 있다

THEME 20 | 사회집단과 사회조직의 분류

> 2002 임용

01 아래와 같은 상황은 우리의 삶 속에서 흔히 일어난다. 대개 우리의 행동은 자기가 소속된 (A)의 행동과 일치할 때가 많다. 그러나 자신의 행동 모델이 되는 (B)이 (A)과 일치하지 않을 경우도 있다. (   )안에 들어갈 집단의 종류를 쓰고, A에의 소속감이 지나치게 강할 때 나타나는 문제점 한 가지를 골라 20자 이내로 쓰시오. [4점]

> 김동강씨는 수몰 지역 주민이지만 홍수 조절과 물부족 해결을 위해서는 정부정책이 옳다고 생각하고 지역 주민들을 직접 설득하려고 노력하였다.

• A _____

• B 문제점 : _____

> 2004 임용

02 다음 글을 읽고 물음에 답하시오.

> 갑순이는 고등학교 시절에 고전소설 읽기를 좋아하였다. 그래서 '고전소설 읽기 동아리'에 소속된 친구들과 자주 어울렸고, 그 친구들의 생각이나 행동을 따라하고 싶어 했다. 그렇지만 학교 공부에 지장을 줄까봐 그 동아리에 가입하지는 않았다.

갑순이에게 '고전소설 읽기 동아리'는 어떤 집단인지, 해당되는 사회학적 개념을 2가지만 쓰시오.

① _____

② _____

✓ 2007 임용

03 (가), (나)의 밑줄 친 준서와 김 과장의 행위를, 집단에 관한 머튼(R. K. Merton)의 사회학 용어 2가지를 사용하여 설명하시오.

> (가) 연예인이 되는 것이 꿈인 준서는 예술고등학교에 입학하고 싶었지만 부모님의 반대로 인문계 고등학교에 진학하였다. 하지만 교과 공부에 흥미를 느끼지 못하고, 학교에 대한 불만 속에서 지냈다. 예술 고등학교에 진학한 친구들이 공연 연습 때문에 바쁘다는 말을 들으면 <u>더욱 심란해져서 학교에 결석하는 횟수가 많아졌다.</u>
>
> (나) 김 과장은 박 부장과는 같은 대학 경제학과를 졸업하고 동일한 시기에 지금의 회사에 함께 들어왔다. 두 사람은 성격도 비슷하여 절친하게 지내왔다. 어느 날 친구인 박 부장은 승진하고 자신은 탈락하면서 <u>심한 자괴감에 빠져 결국 회사를 그만두었다.</u>

✓ 2015 임용

04 다음 (　　)에 들어갈 사회학적 개념을 쓰시오.

✓ 2019 임용

05 다음 글에서 괄호 안의 ⊙과 ⓒ에 해당하는 개념을 순서대로 쓰시오. [2점]

> 공식조직은 조직의 통제방식과 구성원의 순응방식에 따라서 3가지 유형으로 구분할 수 있다. 첫째, 자발적 조직은 누구나 자유롭게 가입하거나 탈퇴할 수 있는 조직으로, 시민단체, 종교조직, 전문직협회 등 오늘날 많은 조직이 여기에 속한다. 자발적 조직은 도덕적 권위가 통제의 주된 원천이고, 구성원들은 자발적·규범적으로 순응한다. 둘째, (⊙)은/는 가입과 탈퇴가 자유롭지 못하고 강요된다. 주로 물리적 힘에 의해서 통제가 이루어지고 구성원들은 소외된 순응을 하게 된다. 주로 교도소나 의무 복무에 해당하는 군대 등 사회질서 유지를 목적으로 하는 조직이다. 셋째, (ⓒ)은/는 구성원들이 실리적인 목적을 위해서 가입한다. 통제의 주된 원천은 조직의 금전적 보상이며, 구성원들은 이해타산적인 순응을 하게 된다. 특정 기업에서 일하는 종업원들은 실리적인 목적 때문에 참여하고 있으며, 그들의 기본적인 목적이 충족되지 않을 때 포기하거나 탈퇴한다. 이와 같이 공식조직의 유형을 구분한 에치오니(A. Etzioni)는 조직의 유형구분은 순수한 형태이며, 많은 공식조직들은 하나 또는 그 이상의 특성을 동시에 가진다고 보았다.

• ⊙ :

• ⓒ :

✓ 2024 임용

06 다음을 읽고, <작성 방법>에 따라 서술하시오. [4점]

> 특정 집단에 들어 있는 사람들끼리는 일정한 특성을 공유하면서 (㉠)을/를 가지게 된다. 이러한 개인의 (㉠)에 따라 집단을 내집단과 외집단으로 분류할 수 있다. 내집단에 대한 강한 정체감은 구성원의 결속력을 강화하여 집단을 발전시키고 위기를 극복하는 원천으로 작용할 수도 있지만, 외집단에 대한 부정적이고 배타적인 태도로 이어져 사회의 (㉡). 준거집단이란 한 개인이 자아정체감을 얻고 행동의 기준을 배우며, 그 지배적인 규범에 따라 판단하고 행위하게 되는 집단을 말한다. 이는 개인이 자신이 처한 상황을 평가하거나 행동할 때 비교나 판단의 기준을 제공함으로써 개인의 인생관과 행복감 형성에 매우 커다란 영향을 미친다. 따라서 소속집단이 (㉢) 경우, 그 사람은 상대적 박탈감을 느끼거나 소속집단에 불만을 가져 집단 구성원과 갈등을 겪을 수 있다. 반면 ㉣긍정적인 측면도 있다. 한 개인의 준거집단이 어떤 특성을 지니고 있는가를 아는 것은 그 개인을 이해하는 데 중요한 길잡이가 된다.

<작성 방법>

○ 괄호 안의 ㉠에 해당하는 용어를 쓰고, 괄호 안의 ㉡에 해당하는 내용을 서술할 것.
○ 괄호 안의 ㉢에 해당하는 내용을 서술할 것.
○ 밑줄 친 ㉣에 해당하는 내용을 '준거집단'을 포함하여 서술할 것.

•
•
•

THEME 21 | 관료제·테일러주의·포드주의, 탈관료제 조직·포스트포디즘

1. 관료제

(1) **관료제의 의미** : 사회과학에서 관료제에 대한 정의를 체계적으로 제시한 학자는 베버(M. Weber)이다. 그는 관료제를 합법적·합리적 지배의 조직형태로 파악하였다. 그에 따르면, 전근대사회에서의 사회조직 원리는 한마디로 비공식성과 자의성이 지배적인 것이었다. 이는 대단히 비효율적인 사회조직 원리로서 사회적 통합과 조정이 제대로 이루어지지 않는 등 수많은 문제점을 노출시켰다. 따라서, 보다 효율적인 사회조직의 원리가 필요했으며 그 결과 새롭게 등장한 것이 바로 합리성을 기반으로 하는 관료제의 원리이다.

📖 관료제의 특성 - 천재

① 위계 서열화로 지위에 따라 권한과 책임이 명확하게 규정되어 있다. 관료제 조직은 피라미드 형태를 띠며, 더 많은 권한과 책임이 있는 소수 상급자가 다수 하급자를 통제하고 감독한다.
② 업무가 분화되고 전문화되어 있다. 대표적 관료제 조직인 정부나 기업 조직은 부서별로 하는 일이 뚜렷하게 구별되어 있다. 이에 따라 업무 수행의 효율성을 높일 수 있다.
③ 규칙과 절차에 따라 업무가 수행된다. 특정 직위에 따른 업무와 업무 수행 절차가 문서로 표준화되어 구성원이 바뀌어도 조직의 안정성을 유지할 수 있다. 또 자의적 의사 결정을 방지하고 업무 처리의 공정성을 확보할 수 있다.
④ 인간관계가 몰인격적이다. 조직 구성원은 개인의 감정을 개입하지 않고 표준화된 규칙과 절차에 따라 업무를 수행한다.
⑤ 전문성을 기준으로 구성원을 선발하여 임기를 보장하고, 능력과 연공서열에 따라 승진 기회가 제공된다. 이는 구성원이 안정적으로 일할 수 있는 기반이 된다.

📖 관료제의 한계 - 지학사

관료제는 대규모의 조직을 효율적으로 운영할 수 있다는 장점이 있지만 여러 가지 문제점도 있다.
① 관료제는 업무 수행을 하는 데 규칙과 절차를 강조한다. 그러다 보니 조직의 목적보다 규칙과 절차 준수가 우선시되는 목적 전치 현상이 나타나기도 한다.
② 또한, 경직된 조직 운영은 빠른 사회 변화에 신속하고 유연하게 대응하지 못하는 원인이 되기도 한다.
③ 관료제는 업무가 세분화·전문화되어 구성원들이 자율성과 창의성을 발휘하기 어렵고 조직의 부속품으로 여겨지도록 하는 인간 소외현상이 발생할 수 있다.
④ 또한, 신분이 보장되고 연공서열에 따라 보상이 이루어져 무사 안일주의가 생기기도 한다.

THEME 21 관료제 · 테일러주의 · 포드주의, 탈관료제 조직 · 포스트포디즘

관료제의 병폐를 지칭하는 용어들 - 지학사

1. **피터의 원리** : 미국의 교육학자 피터(Peter, L. J.)는 1969년 교사, 상담원, 교도관, 대학교수 등 다양한 직업을 거치면서 주변 인물들이 무능화되는 과정을 관찰한 "피터의 원리"라는 책을 출간했다. 그 내용은 조직 내에서 일하는 모든 사람은 스스로가 무능력해지는 수준에 도달할 때까지 승진을 하려고 하기 때문에 시간이 지남에 따라 조직은 임무를 제대로 수행하지 못하는 무능한 사람들로 채워지게 된다는 것이다.

2. **레드 테이프 현상** : 17세기 영국의 관청에서는 붉은 끈으로 사무 서류를 묶었다. 레드 테이프는, 이후 관료제에서 업무를 일정한 양식과 절차에 따라 서면으로 처리하는 것을 요구하고, 결국 사무 처리절차가 복잡하고 구비 서류가 많아져 사무 처리가 지연되는 현상을 일컫는 말이 되었다.

3. **파킨슨의 법칙** : 영국의 정치학자 파킨슨(Parkinson, C. N.)은 제1차 세계 대전 이후 영국의 해군과 군함 수가 줄었는데 군함 수리창 관리자와 사무원은 오히려 늘어난 현상을 분석하여 1955년 '파킨슨의 법칙'을 발표하였다. 공무원의 수는 업무의 양에 상관없이 증가하며, 출세와 승진을 위해서는 부하의 수가 많아야 하기 때문에 일자리 수를 늘린다는 것이다.

☞ **딜버트의 원리** : '피터의 원리'에 대한 역설적 주장으로, 가장 무능력한 직원이 회사에 가장 작은 타격을 입히게 되고, 이에 따라 결국 중간 경쟁 단계를 거치지 않고 가장 먼저 승진한다는 원리이다. 이것은 적극적으로 업무를 수행하면서 조직에 피해를 주는 직원보다 소극적인 태도로 조직에 피해를 주지 않는 직원이 관료제에서 더 능력 있는 사람으로 평가받을 수 있다는 역설적 상황을 지적하고 있다.

관료제화의 문제점 - 베버(Weber, M.)

　베버는 관료제도가 인간이 만들어 낸 가장 효율적인 조직 형태라고 생각하면서도, 그 효율성이라는 것이 개인의 자유와 서구 민주주의 제도의 가장 큰 위협이 될 수 있다는 점에 우려를 표명하였다. 앞서 관료조직의 특징으로 열거되었던 충원과 승진에서 비개인적 보편주의적 기준은 관료제 내의 지위가 경제적 자원을 가진 일부 권력층에 의해 점유되는 것을 막을 수 있고, 따라서 법 앞에서는 모두가 평등하다는 민주주의적 이상을 실현시킬 수 있지만, 똑같은 조건이 정반대의 결과를 빚을 수도 있다. 즉, 충원과 승진에서 졸업장이나 학위를 요구하는 것은 그것을 획득할 수 있는 기회를 갖지 못한 사람을 배제시킴으로써, 관료제의 발달이 진정한 의미에서 '기회의 평등'을 해칠 수 있기 때문이다. 그 결과 꽤 많은 구성원이 조직에서 '소외'되는 현상이 발생한다.

　또한 비개인적인 규정이 있으므로 개인은 관료들의 자의적 의사결정의 위험성으로부터 보호될 수 있지만, 많은 경우 그러한 '규칙에 집착하는 형식주의'(red tape)로 인하여 사회정의를 추구하는 일반의 요구는 쉽게 좌절되고 만다. 모든 사회계층이 동일한 정도의 사회적 평등을 누리지 못한다는 사실이 그러한 경향을 더욱 강화시킨다.

사회의 맥도날드화 - 리처(G. Ritzer)

　'맥도날드화'는 미국의 자본주의, 패권주의를 등에 업은 맥도날드로 대표되는 패스트푸드점의 규격화, 편리성, 효율성 등의 원리가 사회의 모든 부분을 지배하는 과정과 그것이 초래하는 불합리성을 말한다. 미국의 사회학자 조지 리처는 저서 '맥도날드 그리고 맥도날드화'에서 패스트푸드의 원리를 '맥도날드화'의 특성으로 보는데, 그는 '맥도날드화'의 특성으로 '효율성', '계산가능성', '예측가능성', '통제성' 이렇게 4가지를 꼽는다. 빠르고 간편하게 음식을 이용할 수 있는 '효율성', 많은 양을 신속하게 공급 할수 있는 '계산가능성', 언제 어디서나 동일한 제품과 서비스를 제공하는 확신으로 인한 '예측가능성', 줄서서 기다리게 하고, 제한된 메뉴로 빨리 먹고 나가게 하는 '통제성', 책에서는 이 4가지 특성을 '합리'로써 설명한다.

　하지만 음식 구입 절차의 간소화, 단순화된 메뉴는 '효율성'을 띄지만 고객의 선택 폭을 한정시키며, 고객이 직접 줄서서 사는 것부터 시작하여 나올 때 직접 쓰레기를 버리게 되어 있는 효율적인 시스템은 결과적으로 고객의 노동을 요구한다. 또한 많은 양을 신속하게 공급할 수 있는 '계산가능성'은 제품의 질보다는 양을 강조하며 생산 및 서비스 과정을 수량화 시키며, 맥도날드, 버거킹 등의 매장 메뉴는 세계 어디를 가나 동일하다는 '예측가능성'은 종업원과 고객이 말하고 행동하는 것들의 대부분을 의례적이고 관례화 시킨다. 그리고 누구나 같은 행동으로 줄서고, 음식을 사고, 계산을 하는 획일화된 행위를 하게 하는 '통제성'은 찰리 채플린 주연의 영화 '모던 타임즈'에서의 컨베이어벨트 앞에서 쩔쩔매던 주인공의 모습과 흡사, 비인간화를 조장한다며 이 네 가지를 '합리 속의 비합리'로 설명한다.

2. 테일러주의와 포드주의

(1) 테일러리즘(Taylorism) - 과학적 관리(scientific management)론

① 테일러리즘은 테일러(taylor)가 창안한 방식의 노동과정의 관리·통제 전략을 말함

② 『과학적 관리의 원리』(The principle of scientific management)에서 테일러는 시간 – 동작 연구(time and motion study)기법을 제안하였고, 작업들을 정확하게 시간이 부여되고 조직화하는 단순조작들로 세분화하였으며, 그 결과를 토대로 노동자의 작업, 동작, 행동, 도구, 공구 등을 표준화시킬 것을 주장함

③ 테일러리즘의 3가지 원리
  ㄱ. 노동자로부터 숙련기술을 분리, 제거한다.
  ㄴ. '구상'(conception)과 '실행'(execution)을 분리한다.
  ㄷ. 지식에 대한 독점의 힘을 바탕으로 노동자의 행위양식을 통제한다.

④ 관리에 순응하는 노동자들에게는 '차등적 성과급'을 지급

⑤ 노동자들의 강력한 저항에 직면하였지만 경영 관리의 기본원리로 널리 확산됨

(2) 포디즘(Fordism) - 포드(H. Ford)

① 포디즘은 컨베이어벨트(conveyor belt)를 이용한 조립 생산에 기초하여 제조업 생산기술을 확장시키는 생산방식을 의미

② 포디즘의 3가지 사회학적 용례
  ㄱ. 포드자동차회사에서 적용한 생산방식 : 작업을 단순화, 표준화, 전문화하여 생산량은 비약적으로 증가하였지만, 노동자의 소외 또한 증가

> 브레이버만(H. Braverman)은 테일러리즘과 포디즘의 도입으로 '구상'과 '실행'이 분리되었고, 그 결과 '정신노동'과 '육체노동'의 분리가 일어났으며, 작업의 세분화가 진행되어, 노동자들이 일에 대한 자기 통제력을 상실하였다고 주장. 즉 '탈숙련화'(de-skilling)를 통한 '노동의 쇠퇴'(degradation of work)에 직면하게 되었다고 주장

  ㄴ. 일상생활로 침투한 문화적 현상 내지 생활양식 – 그람시(A. Gramsci)
  - 포디즘은 새로운 노동자와 인간형을 만들어 내는 문화적 흐름
  - 작업장에서의 규율이 사회 전체로 확산되어 주류 판매 금지, 성적 타락 금지 등 사람들의 일상생활을 지배하는 규범체계로 자리 잡음

  ㄷ. 표준화된 제품의 대량생산·대량소비의 축적체계 – 프랑스 조절학파
  - 포디즘은 '생산성 상승 ⇒ 실질임금 상승 ⇒ 임금노동자의 소비수요 증대 ⇒ 생산, 투자의 증대 ⇒ '생산성 상승'이라는 축적의 '선순환'을 가능하게 함
  - 포디즘이라는 축적체계를 통해 2차 세계대전 이후 선진 자본주의 경제의 고도성장이 가능해짐

> 📖 **자본주의 사회에서 겪는 노동자의 4가지 소외 - 마르크스(K. Marx)**
>
> ① '노동산물'로부터의 소외
>   → 노동자는 자신이 만든 산물을 스스로 소유하고 처분할 수 없음
> ② '노동과정'으로부터의 소외
>   → 노동자는 노동과정에서 노동의 속도,유형,시간,도구 등을 스스로 결정 못함
> ③ '다른 작업자'로부터의 소외
>   → 명령과 지시에 따른 고립된 작업으로 동료들 간의 사회적 관계, 신뢰 파괴
> ④ '인간존재'로부터의 소외
>   → 소외된 노동으로 인해, 자율적이고 창조적인 노동을 하는 존재라는 인간적잠재력으로부터 소외

3. 탈관료제 조직

> 산업 사회의 보편적인 조직 유형으로 자리 잡은 관료제는 외부의 변화에 유연하게 대처하기 어렵고, 구성원이 창의성을 발휘하기 어렵다는 한계가 있다. 이와 같은 관료제의 한계를 극복하기 위한 대안으로 탈관료제 조직이 나타나게 되었는데, 대표적인 탈관료제 조직으로 *팀제와 *네트워크형 조직 등이 있다.
> 탈관료제 조직은 규칙과 절차에 얽매이지 않고, 상황이나 목적에 따라 자유롭게 구성되고 해체되는 유연성을 특징으로 하며, 위계 서열[64]적 관계에서 벗어나 수평적 조직 체계를 이루고 있다. 따라서 탈관료제 조직은 구성원 간 자유로운 의사소통이 가능하고 개인의 자율성과 창의성을 최대한 존중한다. 또한, 연공서열주의에서 벗어나 목표 달성을 중심으로 능력과 성과를 평가하여 승진과 임금 수준을 결정하므로 개인의 성취동기와 사기를 높일 수 있다.
> 그러나 한편으로 탈관료제 조직은 책임과 권한이 명확하게 구분되지 않아 갈등의 소지가 있으며, 조직의 안정성이 떨어져 구성원에게 심리적 불안감을 줄 수 있다는 문제가 제기되기도 한다.
>
> * 팀제 : 특정한 과업을 수행하기 위해 전문가로 팀을 조직하여 과업을 수행하는 조직 형태이다.
> * 네트워크형 조직[65] : 조직의 핵심 업무를 중심으로 각각의 독립적인 부서가 상호 유기적 관계를 유지하면서 부서 간 수평적인 의사소통이 이루어지는 조직 형태이다.   [비상]
>
> 관료제 조직은 대규모 조직에는 적합하지만, 빠른 변화에 창의적이고 신속하게 대응하는 데 한계가 있다. 이처럼 관료제의 전형적인 문제점을 극복하기 위해 대안적으로 나타난 새로운 조직 형태를 탈관료제 조직이라고 한다. 탈관료제조직들은 수평화되거나 네트워크화되는 경향을 보이고 있다. 수평화는 관료제의 엄격한 수직적 위계 구조를 완화하거나 제거하는 방향으로 조직을 운영하는 것이다. 한편, 네트워크화는 조직의 물리적 경계를 벗어나 조직 기능을 핵심 역량 중심으로 조정하고 다른 외부 기관과 협력하여 나머지 기능을 수행하는 것이다. 이러한 탈관료제 조직은 환경 변화에 유연하게 대응하면서 조직의 목표를 효율적으로 달성하도록 한다는장점이 있다. 하지만 조직의 안정성 유지가 어렵다는 한계가 있다.   [천재]

---

64) 2025 임용 : 단답 - 관료제에서는 권위가 (㉠)적으로 배분된다.
65) 2025 임용 : 단답

📖 애드호크라시(adhocracy)

애드호크라시는 미국의 미래학자 앨빈 토플러가 그의 저서 '미래의 충격'(1969)에서 종래의 관료조직, 즉 관료제을 대체할 미래의 새로운 조직을 가리키는 말로 사용한 용어인데. '일시적인, 임시의, 이를 위한' 등의 뜻을 가진 라틴어 ad hoc와 '정체, 조직'을 의미하는 cracy가 합쳐져서 만들어진 용어이다.

토플러에 의하면 21세기는 초공업화사회로서 보다 다양한 형태의 문제들과 부딪치게 되고 충격을 받게 되는데, 이것을 문화적 충격(cultural shock)에 비유, 미래의 충격이라 부르고 이를 극복하기 위한 조직이 바로 애드호크라시라는 것이다.

애드호크라시는 관료조직처럼 지위나 역할에 따라 종적으로 조직된 것이 아니라 기능과 전문적 훈련에 의해 유연하게 기능별로 분화된 횡적조직을 말하는데, 대체로 영구적인 부서나 공식화된 규칙, 그리고 일상적인 문제를 처리하기 위한 표준화된 절차가 없이, 프로젝트에 따라 전문요원들이 팀을 구성하여 상황에 맞게 문제를 해결해 가는 특성을 지닌다. 즉 구조적 차원에서 볼 때 애드호크라시는 복잡성·공식화·집권화의 정도가 모두 낮다는 특징을 지닌다.

애드호크라시의 문제점으로는 책임과 권한 간에 명확한 구분이 없어 갈등이 불가피하고, 조직의 임시적 성격으로 인해 구성원들에게 심리적 불안감을 야기하며, 관료제와 같은 기계적인 획일성에 따르는 정밀성이 결여되어 업무처리의 공정성 문제가 제기될 수 있다는 점 등이 지적되고 있다.

📖 네트워크형 조직

많은 조직이론가들에 의해 관료제의 대안으로 제시되는 네트워크형 조직은 더 적은 수로 이루어진 편평하고 홀쭉하며 유연한 연결망으로 이루어진 조직이다. 이런 조직은 위계와 기능적 경계가 거의 없는 '네트워크형 조직'이라고 할 수 있다.

이들 조직에서는 업무가 아닌 제품 개발이나 매출 창출과 같은 '핵심'과정을 중심으로 일이 조직되고, 위계는 더욱 편평해지고 팀이 모든 것을 관리하고 목표 달성에 책임을 지며, 팀의 성과가 보수의 기준이 된다. 이들 조직에서는 수익이 아닌 고객 만족으로 성과를 측정하고, 종업원은 공급자와 고객과 정기적으로 접촉하며, 모든 종업원들은 의사결정을 효과적으로 하기 위하여 필요한 정보를 어떻게 이용하는가에 대해 훈련을 받을 것으로 기대된다.

4. 포스트포디즘(Post Fordism)

(1) **의미** : 미숙련 노동자를 투입하여 표준화된 제품을 생산했던 예전의 경직된 대량 생산 라인에서 벗어나, 시장의 변화에 적절히 대처할 수 있는 범용 기계와 숙련 노동자들로 구성되는 혁신적인 생산 체제를 일컬음

(2) **출현 배경**
① 테일러리즘과 포디즘 → '저신뢰 체계'(low-trust system)의 작업방식 : 폭스(Fox)
② 1960년대 말, 1970년대 초에 이르러 테일러리즘, 포디즘의 경영관리 기법과 관련되어 노사갈등이 빈번히 발생하였고, 노동자의 높은 결근율, 낮은 사기 등이 문제로 등장하였다.

③ 포디즘은 생산과정에 대한 노동의 참여를 이끌어내는 데 실패했고, 노동의 파편화, 단조로움, 노동강도 강화 및 노동의 위계적 차별 심화를 진전시켜 '노동의 비인간화'를 초래하였다. 그리고 극단적 표준화에 의한 경직성, 부품 생산과 최종 조립의 불균형, 노동의 세분화, 구상기능의 박탈에 의한 노동규율의 저하를 피할 수 없었다.

> 포드주의, 즉 고된 노동을 특징으로 하는 대량생산체계하에서 노동자들의 저항이 대규모로 조직화했으며 그 결과 제2차 세계대전 후 미국에서는 노동조합의 요구와 참여를 제도화한 '관료적 통제체계'가 등장했다. 이는 부라보이(M. Burawoy)가 '헤게모니적 통제'라고 말한 것으로, 임금 상승으로 노동자들의 적극적 합의를 이끌어낸 노동통제체계였다. 유럽에서도 중요한 경제정책을 노동, 자본, 국가의 협의로 결정하는 사회조합주의가 제도화됨으로써 노동의 지지를 얻었다. 그 결과 고임금과 사회복지제도로 인해 시장에서 대량생산과 대량소비의 결합이 이루어지면서 대량생산체계는 1950~1960년대 공업자본주의의 전형으로 정착되었다.
>
> 그러나 대량생산체계는 1970년대를 고비로 위기에 부딪힌다. 노동 단순화에 의한 생산성 향상과 획일적이고 표준화된 대량생산 제품의 판매가 한계에 도달했던 것이다. 이러한 한계를 돌파하기 위해 여러 가지 실험과 대응이 시도되었는데, 이를 '포스트포드주의(Post Fordism)'라고 한다. 포드주의가 생산의 표준화와 획일화를 통해 생산성 상승과 규모의 경제를 추구했다면, 포스트포드주의는 생산의 유연화를 통해 인건비를 낮추고 다양한 종류의 상품을 생산하는 것이 특징이다.

(3) 주요 특징

① **자동화(automation)** : 모든 노동자의 육체노동이 사라지고, 인간노동은 부분적인 감독이나 기계 조작 또는 통제로 대체된 생산형태를 말함

② **집단생산(group production)** : 노동자들이 하루 종일 단순 반복적 업무를 하는 것보다는 집단적으로 생산과정에서 같이 일하게 함으로써 노동자들의 작업의욕 향상을 꾀하려는 시도

③ **유연생산(flexible production)** : 다품종 소량생산에서 비교적 높은 생산성을 유지하면서 동시에 다양한 제품을 생산할 수 있는 유연성을 가진 자동화된 생산시스템

④ 포디즘과 포스트포디즘의 특성 비교

	포디즘	포스트포디즘
제품 생산	소품종 대량생산	다품종 소량생산
기계 형태	전용기계(경직성)	범용기계(유연성)
기업 조직	집중화	분산화
위계 구조	수직적	수평적
성장 전략	규모의 경제	범위의 경제
노사 관계	단체교섭·대립적	개별교섭·협조적
분업	직무 세분화	직무 통합화
노동자 참가	참가 배제	참가 촉진
노동의 인간화 정도	낮음	높음
생산 효율성	낮음	높음

THEME 21 관료제·테일러주의·포드주의, 탈관료제 조직·포스트포디즘

기출문제

✓ 2001 임용

01 다음을 읽고 물음에 답하시오. [총 6점]

> 관료제는 역사적으로 근대 사회에서 출현하고 근대화 과정에서 성숙된 특정한 형태의 합리적인 조직을 말한다. 관료제는 업무의 효율성을 위해 세부적인 분업 체계를 갖추고, 수직적인 위계로 구체적인 명령이 위에서 아래로 지시된다. 관료제는 성문화된 규범과 규칙에 의하여 의무를 합당하게 수행하는 명백한 기준을 제시해 준다.
> ① 이러한 관료제의 특징은 경우에 따라서는 역기능으로 작용하기도 한다. 토플러(Alvin Toffler)는 미래 사회에서 관료제는 ② 일시적인 문제해결조직(ad-hocracy)에 의해 대치될 것으로 예언하고 있다.

1-1. ①과 관련하여 다음의 사례에서 공통적으로 나타나는 관료제의 역기능이 무엇인지를 쓰고 왜 이러한 현상이 나타나는지 간단하게 설명하시오. [4점]

> - 병원 응급실에서 시간을 다투며 사경을 헤매는 심장 마비 환자가 서류 수속을 밟다가 사망하였다.
> - 구조 조정을 한다면서 구조 조정 본부를 만들고, 또 이를 감독할 기관을 만드는 과정에서 구조 조정과 관련한 조직의 세력을 확장하는 것 자체가 목적이 되어버렸다

1-2. 관료제에서 업무의 신속성과 효율성을 강조하는 것과 다르게 ②와 같은 조직이 강조하는 것은 무엇인지 한 가지만 쓰시오. [2점]

✓ 2010 임용

02 다음 (가), (나) 사례에 제시된 관료제의 문제점을 나타내는 법칙이나 원리로 옳은 것은?

> (가) 많은 직장인들은 일이 너무 많기 때문에 누군가 한 명이라고 더 있었으면 좋겠다고 생각한다. 그런데 막상 사람이 새로 들어와도 자기 일은 줄어들지 않고 오히려 상사가 영입되면 결재라인만 복잡해진다고 불평하기도 한다. 실제 업무량과 관계없이 승진 등 조직 내부의 필요에 의해 불필요한 부서가 생기고, 늘어난 인원을 관리하기 위해 새로운 부서가 만들어지는 위인설관(爲人設官) 현상이 나타나고 있다.
>
> (나) ○○시의 고위 관리들은 △△국의 중간 관리자인 갑의 원만한 대인 관계와 호의적인 태도를 높이 평가하였다. 전임 국장이 퇴임하자 갑이 국장이 되었는데, 갑은 상부로부터 내려오는 모든 제안을 수용하여 중간 관리자에게 그대로 넘겨주었다. 그 결과 초래된 정책 갈등과 계획의 잦은 변화는 △△국을 혼란에 빠뜨렸다. 국장인 갑은 단지 전달자의 역할만 한 것이다. 갑은 유능한 중간 관리자였지만 무능한 국장이 된 것이다.

	(가)	(나)
①	파킨슨의 법칙	피터의 원리
②	파킨슨의 법칙	과두제의 철칙
③	딜버트의 법칙	피터의 원리
④	딜버트의 법칙	레드테이프의 원리
⑤	레드테이프의 원리	과두제의 철칙

03 다음을 읽고, 괄호 안의 ㉠, ㉡에 해당하는 용어를 순서대로 쓰시오. [2점]

> 근대 산업화 이후 조직의 규모가 커지면서 효율적이고 안정적으로 업무를 수행하기 위한 조직 체계가 필요해졌다. 이에 따라 등장한 관료제는 국가의 행정조직은 물론이고, 기업을 비롯한 여러 사회조직으로 확산되었다. 특히, 관료제는 거대조직이 업무의 효율적 수행과 체계적 관리를 위해 채택하는 조직 유형으로 자리 잡았다.
>
> 그러나 관료제에서는 권위가 (㉠)적으로 배분된다. 그리고 권위의 (㉠)이/가 뚜렷해서 권위가 상층에 집중된다. 집중화된 권위는 정보의 소통을 제약하여 조직의 의사결정 과정을 왜곡하고 효율성을 떨어뜨리기도 한다. 이에 대한 대안으로 수평적이고 유연한 조직이 제시되었다. 그중 대표적인 것이 (㉡) 조직으로, 이것은 팀제 조직과 마찬가지로 관료제의 한계를 극복하기 위해 등장한 새로운 조직 형태이다. 이 조직은 (㉡)(으)로 연결된 여러 업무 조직이 핵심적인 의사결정을 공유하되, 그 외의 의사결정에 대해서는 각각의 업무 조직이 자율성을 갖는 분권적 조직이다.

THEME 22 | 비공식조직과 자발적 결사체

1. 비공식조직[66]

(1) 의미
① 공식조직 내에서 구성원들이 서로 상호작용하는 가운데 형성된 친밀한 인간관계를 바탕으로 자연 발생적으로 만들어진 조직
② 공식적 규정이나 정책에 의해 좌우되지 않는 가치와 행동유형을 포괄적으로 가리키는 용어

(2) 관련 연구
① 메이요(E. Mayo)의 호손(Hawthorne) 공장 연구 : 공장 내 생산성 높이는 요인은 물리적 작업환경이 아니라 작업 집단 내의 인간관계와 비공식적 합의
→ 인간 관계론(human relations theory)
② 블라우(P.Blau)의 비공식적 관계 연구 : 회사 내에 어려운 일이 부딪혔을 때 공식 규칙과는 다르게 동료들과 의논
③ 쉴즈와 자노비츠(Shills and janowitz)의 2차대전 중 독일군 병사연구 : 부대의 사기와 전투력은 국가 사회주의적 신념이 아니라 보병 중대 내의 병사들 간의 친밀성과 유대감과 관련

(3) 과학적 관리론과 인간 관계론의 비교 및 요약

관리의 측면들	과학적 관리론	인간 관계론
노동자의 동기	돈	사회적인 욕구들(자아실현)
분석의 단위	개인	노동 집단
조직 구조	공식적	비공식적
작업 과제	공식적	순환제, 확대, 다양성
관리 스타일	세분화	통합적
노동자 행위의 해석	합리적, 계산적	불합리, 감정적

① 인간 관계론에서 강조하는 처방은 경영자가 노동자와 인간적인 접촉을 확대하고 복리 후생을 충실하게 하라는 것임
② 그러나 인간 관계론은 집단 간의 이익충돌이나 제도의 미비에서 오는 문제를 소홀히 취급할 수 있다는 한계를 안고 있음

---

[66] 2017 임용 : 비공식조직(단답), 비공식 조직이 공식 조직에 어떤 영향을 미치는지 베버가 제시한 관료제의 이념형에 근거하여 서술할 것

(4) 순기능

① 공식 조직에서 오는 소외감을 극복하고 귀속감과 안정감을 느끼게 해줌
② 구성원 간의 정보를 교환할 수 있는 의사 통로를 확장시켜 줌
③ 조직 구성원의 좌절감, 욕구 불만의 배출구 역할을 함
④ 조직의 생리나 병리를 알려줌
⑤ 구성원으로 하여금 자기 실현, 자기 혁신, 자기 개발을 하게 함

(5) 역기능

① 파벌이 조성될 수 있음
② 개인적인 이익을 도모하여 정실이 조장됨
③ 개인적 친밀감이 조직의 공식적인 절차나 규칙들을 약화시킬 수 있음
④ 구성원들이 불안감을 가질 때에 조직 전체에 확대되어 공식 조직을 약화시키게 됨

> 비공식 조직은 공식 조직 내에서 구성원들이 친밀한 인간관계를 바탕으로 서로 상호 작용을 하며 형성된 것이다. 회사 내에 만들어진 동창회, 향우회, 동호회 등이 비공식 조직에 해당한다. 비공식 조직은 구성원들 사이에 1차적 관계를 형성함으로써 친밀감과 만족감을 높여 공식 조직에서의 긴장감을 줄이고, 공식 업무와 관련된 문제를 더 수월하게 해결하는 순기능이 있다. 그러나 공식 조직의 업무에 사적인 관계를 개입시켜 업무의 공정성을 저해할 수 있는 역기능도 있다.
> [천재]

2. 자발적 결사체

공동의 관심사나 이해관계를 가진 사람들이 공동의 목표를 달성하기 위하여 자발적으로 형성한 조직을 자발적 결사체라고 한다. 자발적 결사체에는 동호회나 향우회처럼 구성원의 취미나 친목에 관심을 두는 친목 집단, 다양한 직업 집단처럼 특정 집단의 이익을 증진하고자 하는 이익 집단, 환경 단체나 소비자 단체처럼 사회 문제 해결이나 사회 정의 등에 관심을 두는 시민 단체 등이 있다.

자발적 결사체는 강제력이나 외적 보상보다는 구성원의 자발적 참여를 통해 조직이 운영되며, 가입과 탈퇴가 자유롭다. 또 조직의 목표에 대한 구성원들의 신념이 뚜렷하고 조직 활동에 적극 참여한다. 현대 사회가 다원화되어 직업, 계층, 관심 등이 다양해지고 사회 참여 욕구가 증대되면서 자발적 결사체의 역할이 커지고 있다. 자발적 결사체는 사회의 다원화에 기여할 수 있다는 점에서 긍정적이지만, 지나치게 배타적이거나 자기 집단의 이익만을 추구할 경우 사회 통합을 저해할 수 있다는 문제점이 있다. [천재]

자발적 결사체는 조직의 목표에 대한 뚜렷한 신념을 지닌 구성원이 자발적으로 참여하여 조직을 운영하며, 가입과 탈퇴가 자유롭다. 또한, 조직 내 의사 결정이 구성원의 토의와 합의를 거쳐 민주적으로 이루어지며, 1차 집단과 2차 집단의 성격이 공존하는 경우가 많다.

이러한 특성이 있는 자발적 결사체는 구성원에게 정서적으로 만족감을 주고, 자아실현의 기회를 제공하며, 사회의 다원화와 민주화를 촉진하는 데 기여한다. 하지만 자발적 결사체가 타 집단을 지나치게 배격하고, 자기 집단만의 이익을 추구할경우 사회 통합을 저해하는 요인이 되기도 한다. [비상]

자발적 결사체는 공식 조직의 형태를 띨 수도 있고, 비공식 조직의 형태로 존재하기도 한다. 시민 단체나 이익 집단은 공식 조직이면서 자발적 결사체이다.회사나 학교 내에 존재하는 동호회는 비공식 조직이면서 자발적 결사체에 해당한다. [미래엔]

THEME 22 | 비공식조직과 자발적 결사체

✓ 2008 임용

01 다음에서 ㉠에 해당하는 사회학 용어를 쓰고 이것의 긍정적 측면과 부정적 측면을 하나씩 쓰시오.
[3점]

> 베버(Weber)는 조직을 인간의 행동과 그들이 만들어내는 재화를 조정하는 방식이라고 하였다. 그는 사회 합리성을 극대화하고 목적 달성을 위한 가장 효율적인 방안으로 관료제를 제안하였다. 또한, 그는 관료제 내에서 개인 간 관계는 위계화된 권위체계에서 개인이 차지하는 위치와 성문화된 규정이나 규칙에 의해 결정된다고 인식하였다. 그러나 조직 내에서는 종종 규정에 위배되는 행위가 일어나기도 하고 위계가 무시되는 사회 관계가 형성되기도 한다. 조직 구성원의 반복적인 상호작용은 공식적인 서열체계와 무관하게 새로운 사회 관계를 형성하며, 이러한 사회 관계는 (㉠)(으)로 발전한다. 이렇게 형성된 사회집단이 합리성과 효율성을 증대시키는가 아니면 저해하는가를 판단하는 것은 쉬운 일이 아니다.

• 용어 :
• 긍정적 측면 :
• 부정적 측면 :

✓ 2017 임용

02 다음 글을 읽고 <작성 방법>에 따라 서술하시오. [4점]

> (가) 미국의 어느 사회학자는 1960년대에 소득세 탈루를 감시하는 정부 조직을 대상으로 연구한 바 있다. 이 조직에서는, 직원이 어떻게 일처리를 해야 할지 모르는 문제에 부딪혔을 때 자신의 직속 상사와 의논하도록 규정되어 있었고, 자기와 직급에 있는 동료들과 의논하는 것은 금지되어 있었다. 그런데 상사를 찾아가면 자신이 능력 없는 사람으로 비칠까봐 대부분의 직원은 상사를 찾아가기를 꺼렸다. 이런 이유로 직원들은 규칙을 어기고 동료들끼리 의논하여 문제를 해결하는 것이 상례가 되었고, 그 결과 비슷한 직급에서 일하는 사람들 사이에 '의리' 같은 것이 생겨나게 되었다. 이 학자는 공식적 규칙보다 (㉠)을/를 통해 더 높은 수준의 창의성과 책임 행사가 이루어질 수 있었다고 평가하였다.
>
> (나) 공식 조직은 (㉠)을/를 만들어 내는 경향이 있다. 그런데 (㉠)은/는 그 이익이 공식 조직의 이익과 상충할 경우 공식 조직 내의 협력을 어렵게 한다. 또한 이것은 조직상의 책임을 무효화하기도 하며, 공식 조직 내 파벌을 형성하여 잘못된 정보나 유언비어를 퍼뜨림으로써 공식 조직의 해체에 이르게 할 수도 있다.

─────<작성 방법>─────

○ (가)와 (나)의 ㉠에 공통으로 해당하는 개념을 쓸 것.
○ ㉠이 공식 조직에 어떤 영향을 미치는지 베버(M. Weber)가 제시한 관료제의 이념형에 근거하여 서술할 것

●

●

THEME 23 | 사회계층화 현상 ① - 계급과 계층

※ **사회계층화 현상** : 한 사회 내에서 구성원들 간에 사회적 희소가치가 불평등하게 분배됨에 따라 개인과 집단이 서열화되어 있는 현상

☞ **사회적 희소가치** : 재산, 사회적 지위, 권력 등과 같이 많은 사람들이 가지고 싶어 하지만 수량이 제한되어 있는 가치나 재화

1. 계급 - 마르크스(K. Marx)

(1) 계급이란 '생산관계를 기반으로 형성된 지배와 갈등 관계, 적대적 관계에 있는 몇 개의 커다란 집단'을 의미(계급은 경제차원의 사회적 분열과 적대관계를 내포하며, 이러한 관계는 상호의존적이기도 함)

(2) 마르크스는 계급을 넓은 의미에서 역사적으로 다양한 사회에서 나타나는 불평등을 지칭하는 개념으로 사용하기도 하지만, 주로 좁은 의미에서 자본주의 사회의 적대적 관계에 한정시켜 사용

(3) 자본주의 사회에서는 생산수단을 소유하면서 타인을 고용하고 노동력(잉여가치)을 착취하여 이윤을 남기는 '자본가 계급'과 생산수단을 소유하지 못하여 생계를 위해 자본가에게 고용되어 자본가 소유의 기계 등을 다루며 생산노동을 하고 임금을 받아 살아야 하는 '노동자 계급'으로 나뉨

(4) 계급 개념의 특징

① 계급 개념은 불평등으로 인한 지배 피지배 관계와 불평등한 집단 간 대립, 갈등을 설명하는데 효과적인 개념

② 마르크스는 소득이나 소비와 같은 분배관계에서 계급의 근거를 찾으려는 방법을 논박하면서, 분배관계는 생산관계의 외적 표현에 지나지 않는다고 주장(소득이나 부의 크기는 계급관계의 산물일 뿐이며, 그 자체가 계급을 구성하는 것은 아님)

③ 마르크스에게 지위나 파당은 기본적으로 계급관계에 의해 규정되고 있으며, 그 자체로 독립적 기원을 가지지 않는다고 본다. (집단 간의 생활양식과 소비 유형의 차이는 기본적으로 계급 차이에 기초하며, 정치적 권력 역시 경제적 계급 관계에 기초한다고 봄)

④ 계급으로 분할된 사회 구성원들은 '적대적인 경제구조'의 지속적인 영향으로 '계급의식'즉 집단적인 적대의식과 동류의식 또는 계급으로서의 자의식을 갖게 되고, 조직을 결성하여 저항운동이나 혁명운동의 세력으로 전환됨

⑤ 마르크스는 쁘띠부르주아지와 같은 중간적 계급의 존재를 부정하지는 않았으나, 자본주의적 생산양식의 발달에 따라 분해되고 프롤레타리아화된다고 주장

📖 쁘띠부르주아지(petit bourgeoisie)[67]

생산수단을 소유하고 있으면서도 자신이 직접 생산에 참여하는 계급. 수공업자, 소상인, 서비스업자와 지식인을 비롯한 자유전문직 종사자, 공무원 등을 가리키는 개념

⑥ 맑스의 불평등 및 계급이론은 단순히 소유나 분배에서의 불평등과 계급의 분할을 넘어 역사적 생산관계와 사회적 관계들의 재생산 및 변화과정을 역동적으로 설명하는 역사이론이라 할 수 있음

📖 계급의식(K. Marx)

- 집단적인 동류의식과 적대의식 또는 계급으로서의 자의식
  → 허위의식을 극복하고 자본주의 체계를 정확히 이해할 수 있는 프롤레타리아 계급의 능력
  → 프롤레타리아를 통해서 자본주의에서 공산주의 사회로의 변화를 촉진시킬 수 있는 혁명의 필수 조건
  - cf 허위의식: 자본주의 하에서 자본가와 노동자가 가지고 있는 스스로에 대한, 서로의 관계에 대한, 자본주의가 작동하는 방식에 대한 잘못된 인식

- 계급의식의 형성 과정: 유사(類似)의식 → 연대(連帶)의식 → 대항(對抗)의식

즉자적(卽自的) 계급	생산 관계 속에서 객관적으로 특정한 계급위치에 속해 있지만 계급으로서의 자기의식을 지니지 못하는 상태의 계급

↓ (계급의식의 형성)

대자적(對自的) 계급	계급적 이해관계를 의식하고 계급의 결속을 다질 때 형성되는, 진정한 의미에서의 계급(계급으로서의 자의식을 지니게 된 상태의 계급)

구분	또 다른 명칭		
상류계급	부르주아지, 자본가 계급, 자본계급		
중간계급	중산계급	구중간계급	쁘띠부르주아지 소부르주아지, 자영업주
		신중간계급	화이트칼라, 신쁘띠부르주아지 신소부르주아지, 비육체노동자 정신노동자, 봉급생활자
노동계급	프롤레타리아, 노동자계급, 근로계급, 블루칼라 육체노동자, 임금노동자		
하류계급	룸펜프롤레타리아, 도시하류계급, 주변계급		

---

67) 2021 임용: 쁘띠부르주아지 (단답)

2. 계층 – 베버(M. Weber)

(1) **계층의 의미** : 베버가 사회의 위계질서의 성격을 파악하는데 사용한 개념으로서, 그는 다원론적 입장에서 권력의 토대가 되는 불평등의 3가지 차원으로 경제적 차원, 사회적 차원, 정치적 차원의 불평등을 지적
⇒ "권력 중심의 다원론적 불평등 이론"

(2) **경제적 차원** : 계급(classes)과 시장에서의 위치
① 일반적으로 개인이 차지하고 있는 '시장에서의 위치'에 따라 재화나 소득을 얻을 수 있는 기회, 즉 '삶의 기회'(life chances)를 공유하게 되는 사람들이 계급을 형성한다고 봄
→ 공통의 조건이 형성되는 위치에 있는 사람들이 계급을 형성
② 이것은 '시장 상황'이 곧 '계급 상황'이 되며, 이를 통해 계급이 정해진다는 것을 의미
③ 마르크스와 마찬가지로 자본재로 전환될 수 있는 재산의 '소유'나 '소유의 결여'가 계급위치를 결정하는 기본적 요인임을 인정하면서도 '소유'의 종류와 '시장능력의 차이'에 따라 계급을 좀 더 세분화하고자 함
④ 계급이란 단지 유사한 경제적 상황 하에서 유사한 경제적 이해관계를 갖는 일군의 개인들로 구성된 하나의 범주임. 따라서 같은 계급 성원이라고 해서 그들이 반드시 같은 공속(共屬)의식을 지니고 공동체나 조직적 집단을 형성하는 것은 아님

📖 마르크스와 베버의 계급 분류 비교

마르크스의 분류	베버의 분류

1. 부르주아지(자본가 계급)
2. 프티부르주아지(소자본가 계급)
3. 프롤레타리아(노동자 계급)
	1. 유산자
	  1) 기업가 2) 금리생활자
	2. 무산자
	  1) 중간계급 2) 숙련노동자
	  3) 반숙련노동자 4) 미숙련노동자

(3) **사회적 차원** : 지위집단(status groups)과 위신 [68]
① 비슷한 명예와 위신을 누리는 사람들이 하나의 신분집단을 형성
② 명예, 위신은 계급위치와 연관될 수 있으나, 양자가 반드시 일치하는 것은 아님(명예와 위신은 순전히 재산만을 내세우는 자부심과 첨예한 대립관계에 있기도 한다고 지적)
③ 계급위치가 시장에서의 위치를 반영하는 것이라면 지위집단은 '생활양식'(life styles), '소비 유형'에 따라 구분된다고 할 수 있음(다른 집단으로부터 스스로를 구분함)
④ 신분집단은 자신의 재산을 보호하기 위해 다른 신분집단의 경제적, 사회적 기회를 차단하려는 정치적 행동을 취하게 되는데, 이런 방식으로 신분집단은 계급과 결합하게 됨

---

68) 2016 임용 : 위신 (단답)

(4) 정치적 차원 : 파당(party)과 정치적 권력 추구

① '파당'이란 출신 배경, 목적, 또는 이해관계를 공유하면서 함께 행동하는 사람들의 집단을 의미

② 대부분의 경우 파당은 '계급적' 성격과 '신분집단적' 성격을 공유하지만 두 가지 모두를 갖지 않을 수도 있다. → 즉 권력은 그 자체로 추구될 수 있다는 것을 의미

☞ 이상의 3가지 차원은 상호간에 밀접한 관련성이 존재하지만 그렇다고 반드시 일치하는 것은 아님. 또 3가지 차원의 상대적 중요성은 시대와 사회에 따라 달라짐

3. 계급과 계층의 비교

기준	계급	계층
중심개념	경제적 요소에 근거한 단일차원적 개념	경제적·문화적·정치적 요소 등 다양한 요소를 포괄하는 다차원적 개념
집단구분	실재적	명목적
집단경계	명료하다	모호하다
객관적 / 주관적	객관적 기준 + 주관적 기준	객관적 기준
귀속의식	강하다	약하다

계급	계층
생산수단의 소유 및 통제를 둘러싼 사회관계에 따른 분류	재산이나 소득의 수준에 따른 임의적 분류
사회적 성격 공유	분석적 필요에 의한 통계적 범주
역사적 변동	초역사적 성격
계급의식, 집합적 행동	피상적, 서열적 귀속의식
경제적 불평등	다원적 불평등

☞ 경제결정론적 시각인 계급 개념으로는 지위 불일치 현상의 설명이 어려움

지위 불일치(status consistency) 현상 [69]

한 개인이 차지하고 있는 지위가 여러 차원에서 서로 일치하지 않는 상황을 지위불일치가 한다. 예를 들어 경제적으로 갑자기 상향 이동한 벼락부자가 사회적인 존경을 받지 못하는 경우나 교육 수준은 대학 졸업 이상으로 상당히 높으나 현재 무직자인 경우를 생각해 볼 수 있다.

지위불일치는 객관적인 척도에 따라 사회적으로 평가된 것으로 지위불일치에 처해있는 사람은 심리적 고통과 좌절감을 겪게 된다. 따라서 지위불일치로부터 벗어나기 위하여 기회가 생기면 개인적으로 노력하고 어떤 경우에는 사회체제의 개혁을 시도하기도 한다. 렌스키(G. Lenski)에 의하면 지위불일치에 놓여 있는 사람은 현 위치에 대해 불만스러워하기 때문에 기존질서를 파괴하려는 경향이 있다고 한다.

---

69) 2014 임용 : 지위불일치 (단답)

다음은 사회 불평등 현상에 대한 마르크스와 베버의 가상 대화이다.

진행자: 사회 불평등을 설명하는 데 핵심 개념이 무엇이라고 생각하십니까?

마르크스: 사회 불평등을 논의할 때 가장 중요한 개념은 계급입니다. 계급은 생산 수단의 소유 여부에 따라 구분된 사람들의 집단인데, 자본주의 사회에서는 생산 수단을 소유한 자본가 계급과 그렇지 못한 노동자 계급으로 구분할 수 있어요.

베버: 사회 불평등을 경제적 측면인 계급이라는 단일 요인으로 설명하는 것은 적절하지 않습니다. 정치적 측면의 권력이나 사회적 측면의 지위와 같은 요소도 고려할 필요가 있어요. 따라서 저는 다양한 요인이 작용하여 개인이나 집단이 상류층, 중류층, 하류층으로 서열화된다고 봅니다.

진행자: 사회 불평등의 요인을 서로 다르게 보는 이유가 무엇인가요?

마르크스: 경제적인 측면이 정치적, 사회적 측면의 불평등을 가져오는 결정적인 요인입니다. 따라서 사회 불평등의 요인으로 정치적, 사회적 측면을 따로 고려할 필요는 없다고 생각합니다.

베버: 물론 경제적, 정치적, 사회적 측면은 서로 영향을 주고받습니다. 그러나 기본적으로 각 측면의 기원은 독립적입니다. 따라서 경제적으로 상층에 있더라도 사회적으로 인정받지 못하는 '졸부'나 경제적으로 하층에 있더라도 상당한 존경을 받는 '청빈'과 같은 현상이 나타날 수 있어요.

진행자: 두 분 모두 경제적 불평등을 '계급' 개념을 통해 설명하고 있다는 점에서는 유사한데요, 그렇다면 계급 의식에 대해서도 같은 생각을 가지고 계십니까?

마르크스: 자본가와 노동자는 대립과 갈등의 관계에 있을 수밖에 없습니다. 따라서 각 계급에 속한 사람들은 다른 계급에 대해서는 강한 적대 의식을 가지고, 자신의 계급에 대해서는 강한 계급 의식을 느낍니다.

베버: 계급 의식의 형성이 필연적이라고 보기는 어렵습니다. 그들이 놓여 있는 계급 상황이나 조건이 부당하다는 인식을 공유할 수 있을 때에만 계급 의식이 만들어집니다.

[비상]

4. 계급관계 내에서의 모순[70]적 위치 - 라이트(E. Wright)

```
부르주아지 ─────────┐
    │              소규모 및
최고 경영자         중간 규모의 자본가 ─┐
    │                   │              프티부르주아지
하급 관리자와         반 자율적       ─┘
현장 감독             임금소득자
    │                   │
프롤레타리아트 ─────────┘
```

> 오늘날 자본주의 사회가 분화되고 다원화되면서 계급 내부의 분화도 다양하게 진행되어 왔다. 특히 노동자계급 내부에서 분화가 이루어지면서, 똑같이 자본가에게 고용되어 있으면서도 다른 노동자를 관리·감독하고, 통제하는 위치에 있는 상층 노동자들이 생겨나게 되었는데, 이들은 전통적 노동자계급과 구분되어 '신중간계급(new middle class)'이라 불린다.
> 이들이 신중간계급이라 불리는 것은 또한 전통적인 프티부르주아지, 즉 '구중간계급(old middle class)'과 구분하기 위해서이기도 하다. 신중간계급은 구중간계급과 달리 자본을 소유하고 있지 못하여 자본가계급에 의해 고용되어 있으면서, 노동자계급과 마찬가지로 해고의 위험을 안고 있다. 그렇지만 전문적 지식이나 능력이 있어서 조직의 관리자로서 자본가로부터 위임받은 일정한 권력을 지닌다. 라이트(E. O. Wright)는 이것을 '계급관계 내에서의 모순적 위치'라고 불렀다. 한편, 일부 학자는 이들이 새로운 중간층일 뿐 독자적인 계급을 형성하지 못한다고 보아 계층의 하나로서 '신중간층' 또는 '중산층'이라고 부르기도 한다.

5. 부르디외(P. Bourdieu)와 계급문화

① 부르디외는 존재조건이나 기질 등에 따라 구별되는 집단들을 '계급'으로 지칭
  → 물질적 조건 자체가 계급의 본질을 단순하게 규정짓는 것이 아니고, 이 물질적 조건으로부터 유래되어 생겨나는 계급 간의 사회적, 문화적 제특성들이 계급의 성격과 계급 간 관계를 결정한다고 봄
  → 계급 간 관계를 착취나 억압의 관계로 이해하기 보다는 사회·문화적 측면에서 서로 구분을 짓고 거리를 유지하려는 노력의 측면에서 파악
  → 베버의 '지위집단'과 유사

---

[70] 2021 임용 : '(   )적 계급 위치' 또는 '계급 관에서 (   )적 위치' (단답)

② 부르디외는 경제자본으로 환원될 수 없는 자본의 다양한 형태를 구분함으로써, 경제 결정론적인 계급개념을 극복하고자 함

③ 자본[71] : 특권을 얻기 위한 투쟁에서 시장 가치를 갖는 여러 가지 자원

　ㄱ. 경제자본(economic capital) : 부와 같은 일상적, 물질적 자원

　ㄴ. 문화자본(cultural capital) : 다양한 형태로 존재

　　－ 체화된 문화자본 : 사회화 과정 속에서 획득한 오랜 특성과 습관

　　－ 객관적 문화자본 : 가치 있는 문화적 대상물의 축적

　　－ 제도적 문화자본 : 공식적인 교육 자격과 훈련

　ㄷ. 사회자본(social capital) : 집단과 사회 연결망 내에서의 위치와 관계

> **문화자본과 계급 재생산**
>
> 　문화자본은 경제자본과 달리 재산의 직접적인 소유나 증여의 형태를 띠지 않음으로써 그 소유와 증여가 잘 드러나지 않는 '은폐의 효과'를 지니고 있다. 문화적 취향과, 능력, 자격과 같은 문화자본은 특정한 가정환경에서 사회화 및 교육 과정을 통해 자녀들에게 지속적으로 전수되어 개인적 취향, 능력, 자격이 됨으로써, 마치 개인의 타고난 성향과 능력으로 여겨져 '상속받은 재산'이라는 혐의를 피할 수 있게 한다.
> 　학교는 문화 자본의 형성과정에서 계급 재생산이 이루어지는 핵심적 기관이다. 아이들은 학교 바깥에서 자신이 차지하고 있는 계급적 지위에 따라 달라지는 문화자본의 차이로 인해 학교교육에서 암묵적인 차별을 겪게 되며, 학교에서의 성적 평가는 이러한 차별을 정당화하는 기제가 된다.

④ 자본들은 모든 사람들에게 동일하게 주어져 있지 않으며, 그것은 구별되는 아비투스에 의해 형성된다.

⑤ 아비투스(habitus)[72]

　－ 동일한 조건하에서 얻어지는 기본적인 생활양식으로 그 조건 하에 있는 모든 개개인이 공유하는 성향체계

　－ 한 개인의 성장과정을 통해 내면화된 문화적인 성향

> "육체 위에 새겨진 지배 관계의 산물인 아비투스는 구조화되는 구조이며 구조화하는 구조인 동시에 인식과 인정을 지배하는 실천의 원칙이다. 이는 지배자와 피지배자들 사이에 나타나는 차이, 즉 사회적 정체성을 만들어 내는 주술적인 힘이다. 육체에 의한 인식은 피지배자들로 하여금 이러한 지배의 가정을 지속적으로 유지시키도록 한다. 이때 피지배자는, 스스로가 의식하지 못한 채, 자신의 의지와도 상관없이 자기에게 주어진 한계를 저항 없이 받아들이며, 때로는 사회 질서 속에서 배제된 자신의 한계를 생산하거나 재생산하기도 한다."

---

71) 2022 임용 : 문화자본(단답), 사회자본 (단답)
72) 2018 임용 : 아비투스 (단답)

⑥ 부르디외는 취향을 의식적인 것이 아니라 보다 '체화된 감각'이자 무의식적인 행위로 파악한다. 취향은 단순히 개인적인 성향이 아니라 그가 속한 가족의 계급적 지위에 따른 문화적·교육적 배경을 반영한다. 그래서 부르디외는 이러한 취향 또는 성향체계를 '아비투스'라고 말하며, 경제자본과는 다른 의미에서 '문화자본'이 된다고 본다

⑦ 부르디외가 말하는 취향의 집단적 차이는 베버의 '신분집단'과 유사하여 '계급'과 밀접한 연관성을 지닌다. 취향은 '문화자본'으로서, 계급들 내에 혹은 지배계급과 피지배 계급 사이에 존재하는 사회적 경계를 특징짓고 유지하는 역할을 한다. 이러한 점에서 취향, 또는 아비투스는 '계급'의 (재)생산자로 기능한다.

⑧ 계급의 문화적 차이는 타고난 취향의 차이로 간주되고 (취향의 자연화) 이를 통해 계급적 차이가 정당화됨
  → 취향의 자연화는 상층계급의 문화적 구별짓기를 정당화하는 지배이데올로기가 됨

> 부르디외는 계급갈등과 지배의 문제에 대해, 그것을 경제적 영역에 국한하여 파악하는 것이 아니라 의미의 관계에 기초한 상징적 지배에 더욱 큰 중요성을 부여하고 있다.

📖 문화적 지배와 상징투쟁

지배계급은 문화적 영역에서 자신들에게 유리한 상징과 이데올로기를 만들어냄으로써 자신들의 문화적 지배를 정당화한다. 하지만 취향의 자연화에도 불구하고 문화적 구별짓기가 늘 정당화되거나 은폐될 수 있는 것은 아니며, 지배계급이 내세우는 상징과 가치에 대한 피지배계급의 원초적 불만들로 인해 하위문화, 대항문화, 대항 이데올로기를 통한 저항이 분출된다. 부르디외는 이처럼 문화의 영역에서 이루어지는 상징이나 가치를 둘러싼 투쟁을 '상징투쟁'이라고 부른다.

6. 사회계층의 실증적 측정 방법

(1) 객관적 방법 : 사회경제적 지위접근(socioeconomic status approach)

① 각 개인의 객관적인 속성에 의거하여 개인의 계층적 위치를 규정하는 것

② 오늘날 많은 학자들은 직업·학력·소득 등을 각각 그 정도에 따라서 일정 점수를 부여하여 그 합계를 이른바 사회·경제적 지위(socioeconomic status, SES)의 지표로 삼고, 그 점수의 크기에 따라서 사람들의 계층적 위치를 규정

③ 객관적 측정방법은 연구자의 주관적 판단이나 평가자의 태도가 개입되지 않고 가장 객관적으로 개인의 계층을 측정할 수 있는 방법이기는 하지만, 주위 사람들의 평가와 일치하지 않을 가능성도 많다. 몇 가지 결점이 있음에도 불구하고 대단위 조사·연구에서 가장 많이 쓰이는 방법이다.

(2) 주관적인 방법(subjective approach)
① 사람들이 자신의 계층적 위치를 어떻게 인식하고 있는가를 알아보는 방법
② 이 방법은 사람들의 계층의식, 또는 특정 계층에의 귀속의식 조사에 주로 쓰임
③ 인간의 행동은 스스로가 인식하고 있는 바에 따라 이루어지는 것이므로 주관적 방법은 실제적인 행동의 방향을 볼 수 있다는 점에서 도움이 될 수 있음. 즉 주관적인 계층 측정은 정치·경제적인 이해를 중심으로 하는 사회심리적인 범주로서의 계층을 알아내는 데에 많은 도움을 얻을 수 있음
④ 이 방법은 각 개인이 전국적인 계층 체계 안에서 자신을 위치시키기가 상당히 어렵다는 점과 자신의 객관적인 위치보다는 자신이 속하기를 바라는 계층을 답할 가능성이 높다는 점에서 한계를 지님

(3) 평가적 방법(reputational approach)
① 피조사자로 하여금 자신의 계층적 위치를 평가하게 하는 것이 아니라 이웃사람이나 다른 사람의 계층을 평가하게 하는 방법
② 이 방법은 어떤 집단 또는 지역사회에서 존경받는 사람 또는 실질적인 영향력을 지닌 사람들을 가려내는 데에 특히 유효한 방법
③ 이 방법은 적절한 평가자를 선정하기 힘들고, 피조사자들이 평가하고자 하는 대상자를 잘 알고 있어야 한다는 어려움이 있고, 또한 대규모의 집합체에서는 쓰일 수 없는 방법이라는 한계를 지니고 있음. 또, 평가자의 주관적 편견을 제어할 수 있는 장치가 없는 단점도 있음

(4) 계급적 계층분류법(class stratification approach)
① 마르크스의 고전적 계급 개념이 지니는 구조적 성격과 역동적 관계의 측면을 되도록 살리면서, 동시에 실증적 연구로써 계급적 범주를 확인하는 접근법
② 계급분류 기준과 계급적 계층 - Wright and Perrone

구분	계급적 지위의 기준			
	생산수단 소유여부	타인의 노동력 구매여부	타인의 노동력 통제여부	자신의 노동력 판매여부
자본가 계급	+	+	+	-
경영자 계급	-	-	+	+
노동자 계급	-	-	-	+
쁘띠브루주아지	+	-	-	-

THEME 23 | 사회계층화 현상 ① - 계급과 계층

기출문제

▼ 2011 임용

01 다음 제시문에 부합하는 추론으로 적절한 것만을 <보기>에서 모두 고른 것은?

> ○ 예술적 취향과 지적 능력이 뛰어난 부모는 자녀교육에서 학업성취 지향적인 성향이나 전인교육 지향적인 성향이 높게 나타나며, 이것이 학교교육과정을 통해 지속되면서 개인들은 부모의 사회 계급과 유사한 계급 위치로 배치된다.
> ○ 부모의 취향은 자녀의 의생활에서 스타일 지향성과 식생활에서 건강식 지향성 등에 영향을 미치며, 부모가 예술적 취향과 인지적 능력을 갖춘 경우 그 자녀는 소비 대상의 상징적 가치를 중시하는 품격 지향적 소비 성향을 띠는 경향이 있다.

< 보 기 >

ㄱ. 학교 교육에 의해 길러지는 성향은 문화 획득을 위한 충분조건이 아니라 필요조건일 뿐이다.
ㄴ. 상품 소비에서 상징 가치가 중요해지면서 소비 행위는 개인의 정체성을 표현하는 것이 되기 때문에 계급 간 생활양식의 차이가 완화된다.
ㄷ. 가구, 의복, 요리처럼 일상생활에서 이루어지는 소비양식과 밀접하게 연관되어 있는 개인들의 취향은 일차적 사회화과정의 영향을 분명하게 드러내준다.
ㄹ. 부모가 문화적 소양을 갖추지 않았더라도 자녀는 학교교육을 통해 이를 습득할 수 있기 때문에 부모와 자녀의 문화적 소양 수준이 서로 일치하지 않게 된다.

① ㄱ, ㄴ   ② ㄱ, ㄷ   ③ ㄷ, ㄹ
④ ㄱ, ㄷ, ㄹ   ⑤ ㄴ, ㄷ, ㄹ

✓ 2012 임용

02 사회 불평등에 관한 기본 개념인 (가)와 (나)에 대한 설명으로 옳은 것은?

> (가) 생산 수단의 소유 여부에 따라 구분되는 사회 집단
> (나) 권력, 부, 명예를 둘러싼 경쟁의 결과 생겨난 불평등한 사회 집단

① (가)의 구분 기준에 소득 수준은 포함되지 않는다.
② (가)의 이론에 따르면 토지 소유자는 현대 사회에서 지배 집단의 중심이다.
③ (가)에 비해 (나)의 구분 기준이 객관적이다.
④ (가)는 갈등론적 개념이며, (나)는 기능론적 개념이다.
⑤ (가)의 이론보다 (나)의 이론은 집단 소속감의 중요성을 강조한다.

✓ 2013 임용

03 다음은 한 고전 사회학자의 사회 불평등에 대한 주장이다. 이에 부합하는 진술을 <보기>에서 고른 것은?

> 사회의 계급 분할은 객관적으로 주어진 경제적 조건에 의해 결정된다. 경제적 조건에는 생산 수단의 통제 여부 외 다른 요인들, 예를 들면 사람들이 가지고 있는 기술, 신용, 특정한 직업에 접근할 수 있는 자격의 소지 여부 등도 포함된다. 계급 분할은 사회적 지위의 차이를 가져오기도 하지만 사회적 지위는 종종 계급 분할과 무관한 경우도 있다. '청빈'이라는 말은 이 사실을 잘 보여준다. 영국에서 뼈대 있는 가문 출신 사람들은 설사 그들이 경제적으로 몰락하였다고 하더라도 사회적으로 상당한 존경을 받는다.

< 보 기 >

ㄱ. 계층의 기능을 중심으로 사회 계층 현상을 연구한다.
ㄴ. 자본주의 사회의 불평등이 갖는 다측면성과 복합성을 연구한다.
ㄷ. 권력은 계급에 의해 영향을 받기는 하지만, 계급으로 환원될 수는 없다.
ㄹ. 화이트칼라는 자본가도 육체 노동자도 아닌 모순적 계급 위치를 점하고 있다.

① ㄱ, ㄴ ② ㄱ, ㄷ ③ ㄴ, ㄷ
④ ㄴ, ㄹ ⑤ ㄷ, ㄹ

THEME 23 사회계층화 현상 ① - 계급과 계층

✓ 2014 임용

04 다음 자료의 <사례 보고>에 근거하여, <사례에 대한 사회학적 분석>의 (   ) 안에 들어갈 용어를 쓰시오. [2점]

──────── <사례 보고> ────────

K는 가정 형편이 어려워 대학에 진학하지 못하였으나, 자신의 노력과 적지 않은 행운으로 최근 사업에 크게 성공하였다. K는 스스로도 이 정도면 자신도 한국 사회에서 높은 지위에 있다고 믿었다. 그러던 중 K는 새로 지은 고급 아파트로 이사를 하게 되었다. 대부분의 이웃은 의사, 변호사, 교수 등 전문 직종에 종사하고 있으며 학력도 매우 높았다. 또한 경제적으로도 모자람이 없는 사람들이었다. K는 자신의 사회적 지위가 이전에 생각했던 것보다 더 낮은 것은 아닌가 하는 생각이 들었다. 재력에서야 빠질 것이 없지만, 아무래도 직업이나 학력은 뒤쳐진다고 느꼈다. 그러고 보니 이러한 사정을 아는 많은 사람들이 자신의 사회적 지위를 그다지 높이 평가하지 않았다는 느낌도 들었다.

──────── <사례에 대한 사회적 분석> ────────

사회적 지위를 결정하는 요소는 다차원성을 가진다. 이러한 측면에서 볼 때, K의 사회적 지위에 대한 혼란은 (   )현상이라는 사회학적 용어에 의해 설명된다.

✓ 2016 임용

05 (   ) 안에 공통으로 들어갈 용어를 쓰시오. [2점]

> 초기 사회학자 베버(M. Weber)는 다차원적 측면에서 불평등과 계층 현상을 설명하였다. 그에 따르면 사회 계층화는 경제적 자원(또는 자산), (   ), 권력 등의 세 가지 차원에 기초하여 이루어지며 이들 세 차원은 상호 관련성은 있지만 각각 별개의 개념으로 다루어진다. 베버에 따르면, 경제적 자원(또는 자산)의 차이는 '계급'을, (   )의 차이는 '지위집단'을, 그리고 권력의 차이는 '정당(또는 파당)'을 만들어 낸다. 대부분의 사회학자들은, 사회 불평등을 단순히 개인의 경제적 상황에만 국한시켜 분석해 왔던 마르크스주의 계급론에 비해, 베버의 계층론이 현실에 존재하는 사회 불평등 현상의 분석에 좀 더 유연하고 정교한 분석틀을 제공해 주었다고 본다.

2018 임용

06 다음은 사회계급에 대한 갑과 을의 대화이다. ( ) 안에 들어갈 용어를 쓰시오. [2점]

갑: 계급 문제는 더 이상 생산수단의 소유 여부나 경제적 지위로만 설명하기는 어려울 정도로 복잡한 문제야.

을: 계급은 경제와 같은 객관적인 조건에 의해 결정되는 것 아닌가?

갑: 전통적으로는 그런 시각이 우세하였지만 근래에는 문화적 차원에서 계급을 구분하기도 해. 계급의식은 결국 상대방을 자기와는 다른 존재로 구분하는 것이고, 이 구분의 기준으로는 경제적 수준뿐 아니라 생활방식이나 문화적 측면도 적극적으로 활용되는 것이지.

을: 그러면 클래식 음악을 선호하는 것과 같은 개인이 가진 취향도 사실은 개인적인 것이 아니라 계급적인 것이겠네?

갑: 그럼. 그래서 부르디외(P. Bourdieu)는 같은 계급에 속한 사람들은 문화 자본으로서 유사한 취향과 생활양식을 가지고 있으며 이것은 ( )에 의해 형성된다고 하였지.

✓ 2021임용

07 다음 글에서 괄호 안의 ㉠, ㉡에 해당하는 용어를 순서대로 쓰시오. [2점]

> 마르크스(K. Marx)는 자본주의 사회의 계급을 생산수단의 소유 여부에 따라 부르주아와 프롤레타리아로 구분하였다. 자본주의 사회에는 이들 양대 계급 이외에도 중간계급인 (㉠)이/가 존재한다. 이들은 생산수단을 소유하면서도 자신이 직접 생산에 참여하는 계급이다. 즉 자기 노동력의 활용이 필수적이다. 마르크스는 자본주의가 발달하면 (㉠)은/는 대자본가와의 경쟁에서 밀려나 프롤레타리아가 된다고 주장하였다.
>
> 그러나 자본주의 사회가 발전하면서 계급이 분화되어 다른 노동자를 관리·감독하는 상층 노동자가 생겨나고 있다. 이들을 전통적인 노동자 계급과 구분하여 신중간계급이라고 한다. 그렇지만 이들은 자본을 소유하지 못하고 자본가에게 고용되어 있어 일반 노동자와 마찬가지로 언제라도 해고될 수 있다. 라이트(E. Wright)는 자본가와 노동자 사이의 관리·감독자나 화이트칼라 노동자와 같이 애매한 지위에 있는 이들에 대해 '(㉡)적 계급 위치' 또는 '계급 관계에서 (㉡)적 위치'에 있다고 분석하였다.

- ㉠ :

- ㉡ :

THEME 23 사회계층화 현상 ① – 계급과 계층

✓ 2022임용

08 다음 글에서 괄호 안의 ㉠, ㉡에 해당하는 용어를 순서대로 쓰시오. [2점]

> 부르디외(P. Bourdieu)는 계급 위치를 결정짓는 네 가지 형태의 자본을 제시하였다. 첫째, 경제 자본은 물질적 자원을 의미한다. 부르디외는 경제 자본이 현대 사회에서 계급을 결정하는 데 여전히 중요하지만 그것만을 강조하면 계급을 제대로 이해할 수 없다고 하면서 다른 세 가지 자본의 영향력도 무시할 수 없다고 하였다. 둘째, (㉠)은/는 개인의 지식, 취향, 스타일 등을 의미하는 것으로 직접적인 소유나 증여의 형태를 띠지 않으면서도 경제 활동에 다양한 방식으로 활용되어 경제 자본으로 전환될 수 있다. 그런 맥락에서 은폐 효과를 지니고 있으며 또한 사회화 등을 통해 자녀에게 전수되어 '상속받은 재산'과 같다는 평가를 받기도 한다. 셋째, (㉡)은/는 친구나 여타 다른 관계로 형성된 사회적 연결망 또는 인적 네트워크를 뜻하는것으로 친밀한 사람들과 지속적인 관계를 맺으면서 얻는 자원을 의미한다. 넷째, 상징 자본은 명망이나 평판과 같이 자신에 대한 타인의 평가에 관련된 것으로 사회적 지위 개념과 유사하다.

- ㉠ :

- ㉡ :

THEME 24 | 사회계층화 현상 ②
- 사회계층화 현상을 바라보는 관점

1. 사회 계층화 현상

(1) **의미** : 사회에는 경제력, 권력, 위신 등과 같이 그 구성원들이 소유하고자 노력하는 사회적 희소가치가 있는데, 이러한 사회적 희소 가치가 불평등하게 분배되고, 이에 따라 개인과 집단이 서열화되는 현상을 사회 계층화 현상이라 한다.

(2) 이러한 사회 계층화 현상에 대한 입장은 크게 두 가지로 갈린다고 할 수 있는데 그 중 하나는 불평등이 불가피하고 필요하다고 보는 기능론적 입장과 또 하나는 불평등을 문제시하고 극복해야 될 대상으로 보는 갈등론적 입장이다.

2. 기능론적 입장 Vs 갈등론적 입장 – 비판

 기능론적 입장

불평등에 대한 가장 보수적인 입장은, 불평등은 극복할 대상이 아니라 오히려 사회의 원활한 기능을 위해서 필요한 것이라고 본다. 이러한 입장은 1945년 미국의 구조기능주의 학자들인 데이비스(K. Davis)와 무어(W. Moore)가 학술논문을 통해 주장해 화제가 되었고 논쟁을 불러일으키기도 했다.

이들은 다양한 직업이 존재하는 분업화된 사회에서 능력과 업적에 따라 보상을 차별적으로 해주는 것은, 더 능력 있는 사람들이 더 중요하거나 어려운 일을 수행하기 위해 노력하도록 고무하고 장려하는 효과를 낳는다고 본다. 큰 보상을 받는 것이 이들에게 중요하고 어려운 일을 하려는 동기를 부여하게 된다는 것이다.

그래서 보상의 크기는 그 직업의 기능적 중요성과 그 일을 담당할 수 있는 인재의 상대적 희소성에 의해 결정된다. 따라서 불평등은 불가피한 것이다. 그리고 불평등한 보상은 사회 전체적으로 능률과 경쟁력을 높이는 데 긍정적 기능을 한다.

 갈등론적 입장

이들의 기능주의적 계층이론은 많은 비판을 받았다.

첫째, 직업 간의 기능적 중요성을 어떻게 평가할 수 있는가의 문제가 제기된다. 회사의 최고경영자도 중요하지만 사무직 노동자와 생산직 노동자 역시 회사를 유지해나가는 데 중요하다. 병을 치료하는 의사도 사회적으로 중요하지만 각종 생활쓰레기를 치우는 환경미화원도 역시 중요하다. 다만 사회를 안정적으로 유지해나가는 데 꼭 필요한 능력이나 전문성을 가진 사람에 대해서는 상대적으로 기능적 중요성을 인정할 수 있을 것이다.

둘째, 몇몇 직업의 기능적 중요성을 인정한다고 하더라도, 이러한 직업에 종사할 수 있는 기회가 모두에게 동등하게 주어지며, 또 그 보상은 적절한가 하는 문제가 있다.

셋째, 자본주의 사회에서는 3D 업종처럼 어렵고 힘든 일에 대해 높은 보상이 이루어지는 경우가 드물고, 반면에 자본 소유자, 금융소득자, 부동산소득자 등 실제로 일을 하지 않고도 더 큰 보상을 받는 경우가 많은데, 이러한 사례들은 능력과 업적에 따른 차별적 보상의 논리와 전혀 맞지 않는다.

이처럼 기능주의적 계층이론은 불평등이 개인의 능력이나 업적에 따른 순수한 차이가 아니라 이전에 그들이 차지하고 있었던 불평등한 지위나 시장논리에 따른 구조적 불평등일 경우가 많고, 따라서 보상의 공정성이 보장될 수 없다는 점에서 이론적으로 정당화되기 어렵다고 할 수 있다.

기능론 vs 갈등론

기능론에서는 사회 불평등 현상을 사회적 희소 자원이 개인의 능력과 노력, 사회에 기여하는 정도에 따라 합리적으로 분배된 결과라고 본다. 이 관점에서는 사람들이 하는 일은 기능적 중요도가 다르고, 사회적으로 중요한 일을 담당할 수 있는 사람의 수는 제한되어 있으며, 개인의 능력과 노력이 그 사람의 성공에 결정적 영향을 미친다고 본다.

사회적으로 중요한 일을 맡은 사람에게 큰 보상이 주어지므로 개인들이 열심히 노력하게 되며, 사회 구성원들은 그러한 차등 보상을 공정한 것으로 여긴다. 즉, 기능론에서는 개인의 능력이나 사회적 기여도에 따른 차등 분배로 인한 불평등은 구성원들의 성취동기를 높이고, 인재를 적재적소에 배치하게 되므로 사회 유지와 발전을 위해 불가피한 것으로 본다.

갈등론에서는 사회 불평등 현상을 지배 집단이 자신의 기득권을 유지하기 위해 사회적 자원을 불공정하게 분배한 결과라고 본다. 이 관점에서는 사회적 희소 자원이 개인의 능력이나 노력보다는 권력이나 가정의 사회·경제적 배경과 같은 요인에 의해 차등 분배된다고 본다. 사회 불평등은 지배 집단의 권력 및 강제에 의한 것으로, 기존의 불평등한 계층 구조를 재생산하게 된다고 본다. 또 사회 구성원들이 각자의 능력을 최대한 발휘할 수 있는 기회를 제한하고, 나아가 집단 간 대립과 갈등을 발생시키는 요인이라고 본다. 따라서 갈등론에서는 사회 불평등 현상은 불공정한 것이므로 사회 구조의 근본적 개혁을 통해 해결해야 할 대상으로 본다.

[천재]

사회계층에 대한 두 가지 상반된 이론적 관점 대비

기능론	갈등론
1. 계층은 보편적이고, 필연적이며 불가피하다.	1. 계층은 보편적이지만 필연적이거나 불가피하지는 않다.
2. 사회조직이 계층체계를 형성해준다.	2. 사회계층체계가 사회조직을 형성해준다.
3. 계층은 통합·조정·결속 등의 사회체계의 필요에서 연유한다.	3. 계층은 집단 간 정복·경쟁·갈등에서 연유한다.
4. 계층은 사회와 개인의 최적한 기능에 기여한다.	4. 계층은 사회와 개인의 최적한 기능을 저해한다.
5. 계층은 공유하는 사회적 가치관의 표현이다.	5. 계층은 권력집단의 가치관의 표현이다.
6. 권력의 배분은 대체로 사회적으로 정당화된다.	6. 권력의 배분은 대체로 정당화되지 않은 채로 되어 있다.
7. 일과 보상은 평등하게 할당되어 있다.	7. 일과 보상은 불평등하게 할당되어 있다.
8. 경제적 차원은 사회의 다른 차원에 종속적이다.	8. 경제적 차원은 사회에서 지상(至上)의 것이다.
9. 계층체계는 대개 진화과정을 거쳐 변한다.	9. 계층체계는 대개 혁명적 과정으로 변한다.

THEME 24 사회계층화 현상 ② - 사회계층화 현상을 바라보는 관점

✓ 2010 임용

01 다음은 계층 현상을 바라보는 관점을 나타낸 글이다. 이에 부합하는 설명으로 옳은 것을 <보기>에서 고른 것은?

> 계층 체계는 개인의 필요성이나 욕망 때문이 아니라 사회적 필요성에 의해 생겨난 것이다. 어떤 사회이든 능력 있는 사람들이 중요하고도 어려운 일을 수행할 수 있도록 더 큰 보상을 제공하여 동기를 부여할 필요가 있다. 보상의 크기는 그 직업의 기능적 중요성과 그 일을 담당할 수 있는 인재의 상대적 희소성에 의해 결정된다.

< 보 기 >

ㄱ. 계층 체계 내에서 위계적으로 서열화된 집단 간의 구분은 단절적이다.
ㄴ. 계층화의 결과로 하위 계층의 사회에 대한 충성심과 참여의식이 약화된다.
ㄷ. 계층 체계는 그 속의 개인들에 관한 것이 아니라 지위들의 체계에 관한 것이다.
ㄹ. 사회적 지위의 기능적 중요성과 보상의 차등화에 대한 사회적 합의가 존재한다.
ㅁ. 자원의 불균등한 배분은 불가피할 뿐만 아니라 사회의 유지, 존속에 기능적이다.

① ㄱ, ㄴ, ㄷ
② ㄱ, ㄴ, ㅁ
③ ㄱ, ㄷ, ㄹ
④ ㄴ, ㄹ, ㅁ
⑤ ㄷ, ㄹ, ㅁ

THEME 25 | 사회계층화 현상 ③ - 사회이동과 계층구조

1. 사회이동

사회이동 : 계층 구조에서 나타나는 지위의 이동			
구분기준	종류	의미	
이동 방향	수평 이동	동일한 계층 내에서의 위치 변화	
	수직 이동	계층적 위치가 상승 또는 하강하는 것 • 상승이동 : 보다 높은 지위로 나아가는 것 • 하강이동 : 지위가 낮아지는 것	
이동 범위 (시간적 거리)	세대 간 이동	한 세대와 다음 세대 간에 나타나는 계층적 위치의 변화	
	세대 내 이동	한 개인의 생애에 걸친 계층적 위치의 변화	
이동 원인	개인적 이동	주어진 계층 체계 내에서의 개인의 위치 변화	
	구조적 이동	전쟁, 혁명 등의 사회변동으로 인해, 기존의 계층구조가 변화됨으로써 나타나는 위치 변화	

교환이동 (exchange mobility) = 순환이동 (circulatory mobility)	• 산업 및 직업 구조의 변화가 없이 한 개인의 계층적 지위가 달라지는 것 → 세대 간에 또는 한 세대 내에서 계층적 지위가 다른 사람이 서로 지위가 맞바뀌는 현상
재생산이동 (reproductive mobility)	• 각 계층의 비율이 동일하다고 가정할 경우 다음 세대에 이르러서는 높은 출산력으로 인해 인구의 비율이 높아진 계층에서 낮아진 계층으로 이동하는 현상
이민이동 (immigration mobility)	• 이주노동자들의 유입으로 인해 발생하게 되는 이동

2. 사회 계층 구조

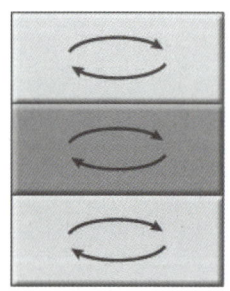
폐쇄적 계층 구조

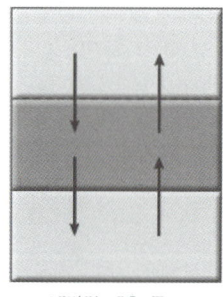
개방적 계층 구조

피라미드형 계층 구조

다이아몬드형 계층 구조

사회이동의 가능성과 조건에 따른 계층 구조	
폐쇄적 계층 구조	• 수직이동의 가능성이 극히 제한된 사회. 수평이동은 가능 • 세대 간 이동은 세습의 형태를 보이며 개인적 능력이나 노력에 의한 세대내 이동은 극히 제한(귀속지위 중심) • 근대사회에도 폐쇄적 계층구조의 측면이 없지 않음
개방적 계층구조	• 사회 이동이 비교적 자유롭고 수직이동이 제도적으로 허용된 사회, 개인적 능력이나 노력이 사회 이동의 주요 변수로 작용(성취지위 중심)
계층 구성원의 비율에 따른 계층 구조의 구분	
피라미드형 계층 구조	• 계층 구성원의 비율이 상<중<하 로 나타나는 계층 구조 • 소수의 상층이 다수의 하층 지배로 사회 통합이 어렵고 갈등 요인이 상존하여 사회 구조가 불안정
다이아몬드형 계층 구조	• 중류 계층의 비율이 하류, 상류 계층보다 높은 계층 구조 • 중간층이 상층과 하층의 완충 작용을 하여 사회 안정 효과 • 등장배경 ① 전통적인 신분 제도의 폐지 ② 전문직이나 관료, 사무직과 같은 직종의 증대 ③ 직업의 분화에 따른 소득 증가로 하위층의 비율 하락 ④ 복지 및 소득 재분배 ⑤ 의무 교육 제도

📖 사회 이동

사회 이동(social mobility)이란 "개인이나 집단이 사회적 위계상 다른 위치로 옮겨가는 것"을 가리킨다. 사회 이동 중에서도 사회학자들이 주로 관심을 갖는 것은 계급적·계층적 지위가 상승 또는 하강하는 수직이동이다.

일반적으로 사회이동이 많이 일어나고 자유로운 사회를 개방형 사회라고 하며, 사회 이동이 어려운 사회를 폐쇄형 사회라고 한다. 일반적으로 사회 이동이 활발한 개방형 사회는 비교적 공평한 사회라고 말할 수 있다. 부모의 지위가 세습되는 측면보다는 자신의 노력이나 능력이 보다 중시될 수 있기 때문이다.

하지만 사회 이동이 활발하다고 해서 그 사회가 평등하다는 것은 아니다. 계층 격차가 큰 피라미드형 사회에서도 사회이동이 활발히 일어날 수 있고, 계층 격차가 작은 사회에서도 사회이동이 활발하지 않을 수도 있기 때문이다.

구조적 이동과 교환 이동

자본주의 사회는 사회이동이 활발한 편이다. 그런데 수직이동은 실질적으로 상당히 제한되어 있다. 세대 간 이동의 경우, 사람들 대부분은 상대적 지위에서 그들 부모의 직업지위와 매우 유사한 직업지위를 갖게 된다. 예를 들어 공식 교육을 거의 받지 못한 가난한 농부가 있다고 할 때, 그 자녀가 고등학교 졸업 후 중소기업 노동자로 취업하여 일정 수준의 임금을 받는다면, 세대 간 지위가 상승한 것처럼 보인다. 하지만 상대적으로 보면 부모와 그 자녀는 각각의 시점에서 전체 사회에서 비슷한 지위를 점하고 있다. 이것은 세다 간 지위의 수평적 계승을 의미할 뿐이다.

이처럼 사회이동 중에서 한 사회의 전체 산업구조 변동을 반영하여, 서로 다른 시점의 유사한 직업적 지위로의 이동(수평이동)이 이루어지는 것을 '구조적 이동'이라고 한다. 공업화로 인해 농업 종사자가 줄어든 반면에 공업 노동자가 늘어나는 산업구조의 변동이 생기면, 농업 종사자 다수가 공업 노동자로 이동하게 된다. 또한 산업구조의 변화로 블루칼라 직업 종사자의 수가 줄어드는 반면에 화이트칼라 직업 종사자들의 수는 늘어나게 된다. 이처럼 사회구조의 변화로 인해 발생하는 세대 간의 수평이동이 구조적 이동이다.

구조적 이동에 대비되는 것이 교환적 이동(exchange mobility)이다. 이는 산업구조나 직업구조의 변동이 없는 상태를 가정하고, 순수하게 계층적 지위가 서로 바뀌게 되는 이동(수직이동)을 말한다. 실제 사회에서는 구조적 이동과 교환이동이 같이 일어나기 때문에 사회이동의 총량에서 구조적 이동과 수평이동을 제외한 부분이 교환이동이라고 할 수 있다.

THEME 25 | 사회계층화 현상 ③ - 사회이동과 계층구조

기출문제

✓ 2003 공통사회

01 사회 계층 현상에 관한 다음 글을 읽고 물음에 답하시오. [총 4점]

> (가) ㉠조선 시대 서민층은 국가 운영의 근간이 되는 세(稅)와 역(役)의 부담을 지고 있었음에도 불구하고, 양반 관료제적 통치 구조 속에서 정치·경제·사회·교육 등 모든 분야에서 불리한 대우를 받았다. 서민은 개인의 능력이 아무리 뛰어나도 신분 상승의 기회가 제한되었다. 양반들은 자신들의 기득권을 유지하기 위하여 고안한 제도들을 운용함으로써 서민층을 억눌렀다. 그러나 임진왜란과 병자호란으로 인해 일련의 사회 경제적인 변화가 발생하였다. 특히 농업·상업·수공업과 같은 경제 분야에서의 변화와 이를 바탕으로 야기된 사회 전반에 걸친 광범위한 변화로 ㉡서민층의 신분 변동이 나타났다.
>
> (나) ㉢김씨는 대기업의 부장으로서 안정된 중산층의 가장이었다. 그러던 그가 외환 위기 이후 주식 폭락으로 엄청난 재산 손실을 보았다. 더욱이 회사의 구조 조정으로 희생자가 되어 지금은 이름 없는 거리의 노숙자로 전전하고 있다.

1-1. ㉠과 같이 사회 계층 현상을 분석하는 사회학적 관점의 특징을 2가지만 쓰시오. [2점]

1-2. ㉡의 서민층의 신분 변동과 ㉢의 김씨의 지위 변화를 공통적으로 설명하는 사회 이동의 유형 2가지를 쓰시오. [2점]

✓ 2007 임용

02 (가)는 어떤 지역의 고등학교 졸업생들의 진학률을 나타낸 자료이다. (가)에 나타난 현상을 (나)의 개념을 사용하여 설명하고, 이러한 현상이 포함하고 있는 사회 문제를 개인의 '사회 이동' 측면에서 비판하시오. [4점]

(가)

구분		미진학 인원(%)	전문대 진학 인원(%)	대학교 진학 인원(%)	계
부모의 학력	중졸 이하	665(54.6)	232(18.7)	344(27.7)	1,241
	고졸	253(31.0)	196(24.0)	367(45.0)	816
	전문대졸 이상	54(16.9)	45(14.1)	221(69.1)	320
부모의 직업	농림·어업	307(57.8)	95(17.9)	129(24.3)	531
	기능·생산	147(53.6)	49(17.9)	78(28.5)	274
	서비스·판매	235(42.8)	119(21.7)	195(35.5)	549
	준전문·사무	123(28.5)	97(22.5)	212(49.1)	432
	관리·전문	95(25.8)	59(16.0)	214(58.2)	368
가족의 소득계층	하층	271(49.5)	102(18.6)	175(31.9)	548
	중층	471(42.1)	227(20.3)	420(37.6)	1,118
	상층	155(29.5)	96(18.3)	275(52.3)	526

(나)

부르디외(P. Bourdieu)가 제시한 이 개념은 지식이나 관념의 형태로 된 자산을 말한다. 이것은 가정환경, 가정교육에 의해 내면화된 것뿐만 아니라, 소장한 그림과 골동품 등과 같은 실질적인 문화재나 학력과 같이 제도화된 것들도 지칭한다. 이러한 형태의 자본을 소유한 사람들은 다른 집단에 대하여 상당한 권력을 행사하며, 유리한 직업적 지위를 얻고 이를 정당화하는 데에 그 자본을 사용한다.

• 설명 :

• 비판 :

✓ 2011 임용 2차

03 다음의 ⑤이 의미하는 두 가지 구조를 설명하고, <표>에 나타나는 계급 구성 변화의 특징을 제시하고 이를 갈등론적 관점에서 설명하시오.

> 사회적 불평등은 일시적이고 단편적인 현상이 아니라 구조적이고 총체적이며 보편적인 현상이다. 이러한 사회적 불평등은 기본적으로 사회적 희소가치들이 한 사회 내에서 어떻게 분배되느냐에 따라 그 성격과 형태가 결정되며 사회의 다양한 측면과 영향을 주고받는다. 또한 그것은 일상화되고 누적되어 사회적으로 구조화되는데 ⑤ 구성원의 이동 가능성과 조건에 따라 두 가지의 구조로 구분될 수 있다. 다음 <표>는 이러한 구조적 특징을 파악할 수 있는 자료 중의 하나이다.
>
> <표> 한국사회 계급 구성의 변화
>
> (단위 : %)
>
> | 계급＼연도 | 1960 | 1970 | 1980 | 1990 | 2000 |
> |---|---|---|---|---|---|
> | 상류/중상 계급 | 1 | 1 | 2 | 2 | 4 |
> | 신중간 계급 | 7 | 14 | 18 | 25 | 24 |
> | 구중간 계급 | 13 | 15 | 21 | 18 | 25 |
> | 근로 계급 | 9 | 17 | 23 | 31 | 30 |
> | 도시 하류 계급 | 7 | 8 | 6 | 6 | 8 |
> | 농업 계층 | 64 | 45 | 31 | 18 | 10 |
> | 계 | 100 | 100 | 100 | 100 | 100 |
>
> - 권태환·홍두승·설동훈(2009), 『사회학의 이해(제2판)』 -

THEME 26 | 가족과 친족

1. 가족의 의미

(1) 가족이란 협의의 개념으로 혈연, 혼인, 입양의 관계로 맺어진 두 사람 이상의 집단으로, 사회를 이루는 기본단위를 말함

(2) 그러나 좀 더 광의의 개념으로 파악하면 결혼과 성관계, 출산과 혈연, 입양, 경제적 공동생활, 정서적 유대, 주거생활 공동체 등 다양한 요소들을 포함하고 있다.

2. 가족의 형태

	확대 가족(전통 사회의 가족)	핵가족(현대 사회의 가족)
의미	• (한)부모와 그들의 기혼 자녀로 이루어진 2세대 이상의 가족	• 부부 또는 (한)부모와 미혼자녀로 구성된 가족
특징	• 집단 노동 중시의 농경 사회에 적합 • 가문 중심, 중매 결혼이 보편적임 • 가부장 중심의 권위적, 서열적 관계	• 사회 이동이 많은 산업 사회에 적합 • 개인 중심, 연애 결혼이 보편적임 • 부부 중심의 평등하고 민주적인 관계
장점	• 가풍과 가치관을 전승 용이 • 공동 생활을 통한 심리적 안정감	• 민주적이고 평등한 관계를 유지함 • 여성의 지위가 향상됨 • 개인의 개성과 창의성을 중시함
단점	• 개인의 개성과 창의성을 경시함 • 여성의 희생을 강요함	• 이혼율이 증가함 • 노인 문제 발생함 • 자녀 양육 문제 발생함

📖 문화적 이상형으로서의 가족

가족에 대한 논의에 있어서 문화적 이상형으로서의 가족과 실제의 가구 구성을 구분하는 것이 필요하다. 많은 한국 사람들이 맏아들은 당연히 부모를 모시고 살아야 한다고 믿어도, 실제로 한국 사회에서 많이 나타나는 가구 형태는 직계가족이 아닐 수도 있다. 마찬가지로 산업 사회 이전의 영국에서 핵가족이 지배적인 가구 형태였다는 사실이 현대 서구사회에서 볼 수 있는 핵가족 이데올로기가 그 당시에 이미 존재했다는 의미는 아니다. 핵가족, 직계가족, 확대가족 등 여러 가지 형태의 가족과 가구를 비교할 때 친족구성은 가장 중요한 특징으로 다루어져 왔다. 그러나 분명히 가족 구조는 친족구성 이상의 것을 말한다. 미국의 핵가족 문화는 단지 자식이 결혼하여 부모와 따로 산다는 것만을 의미하지는 않는다. 미국의 핵가족 문화는 남녀간의 성, 자식, 개인 등에 관한 문화적 의미로 구성된다. 따라서 한국의 핵가족이 미국의 핵가족과 아무리 친족 구성이 비슷하다 해도, 가족이 무엇을 의미하고, 가족 생활이 어떻게 구조화되며, 가족으로서의 개인의 삶이 무엇을 지향하는가에 있어서는 서로 다르다.

혼인·혈연 관계 및 구조에 의한 가족 유형

	분류 기준	가족 유형
혼인	배우자의 수	① 단혼(monogamy) - 일부일처 ② 복혼(polygamy) - 일부다처, 다부일처 ③ 군혼(group marriage)
	배우자 선택 범위	① 족내혼 ② 족외혼 - 근친상간금기
	혼인 후 거주지	① 부거제(父居制) ② 모거제(母居制) ③ 양거제(兩居制) ④ 신거제(新居制)
혈연 관계	출생과 출산	① 출생가족 or 지향가족(family of orientation) ② 출산가족 or 생식가족(family of procreation)
	혈통과 분파	① 종가·직계가족 ② 분가·방계가족
	가계 전승	① 부계상속 ② 모계상속 ③ 양계상속
사회 구조	권위 관계	① 가부장제 ② 모가장제 ③ 평등주의 가족
	구성과 관계	① 핵가족 ② 확대가족
	가족과 혈연의 구별	① 부부 중심적 ② 동족 위주

3. 가족에 대한 이론적 관점

(1) **기능론적 관점**: 파슨스는 구조기능주의의 관점에서 가족을 기능에 의해 정의하고 있다. 그는 가족이 사회의 안정과 균형을 유지하는 기능을 한다고 본다. 그래서 가족은 영구적인 사회제도이며 가족 내의 남편과 아내의 성별분업은 기능적으로 바람직한 것으로 이해한다. 아울러 가족은 기존의 사회체제를 안정시키고 유지하는 데 필요한 가치관과 규범을 자녀에게 내면화시키는 사회화의 기능과 긴장관리의 기능을 한다고 본다.

(2) **페미니즘적 입장과 마르크스주의적 입장**: 페미니즘적 입장은 구조기능주의적 시각이 가부장적 지배를 정당화하고 여성들을 가정의 울타리에 가두어두려고 하는 지배 이데올로기라고 비판한다. 그리고 마르크스주의적 입장은 가족이 사유 재산을 세대를 통해 세습하는 계급 재생산의 제도이며, 사회화를 통해 지배 이데올로기를 재생산하는 이데올로기 기구의 역할을 한다고 본다.

📖 가부장제(patriarchy)

여성을 체계적으로 차별, 배제하는 사회적 제도와 관행

※ 가부장제가 성차별을 재생산하는 방식
　① 성별분업을 통해 여성의 노동을 통제
　　→ 남성은 직장노동을, 여성은 가사노동을 담당하도록 강제
　　→ 직업구조 안에서도 주도적 업무 / 보조업무의 성별분업이 존재
　　→ 여성들은 남성가장에 의존해 생계를 유지하는 수동적 존재로 취급
　② 이중적 성문화를 통해 여성의 성을 통제
　　→ 가부장적 성윤리는 남성에게 관용적이고 여성에겐 엄격한 이중기준
　　→ 남성의 성은 공격적·적극적인 반면 여성의 성은 수동적이고 소극적이라는 사고방식은 성폭력, 성상품화를 '어쩔 수 없는 일'로 방치케 함
　　→ 여성에게만 순결과 정조 강조, 임신과 출산으로 인한 차별

※ 가부장제의 다양한 억압성
　① 가부장제는 남성에게도 억압으로 작용
　② 성적 소수자를 거부하고 차별하는 태도를 강화
　③ 개인의 다양성과 개성을 억압하여 개방적이고 민주적인 문화를 저해

📖 가족의 기능 변화

　역사적으로 보면 가족의 기능은 많은 변화를 겪어 왔다. 과거에 가족은 성적·정서적 기능, 성원의 재생산·양육 기능, 경제적 기능, 교육적 기능, 종교적 기능 등 다양한 기능을 포괄하고 있었다.
　하지만 공업화로 직장과 가정이 분리되면서 점차 경제적 기능이 가족으로부터 분리되어 나갔고, 대중교육이 확대되어 학교를 통한 공교육이 의무화되고 육아시설이 발달하면서 교육이나 육아와 같은 전통적인 가족의 기능이 여러 사회화기관으로 이전되고 있다.
　그래서 오늘날 가족에는 성적 기능과 성원의 사회화·돌봄 기능, '안식처 또는 휴식처'로서의 정서적 기능이 주요 기능으로 남게 되었다.

4. 가족해체

(1) **의미**
　① 가족 구성원 간의 '주거공간 분리'
　　> cf 부부 간에 이루어지는 주말부부 형태의 별거
　　　　가족구성원 간에 이루어지는 미혼자녀의 분가, 독신, 노인가구의 분리 등
　② '인간적 유대 해체'
　　> cf 부부간의 이혼, 가정폭력, 부모나 자녀의 유기
　　　　편부모 가족, 소년소녀 가장 가족, 노인부부 가족, 노인단독가구 발생

(2) **가족 해체의 원인**
　① '노동시장의 개인화' + '양성관계의 개인화' : (U. Beck)
　② 합류적 사랑의 효과 : (A. Giddens)

📖 '조형적 섹슈얼리티'(plastic sexuality), '순수한 관계'(pure relationship), '합류적 사랑'(confluent love) – 기든스(A. Giddens)

　기든스는 조형적 섹슈얼리티를 재생산의 필요로부터 해방된 탈중심화된 섹슈얼리티라고 정의 내리며, 그것은 개인이 자신의 성적 정체성을 만들어가는 것이라고 규정한다. 그에 따르면 조형적 섹슈얼리티는 가족규모를 엄격하게 제한하려는 18세기 후반의 경향으로부터 비롯되었다. 이후 조형적 섹슈얼리티는 현대적인 피임기술과 인공임신기술 등이 발전됨에 따라 더욱 확산되었다. 사람들은 임신을 인공적으로 자유롭게 조절할 수 있게 되었으며 현재는 인간복제까지도 할 수 있는 기술적 단계에까지 이르렀다. 기든스는 이에 근거하여 현대의 성이 기존의 성 관계로부터 해방되었다고 본다. 조형적 섹슈얼리티의 출현은 기존의 출산, 친족 관계와의 단절을 의미하고, 성 해방의 전제조건이기도 하다. 기든스는 지난 수십 년 동안의 성해방을 '성혁명'으로 평가하면서, 성혁명 과정에서 여성의 성적 자율성이 크게 늘어났다고 보았다.

　다음으로, '순수한 관계'는 성적 순결(purity)과는 아무 관련이 없는 용어다. 순수한 관계란 관계 그 자체를 지향하는 관계로서, 성적·감정적으로 평등한 관계를 의미한다. 따라서 순수한 관계는 당사자 쌍방이 충분히 만족스럽다고 생각하는 경우에만 지속될 수 있을 뿐 어느 한 쪽이라도 만족감을 느끼지 못하면 언제라도 깨질 수 있는 관계다. 과거에는 사랑과 섹슈얼리티가 결혼을 통해 연결되었지만, 현대에는 점점 순수한 관계를 통해 연결되고 있다는 것이다.

　마지막으로 '합류적 사랑'은 자신의 의식 하에 행해지는 조건적이고 수정 가능한 사랑의 관계를 뜻하는 것으로 이는 곧 당사자 간의 평등한 관계를 전제로 하는 감정의 상호주의(give and take)를 의미한다. 관능의 기술과 성적 쾌락의 상호적 성취는 합류적 사랑에서 매우 핵심적인 요소이며, 성적 배타성이라는 측면에서 일부일처제는 필수적인 것이 아니라 당사자들의 합의에 의한 선택 사항이 된다.

　이처럼 조형적 섹슈얼리티, 순수한 관계, 합류적 사랑은 타자의 개별성에 대한 존중, 솔직하고 평등한 의사소통을 바탕으로 끊임없이 협상되어야만 가능한 것이라는 점에서, 섹슈얼리티는 열린사회를 지향하는 새로운 타협의 장, 상호인정에 기초를 둔 대화의 가능성이 발전할 수 있는 영역이 된다.

개인화와 핵가족의 해체

　벡과 벡 게른샤임(Beck and Beck-Gernsheim)은 「사랑은 지독한 그러나 너무나 정상적인 혼란」이란 저서에서 '개인화'를 핵심 키워드로 삶과 사랑의 여러 방식을 통찰하면서 후기산업사회의 주요한 특징을 해부한다. 벡에 따르면 산업사회와 더불어 확산된 성별 분업에 기초한 핵가족은 '노동시장의 개인화'와 '양성관계의 개인화'로 인해 점차 해체되고 있다. 노동 시장에서의 기회가 늘어나면서 여성들은 경제적 이유로 결혼관계를 지속해야 할 필요성으로부터 해방되고 더 이상 남편의 부양에 의존할 필요가 없게 된다.

　그리고 주체적으로 생각하고 자유롭게 행동하려는 개방적 생활 양식의 확산에 따른 양성관계의 개인화는 사랑, 결혼, 이혼, 재혼, 출산, 양육 등을 주관적인 결정의 문제로 만든다. 부부간의 애정 문제도 조정과 타협의 대상이 되어가는 것이다. 그 결과 부부간의 애정은 완전이 아닌 미완, 안전이 아닌 위험의 범주로 귀속될 것이 예견된다.

탈가족화 현상

- 의미 : 개인이 가족을 떠나 다른 형태의 삶을 추구하는 사회적 현상
- 탈가족화의 지표 : 단독가구 거주자, 이혼자, 비친족가구 거주자, 집단가구 거주자의 비율 등
- 탈가족화의 원인
  ① 혼인의 보편성 상실과 의미의 변화 – 독신주의 경향
    : 여성의 가족으로부터의 해방 열망, 남성들의 가족부양 부담으로부터의 도피성향
    : 성에 대한 인식 변화
  ② 고령화 – 농촌과 도시의 독거노인 증가, 시설 거주 노인 증가

📖 대안 가족(alternative family)

- 대안가족의 의미 : 개인이 자의로 또는 불가피하게 일반 가족 대신 선택하는 형태의 가족적 삶
- 탈가족화로 전통적인 가족에서 벗어나 생활하는 사람들이 기존의 가족에는 해당되지 않지만 하나의 생활단위를 이루고 살면서 나름대로 '가족적'인 삶을 추구
  > 예 비혼 동거, 동성부부, 시설가구, 소규모 비친족가구
- 과거에는 예외적인 삶의 방식 또는 문제집단의 삶의 형태로 간주되었지만 최근 이러한 삶의 방식이 많이 선택되고 정상적인 선택으로 간주되는 경향이 커짐
  → 복지나 정책의 대상에 포함시켜야 한다는 주장이 대두

📖 가족생애주기의 변화

가족생애주기는 '남녀의 결혼으로 가족이 형성되고, 자녀의 출산·양육 등으로 가족이 커졌다가, 자녀의 독립이나 결혼 후 분가로 가족 규모가 작아져 부부만 남게 되고, 궁극적으로 사망으로 해체되는 일련의 연속적 과정'을 의미한다.

가족 생애주기의 측면에서 한국 사회의 가족의 변화를 보면, 우선 자녀 수의 감소로 출산과 양육 기간이 단축됨에 따라 자녀의 결혼 후 부모부부만 남게 되는 기간이 점점 길어지고 있고, 또한 젊은 층의 초혼 시기가 늦어지면서 부모로부터 독립한 미혼 단독가구도 늘어나고 있다. 특히 평균수명이 증가하여 노년의 생애가 길어지면서 노인부부나 독거노인 등 노인 단독가구도 늘어나고 있다. 농촌에서는 자녀 세대들이 취학, 취업, 결혼 등을 이유로 도시로 떠나면서 노인 단독가구가 많이 늘어났다. 도시에서도 미혼자녀가 학업이나 취업 등을 이유로 독립하거나 노인부부의 배우자가 사별하는 등 여러 이유로 독신자와 노인 단독가구가 증가하고 있다. 이처럼 취업, 교육, 만혼, 이혼, 배우자 사별 등 여러 이유로 1인가구는 계속 증가하고 있다.

5. 근친상간 금기를 설명하는 이론

(1) '성적매력상실' 이론 – 웨스터마크(E. A. Westermark)

① 형제자매들과 같이 유아기부터 함께 자란 사람들 간에는 성적인 매력을 잃게 된다는 점에 근거를 둔 이론

② 비판
  ㄱ. 근친상간이 왜 모든 사회에서 보편적으로, 또 다양한 방식으로 나타나고 있는지 설명할 수 없음
  ㄴ. 성적 매력이 없다면 왜 굳이 '금지'시키는 관습이 필요한지 설명할 수 없음

(2) 정신분석학 이론 – 프로이드(S. Freud)

① 인간은 근친간의 성관계를 갖고 싶은 의식에 대한 반작용, 즉 아들은 아버지에 대한, 그리고 딸은 어머니에 대한 보복의 두려움으로 성적 감정을 억제하게 된다는 이론

② 비판
- ㄱ. 근친상간이 이미 금지되었다는 것을 전제로 하고 있고, 그런 금지의 관습이 어떻게 생겨났는지를 설명하지 못함
- ㄴ. 여러 사회에서 다양하게 나타나는 금지의 범위를 설명하지 못함

(3) **가족분열 이론 – 말리노프스키(B. Malinowski)**
① 가족 성원 사이의 성적인 경쟁관계를 갖게 되면 가족성원 사이의 긴장과, 더 나아가 가족을 분열시킨다는 이유에서 근친간 성관계를 금지시키게 되었다고 설명하는 이론
② 근친상간 금기는 가족을 효과적인 사회단위로 유지·존속시키고, 내부적인 갈등 또는 분열을 조장하는 요인을 배제하기 위한 제도적 장치로 설명됨
③ 비판 : 몇몇 사회에서 형제자매간의 혼인이 엄연히 관습적으로 받아들여지고 있는 현상을 설명할 수 없음

(4) **협동이론 – 타일러(E.B. Tylor)**
① 근친상간금기가 가족집단들 간의 협동을 증진시키고 결과적으로 사회의 존속에 기여할 수 있는 하나의 제도적 장치라는 점을 강조하는 이론
② 다른 가족과의 혼인이 전체사회를 단합시키고 위기대처능력을 증진시킨다는 점에서 근친상간금기를 사회진화에 기여하는 관습으로 봄
③ 비판 : 집단 간의 협동관계를 증진시키는 제도적인 장치가 굳이 근친상간 금기가 되어야 하는 이유를 설명하지 못함

(5) **생물학적 이론**
① 근친간의 혼인은 유전법칙에 따라 그 자녀에게 유전적으로 해로운 결과(즉, 열성인자의 발현)를 초래한다는 점에서 근친상간금기가 발생했다고 보는 이론
② 비판 : 문화적 다양성을 설명할 수 없음

(6) **레비스트로스(C. Lévi-Strauss)**
① 레비스트로스는 인간 사회 제도를 법칙의 세계로 보며, 인간이 자연 상태에서 문화 상태로 넘어오는 최초의 법칙을 '근친상간 금제' 규칙에서 찾음
② 근친상간금기를 친족을 교환하는 체계로 설명하면서, 혼인을 여성의 교환으로 파악함
③ 근친상간금기는 교환을 일으키는 법칙이자, 주면 받아야 하고 받으면 반드시 되돌려주어야만 하는 호혜성 원리이며, 모든 개인과 집단들 간 대립을 통합하는 사회 구성 원칙이라 설명

6. 친족 체계

(1) **출계율**[73] : 세대 간의 관계, 즉 부모와 자식 간의 관계 또는 조상과 자손 간의 관계를 추적하여 혈통을 따지고, 개인을 그 혈통에 따라 형성된 친족집단의 일원으로 귀속시키는 것을 출계(出系, descent)라고 부르며, 여기에 적용되는 원칙을 출계율(出系律, descent rule)이라고 한다. 바꾸어 말한다면 출계율이란 혈통을 따지는 규칙 또는 원칙이다. 이런 출계율은 그것이 친족조직의 원리를 제공해 주고 있다는 점에서 인류학자들의 주요한 관심사가 되어 왔었다.

(2) **단계와 양계**
① 출계율을 남자 쪽이든 여자 쪽이든 어느 한쪽으로 따지는 단계(unilineal)의 사회가 있다면, 이들 양쪽으로 모두 따지는 양계(兩系, bilineal)의 원칙을 따르는 사회도 논리적으로 있을 것 같다.
② 그러나 세대의 남녀 양쪽으로 출계를 따지는 관습은 존재하지도 않고, 존재할 수도 없다는 점은 이제 인류학자들에게 거의 받아들여지고 있는 것 같다.

(3) **부계율**
① 출계를 한쪽으로만 따지는 단계율 중에서도 가장 흔히 나타나는 것이 부계율(父系律, patrilineal rule of descent)이다. 이 원칙에 따르면, 모든 세대에서 가계가 남자, 즉 아들을 따라서 이어진다. 우리나라의 친족제도가 바로 이런 부계율을 따르고 있다.
② 다음 그림에서 나타난 바와 같이 제1세대의 남자(1)의 딸(5)과 친손녀(10)의 경우 그들 자신은 이 부계집단에 성원으로 남게 되지만, 그들의 자식들은 모두 각기 남편의 부계집단에 소속되므로 이 도표의 부계집단에서는 제외되고 만다.

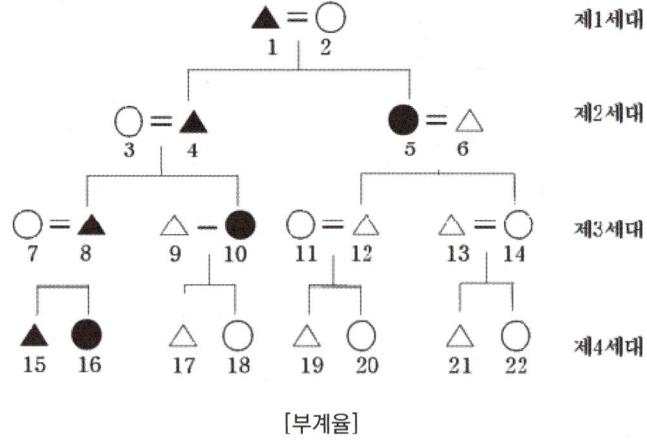

[부계율]

---

73) 2020 임용 : 출계율 (단답)

(4) 모계율 [74]

① 출계를 여자계통을 따라 어머니 쪽으로 따지는 것을 모계율(母系律, matrilineal rule of descent)이라고 부른다. 이 규칙은 적어도 구성 면에서 본다면 부계율과 정반대의 현상을 보이고 있다.

② 그러나 다른 한편으로 기능면에서 본다면 부계와 모계는 정반대의 현상을 보이는 것만은 아니라는 점이 분명해진다. 즉 두 제도에서 수행되는 아버지의 역할에는 뚜렷한 차이가 있다. 부계친족사회에서는 출계가 남편, 즉 남자를 통해서 이루어지고 가족원과 가족 일반에 대한 권위를 행사하는 사람도 바로 남편이다. 그는 자신의 자식들, 특히 아들들은 바로 자신의 가계를 계승할 후계자들이기 때문에 자녀들의 사회화에 적극적으로 참여하고 훈육을 담당하는 중심인물이기도 하다.

③ 만약 모계사회와 부계사회가 기능면에서 정반대로 운영된다고 가정한다면, 모계사회에서는 부인에서 딸을 통해 혈통과 가계가 이어진다는 점에서 부인 또는 어머니가 자식들에게 권위를 행사하는 중심인물로 생각될지도 모른다. 그러나 실제로는 모계사회에서도 권위를 행사하는 사람은 남자이지만 그는 남편이 아닌 부인의 형제들이다. 즉, 아이들의 입장에서 보면 외삼촌이 권위를 행사하고 있다. 이렇게 하여 모계사회에서의 아버지의 지위는 모호하다. 그는 자기의 자식에 대해서는 권위를 행사하지 못하고, 그 대신 그의 주요관심은 자신의 모계집단의 구성원인 누이의 자식들에게 권위를 행사하는 일이다. 그는 그가 실제로 살고 있는 처가에서는 하나의 이방인에 불과하고, 그의 자식들은 처가의 가계를 잇게 된다.

④ 이와 같이 부계사회에서는 남편이 자기의 출계집단에 남아 있고 자기의 자식들에 권위를 행사하지만, 모계사회의 남편들은 아내의 출계집단에 가서 살면서 실은 그가 권위를 행사하는 집단은 그의 누이들이 살고 있는 모계친족집단이다. 이런 성격을 지적하면서 어떤 인류학자는 모계사회의 남편이란 두 개의 상이한 세계의 경계선에 살고 있는 사람으로 표현하기도 한다. 그 자신의 모계집단에서 그는 주인노릇을 하지만, 자신의 자식들이 살고 있는 처가에서는 별로 쓸모없는 '이방인'에 불과하다.

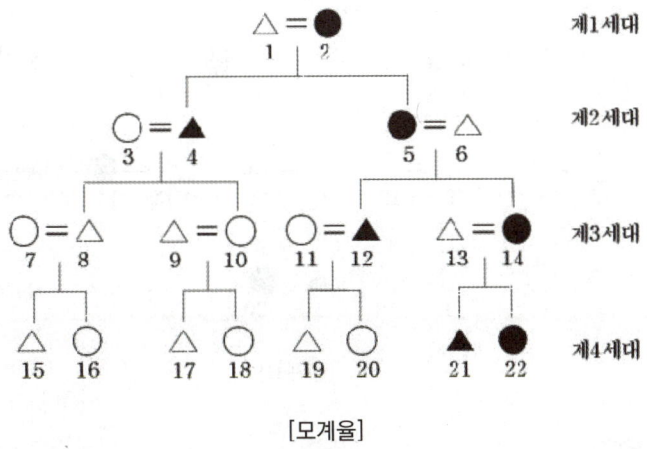

[모계율]

---

74) 2015 임용 : 호피인디언의 혈통체계(모계율)를 가진 사회의 특징들을 논술

(5) 선계율

① 부계율과 모계율은 남녀 어느 한쪽으로 혈통을 따지고 새로 출생하는 성원들을 기존의 출계집단에 귀속시킨다. 또한 이 두 가지는 모두 출계의 원칙이 모든 세대에 똑같이 적용된다는 점에서 일치하고 있다. 그러나 남녀 어느 쪽으로 따지느냐가 위와 같이 고정되어 있지 않고 융통성이 있을 뿐만 아니라, 어떤 점에서는 상황에 따라 어느 쪽으로 따질 것인지에 대해 선택의 여지가 있는 출계율도 있다. 이와 같이 출계의 원칙이 고정되어 있지 않고 선택적인 것을 선계율(選系律, ambilineal or cognatic rule of descent)이라고 부른다.

② 이 그림에서 나타난 바와 같이 제1세대에서 제2세대로 이어질 때에는 부계 쪽을 따랐다. 그러나 제2세대에서 제3세대로 넘어갈 때에는 모계를 따랐고, 제4세대로 이어질 때에는 다시 부계를 따라 가계가 이어졌다. 다른 식으로 표현한다면, 각 세대에서 가계와 재산을 아들 쪽으로 물려줄 것인지 아니면 딸 쪽으로 물려줄 것인지가 고정되어 있지 않고 형편대로 선정하는 것이다. 그러나 여기에서도 한 가지 분명한 점은 가상적인 양계와 같이 각 세대에서 아들과 딸, 또는 아버지와 어머니 양쪽으로 출계를 따지는 것은 아니라는 점에서 선계의 원칙도 역시 넓은 의미에서의 단계의 원칙을 따르고 있다고 말할 수 있다.

③ 남태평양의 사모아(Samoa) 섬사람들의 친족조직은 이런 선계율을 따르고 있다(M. Ember 1959). 이들은 수많은 출계집단들로 조직되어 있고, 이 집단들은 각기 외혼단위를 이루고 있다. 각 개인은 아버지 또는 어머니 쪽의 어느 한 출계집단에 귀속될 수가 있다. 그러나 실제로는 각 개인은 그가 살고 있고 경작하는 땅을 소유한 출계집단에 귀속된다. 만약 아버지가 처가살이로 들어가서 살게 되었다면 그는 외가의 출계집단에 소속될 것이고, 그가 혼인하여 다시 처가살이로 들어간다면 그의 자녀들은 처가의 출계집단의 성원이 될 것이며, 반대로 아내를 데려와서 부모의 집에서 그대로 눌러 산다면 그의 자녀들은 부계로 이어질 것이다.

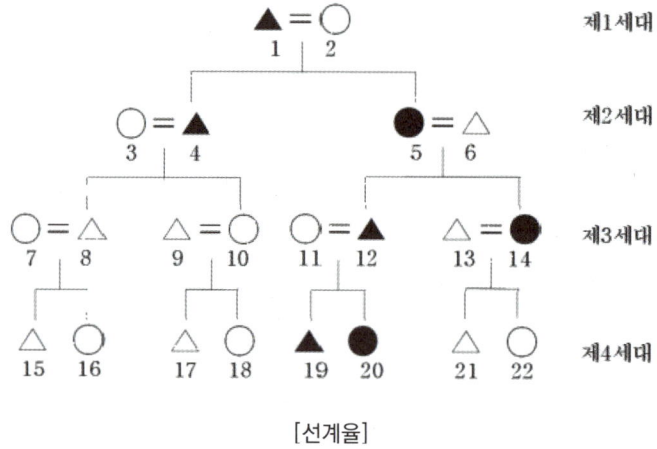

[선계율]

(6) 이중출계율

① 친족관계가 중요시되고 있는 대부분의 사회들이 출계를 남자든 여자든 어느 한쪽만으로 따지는 단계친족조직을 가지고 있다. 이때의 단계란 말은 각 세대에 어느 한쪽만으로 출계를 따진다는 것이지만, 몇몇 사회들에서는 부계와 모계 두 가지를 모두 인정하고 있다. 이와 같이 부계와 모계를 병합한 출계형식을 이중출계(double descent)라고 부른다.

② 이것은 앞(선계율)에서 이미 언급한 가상적인 양계와는 구분할 필요가 있다. 양계라면 각 세대의 남자와 여자의 모든 연결을 전부 인정하는 것이겠지만, 이중출계에서는 아버지 쪽으로는 부계만을, 그리고 어머니 쪽으로는 모계만을 인정하는 출계율이 적용된다. 이런 점에서 이중출계율은 사실은 '이중적인 단계의 원칙'이 적용되는 것으로 보아야 할 것이다.

③ 다음 〈그림〉은 이런 이중출계율이 어떻게 적용되고 있는지를 보여주고 있다. 이 그림의 제4세대에 있는 형제자매는 모두 그들의 아버지를 통한 부계출계집단에 소속됨과 동시에 어머니를 통한 모계집단에도 소속된다. 그러나 가상적인 양계의 경우와 같이 아버지의 어머니(즉 할머니) 쪽으로나 어머니의 아버지(외할아버지) 쪽으로는 출계를 따지지 않는다는 점을 유의해야겠다.

④ 또 〈그림〉에서는 한 개인과 그의 형제자매가 위로 3세대에 걸쳐서 두 개의 출계집단, 즉 모계와 부계집단의 계통을 이어받고 있다는 점만을 보여주고 있다. 그렇다면 그 후의 세대, 즉 제5세대와 제6세대에서는 어떻게 될 것인가. 그림에서는 나타나지 않았지만 앞에서와 똑같은 원리가 적용된다. 즉 부계로 내려온 계통은 제4세대의 아들에서 그 다음 세대에서 손자로, 또 제6세대의 증손자로 전해질 것이고, 모계로 내려온 계통은 딸에서 제5세대의 외손녀로, 또 그 다음 세대에서는 외손녀의 딸로 전해져 내려갈 것이다. 이렇게 본다면 두 개의 출계가 제4세대의 형제와의 집단에서 합류되었다가 다시 나누어져서 각기 남자계통과 여자계통으로 갈라져서 흘러 내려간다. 그러므로 아버지와 아들은 같은 부계집단에 소속되지만, 그들은 각기 상이한 모계집단에 성원권을 갖게 되면서 야페사회는 출계의 관계들로 얽히고설켜 하나의 통합된 전체를 이루고 있다.

⑤ 이 제도에 의하면 단지 같은 부모의 자식들인 형제자매들만이 같은 부계집단과 모계집단에 소속되어 있기 때문에 이 사회의 사람들은 어떤 상황에서는 적대관계에 있다가도 다른 상황에서는 같은 친족집단의 구성원으로 동맹자가 되기도 한다. 그러나 결과적으로는 이런 이중출계율은 야페족을 하나의 통합된 사회로 묶는 데에 크게 기여하고 있다.

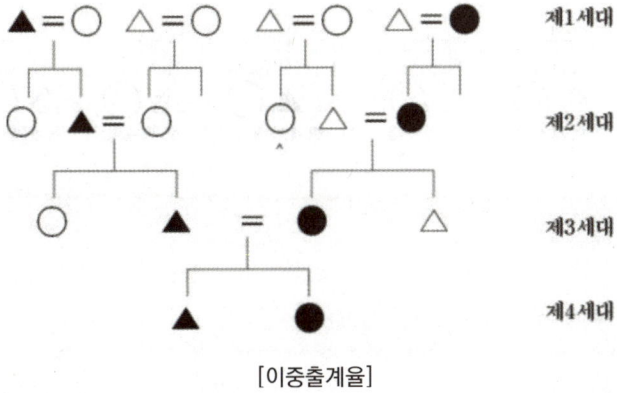

[이중출계율]

7. 친족 용어 체계

> 친족용어를 다룰 때, 우리는 직계(lineal) 친족원과 방계(collateral) 친족원을 구분할 필요가 있다. 직계 친족원은 부모와 자식 간의 관계로 연결된 친족원을 말하고, 직계 친족원의 형제자매로 연결된 사람을 방계 친족원이라고 한다. 위 세대의 부모, 조부모와 아래 세대의 자녀, 손자녀들은 모두 직계 친족원이다. 그러나 사촌, 오촌, 육촌들은 모두 방계 친족원들이다. 예컨대 사촌은 아버지의 형제의 자녀이기 때문에 나와 친족관계가 있는 것이므로 방계 친족원으로 분류된다
>
> 친족용어의 체계는 위의 직계와 방계의 구분에 초점을 두어 '유별적 친족용어(classificatory kinship terminology)'와 '기술적 친족용어(descriptive kinship terminology)'의 두 가지로 구분되기도 한다. 유별적 친족용어은 방계 친족원의 전부 또는 그 일부를 친족용어상으로 직계 친족원과 같은 범주로 구분하는 체계를 말한다. 예컨대 어떤 사회에서는 아버지(직계)와 삼촌(방계)에게 같은 친족용어를 사용하고, 어머니(직계)와 이모(방계)에게 같은 용어를 사용하고 있는데 이것은 곧 유별적 친족용어체계이다. 이런 현상은 앞(반족)에서 이미 소개한 반족 사회에서 흔히 찾아볼 수 있는데, 아마도 같은 친족집단에 속한 같은 세대의 사람들에게 단지 남녀의 성별만을 구분한 용어를 사용하기 때문이다. 기술적 친족용어는 직계와 방계를 엄격히 구분한 용어체계이다. 대부분의 사회에서 이런 체계를 따르고 있다.

(1) 하와이형 친족용어

① 친족용어체계 중에서 가장 단순하고도 용어의 수가 가장 적은 것이 하와이형(Hawaiian) 친족용어이다. 이것은 하와이의 토착민들이 따르는 용어체계에서 나온 명칭이다. 하와이형의 용어체계에 의하면 자기의 친족원들을 세대별로만 구분하여 모든 남자와 여자들에게 각기 동일한 명칭을 사용하는 것이 특징이다.

② 이런 친족체계는 앞에서 살펴본 선계율과 깊은 관련을 맺고 있다. 즉 선계율을 따르는 사회에서는 각 세대에서 부계 또는 모계 어느 한쪽으로 '선택해서' 가계가 이어진다. 이로 인하여 아버지 쪽의 친족과 어머니 쪽의 친족이 구분되지도 않은 채 혼합되어 있고, 그것이 용어체계에 그대로 반영되어 있다.

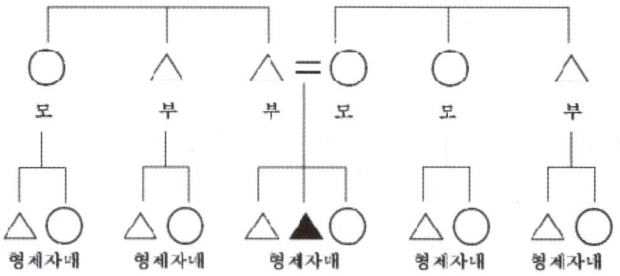

(2) **이로꼬이형 친족용어**
① 북미주의 동북부에 살고 있는 이로꼬이(Iroquois) 인디언들을 따라 이로꼬이형으로 불리고 있는 이 친족용어체계는 아래쪽 그림으로 표현된 반족의 구조를 잘 반영하고 있다. 즉 이 용어체계에 의하면, 아버지와 삼촌이 같은 용어로, 그리고 어머니와 이모가 같은 용어로 사용된다.
② 그러나 하와이형과는 달리 고모와 외삼촌은 각기 어머니와 아버지의 용어와는 구분되고 있다. 자기의 세대에서는 평행사촌인 친사촌과 이종사촌은 자기의 형제자매와 같은 용어로 사용하고, 교차사촌들에게는 형제자매와는 구분되는 용어가 사용된다. 이를 종합해 보면 자기와 같은 친족집단에 소속한 평행사촌과 삼촌 및 이모에게는 각기 자기의 형제자매와 부모에게 사용하는 용어를 적용하지만, 다른 친족집단에 소속한 고모, 외삼촌 및 교차사촌들에게는 자기 집단의 사람들과는 다른 용어를 사용하고 있다.

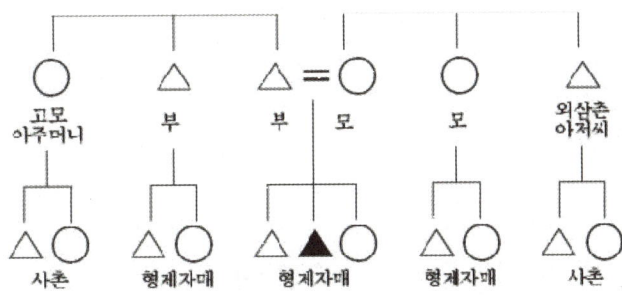

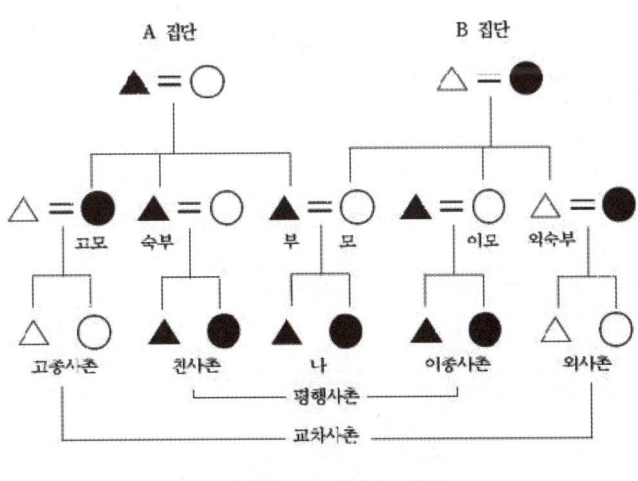

[반족의 성원권과 사촌의 구분]

(3) 에스키모형 친족용어

① 에스키모(Eskimo)족에서 나타나고 있는 친족용어체계로 미국을 비롯한 서구사회들이 이런 형태를 취하고 있다. 〈그림〉에서 나타난 바와 같이 에스키모형의 친족용어는 직계와 방계를 분명히 구분하고 있다는 점에서 기술적인 친족용어체계를 따르고 있는 셈이지만, 아버지 쪽의 친족을 어머니 쪽의 친족과 구별하지 않고 있음이 특징적이다.

② 즉 부모의 세대에서는 부모를 제외하고는 모두 남녀만 구분하여 아저씨, 아주머니로 부르고 있다. 자기의 세대에도 이런 형식을 따르고 있어서 자기의 형제자매만을 구분하고, 다른 사촌들은 모두 '사촌(cousin)'이라는 한 가지 용어를 쓰고 있다.

③ 이런 용어체계는 출계의 개념, 즉 동일조상의 직계자손들로 하나의 단합된 출계집단을 형성하고 가계를 영속시킨다는 개념이 없는 서구사회의 성격을 잘 반영하고 있다. 그리하여 어머니 쪽의 친척과 아버지 쪽의 친척을 구분할 필요도 없고, 그들을 각기 똑같은 거리상의 친족원으로 평가하고 있다. 즉 그들에게는 친사촌은 내 집단의 사람이요, 외사촌은 바깥사람이라는 관념이 없고 양자를 똑같은 비중의 사촌으로 보고 있다. 이런 의미가 에스키모형의 친족용어에 그대로 반영되어 있다.

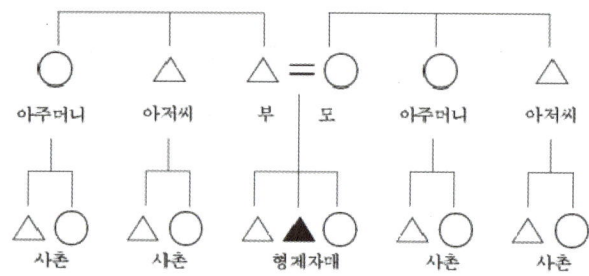

THEME 26 | 가족과 친족

기출문제

✓ 2007 임용

01 다음 글의 ㉠의 명칭을 적고 ㉠이 '남성 사냥꾼 가설'과 다른 점을 '양성 평등'의 측면에서 설명하시오. [3점]

> '남성사냥꾼 가설'은 남성들이 대규모 사냥을 통해 집단에 먹을 것을 공급해야 할 생존의 필요성 때문에 모든 인간다운 것들의 진화가 시작되었다는 가설이다. 이 가설은 남성과 여성의 차이를 성적 공격성과 수동성, 생산자와 생식자, 음식 공급자와 의존자, 문명인과 자연인의 관계로 설정하는 데에 한몫해 왔다. 이 가설을 주장한 사람들은 영장류 중 수컷이 훨씬 힘이 센 비비원숭이의 사례를 증거로 선택했다. 그러나 태너와 질만 등의 여성 인류학자들은 ㉠<u>대안적인 가설</u>을 내세우면서 남성사냥꾼 가설이 진화를 남성중심적 시각으로 설명했을 뿐만 아니라, 증거가 빈약하다고 주장했다. ㉠은 초기 인류가 대규모의 집단 사냥을 했다거나 일대일의 짝결속을 했다는 증거가 없고, 원시적인 수렵채집 사회에서 사냥보다 채집이 생계에서 차지하는 비율이 훨씬 높았다고 하면서 남성사냥꾼 가설을 비판하였다.

• ㉠의 명칭 :

• 다른 점 :

02 표에 대한 해석으로 옳은 것을 <보기>에서 모두 고른 것은?

<2009 임용>

〈표 1〉 가구원 수별 가구 분포

지역	연도	일반 가구	가구원 수별 가구 분포(%)				
			1인 가구	2인 가구	3인 가구	4인 가구	5인 이상
A	1980	4,800	5.0	10.7	15.3	22.3	46.7
A	2000	11,000	14.6	16.8	21.5	33.6	13.5
B	1980	3,300	5.0	10.3	13.3	17.4	54.0
B	2000	3,100	18.9	27.3	18.4	21.7	13.7

〈표 2〉 세대별 가구 분포

지역	연도	혈연 가구	세대별 가구 분포(%)			
			1세대	2세대	3세대	4세대 이상
A	1980	4,400	10.0	76.1	13.6	0.3
A	2000	9,500	14.0	76.8	9.1	0.1
B	1980	3,100	7.6	68.3	23.2	0.9
B	2000	2,500	27.6	59.1	12.9	0.4

* 혈연 가구 : 일반 가구에서 비혈연 가구와 1인 가구를 제외한 가구임

―――――< 보 기 >―――――

ㄱ. 핵가족화는 A지역에 비해 B지역에서 더 많이 진전되었다.
ㄴ. 2000년 기준으로 1인 가구의 수는 B지역이 A지역보다 더 많다.
ㄷ. 1980년 기준으로 비혈연 가구의 수는 A지역이 B지역보다 더 많다.
ㄹ. A지역에서 혈연 가구의 증가율은 1세대 가구 수의 증가율보다 더 크다.

① ㄱ, ㄴ ② ㄱ, ㄷ ③ ㄴ, ㄹ
④ ㄱ, ㄷ, ㄹ ⑤ ㄴ, ㄷ, ㄹ

✓ 2010 임용 2차

03 (가)에 나타난 우리나라 인구 현상의 특징을 사회문제라는 관점에서 설명하고, (나)와 (다)에서 각각 제기하고 있는 사회문제의 원인과 유추할 수 있는 대책에 대해 논하시오.

(가) 다음은 우리나라의 인구 현황과 변화에 대한 자료이다.

출생아 수 및 합계 출산율

출생아 수(천명) / 합계 출산율(명)

연도	출생아 수	합계 출산율
1980	865	2.83
1990	659	1.60
2000	637	1.30
2001	555	1.17
2002	492	—
2003	491	—
2004	473	—
2005	435	1.08
2006	448	—
2007	493	1.26
2008	466	—
2009	488	1.22

인구구조 변화 비교(2010년, 2050년)

구분	0-14세	15-64세	65세 이상
세계 '10	26.9	65.5	7.6
세계 '50	19.6	64.1	16.2
선진국 '10	16.5	67.5	15.9
선진국 '50	15.4	58.4	26.2
개도국 '10	29.2	65.0	5.8
개도국 '50	20.3	65.0	14.6
한국 '10	16.2	72.9	11.0
한국 '50	8.9	53.0	38.2

자료: 통계청

(나) 과거와 달리 자녀 키우기가 쉽지 않은 현실이다. 자녀 교육이 강조되고 있고 자녀 양육을 위해 부모가 투입해야 하는 시간과 경제적 자원의 양은 상당한 수준에 이르는 실정이다. 우리나라의 중산층 가족은 가족의 물적, 사회적, 문화적 자원을 자녀들의 성공 가능성을 확장시키는 데 집중하는 경향이 있다. 중산층 가족에서 육아와 교육 영역에서 '소자녀'는 가족의 생존 방법이 되고 있다. 그리고 도시의 저소득층이나 농촌의 많은 남성들은 가족을 구성할 물적, 사회적, 문화적 자원이 점점 적어져 우리나라 여성을 배우자로 하는 가족을 구성하는 것 자체가 어려워지고 있다.

(다) 인간이 노화가 자연스러운 생물학적 현상임에도 불구하고, '노인'이 사회적으로 규정되고 있는 것도 사실이다. 따라서 노인문제를 파악하려면 누가 '노인'으로 규정되고 있고, 노화와 관련된 지위와 역할이 어떻게 부여되는지, 그 사회가 노인들에 대한 이미지를 어떻게 왜곡시키고, 노인들은 사회의 중심부로부터 고립시키고 있는가 하는 사회적 차원의 인식과 함께 노인들 스스로가 이를 어떻게 받아들이고 있는가를 알아야 한다.

✓ 2015 임용

04 다음은 김 교사가 실행한 수업의 일부이다. … (중략) … 호피(Hopi) 인디언의 혈통 체계를 가진 사회의 특징들을 논술하시오. [10점 중 일부]

○ 친족집단의 혈통 체계는 지역에 따라 다양할 수 있습니다. 오늘은 혈통 체계의 종류 중 하나에 대하여 학습하겠습니다.

○ 우선 동영상 하나를 보겠습니다. 여러분에게 보여줄 동영상은 이 혈통 체계의 가장 전형적인 사례로 알려진 호피(Hopi)인디언에 관한 것입니다.

○ 결혼 후 자신의 친족 집단을 선택할 수 있는 사모아 섬의 혈통 체계는 이 개념에 해당하지 않습니다.

○ 호피 인디언의 혈통 체계를 도식화하면 다음 그림과 같습니다.

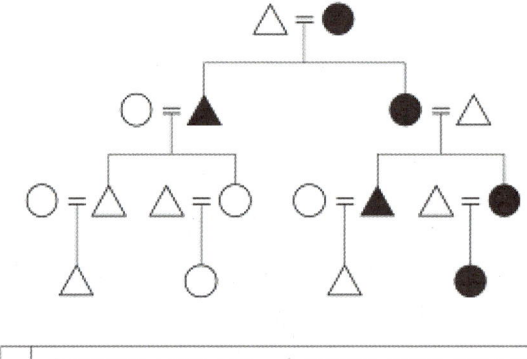

범례	▲ 친족집단 성원인 남자	△ 친족집단 성원이 아닌 남자
	● 친족집단 성원인 여자	○ 친족집단 성원이 아닌 여자
	= 부부관계	⌐ 형제·자매관계	│ 부모·자녀관계

○ 호피 인디언의 사례를 통해 이 혈통 체계의 속성을 정리해보고, 그 문화적 의미를 심층적으로 이해해 봅시다.

○ 오늘 배운 개념과 동위 개념으로는 어떤 것이 있는지 개념 지도를 그려봅시다.

… (하략) …

✓ 2020 임용

05 다음은 친족에 관한 글이다. 괄호 안의 ㉠에 들어갈 용어를 제시하시오. [4점 중 일부]

(가) 인류 사회는 친족이란 조직을 만들어서 공동체 생활을 해 왔고 이를 유지하기 위해서 각 사회마다 다양한 관습법을 만들어 냈다. 친족을 구성하기 위해서 가장 중요한 일은 새로 태어나는 아기들의 소속을 어디로 정할 것인가의 문제이다. (㉠)은/는 개인의 혈통을 따져 그 개인이 부모의 친족집단 중 어디에 소속되는가를 정하는 규칙을 말한다. 개인을 특정한 친족집단의 성원으로 소속시키는 방법에는 아버지 쪽이나 어머니 쪽으로 정하거나 원칙이 고정되어 있지 않고 상황에 따라 선택해서 정하는 것이 있다. 이를 순서대로 나타내면 다음 그림과 같다.

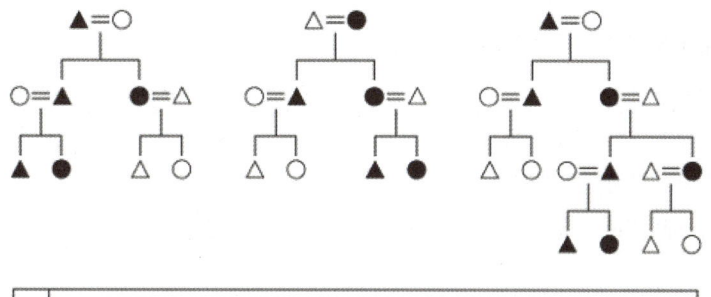

범례
▲ 친족집단 성원인 남자   △ 친족집단 성원이 아닌 남자
● 친족집단 성원인 여자   ○ 친족집단 성원이 아닌 여자
= 부부관계   □ 형제·자매관계 | 부모·자녀관계

… (중략) …

✓ 2004 임용

06 다음은 산업화와 도시화에 따른 농촌의 변화상을 기술한 글이다. 이러한 현실을 반영할 때 농촌에서 발생할 수 있는 사회 현상을 인구 구성의 측면에서 3가지만 쓰시오. [3점]

우리나라에서는 1960년대의 급격한 경제성장 과정에서 도시화가 급속히 이루어졌다. 과거 전통적 농경사회에서는 농촌이 생산 활동의 중심이었다. 하지만 도시를 중심으로 산업화가 이루어지면서 농촌의 많은 젊은이들이 일자리를 찾아 도시로 이동하였다. 그런데 한 번 도시로 이동한 사람들은 대부분 도시에서 경제적 기반을 잡아 농촌으로 되돌아오지 않았다. 이촌향도 현상은 점점 더 심화되었고 농촌에 남은 사람들의 생활은 점점 더 열악해져 갔다.

THEME 27 | 문화의 의미와 구성 요소

1. 문화의 의미

(1) **좁은 의미의 문화(일상적 문화 개념)**
   ① 발전된 생활 양식, 품위 있는 생활 방식, '개화된 것', '발전된 것'
      예 문화인, 문화 생활, 신문의 문화면 등
   ② 가치 판단이 개입된 개념
   ③ 야만과 대비되는 개념

(2) **넓은 의미의 문화(학문적 문화 개념)**
   ① 한 사회의 구성원들이 후천적인 학습을 통해서 공유하고 있는 모든 생활 양식
      예 음식 문화, 청소년 문화 등
   ② 가치판단과 무관한 개념
   ③ 자연과 대비되는 개념

2. 문화 인류학에서의 문화 정의

(1) **총체론적 관점**
   ① 영국의 인류학자 타일러(E.B.Tylor)는 저서 《원시문화 : Primitive Culture》(1871)에서 문화란 "지식·신앙·예술·도덕·법률·관습 등 인간이 사회의 구성원으로서 획득한 능력 또는 습관의 총체"라고 정의를 내림. 타일러의 문화 개념은 문화를 인간 삶의 방식과 산물이라고 보는 광의의 개념으로 문화를 역사적으로, 사회적으로 형성된 인간 생활양식의 총체로 보는 관점임
   ② 화이트(L.A.White)는 인간이 상징(symboling)을 사용하는 유일한 동물임에 유의하여 이것이 바로 문화의 기초라고 파악하고 있음. 즉, "상징행위에 의거한 사물 및 사건들을 신체 외적인 맥락, 즉 인간 유기체와의 관련에서보다는 다른 상징물들과의 관련에서 고려했을 때 그것을 문화"라고 부름
   ③ 문화 과정 속의 제요소 간의 상호작용에 관심을 가지는 연구자에게 효과적인 문화개념

(2) **관념론적 관점**
   ① 구드이나프(W.H. Goodenough)에 의하면, 문화란 구체적으로 관찰된 행동 그 자체가 아니라, 그런 행위를 위한 또는 그런 행위를 규제하는 규칙의 체계를 말함. 즉, 한 사회의 성원들의 생활양식이 기초하고 있는 관념체계 또는 개념체계를 문화로 간주함
   ② 총체론적인 전망에서 본 문화의 한 부분인 주관적인 측면을 강조하여 관념적인 영역에만을 한정하여 문화로 간주하는 입장

③ 인간의 사고와 행위를 연구대상으로 하여 무엇이 그것을 가능하게 했는지에 초점을 두고, 그것을 가능하게 한 기본적 원리를 밝혀 내려는 연구자들에게 효과적인 문화개념

3. 문화인류학적 연구의 2가지 입장

(1) 유형론(or 통합체론)
① 문화의 보편적 측면을 강조하면서 추상적으로 통합된 이미지를 문화로 규정
② 그 이미지 속에 내재한 심층적인 규칙이나 질서를 이해하고 파악해내는 작업을 중요시
③ 대표 학자
: 크로버(A. L. Kroeber), 베네딕트(R. Benedict), 레비스트로스(C. Lévi-Strauss) 등

(2) 맥락론
① 거대하고 보이지 않는 심층구조보다는 일상생활에서 나타나는 구체적인 삶의 모습에 관심을 가짐
② 맥락적이고 상황적인 다양한 일상적 문화를 연구하려 함
③ 대표 학자 : 보아스(F. boas), 사피어(E. Sapir), 말리노프스키(B. Malinowski) 등

📖 문화인류학과 사회학에서의 문화 정의

문화인류학에서는 전통적으로 문화를 '총체적, 포괄적 의미'로 사용해왔다. 문화는 물질적인 것과 정신적인 것의 총체로 이해되거나, 경제적인 것, 정치적인 것, 사회적인 것의 총체로 이해되었다. 그런데 현대사회에서 국가와 시민사회가 분리되고 경제와 정치의 상대적 자율성이 커지면서 문화를 '부분적 특수적 의미'로 사용하려는 시각이 형성되었다.

사회학에서는 대중문화의 발달에 따라 문화를 일상생활과 여가의 영역으로 한정하려고 한다. 특히 문화를 경제적 생산 및 노동의 영역과 구별하여 여가생활과 오락의 영역으로 규정한다. 대중매체, 오락, 공연, 예술, 문학, 패션 등의 소비대중문화와 여행, 관광, 쇼핑, 외식 등의 여가생활이 이에 해당한다. 이때 문화는 '지적·정신적·심미적·예술적·오락적 작품이나 실천들' 등과 같은 정신문화와 이와 관련된 생산 및 소비활동들, 그리고 대중문화, 여가생활 등 일상적 삶을 포괄하는 것으로 이해된다.

이처럼 문화를 좁은 의미로 이해하면, 문화영역은 경제영역이나 정치영역과 구별되는 시민사회의 일상적 삶의 영역으로 한정할 수 있다. 그렇지만 현실적으로 문화는 경제나 정치와 밀접히 연관되어 있어 경제나 정치로부터 문화의 경계선을 엄밀히 긋는 것은 불가능하다. 다만 문화적 삶의 원리는 경제적 계산을 통해 물질적 이익을 추구하는 경제나, 권력을 통해 영향력을 행사하려는 정치와 달리 지적·정신적·정서적 의미나 가치를 추구한다는 점에서 그 차이가 있다고 할 수 있겠다.

4. 문화의 구성 요소

물질 문화		• 생활에 필요한 재화(주로 의식주와 관련) +기술 • 요소 : 음식, 의복, 주택, 기술, 무기 등
비물질 문화	제도 문화	• 구성원의 행위를 규제하거나 관계를 규정하는 규범이나 원리 • 요소 : 가족, 친족, 혼인, 정치, 경제, 법 규범 등
	관념 문화	• 개인이나 집단이 가지는 의미나 가치(행위의 방향을 제시) • 요소 : 신화(神話), 전설, 철학, 언어, 예술, 종교 등

5. 상징(simbol)

(1) **의미**
   ① 어떤 것을 나타내거나 지시하거나 표시하는 몸짓, 물건, 기호
   ② 그것이 갖고 있는 본래의 속성이 아닌 다른 어떤 것을 뜻하거나 어떤 것으로 대표되는 현상
   ③ 상징행위란 어떤 물체나 행동에 대해 의미를 부여하는 행위를 말함

(2) **상징의 특성**
   ① 자의적인 특성을 지님
   ② 집합적 창조물
      → 상징의 공유는 집단의 경계를 정하고, 집단에의 소속여부의 판단 기준이 됨
   ③ 의미의 변화가 유연하게 이루어짐

(3) **화이트(L. A. White)** : 인간은 상징을 다루는 능력이 있다는 점에서 다른 동물과 구별되며 이것이 문화의 기초라고 주장

(4) **상징의 종류**
   ① 지시상징 or 지칭상징(indicative symbol) : 특정 사물을 직접 지시하는 상징
   ② 표상상징(representitive symbol) : 그것이 지칭하는 사물을 넘어서 포괄적인 의미를 갖는 상징
      → 문화의 연구대상으로 중요성을 가짐

(5) **대표적 상징**
   ① 언어
      ㄱ. 단순한 의사소통 이상의 기능
      ㄴ. 사용집단의 관심의 영역과 종류를 한정
   ② 예술 : 하나의 문화 또는 한 시대의 정신을 나타내는 표상상징을 만드는 활동

📖 사피어(E.Sapir) - 워프(B.L Whorf)의 가설

우리들이 보통 의식하지 않는 언어의 강제력이 사람들의 경험의 방식을 규정하며 이것을 사람이 피할 수 없다는 언어결정론을 말함. 즉 동일한 현상이라도 언어적 배경이 다르면 인식의 방법이 달라진다는 주장이다. 그들의 가설에 따르면 언어란 사상이나 경험을 전달하는 상징적 도구일 뿐 아니라 언어 자체가 비판의 기준을 가진 힘으로서 인간에게 작용한다고 한다. 즉 언어는 무의식 속에 투사된 내적 세계를 경험의 세계로 끌어올려 실제적 경험을 규정하는데, 이것을 다른 말로는 '강요된 관찰'(forced observation)이라고 한다.

6. 가치(value)와 규범(norm)

(1) **가치**
  ① 추상적이고 포괄적인 방향을 제시하는 행동지침
  ② 사람들이 가지고 있는 신념, 그리고 행동을 지배하는 중요한 감정의 체계
  ③ 규범보다 상위의 개념이며, 규범의 정당성 근거가 됨
  ④ 하나의 사회 또는 문화권 → 공유된 문화적 가치 → 성원들의 비슷한 행동양식

(2) **규범**
  ① 구체적인 행동지침
  ② 대부분의 규범은 가치에서 유래하거나 가치와 연관되어 있지만, 모든 규범이 다 그런 것은 아니고 순전히 기술적 고려에서 발생하기도 함

(3) **규범의 종류 - 섬너(W. Sumner)**
  ① 민습(folkway)
    ㄱ. 일상적으로 사람들이 준수하는 규범으로 바람직하다고 선호되는 규범
    ㄴ. 개개인에게 선택의 여지가 큰, 비교적 사회적으로 덜 중요한 규범
    ㄷ. 위반시 가해지는 사회적 제재는 경미
    ㄹ. 옷을 입는 방식, 수저를 사용하는 법, 식탁에서의 에티켓 등이 해당됨
  ② 원규(mores)
    ㄱ. 사회구성원의 복지와 사회의 안녕을 위해 매우 중요하게 여겨지는 규범
    ㄴ. 위반시 극히 심한 사회적 제재가 가해짐
    ㄷ. 행위 그 자체에 한하여 처벌하는 법과 달리, 그 행위를 넘어서 위반자의 모든 생활은 물론 그 가족이나 친척에게까지도 영향을 미침
    ㄹ. 근친상간 금기, 전쟁이나 정당방위가 아닌 살인행위 등이 해당됨
  ③ 법규범(laws)
    ㄱ. 의식적으로 제정하고 특정 권위에 의해서 집행하는 규범
    ㄴ. 민습이나 원규가 공식화될 수 있음
    ㄷ. 법규범이 원규와 일치하지 않을 때 사회적 긴장을 초래

7. 문화에 대한 사회학적 관심

(1) 고전 사회학자들의 문화에 대한 관심 : 당시 경제 중심적, 물질 중심적 사회관에 대한 비판으로 제시

① 뒤르켐
ㄱ. 사회의 물질적, 산업적 영역과 정신적, 도덕적 영역을 구분하면서, 사회통합을 위해서는 정신적, 도덕적 통합이 핵심적 요소라고 생각함
ㄴ. 『종교생활의 원초적 형태』에서 사회집단이 공유하는 문화적 신념, 도덕적 가치, 상징, 사상 등을 의미하는 '집합 표상'(collective representation) 개념을 제시
ㄷ. 문화를 사회통합의 핵심적 요소이며 사회질서을 이해하는 중요한 부분으로 생각

② 베버
ㄱ. 사회적 상호작용에 내재하는 의미의 주의주의적(voluntaristic) 토대를 강조
ㄴ. 인간 행위는 특정한 물질적 힘의 작동으로부터 자동적으로 흘러나오는 것이 아니라 문화적 가치에 의해 형성된 개인의 내면적 의지나 동기에 의해 이루어진다고 봄
ㄷ. 프로테스탄트의 금욕 윤리가 현대자본주의의 근면, 절약 정신과 선택적 친화성을 지님으로써, 자본주의 발달에 필요한 핵심적인 정신적, 문화적 동기를 부여함을 강조

③ 짐멜
ㄱ. 『돈의 철학』에서 현대의 '화폐물신주의'를 예견
ㄴ. 현대 자본주의 사회의 문화는 '수평화 과정'으로 나아가는 경향이 있음
ㄷ. 문화적 대상의 다양한 내적 가치는 '돈의 논리'가 지배하게 되면서 매우 이질적인 요소들을 돈으로 평가하는 획일화 과정을 겪음
ㄹ. 모든 것을 하나의 차원, 즉 현대의 합리적이고 계산적인 성격으로 환원하는 경향이 현대사회의 비극이라고 비판

④ 마르크스 : 경제적 관계를 중요시하면서도 문화와 이데올로기에 의한 지배의 정당화를 비판함

(2) 문화에 대한 사회학적 관심의 확산 : 진보적, 비판적 사회과학

① 그람시
ㄱ. 문화를 시민사회에서 헤게모니적 지배의 중요한 요소로 봄(시민사회에서 지배계급은 지적·도덕적 지도력, 즉 헤게모니를 행사하기 위해 문화를 이용)
ㄴ. 홀(S. Hall) 역시 그람시를 따라 문화영역을 저항과 동의가 교차하는 이중의 정치적 공간으로 정의

② 프랑크푸르트학파 : 자본주의 사회에서 문화산업의 발달이 자본주의적 지배를 정당화하는 작용을 한다는 점을 강조

THEME 27 | 문화의 의미와 구성 요소

✓ 2009 임용

01 다음은 문화에 대한 두 가지 개념 정의이다. 이에 대한 설명으로 옳은 것을 <보기>에서 모두 고른 것은?

> (가) 문화는 인간이 사회 구성원으로서 얻은 지식, 신앙, 예술, 법률, 도덕, 관습 그리고 다른 모든 능력이나 습관을 포함하는 복합적 총체이다.
> (나) 문화는 사람의 행위나 구체적인 사물 그 자체가 아니라 그것으로부터 추출된 하나의 추상으로서 사람들의 의식 속에 있는 모델이며, 이것에 의해 사람들의 상호 작용이 가능하게 된다.

< 보 기 >

ㄱ. (가)는 문화가 후천적으로 학습된 것임을 의미하고 있다.
ㄴ. (나)는 인간의 행위를 관찰한 결과가 문화라고 인식하는 입장이다.
ㄷ. (가)와 (나)는 문화가 사회 구성원들에 의해 공유된 것이라는 입장을 취한다.
ㄹ. (가)는 (나)에 비해 사람들이 어떤 행동을 하게 되는 기본적인 규칙이나 원리를 밝히는 데 더 유리하다.

① ㄱ, ㄷ   ② ㄴ, ㄷ   ③ ㄴ, ㄹ
④ ㄱ, ㄴ, ㄹ   ⑤ ㄱ, ㄷ, ㄹ

THEME 28 | 문화를 바라보는 관점과 태도

1. 문화를 바라보는 관점

📖 총체론적 관점

한 사회의 문화는 다양한 요소들로 구성되어 있으며, 각 요소는 개별적으로 존재하는 것이 아니라 다른 문화 요소와 상호 유기적인 관계를 맺으면서 하나로서의 전체를 이루고 있다. 따라서 어떤 문화 현상을 제대로 이해하기 위해서는 다른 문화 요소와 연관 지어 바라보고 전체 문화의 맥락 속에서 의미를 파악해야 하는데, 이를 총체론적 관점이라고 한다.

[비상]

문화는 다양한 요소가 상호 유기적 관계를 맺으며 전체를 이룬다. 개별 문화 요소만 분리해서 보면 해당 문화가 지닌 의미를 제대로 이해하기 어려울 수 있다. 특정 문화 현상을 이해할 때 여러 문화 요소와의 관계 속에서 이해하는 관점을 총체론적 관점이라고 한다. 사회마다 특정 음식에 대한 금기가 있을 수 있다. 인도의 힌두교도들은 쇠고기를 먹지 않고, 이슬람교도들은 돼지고기를 먹지 않는 것이 그 예이다. 음식 문화 속의 금기를 해당 사회의 자연환경, 농경 방식, 종교나 가치관 등과의 관계 속에서 살펴보아야 해당 문화를 올바르게 이해할 수 있다.

[지학사]

📖 쳄바가 마링족의 카이코(Kaiko)의례

뉴기니 고산 지대의 쳄바가 마링족은 돼지를 숭배한다. 이들 돼지 애호자들은 기르고 있는 돼지를 자기 식구로 생각한다. 마링족은 12년에 한번 꼴로 돼지축제를 여는데, 이 축제 때에는 자기 부족들이 기르고 있는 대부분의 다 큰 돼지를 한꺼번에 잡아 게걸스럽게 먹어치운다. 이 축제는 거의 일 년이나 계속된다. 마링족은 이 축제를 '카이코'라고 부른다. 축제가 끝 난 후에는 두세 달 이내에 다른 부족과 전쟁을 하여 많은 사상자를 내며 영토를 빼앗거나 빼앗긴다. 남아 있는 돼지들은 전쟁 동안에 드리는 제사에 바쳐진다. 돼지들이 거의 남아 있지 않다고 생각이 들면 전쟁이 종식되고 성역에 모여 '룸빔'이라는 작은 나무들을 심는다. 그리고 전쟁 마술사는 전쟁이 끝났으며 룸빔이 땅에서 자라나고 있는 한 전쟁은 없다고 조상들에게 굳게 맹세한다. 그 때부터 살아있는 자들의 돼지 사육은 시작이 된다. 그리고 다시 '카이코'에 대비하여 충분한 돼지무리를 키워 놓았을 때에만, 무사들은 '룸빔'을 뽑고 전쟁을 준비한다. 축제의 완전한 한 사이클 – 카이코 이후 전쟁, 룸빔의 식목, 새로운 돼지사육, 룸빔의 벌채, 새로운 카이코 등으로 연속된다 – 이 부족이 사용할 수 있는 자원과 생산 활동에 적당한 인구 수 및 가축 수의 규모와 그 분배를 적절하게 조절한다.

THEME 28 문화를 바라보는 관점과 태도

> ### 📖 비교론적 관점
>
> 한 사회의 문화를 바르게 이해하려면 다른 사회의 문화와 비교하여 연구하는 것이 필요하다. 비교론적 관점은 서로 다른 사회의 문화에 나타나는 유사성과 차이점을 분석하여 한 사회의 문화가 지닌 보편성과 특수성을 파악하는 관점이다.
>
> 문화의 비교 연구가 가능한 것은 전 세계 여러 문화의 모습이 다양하더라도 그 속에 보편적인 공통분모가 있기 때문이다. 즉 모든 인간 사회에서는 그 구체적인 모습에는 차이가 있지만 가족, 친족, 혼인, 정치, 법, 종교, 언어, 예술 등의 보편적인 문화가 나타난다.
>
> 우리는 자기 문화는 당연한 것으로 여기고, 다른 사회의 문화는 비판적으로 보는 때가 많아 자기 문화를 객관적으로 파악하기 어렵다. 따라서 비교론적 관점을 토대로 문화를 연구하면 자기 문화의 모습을 더욱 명료하게 볼 수 있고, 다른 문화를 더 깊이 이해할 수 있다.
>
> [미래엔]

2. 문화를 이해하는 태도

: 특정 문화를 기준으로 문화의 우열를 평가하는 태도에는 자문화 중심주의와 문화 사대주의가 있다.[75] 반면, 문화 상대주의는 문화의 우열을 평가할 수 없다고 보고 그 사회의 맥락에서 문화를 이해하려는 태도를 가리킨다. (천재)

(1) 자문화 중심주의 [76]

> 문화를 이해하는 태도 중에서 자기 문화만을 우수한 것으로 여기고 그것을 기준으로 다른 문화를 낮게 평가하는 태도를 자문화 중심주의라고 한다. 사람은 누구나 자신에게 익숙한 것을 기준으로 판단하려는 경향이 있어서 낯선 문화를 접하였을 때 이러한 자문화 중심주의에 빠지기 쉽다. 자문화 중심주의는 다른 국가나 문화권뿐만 아니라 다른 인종, 성별, 계층, 세대의 사람들을 대할 때도 나타날 수 있다.
>
> 자문화 중심주의는 자기 문화에 대한 자부심을 높이고 집단 내 결속력을 강화한다는 장점이 있다. 그러나 색안경을 끼고는 본래의 색을 제대로 알아볼 수 없는 것처럼 자기 문화만을 우월하다고 여기는 태도는 다른 문화를 있는 그대로 이해하는 데 방해가 된다. 또한, 자기 문화의 우수성만을 강조한 나머지 *국수주의로 흐르거나 *문화 제국주의로 변질될 수도 있다. 한편, 다른 문화와의 접촉이 많은 현대 사회에서 자문화 중심주의는 문화 간 갈등으로 이어질 수 있고, 한 사회 내에서도 여러 문화가 공존하는 다문화 사회의 경우 서로 간의 이해를 방해하여 사회 통합을 저해할 수 있다.
>
> [비상]
>
> *국수주의 : 자기 나라의 전통이 다른 나라보다 뛰어난 것으로 믿고, 그것을 유지하고 발전시켜 나가기 위해 다른 나라나 민족을 배척하는 것을 말한다.
> *문화 제국주의[77] : 자기 문화의 우월성을 강조하면서 자신의 문화를 다른 문화에 강요하는 것을 말한다.

---

75) 2025 임용 : 2가지 상반되는 태도(자문화 중심주의, 사대주의)가 공통적으로 안고 있는 부정적 측면 서술
76) 2023 임용 : 자문화 중심주의 (단답), 자문화 중심주의의 긍정적 측면 서술.
77) 2025 임용 : 문화 제국주의 (단답)

📖 오리엔탈리즘(orientalism)과 역오리엔탈리즘(inverse orientalism)

사이드(E.Said)는 '오리엔탈리즘'을 다음과 같이 정의하고 있다.

첫째, '오리엔트에 대한 지식 또는 학문'으로서, 이 지역에 관한 보고서, 학술적인 글, 문학작품, 예술 등을 가리킨다. 오리엔트란 서유럽의 동쪽에 위치한 과거 비잔틴 제국의 땅을 의미하며 주로 중동 및 북아프리카, 남동부 유럽 일부 지역이 여기에 해당한다.

둘째, '오리엔트' 또는 좀더 일반적으로 '동양'과, '서양' 사이에 질적인 차이가 존재한다는 인식을 말한다. 서양이 이성적이고 주체적이고 남성적인 세계라면 동양은 감성적이고 의존적이고 여성적이라는 것이다.

셋째, 오리엔트 지역을 지배하고 억압하는 것을 목적으로 만들어진 지식을 말한다. 동양을 스스로 자신의 운명을 개척할 능력이 없는 유약한 존재로 규정함으로써 서양의 정치적·경제적·문화적 지배를 정당화하려는 목적으로, 서양의 국가들이 중심이 되어 생산한 지식이었던 것이다.

'역오리엔탈리즘' 역시 여러 가지 의미가 있다.

첫째, 오리엔트인들 자신이 오리엔트의 문제를 문화적 차원의 문제에 국한시키는 경향을 가리킨다. 서구의 지배를 보편적인 역사적 단계로서의 현대나 자본주의의 산물이 아니라 서구 기독교 문명의 영향으로 그리고 기독교 세계와 이슬람 세계의 대립 구도의 산물로 인식하는 것이 대표적이다.

둘째, 오리엔탈리즘의 대상이 된 사회가 오리엔탈리즘적 사고를 내면화해 자기 자신이나 자신보다 열등한 사회를 이러한 시각에서 해석하는 것이다. 한국인들이 미국인들의 인종주의를 내면화해 흑인이나 동남아시아인들을 멸시하는 '아류 오리엔탈리즘'이나 '사대주의'가 이러한 예가 될 수 있다.

셋째, 서구의 오리엔탈리즘을 정반대로 뒤집어 오히려 자신들이 우월하다고 인식하는 것이다. 한국이 세계의 중심이고 한국 또는 아시아의 정신문화가 서양의 물질문명보다 우월하다는 사고가 이에 해당한다.

(2) 문화 사대주의[78]

다른 사회의 문화를 우월한 것으로 여기고 추종하면서 자신의 문화를 열등하다고 생각하는 태도를 문화 사대주의라고 한다. 문화 사대주의는 다른 문화의 좋은 점을 받아들여 자기 문화 발전의 계기를 만들기도 한다. 하지만 다른 사회의 문화를 맹목적으로 추종하여 그 문화를 무분별하게 수용할 우려가 있다. 또 자기 문화에 대한 정체성을 잃게 하거나 고유문화의 유지를 어렵게 할 수 있다.

[천재]

다른 사회의 문화를 가장 좋은 것으로 여겨 그것을 동경하거나 숭상하고 자기 문화를 업신여기거나 낮게 평가하는 태도를 문화사대주의라고 한다. 문화 사대주의는 문화의 상대성을 부정하고 다른 사회의 문화에 편견을 가진다는 점에서 자문화 중심주의와 비슷하지만, 자신의 문화를 열등하게 여기고 다른 사회의 문화를 우월하게 평가한다는 점에서 자문화 중심주의와 구별된다.

문화 사대주의는 다른 문화의 좋은 점을 받아들여 자기 문화가 발전하는 계기가 될 수 있다. 그러나 다른 문화를 무분별하게 수용하면 문화의 주체성을 상실할 수 있다. 청나라를 세운 만주족이 한족 문화의 우수성을 동경하여 무분별하게 수용한 결과 한족 문화에 동화되어 만주족의 고유문화가 사라진 것을 예로 들 수 있다.

[미래엔]

---

78) 2025 임용 : 문화 사대주의(단답), 문화 사대주의의 역기능 서술

(3) 문화 상대주의와 극단적 상대주의 79)

자문화 중심주의와 문화 사대주의는 문화의 수준을 평가하는 절대적 기준이 있다고 보는 태도이다. 그러나 한 사회의 문화를 올바르게 이해하기 위해서는 그 사회의 자연환경과 역사적 맥락을 고려하여 각 사회의 문화가 지닌 고유한 특성과 가치를 인정하는 태도가 필요하다. 이러한 문화 이해의 태도를 문화 상대주의라고 한다. 오늘날과 같이 국제 교류가 활발한 상황에서 문화 상대주의는 세계의 문화적 다양성을 보존하는 데 이바지할 수 있다.

그러나 모든 문화를 무조건 존중해야 하는 것은 아니다. 예를 들어, 가족이나 부족의 명예를 실추하였다는 이유로 구성원을 살해하는 명예 살인과 같이 인간의 존엄성을 훼손하는 문화까지 인정해 주어야 하는 것은 아니다. 모든 문화를 무조건 인정하려는 극단적 문화 상대주의는 인간의 존엄성이나 생명 존중과 같은 보편적 가치의 실현을 저해할 수 있다. 따라서 극단적 문화 상대주의에 빠지지 않도록 유의하면서 문화의 다양성을 이해하고 공존을 위해 노력하는 자세가 중요하다. [지학사]

대부분 사람은 자신에게 친숙한 일상적인 생활 양식이나 관습은 옳고 좋은 것이며, 자신에게 익숙하지 않은 생활 양식이나 관습은 그르고 나쁜 것으로 생각하는 경향이 있다. 그러나 이러한 태도로는 다른 사회의 문화를 제대로 이해하기 어렵다. 한 사회의 문화는 그 사회가 처한 특수한 환경과 상황에 적응하는 과정에서 축적된 결과이고, 그 나름대로 가치를 지니기 때문에 문화 간에는 우열을 가릴 수 없다. 따라서 어떤 특정한 사회의 문화를 제대로 이해하기 위해서는 그 사회의 특수한 환경과 상황 및 역사적 맥락을 고려하는 태도가 필요한데, 이를 문화 상대주의라고 한다. 우리나라와 같이 다문화 사회에 진입하고 있는 사회에서 문화 상대주의는 타 문화를 올바르게 이해함으로써 문화적 다양성을 보존하는 데 이바지할 수 있다.

그러나 다른 사회의 문화를 문화 상대주의적 태도에 따라 이해해야 한다고 해서 모든 문화를 무조건 그 나름대로 가치가 있다고 보는 것은 적절하지 않다. 자유와 평등, 생명 존중, 정의 등과 같이 인류 사회에서 바람직한 것으로 인정되는 보편적 가치를 부정하는 문화까지도 문화 상대주의적 태도에 따라 이해해야 한다고 주장하는 것은 극단적 문화 상대주의에 해당한다. 이는 바람직한 문화 이해의 태도로 볼 수 없다. [미래엔]

---

79) 2023 임용 : 문화 상대주의 (단답), 극단적 문화 상대주의의 문제점 1가지 서술.

기출문제

THEME 28 | 문화를 바라보는 관점과 태도

✓ 1998 임용

01 다음과 같은 문화 인식에 관한 주장을 읽고, 물음에 답하시오. [4점]

> A : 세계화 시대에는, 의·식·주와 가족 관계, 그리고 종교와 제례(祭禮) 등에서 한국적 전통 문화를 지켜야 한다는 주장은 편견에 지나지 않는다. 미국과 서부 유럽 사회의 우월한 문화를 수용하는 것이 더 가치 있는 일이다.
>
> B : 한국 문화와 서양 문화는 서로 다르다. 의·식·주, 가족 관계, 종교와 제례 등은 한국적인 것이 더 좋기 때문에 서양 문화를 모방하려는 것은 주체성을 상실한 잘못된 태도이다.

1-1. A와 같은 태도를 무엇이라고 하는가? [1점]

1-2. B와 같은 태도를 무엇이라고 하는가? [1점]

1-3. 문화를 인식하는 올바른 태도가 무엇인지 40자 내외로 서술하시오. [2점]

✓ 2011 임용

02 다음은 문화 접근 방법에 대한 문화인류학자들의 글이다. 이에 부합하는 설명으로 옳은 것만을 <보기>에서 모두 고른 것은?

> ○ 우리가 문명을 가치 있다고 생각하는 것은 우리가 이 문명 속에서 태어나 줄곧 이 문명이 시키는 대로 해왔기 때문이다. 이렇게 생각해 보면, 감정과 이성 간의 균형을 취하는 방식이 우리와는 다른 문명의 가치를, 그 문명에서 나고 자라지 않은 우리가 이해한다는 것은 매우 어려운 일이다. 인류학적 연구들은 지금 이상으로 우리가 다른 사람들의 문화를 관용해야 한다는 점을 가르쳐 준다.
> ○ 우리 자신의 문화적 안경을 통해 남의 문화를 의식하고 분석적 시각에서 바라보는 것은 고통스러운 일이다. 우리의 안경을 완전히 벗어버릴 수는 없을지라도, 우리는 우리의 안경을 쓰지 않고 다른 민족의 문화적 안경을 통해 그들의 전통과 경험의 맥락에서 판단하고 분석해야 한다.

< 보 기 >

ㄱ. 문화들 간 공통 가치와 문화 유형 및 구조를 분석하는 것에 그다지 관심이 없다.
ㄴ. 현지조사를 통해, 귀납적·경험주의적 방식으로 민족지적 자료의 복원을 위해 노력한다.
ㄷ. 모든 문화가 대등하다는 것을 인정하되, 문화 이해의 기반은 객관적 합리성에서 찾는다.
ㄹ. 사회마다 그 사회의 통합과 질서를 유지시키는 고유문화를 갖고 있어 각각의 문화를 하나의 통합체로 간주한다.

① ㄱ, ㄴ ② ㄴ, ㄷ ③ ㄷ, ㄹ
④ ㄱ, ㄴ, ㄹ ⑤ ㄱ, ㄷ, ㄹ

✓ 2012 임용

03 (가), (나)에 대한 추론으로 옳지 않은 것은?

> (가) 사람들은 자기들에게 익숙한 것을 기준으로 다른 사람 또는 다른 민족이나 사회의 문화를 평가하는 경향이 있다. 모건(L. Morgan)의 경우 서구의 일부일처제, 유일신, 발달된 사회 조직이라는 기준에 따라 야만, 미개, 문명을 구분하였다. 그는 진정한 '문화'는 서구에만 존재한다고 믿었다. 이런 맥락에서 아직까지도 ㉠<u>일부 서구인들은 자신들이 혐오하는 음식을 먹는 아시아인들이나 아프리카인들을 비정상적이고 야만적이라고 비난하기도 한다</u>. 이렇게 자기에게 익숙한 것을 기준으로 세상을 보면 다른 민족의 문화를 무시하거나 혐오하게 된다. 그리고 이러한 무시나 혐오는 외국인에 대한 폭력, 인종 청소, 침략 등으로 나타나기도 한다.
>
> (나) 문화를 평가할 때는 그 사회가 처한 역사적, 사회적 맥락을 고려해야 하지만, 동시에 보다 객관적 입장에서 그 장단점을 볼 수 있어야 한다. 그렇게 하지 않으면, 문화상대주의 입장이라도 여러 가지 문제를 낳을 수 있다. 예컨대, ○○○는 서양과 다른 자기 문화의 독자성을 강조했다. 그에 따르면 민주주의나 인권 같은 서구의 가치는 문화가 전혀 다른 자기 민족에 맞지 않다는 것이다. ㉡<u>○○○는 보편적 기준에서 자기 문화에 대해 비판적으로 성찰하기를 거부하고, 권위주의적 체제를 수립하여 인권과 정치적 자유를 침해했다</u>. 그러나 그의 주장과는 달리 인권은 서구만의 가치가 아니라 인류 공통의 가치다.

① (가)는 문화에 대해 상대주의적 태도가 필요하다는 것을 보여준다.
② (가)의 ㉠은 문화를 총체적 생활 양식으로<보기>때문에 발생한다.
③ (나)는 문화상대주의가 보편적 가치와 결합되어야 한다는 것을 보여준다.
④ (나)의 ㉡은 극단적 문화상대주의가 자민족 중심주의에 빠질 수 있다는 것을 보여준다.
⑤ (나)에 따르면 (가)의 ㉠은 인권 운동가들이 아프리카의 여성할례 문화에 대해 비정상적이고 야만적이라고 비난하는 것과 구별해야 한다.

✓ 2023 임용

04 다음 글을 읽고 <작성 방법>에 따라 서술하시오. [4점]

> 대체로 사람들은 자신이 누리는 생활양식을 유일한 문화라 여기고 다른 유형의 생활양식은 낯설고 열등한 것이라고 생각하면서 성장한다. 문화 인류학자들은 이렇게 생각하는 태도를 (㉠)(이)라고 부른다. 이러한 태도는 종교적 선교나 식민 지배 등 타문화를 변화시키려 했던 행위로 이어져 인류 사회에 끊임없는 분쟁을 불러왔다.
>
> 이와는 반대로 (㉡)은/는 각각의 문화를 타문화의 기준으로 판단하는 것이 아니라 해당 문화의 고유한 가치가 존재한다고 전제한 후, 어떤 문화도 다른 문화보다 우월하지 않다는 입장을 취하는 것이다. 이러한 입장은 다름을 인정하는 태도에서 출발한다. 하지만 ㉢<u>특정한 문화에서 어떤 일이 일어나도 전혀 상관하지 않아야 하고, 문제를 제기하거나 변화시켜서는 안 된다고 보는 것</u>은 경계할 필요가 있다.

─── <작성 방법> ───

○ 괄호 안의 ㉠, ㉡에 해당하는 용어를 순서대로 쓸 것.
○ 괄호 안의 ㉠ 태도의 긍정적 측면 1가지와 밑줄 친 ㉢에 나타난 태도의 문제점 1가지를 순서대로 서술할 것.

✓ 2025 임용

05 다음을 읽고, <작성 방법>에 따라 서술하시오. [4점]

> 문화인류학자 모건(L. Morgan)은 『고대사회(Ancient Society)』에서 인류의 발전 단계를 야만·미개·문명 단계로 구분하고 서구사회를 문명사회로 규정하였다. 문화를 이해하는 이러한 태도는 서양 제국주의자들이 비서양사회를 계몽하고 구원한다는 명목으로 군대와 신부를 앞세워 침략한 사실에서 극명하게 나타난다. 콜롬버스가 아메리카 대륙을 발견했을 당시 이미 원주민들이 살고 있음에도 불구하고 '신대륙의 발견'이라고 표현한 것이나 중국인들이 주변 민족을 오랑캐라고 멸시한 것에서도 같은 태도를 찾아볼 수 있다.
>
> ⊙이와는 반대의 입장에서 문화를 이해하는 태도도 있다. 그것은 우리들의 무분별한 외국어 사용에서도 은연중에 나타난다. 예컨대 업무나 사업을 '프로젝트'라고 하거나 발표나 보고를 '프레젠테이션'이라고 하는 이면에는 그런 표현이 더 멋지고 세련되어 보인다는 태도가 깔려 있다. 최근에 건설된 아파트의 명칭 부여는 물론이고, 오래된 아파트의 우리말 명칭을 외국어 명칭으로 바꾸고 싶어하는 것도 같은 맥락으로 볼 수 있다.
>
> 문화를 이해하는 위의 두 가지 태도는 상반되어 보이지만, ⓒ공통적으로 안고 있는 부정적 측면이 있다.
>
> 한편 빠르게 진행되고 있는 세계화는 선진국이나 강대국의 문화를 동경하고 수용하는 태도와 맞물려 자본의 예속에 따른 문화 예속현상을 의미하는 (ⓒ)을/를 더욱더 가속화한다. 선진국의 자본주의적 물질문화가 후진국에 유입되면서 후진국의 생활양식을 파괴하는 것이 (ⓒ)의 대표적인 사례가 될 수 있다. 이러한 양상은 다국적기업을 통해 널리 확산되고 있다.

<작성 방법>

- 밑줄 친 ⊙에 해당하는 '문화 이해 태도'를 쓰고, ⊙의 역기능을 서술할 것.
- 밑줄 친 ⓒ에 대하여 서술할 것.
- 괄호 안의 ⓒ에 해당하는 용어를 쓸 것.

THEME 29 | 문화의 속성, 문화의 구분

1. 문화의 속성

(1) 공유성

① 사회 성원들은 그들의 생활양식을 구성하고 있는 중요한 요소들을 공유하고 있는데 이를 문화의 공유성이라 함
② 공유된 문화는 구성원들에게 다른 사회와는 구별되는 공통의 장(場)을 제공
③ 특정한 상황에서 상대방이 어떻게 행동할 것인지, 또 서로에게 무엇을 기대하고 있는지를 예측할 수 있게 하여 구성원들 사이의 원활한 사회 생활이 가능하게 함
④ 특정 행위를 용납하지 않음으로 해서 우리의 사고와 행동을 상당히 구속하고 제약
⑤ 공유된 무관심과 자문화 중심주의적 태도를 조장함
⑥ 사회 안에 존재하는 여러 하위 집단들에게 있어 내부적 결속을 가능하게 해주는 문화적 코드의 역할을 하기도 함

(2) 학습성

① 문화적 특성은 선천적이 아니라 후천적으로 성장 과정에서 학습에 의하여 얻어지는데 이를 학습성이라 함
② 선천적으로 타고나는 것이 아니라 사회화 과정을 통해 습득된 것이 곧 문화
③ 인간의 학습이 가능해지는 것은 무엇보다도 인간이 언어와 같은 상징을 사용하는 능력을 가지고 있다는 점에서 찾을 수 있음

(3) 총체성

① 각각의 문화요소는 하나의 전체 속에서 다른 것들과 유기적인 관련을 이루어 존재하는데 이를 총체성이라 함.
② 전체성, 또는 체계성이라고도 함
③ 어느 한 부분에 변동이 생기면 연쇄적으로 다른 부분에 영향을 끼침

(4) 축적성

① 동물과 달리 인간의 경우 이전 세대의 경험적 지식은 상징적인 수단인 언어를 통해서 다음 세대에 전해지고 계승되는데 이를 축적성이라 함
② 앞선 시대의 시행착오를 극복해가면서 좀더 내용이 풍부해지고 다양해짐
③ 학습을 통한 언어의 습득과 이를 통한 문화의 축적은 동물과 구분되는 인간 문화의 두드러진 특징

(5) 변동성

① 문화는 고정 불변의 것이 아니라 시간이 지나면서 변하게 되는데 이러한 문화의 속성을 변동성이라고 함.
② 사람들은 새로운 지식과 기술, 새로운 환경에 직면하면서 끊임없이 새로운 생활 양식을 모색하게 되는데, 그 새로운 생활 양식이 보다 효과적이라는 인식이 사회적으로 확산되면 낡은 양식은 대체됨

2. 문화의 구분

(1) 구성요소별 구분

문화요소 (문화특질)	• 문화를 구성단위에 따라 구분할 때 가장 낮은 단위의 것 → 어떤 하나의 행동이나 상징이 갖는 단순한 의미의 단위 → 문화요소는 구체적일 수도 있고 추상적일 수도 있음 예 서당, 굿, 신혼여행, 나노기술
문화복합	• 상호관련된 문화요소들로 구성된 문화적 단위 → 주어진 사회의 어떤 중심적인 가치나 제도의 유형

(2) 지역 및 계층별로 나타나는 생활양식의 차이에 따른 구분 - 하위 문화(subculture)

① 의미 : 전체문화와 관련되면서도 그것과 뚜렷이 구별되는 하위 집단의 문화
② 구분 단위가 문화요소나 문화복합과는 달리 '사람들의 집단'
③ 하위 문화는 전체적 문화로부터 상대적으로 구별되는 독자성을 가지는 문화이기 때문에, 이 문화에 참여하는 사람들에게, 지배적인 전체문화 속에서는 채울 수 없는 욕구를 충족시켜주고, 그들에게 심리적인 지주(支柱) 구실을 하는 경우도 많음
④ 다양한 하위문화의 존재는 문화의 획일화를 방지하고 문화에 동태성과 활력을 불어넣는 작용을 함
⑤ 하위문화 간의 구별, 즉 문화적 구별이 차별과 배제라는 지배현상을 내포할 수 있음
⑥ 하위 문화와 전체 문화 사이의 기능적 관계는 대개의 경우 상호 보완적이지만 하위 문화가 지배적 문화에 대립·저항하는 성격을 띠게 될 경우 반문화나 대항문화가 나타남
  ㄱ. 반문화(anti-culture)[80] : 사회의 지배적인 문화에 정면으로 반대하고 적극적으로 도전하는 하위문화
  ㄴ. 대항 문화(counter culture) : 지배문화를 단순히 파괴하려는 것이 아니라 새로운 질서에 의해 대치하려고 하는 하위문화

---

80) 2014 임용 : 반문화 (단답)

빈곤문화

도시문제 가운데 가장 중요한 것의 하나는 빈곤해결의 방안이다. 무엇이 빈곤을 낳으며 지속하게 하는지 사회병리학적 측면에서의 탐구가 그것인바 루이스(Oscar Lewis 1966)는 멕시코와 푸에르토리코의 빈민지역에 대한 조사 연구를 통하여 빈곤계층의 사람들에게서 공통적으로 발견되는 생활태도와 관념을 '빈곤의 문화(culture of poverty)'라는 용어로써 규정짓고, 이러한 빈곤의 문화에 의해서 빈곤은 끊임없이 지속된다고 암시하고 있다.

그에 의하면 빈곤계층 혹은 집단은 그 사회의 지배계층 또는 중심부분으로부터 소외되어 있거나 극히 미약하게 결합되어 있어서 그들의 사회경제적 생활과 심리적 적응조건 등은 결국 소외와 박탈에 의해 형성된다. 그들은 사회적으로 불안정한 결혼생활과 가족의 결속력 약화, 주거공간의 협소와 밀집으로 인한 사생활권의 결여, 남녀 역할의 무분별, 유년시절의 단축과, 어린이도 일찍부터 성인의 세계에 눈을 뜨고 그것에 참여하며, 소비지향성, 과시욕, 현실 위주의 가치관, 미래에 대한 불투명하거나 부정적 태도, 외부세계에 대한 무관심 또는 배타적 태도들을 지니며 주변성, 도와주는 사람이 없다는 사실에 대한 느낌, 의뢰심, 열등감 등으로 가득 차 있다는 것이다. 정책가나 행정가들은 이를 바탕으로 하여 빈민들에게 저축, 검소, 장래에 대한 낙관, 주위세계에 대한 통합의지 등을 고무시킴으로써 그들 스스로 빈곤을 극복하도록 유도한다.

그러나 이러한 빈민계층에 대한 해석은 그 후 많은 다른 인류학자들의 연구에 의하여 비판을 받았다. 즉 빈곤문화의 해석은 빈민계층이 아니라 사회의 지배계층의 문화를 척도로 하여 평가한 일종의 계급중심적 시각에서 행한 해석인 것이다. 이는 빈곤의 발생이나 지속의 책임을 일단 문화에 돌리며, 따라서 그러한 문화를 지니고 있는 빈민들에게 책임을 돌리는 결과가 된다. 비록 검소, 근면, 저축 등이 빈곤극복의 필요조건이긴 하지만 그것이 충분조건이 되지는 못한다. 빈곤은 문화에 의해서가 아니라 사회경제적 구조에서 그 근본원인을 찾아야 할 것이다. 빈곤문화는 빈곤을 낳는 구조의 결과인 것이다(Valentine C. 1968).

또한 빈민계층의 문화는 실제로 보는 각도에 따라 해석이 달라질 수도 있다. 그들의 생활모습은 오히려 외부세계에 대한 높은 관심, 중심부분의 문화에 대한 통합열망, 상호관심과 협력, 공동체의식, 강인한 삶의 의지와 노력 등으로 해석된다. 따라서 그들 특유의 문화는 빈곤 속에서 택한 하나의 삶의 전략이며 그것에 의하여 빈곤이 재생산되는 것은 아니라는 견해이다. 이러한 해석상의 차이는 하위문화 연구와 해석에 있어서 주의해야 할 점이 무엇인지를 잘 보여준다. 문제는 빈민계층의 생활실태와 문화를 정확히 파악하며, 그들의 내적인 사회조직과 성격에 대한 이해를 바탕으로 정책을 세우고 수행해 나가야 할 것이다(김은실 1983).

도시문제에 관하여서 오늘날 급진주의적 시각이 점차 많이 대두되고 있다. 도시빈곤계층과 범죄의 존재는 정치와 경제제도의 모순과 계급 간의 차별주의에 기인한다고 지적하는 견해가 그것이다. 이러한 시각에서 보면 도시재개발사업, 직업훈련, 의식개혁운동, 기타 사회의 주류에 빈곤계층의 사람들을 합류시키기 위한 여러 구제책에 의한 문제해결은 일시적이고 부분적인 성공에 지나지 않는다.

특히 제3세계에서의 이러한 개발사업은 세계체제라는 시각에서 볼 때 다만 소수의 새로운 엘리트집단을 창출해 내고, 압박과 착취의 계급관계를 더욱 심화, 확대할 뿐이라는 것이다. 즉 비록 도시 빈민이나 농민들이 다국적 기업에 흡수됨으로써 국내산업의 육성에 기여하는 산업역군으로 부각될지 모르지만 궁극적으로는 이러한 다국적 혹은 외국기업은 제3세계의 경제를 착취하고 종속시킨다는 것이다. 보다 거시적으로 볼 때 이러한 구제책이란 많은 단순 비숙련노동자들을 산업예비군으로 만들며 이들의 존재로 거대한 자본국가의 노동자는 풍족한 경제적 조건을 누린다는 것이다.

문화적 구별과 지배 - 부르디외 (P. Bourdieu)

부르디외에 따르면 문화의 다양성은 경제적 불평등의 변형된 형태로 드러난다. 자본주의적 계급 관계는 계급에 따라 부유층 문화, 노동자 또는 서민 문화를 형성한다. 이렇게 형성된 문화적 차이는 많은 경우 경제적 차이에 따라 차별화된 문화적 경험들이 체화된 결과이다.

그리고 이러한 문화적 차이로 인한 노동 계급의 문화 자본의 결여는 결국 계급적 불평등을 재생산하는데 기여를 하게 된다. 하지만 지배 계급의 문화적·이데올로기적 정당화는 문화적 차이를 경제적 불평등의 결과가 아닌 자연스러운 취향의 차이로 간주하게 만들면서 문화적 차이의 문제를 은폐하게 된다.

THEME 29 문화의 속성, 문화의 구분

✓ 2014 임용

01 다음 (　) 안에 공통으로 들어갈 사회학적 개념을 쓰시오. [2점]

> 학생 : 선생님, 한 사회를 대표하는 문화라는 게 있을까요?
>
> 교사 : 있죠. 그런 문화를 사회학에서는 주류문화나 지배문화라고 하는데, 그 사회의 주요 신념 체계를 이루지요. 주류문화나 지배문화가 그 사회의 유일한 문화라고 할 수는 없지만, 사회 전체를 대표하는 문화로 간주되기도 해요.
>
> 학생 : 유일한 문화가 아니라는 말씀은 한 사회 내에 다른 문화도 존재한다는 뜻인가요?
>
> 교사 : 그래요. 좋은 질문이군요. 주류문화나 지배문화와 구분되는 가치와 규범을 가진 사회집단들의 문화가 있죠. 이런 문화를 하위문화라고 해요.
>
> 학생 : 그럼 하위문화는 (　)와/과 같은 뜻인가요?
>
> 교사 : 그렇지는 않아요. 일부 하위문화는 사회갈등을 일으키기도 하지만, 모두 (　)이/가 되는 것은 아니에요. (　)은/는 주류문화나 지배문화의 근본적인 가치와 규범을 적극적으로 거부하는 것으로, 1960년대 미국 및 서구 사회에 나타났던 히피문화를 그 대표적인 사례로 들 수 있어요.

THEME 30 | 문화인류학 이론 ①
- 진화주의, 전파주의, 역사적 특수주의

1. 진화주의(evolutionism)[81]

(1) 주요 내용

① 문화의 발전 : 문화는 저차원에서 고차원으로, 단순에서 복잡으로, 불완전에서 완전으로 변화
② 단선적·보편적 진화 : 모든 인간들은 동일한 심적·정신적 단일성(psychic unity)을 가지고 있으며 이것이 유사한 자극에 대하여 유사한 반응을 만들어내기 때문에 어떤 문화든지 동일한 단계를 거쳐 단선적·보편적 발전의 형태를 취함
③ 문화의 파행성(跛行性) : 문화발전에는 속도의 차이가 있어서 동시에 발전으로의 출발을 했더라도 어떤 시점에 서 각각 발전의 정도가 다르게 됨

> **유의점**
>
> 진화론은 인간 행동에 대한 지성적 접근방식을 토대로 한다. 다시 말해 한 개인의 행위, 더 나아가 사회의 제도들은 인간의 의식적이고 합리적인 창출물들로 이해된다. 따라서 모든 사회 제도들은 합리적 이성에 뿌리를 두고 있으며, 전통적·의례적 혹은 상징적인 요소에 근거를 두고 있는 것은 근본적으로 불완전한 것이며 의식이 발전되면 점차 이성에 바탕을 둔 제도로 바뀌게 된다고 봄

(2) 타일러(E.Tylor) – '문화인류학의 아버지'라 불리우는 영국의 문화인류학자

① 문화가 인류 보편적으로 모든 민족에게 실재한다고 보면서 이민족의 삶을 문화의 변이로 인정
  → 이민족에게도 야만적이거나 미개할지언정 문화가 존재한다고 인정함
② 현대 문명인의 생활 속에는 원시문화적인 요소로 여겨지는 것들이 섞여 있다고 지적하고, 원시민들을 비교 연구함으로써 문명의 발전사를 연구할 수 있다고 봄
③ 문화는 이성적으로 낮은 단계에서 높은 단계(야만 → 미개 → 문명)로 진보한다고 보고, 이러한 법칙이 모든 인류사회에 적용되도록 인류 심성의 단일성을 받아들임
  → '잔존물'(Survivals)을 통해 비물질적 문화 부분에서 나타나는 진보를 입증하려 함
④ 종교의 진화에 관심 : 애니미즘(영혼론), 주술, 다신교, 일신교에 이르는 종교 발전단계 제시

(3) 모건(L.Morgan) – 유물론적 문화진화론

① 구체적인 아메리카 인디언의 현지조사의 자료를 이용하여 진화주의 이론을 확고히 함
② 인류의 가족 및 혼인형태의 진화단계를 15개로 나누고 원시난혼에서부터 일부일처제의 결혼과 서구인의 가족과 같은 형태로의 발전에 대한 설명을 제시
③ 『고대사회』(Ancient Society)에서 그는 기술의 발명과 생산형태의 변화를 문화 진화의 결정 요소로 보고 진화단계를 야만, 미개, 문명으로 나누고 야만시대와 미개시대는 다시 초기, 중기, 말기로 세분화함 → 마르크스와 엥겔스의 유물사관에 영향

---

81) 2018 임용 : 진화주의 (단답)

(4) 비판
　① 비서구문명들의 다양성을 획일적인 우열체계로 개념화(서구 중심의 자민족중심주의)
　② 물질적 측면은 발전 정도를 평가할 수 있지만 비물질적 영역은 평가하기 힘듦
　③ 환경, 전통, 구조의 차이에 따라 같은 자극이나 원인에도 상이한 반응이 나타날 수 있음
　④ 동일하게 보이는 어떤 한 요소도 각 사회마다 다른 의미와 기능을 가질 수 있음

> **문화잔재(cultural survivals) - 타일러**
>
> 　문화잔재란 지난 시대의 문화적 변이가 현재에도 남아 있는 것을 말한다. 이를테면 기독교 문명권인 유럽, 특히 농촌사회에서 정령이나 귀신과 같은 민속신앙이 여전히 존재했다. 인류의 정신이 이성적으로 더 나은 수준으로 진화한다면, 문화잔재의 존재는 인간 정신의 보수적 성향을 나타내는 것일지 몰랐다. 그렇지만 역설적으로 그것은 비물질적인 문화 부문에서 문화의 진보를 입증하는 단서가 되었다. 타일러는 언어, 종교, 신화, 그리고 의례 등 비물질적인 문화 부문에서 나타나는 변이를 열거하고, 각 변이를 야만, 미개, 혹은 문명의 단계에 귀속시켰다. 그는 유럽 사회의 문화적 변이를 가장 발달된 문명의 단계에 놓는 자민족중심주의의 편견을 마다하지 않았다. 반면에 유럽 농촌사회에 남은 문화잔재와 유사한 문화적 변이를 나타내는 이민족의 문화는 야만 혹은 미개 단계로 규정했다. 나아가 그는 문명사회에 잔존하는 구시대의 유습이나 문화잔재를 타파의 대상으로 삼았다. 이런 점에서 그가 추구한 문화과학으로서의 인류학은 문화잔재를 제거해야 하는 개혁적 사명을 지닌 것이었다.

2. 전파주의(diffusionism)

(1) 문화의 차이를 진화의 단계라는 관점에서가 아니라 전파과정의 관점으로 파악

(2) **영국학파** : 스미스(G. Elliot Smith), 페리(William J. Perry), 리버스(W.H.R Rivers) 등
　① 고등문명의 대부분의 요소들은 원래 이집트에서 계발이 된 후에 이집트를 거쳐간 사람들에 의하여 세계의 여러 지역으로 전파되어 갔다고 주장
　② 이집트 문화와 문명의 연구에 치중하였으므로 일명 이집트학파라고도 부름

(3) **독일·오스트리아학파** : 그래브너(Frintz Graebner)와 슈미트(Wilhelm Schmidt)
　① 문화는 어느 한 중심지에서 발달하여 다른 지역으로 전파되는데, 문화의 한 요소뿐만 아니라 여러 요소의 복합체로서 지역적으로 번져 나가는 바 이를 문화권(Kulturkreise)이라고 함
　② 세계는 여러 개의 문화권으로 나누어져 있고 이들 각 문화권 안에서 지역적 사회가 문화권의 중심으로부터 문화요소를 빌어쓴다고 주장

(4) **미국의 전파주의 학설** : 위슬러(Clark Wissler)와 크로버(Alfred Krober)
　① 문화중심 및 문화영역이라는 개념을 주장
　② 문화영역이란 문화의 모든 요소가 일정한 복합적 영역 내에 분포되어 있는 것을 말하는데 이러한 지역적으로 설정된 문화영역 안에는 그 특유의 문화요소, 즉 문화특질이 집중되어 있는 곳이 이른바 이를 문화중심이라 함

③ 한 지리적인 영역 내에 있는 여러 사회는 그 문화중심으로부터 문화적 특색을 빌어 쓰는 데 중심으로부터 멀리 떨어진 지역은 자연히 문화특질이 적은 주변문화를 지니고 있고, 더욱 멀어져서 문화영역의 경계선에 있는 지역은 인접 문화영역의 요소까지도 포함하는 혼합문화를 이루기도 함

(5) 전파와 이주의 증명방법으로 양적 기준(criteria of quantity)과 질적 기준(criteria of quality)을 제시

(6) 비판
① 전파 과정에서 왜 어떤 요소는 거절되고 어떤 것은 변형되는가 하는 점을 설명하지 못함
② 왜 문화가 소위 문화중심에서만 발명, 발전되어야 하는지도 분명치 않음
③ 동일한 요소도 지역에 따라서 기능과 의미를 달리 할 때 이를 단순히 모양이나 물질적 측면만을 가지고 전파관계로 설명할 수 있는가 하는 문제가 생김
④ 상이한 지역의 동일한 문화요소에 대한 관심은 일견 상이한 유형인 것처럼 보여도 동일한 지역으로부터 유래된 것이라는 사실을 간과하게 함

3. 역사적 특수주의(historical particularism)[82]

(1) 대표학자 – 보아스(F. Boas)

(2) 주요 내용
① 모든 인간문명에 어떤 보편적인 발전의 법칙이 존재한다고 보는 19c 진화론적 사고에 대한 비판으로 대두(19c 인류학자들은 아무런 실증적인 자료 없이, 그리고 있어도 불충분하고 부정확한 자료를 바탕으로 하기 때문에 어떤 보편적인 공식을 만들어 낼 수 없다고 지적)
② 문화는 인종이나 인간의 지력에 의해서 결정되거나(인종결정론) 지리적 환경에 의해서 결정되는 것(지리결정론)이 아니라, 각 집단의 특수한 역사적 배경과 과정에 의해서 결정된다(역사적 결정론)고 주장

> ### 📖 문화의 존재 이유
>
> 보아스는 특정 집단에서 특정한 문화특질 혹은 문화적 변이가 존재하는 이유를 주로 역사에서 찾았다. 즉 문화의 존재 이유는 그것이 과거에 창조되었거나 다른 지역에서 전파되었기 때문이라는 것이다. 실제로 특정 집단이 보유한 문화특질들을 살펴보면 그것들은 대부분 외부에서 전파되었음을 쉽게 알아볼 수 있다. 이를테면 우리 문화적 전통 중에서 종교를 보면, 무속 신앙을 제외하고 유교, 불교, 기독교는 모두 외부에서 전파된 것이다. 이처럼 보아스는 문화의 존재 이유를 역사적으로 추구한 결과, 자연스럽게 독립적 창조보다는 전파에 주목했다. 또, 보아스는 문화의 존재 이유를 밝히는데 그치지 않고, 특정 민족의 문화사를 재건하고 더 나아가 개별적인 민족의 특유한 문화사를 비교함으로써 인류문화의 보편적인 변천 과정과 법칙을 밝혀낼 수 있기를 기대했다.

---

[82] 2019 임용 : 역사적 특수주의 (단답)

THEME 30 문화인류학 이론 ① - 진화주의, 전파주의, 역사적 특수주의

① 어떤 행위가 상당기간 반복되었을 때, 그 습관적 행위는 자동적이며 무의식적 행위가 되고 감정적 유대를 획득하게 됨.
  → 인간의 행위나 사회제도들은 감정과 습관에 의해 지배된다고 보는 감정지배론
  → 진화론적 역사의식의 토대가 되는 지성주의적 접근방식 비판
② 보아스와 그의 추종자들은 개인이란 문화적 요인들에 의하여 형성되는 문화화의 산물로 파악하며, 이러한 문화결정주의는 보편적 문화발달의 단계를 가정할 수 없는 문화상대주의(cultural relativism)와 연결됨
③ 문화를 염두에 두지 않고 다른 사회들을 서로 비교할 수 있는 객관적 기준이란 존재하지 않으며, 따라서 그 누구도 한 사회가 다른 사회보다 우월하다고 할 수 없다고 주장
  → 선과 악, 우와 열, 이러한 것들은 모두가 하나의 문화 내에서만 의미가 있는 것이며, 그 문화를 뛰어넘어 통문화적으로는 사용될 수 없음을 강조
④ 구체적인 사회들(인디언과 에스키모)을 대상으로 한 철저한 현지조사[83]를 통해, 귀납적 경험주의적 방식으로 민족지적 자료의 총체적인 복원을 위해 노력
  → 인디언과 에스키모인에 대한 다방면에 걸친 세밀한 민족지[84]적 자료수집을 행함

---

83) 2019 임용 : 현지조사 (단답)
84) 2020 임용 : 민족지 (단답)

베네딕트 - 이상적 인성유형

지금은 거의 하나의 고전이 되어버린 베네딕트의 『문화의 유형(PatternsofCulture)』은 문화와 인성연구에 하나의 기념비적인 저작으로 간주되고 있다. 특히 이 책이 출판된 1934년을 "국민성의 과학적 연구가 탄생한 해"로 간주하고 있는 학자(Gorer1953: 247)도 있는가 하면, 그의 연구는 후에 이루어진 수많은 '유형론적인 연구(configurationalstudies)'의 이론적인 틀을 잡아 준 하나의 본보기가 되었다.

사실 베네딕트는 현대 인류학에 유형론(configurationofculture)의 아이디어를 소개한 학자이다. 그에 의하면 문화는 수많은 구성요소 또는 특질들로 구성되어 있지만, 중요한 것은 그 문화가 어떤 특질들을 포함하고 있는지가 아니라, 그것들이 통합되어 있는 방식이라는 것이다. 베네딕트의 표현을 빌면, "전체는 단지 모든 부분의 총합이 아니라, 고유의 배열과 새로운 실체를 가져오는 부분들 간의 상호관계의 결과"(제도의 연구와 의미의 연구)라는 것이다. 이런 관점에서 본다면, 두 개의 사회가 꼭 같은 문화요소들을 가졌다고 하더라도, 그것들 간의 배열이 다르다면 아주 상이한 사회를 낳게 된다는 것이다. 극히 단순한 예를 들어 꼭 같은 양의 벽돌과 시멘트도 두 사람의 기술자가 각기 쌓는 방식과 그들이 무엇을 만들 것인지에 따라 벽돌담이 될 수도 있고 불을 지피는 벽난로를 쌓을 수도 있다는 점이다. 즉 한 문화의 유형(configuration)은 부분들 상호 간의 관계에서 나타나는 고유의 특징적인 형식을 말한다.

문화와 인성 간의 상호관련성에 대한 베네딕트의 접근방법에서 중심적인 관심은 한 문화의 관념적인 측면들의 윤곽이 이상적 인성의 형식(ideal personality type)으로 개인에게 새겨진다는 점이었다. 각 사회는 '훌륭한 사람'이란 어떤 사람을 가리키는 것인지에 대한 다소 분명한 아이디어를 갖고 있어서, 모든 사람들이 이런 이상적인 것에 가까운 성향을 갖도록 하기 위해 훈계, 금언, 상벌규칙 등의 다양한 제도적 장치를 마련해 놓고 있다. 또한 이상적인 인성유형에 가까운 사람은 모범적인 사람으로 존경과 칭찬의 대상이 되기도 한다. 베네딕트에 의하면 이런 이상적 인성의 성격이 곧 그 사회의 추상화된 성격구조라는 것이다.

베네딕트는 유형론적 관점에서, 그녀가 '디오니소스형(Dionysian configuration)'과 '아폴로형(Apollonian configuration)'이라고 부른 두 가지 유형의 문화를 상세하게 기술하고 분석함으로써 그의 이론을 경험적으로 논증하고자 하였다. 전자의 예로 베네딕트는 북미주의 서북 해안에 있는 밴쿠버지역의 콰키우틀(Kwakiutl) 인디언 사회를, 그리고 후자의 예로 미국의 서남부에 위치한 뉴멕시코주의 주니(Zuni) 인디언 사회를 들고 있다.

주니족을 현지조사한 베네딕트는 그들이 이웃하고 있는 다른 부족들과는 뚜렷한 차이가 나는 문화를 갖고 있음을 발견하였다. 그녀는 이런 대조를 적절히 표현할 하나의 열쇠를 니체(F.Nietzsche)의 글에서 찾아냈다. 즉 니체는 존재에 대한 두 가지의 상반된 접근방법을 논한 바 있다. '디오니소스형'의 인간은 일상생활의 단조로운 반복으로부터 도피해서 어떤 황홀한 경지의 정신상태에 도달할 수 있는 길을 찾아 나서는 반면에, '아폴로형'의 인간은 그런 경험을 불신하고 오히려 질서정연한 일상생활을 따르기를 좋아한다는 것이다.

- 『문화 인류학』, 한상복 외, 서울대학교 출판문화원

THEME 30 문화인류학 이론 ①
– 진화주의, 전파주의, 역사적 특수주의

✓ 2004 임용

01 다음 글을 읽고 물음에 답하시오. [총 2점]

> (가) 어떤 문화인류학자는 종교 형태가 애니미즘 같은 원시종교에서 다신교를 거쳐 일신교로 변화했다고 주장하였다. 또 다른 문화인류학자는 인류가 그 기원에 있어서 하나였기 때문에, 모든 대륙에 살고 있는 서로 다른 부족과 민족들이라 할지라도 같은 형태의 발전 경로를 경험한다고 주장하였다. 그리고 미국 인디언 부족들의 역사와 경험은 바로 우리 자신의 먼 조상들이 그에 상응하는 상태에 있을 때의 역사와 경험을 보여주는 것이라고 하였다.
>
> (나) 인도 카스트 제도의 존속은 윤회를 믿는 인도의 힌두교와 밀접한 관련이 있다. 즉 전생에 자기가 속한 카스트에 대한 예의나 의무를 다하지 않은 사람은 다음 세상에 태어날 때 더 천한 카스트로 태어난다고 믿기 때문에 계급 질서가 확고하게 유지되어 왔다.
>
> (다) 수렵 채집 사회는 가족 규모가 작았다. 이런 현상은 먹이를 쫓아다니는 계절적 이동 생활에서 연유한다. 이동 생활을 원활히 하기 위해서는 집단의 규모가 작아야 하고 소유물도 많지 않아야 하기 때문이다.

1-1. (가)의 문화인류학자들이 주장하는 이론을 무엇이라고 부르는지 쓰시오. [1점]

1-2. (나)와 (다)의 사례에서 '공통으로' 찾을 수 있는 문화 속성 중 두드러진 것 1가지만 쓰시오. [1점]

✓ 2019 임용

02 다음 글에서 괄호 안의 ㉠과 ㉡에 해당하는 개념을 순서대로 쓰시오. [2점]

> 20세기에 들어오면서 문화진화론은 많은 비판을 받았다. 그러한 비판 중의 하나로 문화적 변수들이 매우 복합적으로 얽혀 있다는 현상을 강조하고, 문화에 대한 일반적이고 보편적인 법칙을 만들어 내길 거부하는 입장이 제시되었다. 이 입장은 각 문화가 환경과의 관계나 이주경험, 인접한 타문화로부터의 차용 등 나름의 고유한 역사가 쌓여 형성되는 것으로 보고 문화의 여러 요소들이 각각의 사회적 맥락 속에서 어떻게 변천해왔는가 살펴보아야 한다고 주장하였다. 미국의 인류학자 보아스(F. Boas)의 이러한 이론을 (㉠)(이)라고 부른다. 그의 학문적 특색은 무엇보다 사회적 상황 속에 들어가서 비교적 장기간에 걸쳐 행위자들과 함께 살면서 참여관찰, 비구조화된 면접, 생애사 수집, 지도 작성 등의 방법으로 자료를 수집하는 (㉡)에 있다. 그는 에스키모인들에 대한 (㉡)을/를 통하여 원시문화를 직접 체험하였고 이것을 토대로 이론을 전개하였다. 그에 의하면 문화란 추상적인 것이 아니라 구체적인 것이며, 실증가능하고, 귀납적인 것이다.

• ㉠ :

• ㉡ :

THEME 30 문화인류학 이론 ① – 진화주의, 전파주의, 역사적 특수주의

✓ 2021 임용

03 다음 글을 읽고 <작성 방법>에 따라 서술하시오. [4점]

> 문화인류학자 A에 의하면, 문화는 수많은 요소로 구성되어 있지만 중요한 것은 그 문화가 어떤 특질들을 포함하고 있는지가 아니라, 그것들이 통합되어 있는 방식이다. 이런 관점에서 보면, 두 사회가 같은 문화 요소들을 지녔더라도 그것들 간의 배열이 다르다면 상이한 사회를 낳게 된다는 것이다. 즉 문화의 (㉠)은/는 각 문화의 부분들 상호 간의 관계에서 나타나는 고유의 특징적인 형식을 말한다.
>
> A는 문화의 (㉠)을/를 상세하게 기술하고 분석함으로써 "문화는 확대된 인성이다"라는 자신의 주장을 경험적으로 뒷받침하고자 하였다. 이를 위해 캐나다 북서해안 지역의 콰키우틀(Kwakiutl)과 미국의 서남부 지역의 주니(Zuni) 원주민 사회의 인성 유형을 연구하였다. 이 연구에서 두 사회의 특징적인 인성이 서로 상반된 특성을 지니고 있고 뚜렷한 차이가 나는 문화를 갖고 있음을 발견하였다. A는 이렇게 서로 상반된 두 사회의 문화 차이를, 니체(F. Nietzsche)가 그리스 신화를 분석하면서 상반된 인간상에 사용한 용어를 빌려 ㉡ 두 가지 형식의 문화로 설명하였다.

<작성 방법>

○ 괄호 안의 ㉠에 해당하는 개념을 쓸 것.
○ 밑줄 친 ㉡이 무엇인지 제시하고, 각각의 인성적 특성을 1가지씩 서술할 것.

• ㉠ :
• ㉡ :

THEME 31 | 문화인류학 이론 ② - 기능주의

1. 기능주의의 배경

20세기 중반에 접어들면서 등장한 구조기능주의(structural functionalism)적 접근법에 있어서 분석의 주안점은 문화의 변천과정에 대한 보편적인 법칙을 발견하기 보다는, 한 사회의 여러 제도들과 문화적 요소들이 어떤 형태로 서로 관계지워져 있으며 그 의미들은 무엇인가를 파악하는데 있다. 구조기능주의는 문화의 과거보다 현재를 더 중요시하며, 이에 따라 현재의 사항을 이해하기 위해 현지조사가 문화인류학의 필수적인 요건이 되었다.

(1) **통합론적 관점**

　　문화는 단순히 여러 요소의 나열이 아니고 유기적인 통합체를 이룬다고 보는 입장

(2) **유기체론적 유추**

　　사회문화 체계란 그것이 생존하기 위해서는 충족되어야하는 필요 요건들과 이들 요건을 충족시키기 위해 기능하는 많은 부분을 가짐

2. 말리노프스키(B. Malinowski)의 기능주의[85]

(1) **이론의 주요 내용**

　① 모든 사회제도와 문화적 요소들은 통합적인 전체를 구성하는 부분들이며 그 전체를 형성하고 유지하기 위하여 각기 적절한 기능을 가지고 있음

　② 또한 모든 사회의 문화와 제도들은 현지에서 어떤 목적에 이바지하고 있다. 그 목적이란 사회를 구성하고 있는 개인들의 기본적인 욕구의 충족임

　③ 따라서 문화는 본질적으로 어떤 환경 하에서 인간이 욕구를 충족하는 과정에서 직면하는 구체적·특수적인 문제들을 보다 잘 처리하게 하는 수단적 장치임

　④ 즉, 문화란 가장 기본적인 인간의 생물학적 욕구들(1차적 욕구)을 충족시키고 이에 의해 파생된 욕구인 심리적, 사회적 욕구들(2차적 욕구)을 충족시키는 기능을 수행

---

[85] 2018 임용 : 기능주의 (단답)

THEME 31 문화인류학 이론 ② – 기능주의

📖 문화의 기능

말리노프스키는 문화가 크게 세 종류의 기능을 수행한다고 생각했다. 그에 따르면, 문화는 우선 인간의 생체적 욕구를 충족시키는 기능을 수행했다. 이를테면 생식의 필요성 때문에 혼인제도가 생겨났고, 신체적 안락을 위해 주거나 복식문화가 생겨났다는 것이다. 둘째로 인간은 집단을 구성하며 사는 까닭에 문화는 다양한 사회적 기능을 충족시켜야 했다. 이를테면 사회적 규칙이나 신화는 개인 행위의 지침이 됨으로써 사회통합에 기여한다는 것이다. 셋째로 문화는 인간의 심리를 충족하는 기능을 수행했다. 이를테면 트로브리안드 부족의 주술은 경작이나 항해와 관련해서 생겨나는 불안감을 해소하는 기능을 수행하며, 종교 또한 그런 심리적 기능을 지닌다는 것이다.

⑤ 요컨대 말리노프스키는 문화를 수단적 실재로 이해하고 있으며, 이러한 정의에서 보면 거기에는 문화요소들 전부가 상호불가분의 관련을 가지며, 완전히 의미를 상실한 과거의 잔존물은 존재하지 않는다고 봄
→ 문화는 마치 실 가닥들이 긴밀히 짜여 있어서 어느 한 가닥이 풀리면 전체가 해체되는 직물과 같다고 보면서, 만일 전통의 한 요소라도 파괴된다면 문화는 해체되고 말 것이라고 주장

● 유의점

말리노프스키는 보아스의 실증주의를 비판하면서 구전문화의 역사를 기술하려는 모든 시도에 대립했다. 그는 현재 상황에서 문화에 대한 직접적인 관찰을 이끌어내야 하며 그 기원까지 거슬러 올라가서 연구해서는 안 된다고 주장했다. 또 그는 미래를 향한 진화론에 반대하고 과거를 향한 전파론에 반대하면서, 현재에 중심을 둔 기능주의를 제안한다.

(2) **대표적 연구 : 『서태평양의 항해자들』에서의 쿨라 연구**
  ① 2년간을 남태평양의 트로브리안드군도에서 원주민과 함께 살면서 조사(참여관찰)[86]
  ② 쿨라라는 교환행위 행위를 통한 다양한 욕구 충족의 과정을 서술

(3) **이론적 의의**
  ① 유럽인들이 가지고 있던 원시부족의 심성에 대한 편견을 불식시키는 데 결정적인 기여
  ② 예를 들어 프레이저가 주술을 원시과학이며 오류의 과학으로 보는 데 반해, 말리노프스키는 주술은 과학의 한계를 인식함으로써 발생하는 심리적 갈등이나 불안감을 해소하는 기능을 수행하는 것으로 파악

---

86) 2018 임용 : 참여관찰 (단답)

📖 말리노프스키의 쿨라 연구

유명한 저작인 '서태평양의 항해자들'(1922)에서 말리노프스키는 언뜻 보기에 이상한 제도인 '쿨라'(kula)라는 의례적 교환체계가 어떻게 사회적 상황에 맞아 들어가면서 개인의 욕구들을 만족시키는가를 보여주고 있다.

트로브리안드 군도 사람들이 행하는 쿨라는 주위 섬들끼리 카누를 타고 서로 방문하여 조개목걸이와 조개 팔찌를 선물하는 일종의 의례적인 행사이다. 그러나 교환은 일정한 양식이 있어서 그 쿨라에 참여하는 섬들이 하나의 관계의 고리로 연결되어 목걸이는 시계방향으로, 팔찌는 그 반대의 방향으로 섬에서 섬으로 선사된다. 이 교환물은 사실 아무런 실질적인 가치가 없으나 의식적이고 특권적인 가치를 지닌다.

이 교환에 참가하는 사람들은 각자 자기들이 방문하는 섬의 주민들 가운데 자신과 교환을 행할 일정한 파트너를 가지고 있고 이 물건을 선물하는 것은 매우 격식을 갖추고 정중하게 이루어진다. 이와 아울러 그들은 다른 농산물도 가지고 가는데, 이 의례적인 교환이 끝나면 곧 농산물을 서로 바꾸는 교역활동이 뒤따른다. 이때는 서로 흥정도 하고 심하면 말다툼까지도 하게 되는 완전한 경제행위로서의 교역인 것이다.

이러한 활동은 우선 일정한 지역의 생산물들이 의례를 통하여 교환되고 분배되는 것으로 설명할 수 있지만, 이것은 여러 가지 기능을 가진 요소가 합쳐져서 이루어진 것이다. 즉 항해에 사용할 카누를 만드는 과정은 그들의 전통적 기술을 전수하는 것이며, 행사의 준비와 진행의 전 과정을 통하여 집단의 정치적 관계가 표현되고 확인된다.

또 전 과정에서의 중요한 단계에서는 주술적 종교의례가 행해지며, 이것은 그들의 지식을 체계화하고, 위험한 항해길에서 예견되는 위험에 대한 불안과 공포로부터 심리적인 안정감을 주며, 섬과 섬, 사람과 사람간의 일정한 교환의 파트너 관계는 정치적·경제적·사회적인 동맹관계를 형성하고 강화한다.

또한 이러한 전 과정을 통하여 사람들은 공동체의식을 새롭게 하고 사회의 결속력을 더욱 강화시킨다. 이런 모든 욕구를 충족시키기 위하여 쿨라라는 교환행위가 이루어지고, 그 과정에 동원되는 모든 관계와 행위와 사물은 각각 특정한 기능을 담당한다는 것이다.

3. 레드클리프- 브라운(R. Radcliffe-Brown)의 구조기능주의[87]

(1) 이론의 주요 내용

① 모든 사회제도들과 관습들은 상호불가분의 관계에 놓여 있으며 그것들은 전체를 구성하는 부분들로 각각의 기능을 가지고 있다고 보는 점에서는 말리노프스키와 별다를 바 없으나, 래드클리프-브라운은 심리적인 해석을 거부하고 사회적 제도들 사이에 존재하는 어떤 관계의 유형에 의하여 그 기능이 결정되는 것으로 봄
→ 사회학적 기능주의

② 사회적 제도들 간에 존재한다고 가정되는 관계의 유형을 사회구조라고 보고, 이 사회구조는 그 사회 내에 존재하는 개개인의 대인관계 전체에서 파악된 기본적인 행위의 원리이며 이것에 의하여 표면으로 나타난 것이 문화적 현상이라고 주장

---

[87] 2020 임용 : 구조기능주의 (단답)

③ 어떤 관습이 사회구조의 유지에 얼마만큼 기여하고 있는가에 대한 도식에 의해서 그 관습의 존재이유를 설명
→ 고전적 의미의 구조주의 or 구조기능주의
④ 레드클리프-브라운의 관점은 사회제도들 밑에 숨어 있는 관계의 법칙성을 연구하는 모든 사회과학자에게 가장 중요한 이론적 기반을 제공

(2) **구조주의적 해석의 사례 – '농담관계'(joking relationship) 및 '회피의 규칙'(rule of avoidance)**
① 외삼촌과 생질 사이에 친근한 관계(농담관계)가 나타나고, 그리고 아들과 아버지 사이에서 정면으로 대하는 것을 회피하는 행동의 경향(회피의 규칙)이 나타나는 것은 두 사람 사이의 심리적인 태도 때문이 아니라 부계사회의 구조에 의해 결정되는 것
② 현상의 밑바탕에 존재한다고 가정되는 사회구조에 의하여 사회적 제도의 기능과 현상의 의미를 해석

> 레드클리프 브라운은 사회인류학이 과학의 지위를 획득하기 위해서 보편적 법칙을 추구해야 한다고 강조했다. 이를 위해서 그는 사회인류학이 비교사회학의 틀을 취해야 한다고 역설했다. 이런 점에서 사회인류학은 특정한 사회를 집중적으로 연구하면서, 동시에 다른 사회와의 비교 연구를 수행하는 학문이었다. 이것이 소위 구조기능주의로 알려진 이론이다.

(3) **구조기능주의에 대한 비판**
① 사회의 기능적인 유지에만 치중한 나머지 갈등의 현상과 가능성에 대한 연구는 소홀히 함
② 사회의 변화를 설명할 수 있는 이론적 틀을 제시하지 못함
③ 사회 내의 모든 요소가 반드시 기능을 갖은 것은 아니며, 동시에 어느 한 요소의 기능은 해석이 시도된 그 당시의 기능으로서 다른 기회에는 또 다른 기능을 할지도 모르는, 즉 한 요소가 복합적인 기능을 가지고 있음을 간과

THEME 31 | 문화인류학 이론 ② - 기능주의

2009 임용

01 다음 글에 나타난 인류학 이론에 대한 설명으로 옳은 것을 <보기>에서 고른 것은?

> 세계 각지의 부계 사회 중 상당수는 외삼촌과 생질(누이의 아들) 사이의 관계를 중시하고 있다. 아프리카의 바쏭가(BaThonga)부족의 경우 외삼촌이 일생 동안 생질을 돌보아야 하며 생질이 아프면 그를 위하여 희생 제물을 바친다. 반면, 생질은 외삼촌에게 치근거려도 된다. 예를 들어 생질은 외삼촌의 집에 가서 외삼촌 몫으로 차려진 음식을 다 먹어도 되고 외삼촌이 자기 선조에게 제사를 지내려고 차려 놓은 술과 고기를 훔쳐 먹기도 한다. 외삼촌과 관련된 행동은 고모와의 관계와 대비된다. 외삼촌에게 버릇없이 구는 관습이 나타나는 곳에서는 일반적으로 고모에 대한 특별한 존경 및 복종의 의무가 존재한다. 외삼촌과 고모에 대한 행위의 차이는 바쏭가 부족의 사회구조에 의해 결정된 것이며, 이러한 관습은 바쏭가 부족의 사회적 관계 유지를 위해 필요하다.

< 보기 >

ㄱ. 문화의 기능보다는 사회에서 형성되고 소통되는 문화의 의미를 더 중요시한다.
ㄴ. 사회제도들이 구조적인 적합성을 가지고 있다고 인식하기 때문에 문화 변동을 설명하기 어렵다.
ㄷ. 사람들의 행위는 사회제도들 사이에 존재하는 관계의 유형이 표면적으로 나타난 것이라고 인식한다.
ㄹ. 문화의 형태는 사회마다 다를지라도 그 심층 구조는 동일하다는 입장에서 문화의 보편적 원리를 찾고자 한다.

① ㄱ, ㄴ ② ㄱ, ㄷ ③ ㄴ, ㄷ
④ ㄴ, ㄹ ⑤ ㄷ, ㄹ

THEME 31 문화인류학 이론 ② - 기능주의

✓ 2010 임용

02 다음 (가), (나)의 인류학 이론에 대한 설명으로 옳은 것을 <보기>에서 모두 고른 것은?

(가) 주술은 적을 살해하기 위해 혹은 자신이 살해당하는 것을 방지하기 위해, 아기를 쉽게 낳기 위해, 무희의 아름다움을 더하기 위해, 어부를 보호하기 위해, 또는 추수를 기원하기 위해 사용되었다. 주술은 하찮은 미신이나 공허한 몸짓이 아니었다. 그보다는 주술, 즉 주문과 의례에 의해 소기의 성과를 얻을 수 있다는 믿음은 지식으로 설명하기 힘든 인간행위의 국면에 항상 나타난다.

- 말리노프스키 『문화의 과학적 이론』

(나) 조상숭배의례는 숭배자와 조상 사이의 유대감을 반영하기도 한다. 조상은 후손에게 자식과 안녕을 주고 잘 모시면 축복을, 소홀히 모시면 병과 재앙을 내린다. 단선적 출계가 매우 중요한 사회에서 조상숭배가 극히 발달한 것은 놀랄 일이 아니다. 그런 사회에서 사회구조를 안정시키는 것은 종족 및 연관된 종족으로 구성된 더 큰 집단(씨족)의 결속과 연속성이다. … (중략) … 의례의 사회적 기능은 명백하다. 조상에게 경건하고 집합적인 믿음을 표현함으로써, 의례는 사회적 결속의 반석이 되는 그러한 감정을 재확인하고 새롭게 강화하는 것이다.

- 레드클리프-브라운 『종교와 사회』

─< 보 기 >─

ㄱ. (가)는 (나)에 비해 문화 변천의 보편적 법칙을 발견하기 위하여 비교사회학적 태도를 취한다.
ㄴ. (나)는 (가)에 비해 문화를 개인의 생물적·심리적 과정과 관련지어 설명하는 입장이다.
ㄷ. (가)와 (나) 모두 현지조사를 중시하는 경험적 문화 해석의 태도를 취한다.
ㄹ. (가)와 (나) 모두 제도, 역할, 규범과 같은 사회의 요소들은 일정한 목적을 지니고 그 사회의 존속에 반드시 필요하다고 보는 입장이다.

① ㄱ, ㄴ   ② ㄴ, ㄷ   ③ ㄷ, ㄹ
④ ㄱ, ㄴ, ㄹ   ⑤ ㄱ, ㄷ, ㄹ

✓ 2018 임용

03 (가), (나)에 해당하는 인류학 이론의 명칭을 순서대로 쓰고, (나) 이론을 주장하는 학자들이 사용한 핵심적인 자료 수집 방법을 서술하시오. [4점]

> (가) 이 이론은 인간은 심리적으로 동일하므로 모든 문화는 단선적, 보편적으로 발전한다고 본다. 그리고 문화의 차이는 문화 발전의 속도 차이 때문에 나타난 것으로 설명한다. 따라서 발전 속도가 느린 민족의 현재 문화는 발전 속도가 빠른 민족의 과거 문화와 동일하다고 생각한다. 이 이론은 서구의 문화를 가장 발전된 문화로 간주하고 비서구 사회의 문화가 결국 서구사회의 문화로 발전할 것이라고 주장함으로써 서구인의 자민족중심주의적 태도에 기반하고 있다는 비판을 받는다.
>
> (나) 이 이론은 문화를 단순히 부분들의 합이 아니라 부분들이 유기적으로 통합된 전체로 이해한다. 또한 문화는 개인의 심리적 및 생리적 욕구를 충족시켜 주는 기능을 가지고 있다고 설명한다. 예를 들면 남태평양에서 카누를 타고 섬을 서로 방문하면서 조개 목걸이와 조개 팔찌를 선물하는 의례적 교환도 이런 관점에서 설명한다. 즉 의례적 교환은 농산물을 교환하는 실제 교역으로 이어졌다. 또한 항해에 앞서 행하는 주술은 항해 중에 다가올 위험에 대한 불안으로부터 심리적 안정감을 주었으며, 카누를 이용한 항해는 전통적 기술을 전승하는 계기가 되었다.

✓ 2020 임용

04 다음은 친족에 관한 글이다. 밑줄 친 ⓒ에 해당하는 이론적 관점의 명칭을 제시하시오.

[4점 중 일부]

(나) 친족에 대한 대표적인 연구로는 래드클리프브라운(A.Radcliffe-Brown) 등 영국의 사회인류학자가 중심이 된 연구와 구조주의에서의 논의가 있다. 전자는 가장 기초적인 사회 관계로서 씨족 조직과 같이 조상을 기점으로 수직으로 이어지는 친족 조직에 주목하고, ⓒ 혈통 계승의 사회적 규칙이 친족 조직을 강화하면서 안정된 사회 조직을 이루는 기초가 되었다고 보는 입장이다. 이 입장의 친족 연구는 제도나 관념적인 차원의 관계성의 원리를 규명하는 데 초점을 두었다.

… (중략) …

| THEME 32 | **문화인류학 이론 ③** - 구조주의, 신진화주의, 상징주의, 마르크시스트 인류학 |

1. 구조주의(structuralism)[88] - 레비스트로스(C. Lévi-Strauss)

(1) 이론의 주요 내용

① 예술, 종교적 의례, 또는 일상생활에 나타나는 행위의 유형들에 의해 표현되는 문화적 현상은 인간의 심층심리에 깔려 있는 구조[89]가 겉으로 나타나는 것
② 레비스트로스는 사람들의 인지구조, 즉 사람들이 주위세계의 사물들을 인식하고 분류하는 방식을 파악함으로써 문화를 해석하고자 함
③ 인간의 의식구조는 2분법적이며, 이 양자 간에는 호혜성에 입각한 교환이란 것이 항상 일어난다고 주장

> 예 결혼 → 두 집단 간에 여자를 주고받는 행위
> 예 손님에게 구운 음식을 대접하고 가까운 친척에게 삶은 음식을 대접하는 이유
>   → 구운 것 vs 끓인 것 = 자연 vs 문화 = 손님 vs 친척의 이항대립의 표현

유의점

- 레비스트로스는 문화 변이에 대한 연구를 넘어서 문화의 불변성을 분석하고자 했다. 그는 개별 문화는 보편문화를 참조하지 않고서는 이해할 수 없다고 믿었다. 다양한 인간의 생산물에서 그가 찾고자 했던 것은 인간 정신을 잇는 무의식적 범주와 구조였다.
- 구조주의 인류학은 모든 사회생활에 필요한 것, 즉 문화적 보편소 또는 달리 표현하면 모든 인간 사회의 선험성을 찾고자 했다.

📖 레비스트로스 - 교환체계 : 친족체계는 여성 배우자의 교환에 다름 아니다.[90]

레비스트로스는 모든 사회적 현상 저변에 상호 호혜성[91]의 원리가 작용한다는 모스의 시각에서 큰 영감을 받았다. 그는 인류사회의 진화가 상호 호혜성의 원리를 통해서 비로소 가능했다고 보았다. 즉 그는 사회집단이 다른 집단과 호혜적 관계를 맺음으로써 도태되지 않고, 계속 존속·발전해 나갈 수 있었다고 보았다. 레비스트로스는 인류사회에서 집단간에 상호 호혜적인 관계는 대체로 세 종류의 교환을 통해 이루어졌다고 생각했다. 그것은 자원과 정보와 배우자의 교환이었다. 그렇지만 수렵채집을 하던 인류사회 초기 단계에서 교환할 자원의 규모는 그다지 크지 않았고, 정보의 교환 또한 언제나 신뢰할 만한 것은 아니었다. 이와 달리 배우자 교환은 다음 세대의 자녀가 생산됨으로써 사돈 관계의 두 집단이 혈연관계로 맺어진다는 점에서 매우 신뢰할 만한 관계였다. 더욱이 배우자 교환은 인류에게 자연스러우면서 불가피한 선택이기도 했다. 왜냐하면 인류사회에서 보편적으로 나타나는 근친상간 금기는 배우자를 가족 외부에서 찾고 또 외부로 배우자를 공급하도록 만들었기 때문이다. 이런 관점에서 그는 인류사회에 나타나는 다양한 친족체계를 배우자의 교환체계로서 이해하려고 시도했다.

---

88) 2016 임용 : 구조주의 (단답)
89) 2024 임용 : 구조(단답)

THEME 32 문화인류학 이론 ③ – 구조주의, 신진화주의, 상징주의, 마르크시스트 인류학

> **진화론과 레비스트로스**
>
> 특정한 문화를 공유하지 않는 사람들도 '보편적인 하부구조'라는 공동의 기반을 가지고 있다고 보는 레비스트로스의 견해는 19세기 진화론의 핵심적 명제인 '인류의 심적 단일성'과 유사하다고 볼 수 있다. 하지만 양자를 자세히 비교해 보면 이러한 결론은 오류라는 것을 알 수 있다. 예컨대 19세기 이론가들에게 심적 단일성은, 시간과 장소에 상관없이 인간정신이 일련의 물리적·문화적 환경에 맞부딪칠 때, 기본적으로 같은 방식으로 반응·해결·대처한다는 것을 의미한다. 반면 레비스트로스는 시간, 공간 또는 환경에 관계없이 인간정신의 논리적 특성들은 그것이 근본적으로 같은 방식으로 작용할 것이라고 말하고 있는 것으로 보인다.

(2) 의의
  ① 가시적 차원에서 경험을 통하여 파악할 수 있는 영역으로부터 심층의 의식수준까지 인류학의 관심을 확대함
  ② 모든 민족이 동일한 인간으로서 공통의 의식구조를 가지고 있음을 강조함으로써 자민족중심주의의 편견을 극복하는데 중요한 공헌을 함

(3) 비판
  ① 민족지적 자료의 특수성과 사회적 맥락을 무시
  ② 문화의 다양성과 변동을 외면

2. 신진화주의(neo-evolution)

(1) 등장 배경
  ① 19c 진화론에 도전하는 시각들(역사적 특수주의, 전파주의, 구조기능주의)이 진화론적 관점이 제시하는 거시적인 문화 변동 모델에 대한 대안을 제시하지 못함
  ② 20c 중반 미국에서 스튜어드와 화이트 등의 인류학자에 의해 진화주의가 다시 관심의 대상이 됨
  ③ 19c 타일러나 모건 등이 사회제도의 발달이나 지력의 진보 등에 관심을 둔 반면, 미국 인류학자들은 문화의 진화에 관심을 두기 때문에 문화진화론자라고 부르기도 함

(2) **문화진화의 에너지이론 – 화이트**(L. White)
  ① 스튜어드와는 달리 화이트의 관심은 인류문화 전반이었고, 구체적인 특정의 문화를 대상으로 한 것이 아니었음
  ② 문화는 인간이 점차 효과적으로 에너지를 획득하고 사용하는 체제를 발전시킴에 따라 진화
  ③ **문화진화의 '기본적인 법칙'**: E(에너지) × T(기술 또는 도구의 효율성) → C(문화) "다른 조건이 같다면 문화는 연간 1인당 동력화되는 에너지의 양이 증가됨에 따라서 또는 그 에너지를 작동시킬 도구적인 수단들의 효율성이 증가됨에 따라서 진화한다."

---

90) 2020 임용 : 친족 조직이 출현하게 된 이유는 무엇일까에 대한 레비스트로스의 주장을 서술할 것.
91) 2024 임용 : 호혜성 (단답)

④ 화이트는 문화는 그 자체가 성장 발전하는 것이며, 인간의 지적 활동에 의해서 문화가 발전하는 것이 아니라고 봄. 즉 문화의 성장과 발전은 문화 자체의 본성이고 문화의 독자적인 과정으로 파악함
　→ 문화란 자아생성적인(self-generating) 현상으로 모든 개인의 존재를 포용하며, 따라서 모든 인간의 행동을 설명해 주는 것으로 보는 문화결정론(cultural determinism)의 입장

(3) **다선진화(multilinear evolution)와 문화생태학(cultural ecology) – 스튜어드(J. Steward)**
① 스튜어드는 단선진화론(unilinear evolution), 보편진화론(universal evolution), 다선진화론(multilinear evolution)으로 진화론을 분류하고 19c의 진화론을 단선진화론에, 화이트의 진화론을 보편진화론에, 자신의 진화론을 다선진화론으로 파악
② 스튜어드는 변동과정을 경험하고 있는 여러 문화들에서 나타나는 문화적인 규칙성을 찾아내는 데에 관심을 쏟음. 그리고 이러한 관심은 모든 문화들이 동일한 선을 따라 진화하는 것이 아니라 복수의 또는 여러 선들을 따라 진화되고 있다고 상정하고 있다는 점에서 다선진화라 불림
③ 스튜어드는 화이트의 이론이 극히 모호한 일반화만을 도출하고 있을 뿐만 아니라, 환경이 진화과정에 미치는 영향을 간과하고 있다고 비판함
④ 스튜어드는 인간의 보편적 문화발전보다는 개별 문화들의 발전에 훨씬 더 흥미를 가졌지만, 역사적 특수주의자들과는 달리 개별문화들 간의 상이성에 집착한 것은 아님
⑤ 즉, 그는 넓게 분리된 지리적 영역에서의 다양한 발전을 가정하면서도 또한 구조적 유사성에 의해 개별문화들이 범주화될 수 있음을 주장함
⑥ 문화는 마치 가지를 치는 나무와 같은 모습으로 진화를 하는데 그 까닭은 문화변동이 환경에 대한 적응의 결과이기 때문임. 문화마다 공통의 규칙성이 보이는 것은 비슷한 환경에 대한 비슷한 적응과정이 일어나기 때문

> **유의점**
>
> 다선진화론은 초기의 선사시대부터 현재에 이르기까지의 문화발전에 적용될 만한 진화적인 원리들을 총합적으로 정립하려고 노력하지는 않는다. 다만 그것은 특정한 문화의 한정된 측면에서 일어나고 있는 평행적인 발전 과정에 초점을 두고 있다. 즉, 그것은 상이한 독립적인 문화들에서 같은 순서로 일어나고 있는 문화변동의 과정이 있는지 없는지를 파악하려고 노력한다. 만약 그런 것이 있다고 확인되면 유사한 원인이 그런 결과를 내게 했는지를 밝히려 한다.

⑦ 스튜어드는 자신의 방법론적 접근을 문화생태학(cultural ecology)이라 부르고, 문화 생태학의 주된 과제를 3가지로 제시

> 1. 기술과 환경과의 상호관계를 분석
> 2. 특정한 기술을 이용하여 특정지역의 개발을 시도하는 행동유형을 분석
> 3. 이와 같은 행동유형이 문화의 다른 측면에 어떤 영향을 미치는지 분석

문화핵심과 문화잔재 - 서울대학교 출판문화원

문화총체론의 견해에 따르면 문화의 모든 측면은 서로 기능적 상호의존관계에 있지만, 스튜어드는 그 상호의존성의 종류와 정도가 모든 문화의 측면에서 동일하지 않다는 것이다. 이러한 전제하에서 그는 '생계활동과 경제제도에 가장 밀접하게 관계되는' 문화양상의 집합체를 문화핵심(cultural core)이라 하고 다른 나머지 문화양상을 문화잔재(the rest of culture)라 하였다.

문화생태학의 주요 관심사는 문화핵심이며 여기에는 기능적으로 상호 밀접하게 관련된 기술, 경제, 사회, 정치, 종교, 군사, 미적 양상이 포함된다. 기타 무수히 많은 문화의 이차적 양상, 즉 문화잔재는 혁신, 발명, 전파와 같은 순전히 문화사적 요소들에 의해서 결정되며 이것들이 비슷한 문화핵심을 가지면서도 외면적으로 구별되는 문화의 특징을 지어주는 것이다.

이러한 문화핵심과 문화잔재의 개념은 마르크스(K. Marx)의 하부구조와 상부구조와도 비유된다.

본질적으로 동일한 수렵기술(활, 창, 함정, 몰이사냥법 등)을 가진 사회들이라도 그 지역 환경의 지세와 동물상에 따라 문화의 양상은 다를 수도 있다. 들소나 순록처럼 많은 짐승이 떼를 지어 이동한다면 협동적 수렵형태가 유리하기 때문에 많은 사람들이 1년 내내 함께 짐승을 따라다니며 몰이사냥을 하겠지만, 소수의 짐승들이 흩어져 살면서 이동을 별로 안한다면 자기의 수렵 권역을 아주 잘 아는 소수의 사람들로 사냥을 하는 것이 더 낫다.

이 경우 두 사회가 가지고 있는 수렵도구와 기술의 문화항목들은 거의 동일하지만 전자의 경우에는 사회의 규모가 비교적 크고 다수가족집단을 이루고 있는 데 반해서, 후자의 경우에는 사막지대의 부시맨족이나 우림지대의 니그리토우족 또는 춥고 강우량이 많은 지대의 페고인의 사회처럼 사회의 규모가 작고 지역성을 띤 부계종족집단을 이루고 있는 점에서 전자의 경우와 사회구조가 다르다.

후자의 경우 부계동족을 이루고 있는 사람들이 각기 생활장소를 달리하고 있는 데도 불구하고 비슷한 사회구조의 양상을 띠고 있는 것은 그들의 전체 환경이 비슷하기 때문이 아니라 짐승들의 사는 방식이 같고 따라서 그곳 주민들의 생계문제가 동일하기 때문이다.

스튜어드 - 문화생태학 : 문화 핵은 환경 적응의 산물이다. - 강원대학교 출판부

스튜어드는 쇼쇼니 인디언의 생계경제 방식과 사회조직이 환경에 적응하는 중요한 수단이 된다고 인식했다. 그는 이렇듯 특이한 적응 방식이 다른 문화요소들에도 기능적으로 파급되었다고 추정했다. 이를테면 다른 수렵채집 사회와 달리 쇼쇼니 인디언 사회에서는 영토 개념이 없었다. 누구든 식량자원을 어디서든 먼저 발견하면 채집할 수 있는 권리를 인정받았다. 또한 집단의 단합을 도모하는 의례도 그다지 발달하지 않았고, 종교도 주술사는 있었지만 개인적인 신앙의 차원에 머물렀다.

나아가 비록 핵가족 단위로 시간을 대부분 보낼지라도, 쇼쇼니 인디언 사회에서는 특정한 가족끼리 유대관계를 긴밀히 맺으려는 경향이 강하게 나타났다. 이를테면 그들은 특정 가족에서 며느리를 얻으면, 재차 그 가족으로부터 사위나 며느리를 얻는 겹사돈 풍습을 따랐다. 또한 일부다처제가 권장되었는데, 이 경우 아내들은 필히 자매여야 했다. 나아가 형제연혼(레비레이트: levirate)이나 자매연혼(소로레이트: sororate), 즉 이를테면 형이 죽으면 남동생이 형수와 혼인하거나 아내가 죽으면 남편이 처제와 혼인하는 풍습이 있었다. 이런 혼인 풍습들은 두 가족 사이에 동맹관계를 공고히 하는 데 기여했다. 가족 간의 동맹관계는 쇼쇼니 가족들이 척박한 환경에 적응하는 데 중요한 사회적 자산이 되었음은 두말할 나위 없었다.

(4) 특수진화(specific evolution)와 일반진화(general evolution)

① 살린스와 서비스(M. D. Sahlins & E. R. Service)는 화이트와 스튜어드의 이론을 절충하여 전체문화의 일반진화와 개별문화의 특수진화로 구분하면서, 화이트는 본질적으로 일반진화의 입장으로, 그리고 스튜어드는 특수진화의 입장으로 정리

② 일반진화의 입장
ㄱ. 인류문화 전반의 진화과정에 관심을 두기 때문에 분석의 범위가 넓음
ㄴ. 모든 문화가 비슷한 기술발달의 수준에 따라 똑같은 문화유형들을 보이고 있다고 가정하지는 않지만 문화 형태들의 진화단계의 순서에서 보편적인 경향을 찾아볼 수 있다는 입장
ㄷ. 환경적인 변수가 고려되지 않는 입장

> **유의점**
>
> 물론 일반진화론자들도 특정사회의 문화는 그것을 둘러싸고 있는 환경에 적응한 결과라는 점에서, 환경의 중요성을 전적으로 부인하는 것은 아니다. 단지 그들의 분석단위는 개별문화가 아닌 인류문화 일반이고, 비슷한 환경에서 서로 이웃하고 있는 두 문화 간에 큰 차이가 발견되는 사례도 적지 않다는 점에서 환경을 일단 고려 대상에서 제외한다.
> 또 한 가지의 근거로는 환경이 어떻게 문화에 영향을 미칠 것인지는 그 문화의 성격 또는 발전단계에 따라 크게 좌우된다는 점이다. 예컨데 아랍인들이 가진 석유가 그들의 문화변동에 중요한 변수로 작용하게 된것은 근세에 들어와서 이루어진 현대적인 공업기술의 발달 때문이었다.

ㄹ. 개개의 문화가 진화과정의 모든 단계를 거쳐 가야만 한다고 주장하지는 않음

③ 특수진화의 입장
ㄱ. 일반진화론이 무시하고 있는 환경의 변수를 크게 강조
ㄴ. 특정의 환경에 위치하고 있는 한 사회의 변동과 적응양식에 관심을 둠

3. 상징주의

(1) **배경**: 에반스–프리챠드를 중심으로 한 일군의 인류학자들은 사회제도와 인간의 행위가 가지는 사회적 기능이 무엇인가 하는 질문 대신, 그것들의 의미가 무엇인가를 파악하는 데 관심을 두기 시작
→ 상징체계를 사회의 맥락 속에서 파악하는 일에 주력

(2) **이론의 주요 특징**
① 문화현상을 단순히 물질적인 것이나 기능적인 것으로 보지 않고 상징체계의 표현으로 봄
② 인류학자의 임무는 그가 연구하는 대상의 집합적인 사고에 가능한 한 가깝게 다가가서, 자신이 발견한 이방인의 생각을 자신의 문화에서 이해될 수 있는 유사한 생각으로 번역하는 것(에반스–프리챠드)

4. 마르크시스트 인류학

(1) 출현 배경

① 구조기능주의가 가시적이고 경험적인 차원에서만 문화를 파악하고 설명하고 모든 요소가 평면적으로 구조되어 있는 것으로 전제함으로써 한계를 지니고 있다고 비판
② 레비스트로스가 경험적 차원을 넘어서 비가시적 수준의 세계에 관심을 두었으나 의식구조의 제일성과 보편성에만 집착함으로써 변화 또는 발전을 포함한 역동적 측면을 무시한 한계성을 가지고 있음을 비판
③ 상부구조와 하부구조로 나눔으로써 경험적 차원과 비경험적 차원을 포함하고 이들 구조 간의 갈등으로부터 변동의 원리를 찾아보려 함

(2) 이론의 주요 내용

① 고들리에(M. Godelier), 메이아쑤(C. Meilassoux) 등은 하부구조, 즉 경제를 비롯한 물질적 조건과 생산관계에 의하여 정치, 종교 등 상부구조가 결정되며 역으로 상부구조는 하부구조를 통제하기 위한 수단으로서 형성된다고 한다.
② 그들은 정치와 경제와 이데올로기가 내적, 종적으로 결합되어 있고 사회에 따라 세 요소 중 하나가 대표적으로 상부구조로 드러나게 된다는 것이다.
③ 구조 간의 모순과 갈등을 통하여 사회가 변동하는 점을 부각시킨 점에서 중요한 공헌을 함

(3) 비판

① 모든 것을 경제의 차원으로 환원시켜 설명함으로써 스스로 분석의 틀로서의 제약성을 지님
② 문화란 단순히 지배계급에 의하여 만들어지는 것은 아니며 자칫하면 피지배계급의 시각에서 해석하는 또 다른 유형의 계급중심주의를 낳을 위험이 있음

THEME 32 | 문화인류학 이론 ③ - 구조주의, 신진화주의, 상징주의, 마르크시스트 인류학

✓ 2011 임용

01 다음 (가), (나)는 문화변동을 바라보는 인류학의 이론적 관점을 나타낸 글이다. 이에 대한 설명으로 적절하지 않은 것은?

> (가) 인간의 문화는 독특한 상징행동에 기초하기 때문에 누적적으로 발전해 나갈 수 있다. 사회 발달 단계는 기술체계에 의해 결정되며, 기술이 발달하여 더 많은 에너지를 이용하는 사회가 더 발전된 사회이다. 문화적 발전이 새로운 요소를 받아들일 수 있는 시점에 이르기 전에는 결코 발명이나 혁신과 같은 문화 변동은 나타나지 않으며, 그러한 시점에 도달하였다고 하더라도 새로운 문화 요소는 개인의 욕구와는 무관하게 출현하고, 특정의 개인들과는 독립적으로 진행되는 문화 자체의 본성이고 문화의 독자적인 과정이다.
>
> (나) 비슷한 환경에서 비슷한 적응을 하는 문화에서는 공통적인 규칙성이 나타나지만, 서로 다른 환경에서 서로 다른 적응방법을 모색해 온 문화는 그 문화에 가장 적합한 변동의 길을 택한다. 사회의 적응과 발전에서 기술적 요소와 같은 사회문화체계의 핵심 영역의 양상이 중요하며, 어떤 기술이 채택되는가는 사회문화체계의 형태에 달려 있다. 사회문화체계의 핵심 영역의 양상이 유사한 문화들은 동일한 문화유형에 속하며 유사한 환경에 대하여 일반적으로 동일한 반응을 나타낸다.

① (가)는 자연환경에 대한 통제 능력의 향상과 생활 안정성의 증대를 문화적 발전으로 보았다.
② (나)는 문화생태학의 입장에서 문화변동을 설명하였다.
③ (나)는 모든 문화에 적용되는 공통된 문화변동의 규칙을 찾기보다 문화 변동 양상의 다양성에 더 관심을 두었다.
④ (가)와 (나) 모두 문화의 보편적인 발전 단계를 가정하였으나, (나)는 (가)에 비해 기술과 환경의 관계 탐구에 더 중점을 두었다.
⑤ (가)와 (나) 모두 문화변동의 구조적 유사점에 관심을 가졌으나, (가)는 (나)에 비해 문화변동의 일반 법칙을 정립하는 데 더 주력하였다.

THEME 32 문화인류학 이론 ③ - 구조주의, 신진화주의, 상징주의, 마르크시스트 인류학

✓ 2013 임용

02 다음 문화인류학자의 글에 나타난 문화에 대한 정의와 연구 방식에 대한 설명으로 옳은 것만을 <보기>에서 있는 대로 고른 것은?

> 우리가 지각하는 현상은 우리가 그것에 부여하는 특징을 갖게 된다. 이는 우리의 감각이 작용하는 방식과 인간의 두뇌가 그것에 입력된 자극을 정리하고 해석하는 방식 때문이다. 우리 인간은 모든 종류의 가공품과 같은 인위적 사물을 만들거나 의례를 고안하거나 과거의 역사를 쓸 때, 자연에 대한 이해 방식을 모방한다. 자연적 산물들을 구분하고 정리하는 것과 같은 방식으로, 문화적 산물들도 분류하고 정리한다. 문화 연구에서는 언어 및 이와 유사한 의사소통 형태들인 친족, 교환, 예술, 의례, 신화와 같은 문화의 특정 측면들의 근저에 있는 인간 심성의 기본 구조를 파악해야 하고, 이로부터 일반적인 법칙을 발견하는 것을 분석 목표로 삼아야 한다.

< 보 기 >

ㄱ. 문화에 내재한 심층적인 규칙과 질서를 파악해야 한다.
ㄴ. 일상생활에서 나타나는 구체적인 생활모습에 초점을 두어야 한다.
ㄷ. 문화는 대부분의 사람들이 배우고 흡수하는 핵심 가치의 표현이다.
ㄹ. 문화 해석에서 중요한 것은 사람들이 주변 사물을 인식하고 분류하는 방식이다.

① ㄱ, ㄴ   ② ㄴ, ㄷ   ③ ㄷ, ㄹ
④ ㄱ, ㄴ, ㄹ   ⑤ ㄱ, ㄷ, ㄹ

✓ 2016 임용

03 다음에 서술된 인류학 이론의 명칭을 쓰시오. [2점]

> 예술, 종교적 의례 또는 일상생활에서 나타나는 여러 행위 유형에 의해 표현되는 문화는 인간의 심층 심리에 있는 구조가 드러난 것이다. 따라서 문화의 여러 차원을 통과하는 심층까지 파고 들어가면 그러한 문화현상을 결정짓는 인간의 의식구조를 발견할 수 있다. 이러한 시각은 가시적 차원에서 경험을 통하여 파악할 수 있는 영역으로부터 심층의 의식수준까지 인류학의 관심을 확대시켰다. 또한 모든 민족이 동일한 인간으로서 공통의 의식구조를 가지고 있음을 강조함으로써 자민족중심주의의 편견을 극복하는 데 중요한 공헌을 하였다. 이 이론은 1960년대 프랑스에서 출현한 주요 인류학 이론으로 널리 알려져 있다.

✓ 2020 임용

04 다음은 친족에 관한 글이다. 밑줄 친 ⓒ에 대한 레비스트로스의 주장을 서술하시오.

[4점 중 일부]

> … (중략) …
>
> 이에 반해 후자의 입장을 대표하는 레비스트로스(C. Lévi-Strauss)는 특정 사회의 실제적인 사회 조직을 분석하기보다는 불가시적이고 때때로 무의식적인 조직 원리에 관심을 기울였는데, 선물의 역할을 분석한 모스(M. Mauss)의 증여 이론에 힘입어 친족 논의를 전개 하였다. 레비스트로스는 ⓒ '친족 조직이 출현하게 된 이유는 무엇일까?'라는 문제의식을 가지고 가장 기초적인 형태의 친족 조직에 대한 논의를 펼쳤다.

05 다음을 읽고, 괄호 안의 ㉠, ㉡에 해당하는 용어를 순서대로 쓰시오. [2점]

> 모스(M. Mauss)는 원시사회의 선물교환을 선물의 역할이라는 관점에서 설명하였다. 모스에 의하면 선물교환에는 선물을 '주어야 하는 의무', 그것을 '받아야 하는 의무', 그리고 '갚아야 할 의무' 등의 특징들이 있다. 그에 따르면, 사람들의 선물 행위는 단순한 물건의 교환이 아니라 감정, 의무, 가치관을 포함한 사회적 관계의 표현이다. 나아가서 모든 행위는 교환 행위이며, 그 바탕에는 (㉠)이/가 근본 원리로 작용한다. 모스의 교환 개념은 레비스트로스(C. Lévi-Strauss)의 친족관계에 대한 연구에 영향을 미쳤다. 레비스트로스는 근친결혼이 금지되는 이유를 결혼 제도에 있는 (㉠)의 원칙을 기반으로 한 교환으로 설명한다. 이러한 원칙에 따라 결혼을 통해 서로 다른 집단 사이에 사회적 교환이 이루어진다. 예술, 종교적 의례, 일상생활에 나타나는 행위의 유형들에 의해 표현되는 문화란 것은 인간의 심층 심리에 깔려 있는 (㉡)이/가 겉으로 나타나는 것이다. 문화의 여러 차원들을 통과하여 심층까지 파고 들어가면 사람들이 주위 세계의 사물을 인식하고 분류하는 방식을 발견할 수 있다. 이러한 그의 이론을 (㉡)주의라고 한다.

- ㉠ :
- ㉡ :

문화와 정치, 문화와 경제

1. 빅맨(big man)

(1) 멜라네시아의 여러 사회에서는 빅맨이라고 부르는 지도자의 유형이 있다. 이것은 부족의 복지에 어느 정도 공헌을 함으로써 개인의 정치적 이득을 극대화하는 계산적 행위의 전형적인 예가 될 것이다. 빅맨은 특정한 제도적 직위를 갖는 것도 아니고 선출되는 것도 아니다. 즉 그의 권위는 사람들로 하여금 자기를 추종하도록 하는 지극히 개인적인 활동의 결과로 얻어지는 것이다.

(2) 이러한 예를 서뉴기니의 카파우쿠(Kapauku)족에 대한 포스피실의 연구에서 살펴보자(L. Pospisil 1963). 카파우쿠족 사회에서 빅맨은 부자라는 뜻의 토노위(tonowi)라고 불린다. 이 토노위의 지위를 획득하기 위해서는 남자이며 경제적으로 부유하고 아량이 넓고 관대하며 언변이 좋아야 한다는 요소를 갖추어야 한다. 이 토노위는 여러 다양한 상황에서 지도자로서의 기능을 한다. 그는 외부인과 다른 마을과의 접촉에서 대표자가 되며, 자기의 추종자들 사이에 분쟁이 발생하면 심판관이나 해결자로서의 역할을 담당한다.

(3) 그런데 이 토노위의 재력은 돼지사육으로부터 나온다. 카파우쿠 사회의 경제는 전적으로 돼지사육에 의존되어 있는바 돼지를 성공적으로 키운다는 것은 힘, 기술과 행운을 요하는 일이다. 따라서 사육의 실패로 인하여 한 토노위가 정치권력의 바탕이 되는 경제력을 잃어버리게 되는 예는 아주 빈번하다. 이러한 변화는 결국 정치조직에 있어서 고도의 유동성을 가져오게 되며 장기간에 걸친 계획적 사육을 할 수 없으므로 한 특정의 빅맨이 오랫동안 또는 전 지역에 걸쳐서 정치적 권력을 점유하는 일은 없다.

2. 부족연맹(chiefdom)

(1) 부족연맹은 소속원이 하나의 위계(hierarchy) 속에 각각 특정의 지위를 갖는 일종의 등급사회(rank society)이다. 이러한 사회에서 개인의 지위는 출계집단(descent group)의 성원권에 의하여 결정된다. 그리하여 족장과 가장 가까운 거리에 있는 가장 높은 등급에 속한 사람은 공식적으로 우위에 놓이며, 보다 낮은 등급의 사람들로부터 특별대우를 받게 된다.

(2) 이런 체제는 폴리네시아 지역에서 많이 보이는데 전통적인 하와이 사회가 대표적이다. 이 사회에는 귀족계급이 있는바 이들은 엄격히 제정된 등급을 누리고 이에 따라 군대를 통솔하며 종교와 정치에 관계된 전문적인 직책을 맡는다. 그들의 지위는 세습적으로 전수되며 지위의 등급은 아주 정교하고 엄격하여 동일한 부모의 자녀라도 출생 순서에 따라 등급이 달라진다. 귀족들의 위계질서의 정상이 곧 족장으로서, 그는 신과 특별관계에 있어서 신으로부터 지배의 권위와 권력을 부여받았다고 믿어진다. 각 족장의 주위에는 그와 친족관계에 있는 귀족들이 있어서 정치, 전쟁과 종교에 관계된 제반사항을 관장한다. 이들 귀족들은 족장에게 재화를 비롯한 각종 공물(供物)을 바친다. 이러한 공물은 하위의 귀족들에게서 거두어들이는 것으로서 하위의 귀족은 또한 평민으로부터 그것을 거두어들인다.

(3) 이러한 제도는 일견 아주 공고한 것 같지만 실제에 있어서 정치적 권력은 자주 바뀌었다. 왜냐하면 보다 넓은 영토와 정치권력의 확보를 위하여 그들은 전쟁을 하게 되었던 것이다. 새로운 정복자는 자기의 추종자들을 새로운 정치권력의 직위에 임명하였다. 따라서 이 사회에서는 정부나 종교적인 행정의 장기적인 지속이 있을 수 없었다.

3. 경제 인류학에서의 두 가지 시각

(1) 경제인류학은 경제학의 이론과 관련해서 여러 가지 중요한 문제들을 제기해 왔다. 예를 들면 경제학이 인간의 경제행위에 관해서 상정했던 기본가정은 얼마나 보편적인가? 비서구사회의 경제를 이해하는 데 서구산업사회를 기준으로 발전시킨 경제학의 이론이 어느 정도나 유용한가? 비산업사회의 경제체계는 산업사회의 경제체계와 본질적으로 다른 것인가, 아니면 규모나 복잡성에 있어서 정도의 차이만 있는 것인가? 경제체계는 문화의 다른 여러 측면과 어떻게 관련되며, 경제인류학에서 그것을 따로 떼어서 다룰 수 있을 것인가?

(2) 이와 관련한 경제인류학의 흐름에 나타나는 두 가지 별개의 경향을 찾아볼 수 있다(Cook 1973: 799-801). 그중의 첫째가 실재론의 경향이고, 둘째가 형식론의 경향이다.

> **실재론(substantivism)**
>
> 실재론(實在論, substantivism)은 접근방법에 있어 경제인류학이 비교국민경제의 계통적 원리로 가장 잘 연구될 수 있다는 입장을 취하고 있다. 그리고 경제인류학의 범위는 현존하는 모든 경제체계는 물론 소멸된 선사시대와 역사시대의 경제체계와 가설적인 경제체계까지도 모두 포함해야 한다는 것이다. 따라서 실재론자들의 지향은 다분히 역사적이고 상대주의적이며, 경제체계의 유형을 사실로부터 귀납적으로 분류해서 비교하고 총체론을 강조하는 문화인류학의 관점을 지키려는 경향이 있다.
>
> 실재론자들은 또 별개의 경제영역을 거부하고, 경제활동이 특정한 사회문화체계 속에서 다른 영역들과 제도적으로 상호 밀접한 관계를 갖는 방식을 강조한다. 특히 원시미개사회와 농민사회에 있어서는 경제제도를 따로 분리시켜서 생각할 수 없을 만큼 경제적 측면과 비경제적 측면이 서로 밀접하게 연결되어 있음을 강조한다. 요컨대 경제인류학자가 그런 원시미개사회나 농민사회를 연구할 때에는 서구산업사회의 시장경제를 분석하기 위해서 발전시킨 경제학의 원리를 적용시킬 수 없다는 것이 실재론자들의 견해이다

> **형식론(formalism)**
>
> 형식론(形式論, formalism)은 신고전경제학의 원리가 모든 사회에 적용될 수 있다는 입장을 취하고 있다. 산업사회의 시장경제뿐만 아니라 농민사회와 원시미개사회에 있어서도 경제영역은 따로 분리시켜서 다룰 수 있고, 한정된 자원을 이용하려면 경제행위의 합리적 결정을 내려야 하기 때문에, 그 과정을 설명하고 예측할 수 있는 원리를 찾아야 한다는 것이 형식론자들의 견해이다. 따라서 그들의 오리엔테이션은 다분히 비역사적이고 분석적이며, 연역적 방법을 써서 추상의 일반원리를 논리적으로 조작하는 경향이 있다. 이러한 형식론자들의 분석작업은 여러 형태의 사회문화체계에서 경제과정을 체계적으로 분석하여 미래를 예측할 수 있는 모델구성에 궁극적인 목표를 두고 있다.

> 📘 **막스 베버의 2가지 합리성 개념**
> - 형식합리성 : 경제행위의 방향을 정하는 데 적절한 합리적 양의 계산과 그러한 계산의 결과에 따른 인간활동
> - 실재합리성 : 규범체계의 도덕적인 요구에 따라 인간집단에게 물자와 용역을 공급하는 것

4. 분배 형태의 분류 - 폴라니(Polanyi)

경제인류학자 폴라니(Polanyi)는 분배의 종류를 3가지 형태로 분류한 바 있다. 즉 호혜성(reciprocity), 재분배(redistribution), 시장교환(market exchange)이 그것이다. 이 3가지 형태는 상호배타적 범주가 아니며 한 사회 내에 3가지 형태가 모두 존재할 수도 있다.

(1) 호혜성

① 비교적 평등한 사회에서 나타나는 것으로 어떤 사회적 유대나 의무로 맺어진 사람들 양방 간에 물자와 용역을 서로 주고받는 일종의 상호간의 등가교환임
② 보통 화폐가 개입되지 않고 공급과 수요가 작용하지 않으며 흥정도 없음
③ 호혜적 교환의 주요 기능은 쌍방간에 기존의 사회적 유대관계를 재확인하는 것이므로, 대체적인 등가의 호혜원칙을 어느 한편에서 계속 어길 경우 호혜적 교환이 중단될 뿐 아니라 기존의 친밀한 유대관계도 단절됨

※ 사회적 유대관계의 친밀도에 따른 호혜성의 유형 구분 - 마샬 사린즈(Sahlins)	
일반적 호혜성 (generalized reciprocity)	• 통상적으로 혈연이 가까운 자들 사이에서 이루어지는 교환 형태 • 주는 사람은 구체적이거나 즉각적인 보상이 되돌아 올 것을 기대하지 않으나 언젠가는 되돌아오리라는 것을 알고 있음 • 일반적 호혜성은 어느 종류의 사회에서도 발견
균형적 호혜성 (balanced reciprocity)	• 물자와 용역을 줄 때 주는 사람이나 받는 사람이 모두 받은 것만큼 되돌려 갚아야 한다는 것을 인정하고 또 그렇게 행하는 호혜성 • 등량등가의 교환을 원칙으로 하지만 실제로 되돌려 갚을 때 그 종류와 양과 가치를 대등하게 하는 것은 그 사회의 관습과 도덕에 따라 정해짐 • 균형적 호혜성의 기능은 보험이나 사회보장의 역할 　예 통과의례시의 축의금이나 부의금 　　 품앗이와 우리나라의 구휼제도(진대법,흑창,의창,상평창,환곡)
부정적 호혜성 (negative reciprocity)	• 상대방에게 주는 것보다 더 많은 것을 얻으려는 호혜성. • 서로 상반된 이해관계를 가지고 있으며. 따라서 서로 좀더 이득을 많이 얻기 위해 노력하며, 이러한 거래는 서로 다른 공동체들 간의 거래나 잘 알지 못하는 사람들 간에 발생 • 극단적 형태는 힘으로써 어떤 것을 탈취하는 것이며, 덜 심한 형태는 속임수나 사기로 거래하는 형태 • 엄밀한 의미에서 호혜성이라고 말할 수 없는 성질의 호혜성

(2) 재분배(redistribution)
  ① 권력의 차등과 위계서열이 확립된 사회에서 나타남
  ② 주변에 있는 다수인의 물자와 용역이 어떤 중심적인 위치에 있는 한 사람 또는 기관으로 집중되었다가 다시 분산되는 일종의 분배 형태
  ③ 부족사회나 과거의 왕국에서의 재분배의 동기
    ㄱ. 부를 과시함으로써 특권과 지위를 유지
    ㄴ. 자기를 옹호하고 지지하는 사람들의 적절한 생활수준을 보장
    ㄷ. 자기 영토의 외부사회와 동맹관계를 확립
  ④ 현대공업사회의 재분배
    ㄱ. 국민들이 정부에 각종 세금을 내서 그 중의 일부는 국가의 기구를 유지하고 운영하는데 쓰고, 나머지는 각종의 공공시설과 서비스, 사회복지기금 등의 명목으로 재분배
    ㄴ. 사회의 모든 성원들에게 적절한 생계를 보장해주는 것이 가장 중요한 기능

(3) 시장 교환(market exchange)
  ① 공급과 수요의 원리에 따라 화폐가격으로 팔고 사는 조직적인 과정
  ② 호혜적 교환과 재분배는 당사자들간에 의무가 개입되어 있으나 시장교환은 쌍방간에 의무가 개입되지 않음

5. 포틀래치(potlatch)와 쿨라(kula)

(1) 포틀래치
  ① 베블렌의 '과시적 소비' 사례 → 위세를 보이기 위한 경쟁적 소비행위
  ② 경제인류학적 측면 : 재화의 재분배이면서 특별한 소비행위
  ③ 정치인류학적 측면 : 권력과 지위에 대한 지지 확보행위, 불평등의 차이를 조절

(2) 쿨라
  ① 멜라네시아 남동부 트로브리안드 제도의 주민들이 행하는 선물교환제도.
  ② 붉은 조개껍질 목걸이와 흰 조개껍질 팔찌가 각각 수백리나 되는 순환로를 따라 각각 시계방향과 시계반대방향으로 교환
  ③ 사용하기 위해 소유하는 것이 아니라 명예와 지위를 나타내기 위해 소유
  ④ 의례적 예물교환과 경제적 교역 뿐만 아니라 여러가지 사회관계와 원정, 주술, 사회통합 등이 상호 관련된 하나의 정교한 복합

포틀래치(potlatch)

포틀래치는 북미 아메리카 인디언, 특히 콰키우틀(Kwakiutl)족과 하이다(Haida)족에서 그 예를 볼 수 있는데, 의식에 사람들을 초대하여 베푸는 선물주기 축제이다. 포틀래치라는 말은 본디 치누크족 말로 '소비한다'라는 뜻이다. 축하연에서는 많은 음식물과 함께 사냥해서 잡은 호랑이 모피, 모포, 동판(銅板), 때로는 통나무배 등을 손님의 지위에 따라 선물로 준다.

금액은 백인들이 금지하기 전에는 수천 달러에 이르렀다고 한다. 포틀래치에 쓸 재물을 준비하는 데는 축하연의 종류에 따라 가족·친척·마을 사람들이 협력하였고, 선물을 받은 사람은 받은 선물액에 일정한 이자를 붙인 만큼의 답례 축하연을 베풀지 않으면 체면을 잃고 때로는 노예 신분이 되기도 했다.

특히 친척이나 마을의 우두머리 자리는 그의 부친이 베푼 축하연의 규모·횟수 등에 의하여 결정된다. 포틀래치는 사회집단을 단위로 이해관계를 가지고 하는 행사로서, 서로 체면을 잃지 않으려는 의욕 때문에 행사 개최의 주인공은 귀중한 재물인 통나무배나 그에게 속한 토템상을 새긴 동판을 손님들이 보는 앞에서 일부러 파괴하거나, 소유하는 노예를 죽여 자신을 과시하기도 했다.

포틀래치는 출생과 혼인, 사망, 입양, 성년식 등의 통과의례를 알리기 위해서도 거행되지만 그보다 더 중요한 것은 돌아간 선친의 지위를 후계자가 계승할 때(장례 포틀래치), 새 집을 짓기 시작할 때(신축 포틀래치), 공적인 굴욕을 당한 뒤에 위엄을 되찾기 위해서(체면유지 포틀래치), 그리고 명예의 침해와 오명을 씻기 위해서(복수 포틀래치) 포틀래치를 거행한다. 이들 대부분의 포틀래치는 축제와 잔치 그리고 예물을 나누어 주는 것으로 끝나지만, 체면유지 포틀래치와 복수 포틀래치에서는 재산을 모두 파괴해 버린다.

THEME 34 | 종교 연구의 여러 관점

1. 진화론적 관점

① 타일러(E. B. Tylor)

   ㄱ. 종교현상을 인간이 갖는 영적 존재에 대한 지적 관심의 결과로 파악
      → 종교의 주요 기능을 '설명력'으로 봄

   ㄴ. 사람들은 꿈이라든가 환상 또는 죽음 등을 통하여 영혼에 대한 인식을 갖게 되었고, 이러한 영혼에 대한 개념은 인간이 자연을 파악하는 데에도 투사되어 모든 사물에는 영혼이 깃들어 있다는 믿음을 가지게 되었다고 주장

   ㄷ. 애니미즘(animism), 곧 정령숭배가 원시형태의 종교이며, 이로부터 주술을 거쳐 다신교로 발전되고 마지막에는 일신교가 나타난다는 종교 발전의 단계를 설정함

   ㄹ. 인간의 이성이 더욱 발달하면 결국 종교가 사라질 것이라고 예견함

> **📖 타일러 입장의 한계**
>
> 타일러의 종교론은 대체로 주지주의를 강조한 것이다. 즉 꿈이나 환각 등 기이한 심리적 현상을 합리적으로 설명하려는 시도의 결과 영혼의 개념이 나타났고, 인간은 이것을 바탕으로 다양한 종교 문화를 만들어냈다는 것이다. 그렇지만 이런 방식의 설명은 종교적 현상에서 중요한 의미를 갖는 감성적 혹은 기능적 측면을 간과할 수밖에 없다. 또한 종교의 어떤 변이가 먼저 출현했는가 하는 문제도 풀리지 않은 숙제로 남아 있다. 이뿐 아니라 가장 발달된 종교가 유일신 종교이며 유럽 민족의 기독교가 거기에 해당된다는 타일러의 주장은 자의적이며 자민족 중심주의의 편견에 불과하다는 비판을 면하기 힘들다.

② 프레이저(J. Frazer)

   ㄱ. 인간의 인지능력의 발달에 따라 주술에서 종교를 거쳐 과학의 단계로 진화하여 간다고 제시

   ㄴ. 주술을 원시인의 비이성적 심성에서 유래한 부정확한 원시과학, 즉 '오류의 과학'으로 간주하고, 종교란 주술이 현실 세계에서 유효하지 않다는 사실을 경험적으로 자각한 데서 출발한 것이라고 봄

   ㄷ. 종교는 인간이 인위적으로 통제할 수 없는 절대적 힘을 지닌 신격을 상정한 데서 비롯된 것으로, 나약한 인간이 신격에게 간청하고 기원하는 형식을 띰

   ㄹ. 거의 모든 민족 사회에서 주술과 종교가 혼재하는 것이 실상이었지만, 프레이저는 이런 경우 주술을 문화잔재로 치부

2. 심리학적 해석 - 말리노프스키(B. Malinowski)

① 종교를 인간의 심리적 욕구와 관계지어서 해석하려는 입장

② 종교와 주술 모두 인간의 한계점과 예측할 수 없는 자연의 힘에 의한 변화에 직면했을 때 갖게 되는 심리적 불안감과 긴장을 해소해 주며, 한편으로는 경외감과 숭고함과 같은 감정이나 정신적 상태를 표현하며, 그러한 상태에서 일어난다고 본다.

> **📖 장례식에 대한 말리노프스키의 설명**
>
> 한 사람의 죽음은 그 가족이나 친족집단이나 사회에서 그 사람에 의해서 담당되던 역할이 중지됨을 뜻한다. 이것은 그 역할과 관련된 다른 모든 역할에 연쇄적인 영향을 주게 되어 사회는 관계의 혼란을 일으켜서 마비되거나 와해되어 버릴지도 모른다는 위험을 느낌으로써 사람들은 긴장과 불안에 싸인다. 장례나 상중의 기간의 슬픔을 표현하는 행위들과 여러 가지 의식들은 자기 자신에게도 주어질 죽음이라는 슬픈 숙명을 간접적으로 경험하는 데에서 오는 불안과, 죽은 사람이 자기들과 결별하는 슬픔과 그 사람이 담당했던 역할의 중요성을 재삼 확인하며, 곧 그 역할을 대신 담당할 사람을 선정함으로써 모든 관계들이 정상적인 상태로 복구되도록 하는 절차들로 구성된다. 그리하여 이러한 모든 것들이 정리됨으로써 불안과 공포가 해소되며 앞으로 또 발생하게 될 동일한 사건에 대하여 적극적으로 대치해 나갈 심리적 확실성을 강화하게 된다.

③ 말리노프스키는 문화의 초자연적 영역을 탐구하면서, 야만족이나 미개민족으로 규정된 19c 원시 부족에 대한 인간관을 올바로 복원시키는 데 중대한 기여를 함

④ 문제점
   ㄱ. 종교적 의례에의 참가는 반드시 심리적 불안이나 긴장에 사로잡힌 사람에 의해서만 되는 것이 아니며 동시에 사람들은 반드시 심리적인 어떤 효과만을 추구하기 위해서 종교적 행위를 하는 것은 아님
   ㄴ. 동일한 의례에 참여한다고 해서 모든 참여자가 반드시 동일한 목적을 가지는 것은 아님

3. 사회학적 관점 - 뒤르켐(E. Durkheim)

① 종교란 각 사회에서 그 구성원을 사회에 결속시킴으로서, 질서의 체계를 기능적으로 유지해 나가는데 필요한 행위의 규범을 표현하는 일종의 집합표상(Collective representation)
   → 즉, 종교란 추종자들을 단일한 도덕 공동체로 규합시키는 믿음과 행위의 통합체계
   → 반면 주술은 개인적인 것이며 사회집단을 전제하지 않았다는 점에서 종교와 다름

② 종교의 공통적 요소는 성(聖)/속(俗)의 구분. 성스러운 것의 구체적 내용은 사회마다 다르지만 사람들은 그것을 공유하고 보존하며 그것에 따라 행위를 규제함으로써 일체감과 의식을 형성

③ 성스러운 사물이나 관념은 종교적 감흥을 일으키는데, 이러한 흥분은 모두 종교집단을 전제한 것이라고 주장
   → 즉 종교적 감흥은 일종의 집합적 흥분 상태

④ 토테미즘이 영혼론이나 자연신앙보다 이전에 출현한 가장 원시적인 종교라고 보았다.

⑤ 문제점

ㄱ. 사람들이 현실생활에서의 어떠한 문제를 해결하거나 목적을 달성하기 위하여 종교를 이용하는 것은 수긍이 가지만 종교가 아니더라도 또는 종교보다 더 효과적이고 직접적인 해결 방법이 있음에도 불구하고 왜 사람들은 종교에 의지하는지에 대한 문제 제기가 가능

ㄴ. 사회적 차원에서의 문제해결을 위하여 왜 하필이면 그러한 유형의 종교를 만들거나 이용하는지도 문제

→ 종교행위를 실질적인 목적을 위한 수단 이외에 인간 특유의 지적, 관념적 활동의 의식으로 해석해 보는 작업의 필요성이 제기

『종교생활의 기본 형태』 – 뒤르켐

1. 종교
① 원시사회 종교의 동일하고 편재적인 특징으로 인해 우리는 종교와 집합의식은 같다고 생각할 수 있다. 즉, 원시사회의 종교는 모든 것을 포함하는 집합 도덕이다.
② 근대사회 들어와서 종교 자체는 점차 더 좁은 영역을 차지하게 되었지만, 근대 사회에서 보이는 다른 표상들(예를 들어 법과 과학 등)의 대부분은 모든 것을 포괄하는 원시사회의 종교에서 그 근원을 찾을 수 있다.

2. 신성과 세속
① 뒤르켐은 오직 하나의 사실이 다른 사회적 사실을 야기할 수 있다는 그의 기본적인 방법론적 관점에 따라 사회가 모든 종교의 원천이라고 결론지었다. 사회는 개인을 통하여 어떤 현상들을 신성한 것으로 또 다른 현상들은 세속적인 것으로 정의내림으로써 종교를 창조한다.
② 신성한 것과 세속적인 것의 구분과 사회생활의 어떤 측면을 신성한 수준으로 평가하는 것은 종교의 발전을 위한 필수조건이긴 하지만 충분조건은 아니며, 종교적 믿음(belief)과 종교적 의례(rites) 그리고 교회(church)라는 다른 조건들이 필요하다.
③ 따라서 종교란 "믿음과 실천의 통합된 체계로, 교회라 불리는 단일한 도덕공동체 안으로 이를 신봉하는 모든 사람들을 통합시킨다"

3. 토템 숭배와 집합적 열광
① 뒤르켐은 토템 숭배를 종교의 가장 단순하고 원시적인 형태로 보았다. 토템들은 그 근저에 있는 비물질적 힘의 물질적 표상인 것이다. 그리고 이런 비물질적인 힘은 다름아닌 바로 현재 익숙해져 있는 사회의 집합의식이다.
② 뒤르켐은 종교가 발흥하는 것은 집합적 열광에서라고 주장하며 "종교적 개념들은 열광하고 있는 사회적 환경의 한가운데서 또 이런 열광 그 자체로부터 발생되는 것으로 보인다"라고 한다. 이러한 집합적 열광의 시기 동안에 씨족 구성원은 토템숭배를 창조한다.

4. 생태학적 접근

① 문화를 생존을 위한 인간의 합리적 노력의 결과로 보는 입장에서, 종교와 생태환경과의 상호작용에 초점을 맞추는 연구 경향
② 라파포트(R. Rappaport)는 카이코(Kaiko) 의례가 단백질 섭취의 기회인 동시에 쳄바가부족과 그들의 생태계 사이의 수요와 공급의 균형상태가 파괴되는 위험을 제거하는 장치가 된다고 설명
③ 해리스(M. Harris)는 힌두교에서 왜 소가 숭상을 받는지를 환경적 요소와 관련시켜서 설명하는데, 그에 따르면 그것은 인도사람들의 생활에서 소가 지니는 중요한 경제적 가치 때문이라는 것임
④ 비판
  ㄱ. 단백질 섭취를 위해 돼지를 잡아먹는 것은 설명될 수 있지만 왜 그렇게 하기 위해 의례를 행하는지 설명이 되지 못함
  ㄴ. 경제적인 중요성이 소보다 더 높은 다른 동물이나 사물이 있음에도 불구하고 하필이면 왜 소가 신성시되는지 설명 못함
  ㄷ. 소의 중요성은 설명되지만 그것이 지니는 종교적인 의미는 설명 못함

5. 지식의 체계화

① 종교적인 현상을 하나의 지식으로 체계화하고 전달하는 과정으로 해석하려는 관점
  → 인식과정이나 지식체계로서의 종교해석
② 에반즈 프리챠드(E. Evans-Prichard)에 따르면, 쟌데인들이 어떤 사건에 대한 설명의 마지막 순간 "엠보리(Mbori) 때문이지"라고 하는 것은 쟌데인들 인식의 한계점을 나타내는 것임. 따라서 쟌데인들의 신앙체계는 곧 그들의 사고과정을 나타내며 지식의 한계를 극복하는 일종의 논리 탈출구가 됨

6. 상징체계의 이해

① 종교적 설명이나 의례의 분석을 통하여 초자연적인 존재와 인간의 관계나 종교의 기능 또는 사회적 의미보다는 사람들이 경험적 세계에서 얻은 여러 의미들을 어떻게 상징화하여 표현하는가를 이해하려는 관점
② 실제로 행해지는 어떤 하나의 의례과정은 한 개의 상징적인 대상을 담고 있는 것이 아니며 수많은 요소들이 계속 연결되어서 전 과정을 형성하고 있고, 하나의 의례는 차원에 따라서 그리고 상황에 따라서 다른 의미를 가짐

> 예 터너의 은뎀부(Ndembu)족의 의례 연구
>   : 하얀 색깔의 액체를 흘리는 '무디'라는 나무
>   → 젖(생리학적 의미), 모자관계(사회적 의미), 고귀함(추상적 의미)

THEME 34 | 종교 연구의 여러 관점

기출문제

✓ 2008 기출

01 다음 사례를 공통적으로 설명할 수 있는 문화인류학 용어를 쓰고, 그 용어를 2줄 이내로 설명하시오.
[4점]

- 1870년대 이후 뉴기니의 원주민들은 백인들의 물질적 풍요를 부러워하면서 자신들도 조상에게 요청하면 백인들처럼 물질적 풍요를 누릴 수 있을 것이란 믿음을 가졌다. 이들은 대나무로 활주로와 부두를 만든 뒤 조상들이 엄청난 물질적 선물을 줄 것이라고 기대하면서 주술적 의례를 행하였다. 이 과정에서 새로운 윤리나 행위규범이 제시되었으며, 이는 원주민들의 자긍심을 제고하고 주민들의 통합성을 높이는 효과가 있었다.
- 19세기 후반 이후 백인들에게 자신들의 땅을 빼앗긴 아메리카 인디언들의 삶은 매우 열악해졌다. 백인들에게 삶이 지배당하고 들소가 급감하였으며 때마침 홍역이 유행하여 인구도 급감하였다. 이때 죽은 조상들의 영혼을 환상 중에 만난 예언자들이 나타나, 가죽 옷을 입고 춤을 추기만 하면 곧 백인들이 멸망할 것이며 죽은 자들이 살아나고 들소 떼가 다시 많아질 것이라고 예언하였다. 대평원 인디언들 사이에는 이 예언에 따라 유령춤이 급속히 번져나갔다.

- 용어 :
- 설명 :

THEME 35 | 문화변동

1. 문화변동의 원인

(1) **내재적 요인 : 발명과 발견**

① 발명 : 그동안 존재하지 않았던 새로운 문화 요소를 만들어 내는 것

ㄱ. 1차적 발명 : 이전에 전혀 존재하지 않았던 문화 요소를 처음으로 만들어 내는 것
  예 활의 발명

ㄴ. 2차적 발명 : 이미 발면된 문화 요소들을 조합하거나 응용하여 새로운 문화 요소를 만들어 내는 것.
  예 현악기의 발명

ㄷ. 관념적 발명 : 종교, 신화, 이데올로기 등

② 발견 : 이미 존재하고 있었지만 알려지지 않았던 것을 찾아내는 것
  예 새로운 원소나 분자의 발견, 새로운 현상의 발견

☞ 모든 발명과 발견이 변동을 가져오는 것은 아님 ⇒ 사회적 수용이 필요

(2) **외재적 요인 : 전파**

① 의미 : 한 사회의 문화 요소들이 다른 사회에 전해져 그 사회의 문화에 정착되는 현상
  → 물질뿐 아니라 종교, 민주주의, 자본주의 등 이념체계나 제도도 포함

② 종류

ㄱ. 직접 전파 : 사람이 다른 문화와 직접 접촉하여 전해지는 것
  예 중국으로부터 한자와 유교의 전래

ㄴ. 간접 전파 : 책, 텔레비전, 인터넷 등과 같은 매체를 통해 전해지는 것.
  예 인쇄물, 라디오, TV 등을 통한 정보, 사상 등의 획득

ㄷ. 자극 전파 : 다른 사회의 문화 요소에서 아이디어를 얻어 새로운 문화요소를 만들어내는 것.
  예 다른 나라의 문자에서 아이디어를 얻어 새로운 문자를 고안한 것(이두, 체로키 문자)
  외래의 기성 종교에서 아이디어를 얻어 창안한 신흥 종교

③ 전파는 성격을 달리하는 두 개 이상의 문화체계 간에서만 일어나는 것이 아니고, 하나의 문화체계 안에서도 발생함

④ 새로운 정신문화의 전파는 정체성의 혼란을 야기할 수 있기 때문에 물질문화에 비해 정신문화의 전파에 대한 거부감이 강함

2. 문화 변동

(1) **문화의 내재적 변동** : 발명이나 발견 등의 내적 요인으로 이루어지는 문화 변동

(2) **문화접변**[92] : 하나의 문화가 다른 문화와 접촉하는 과정에서 어느 한쪽 또는 양쪽의 문화에 변용을 일으키는 현상(문화의 접촉적 변동)

① 문화 접변의 과정에 따라

강제적 문화접변	정복이나 식민지 지배 등 강제적인 외부의 압력에 의해 발생하는 경우
자발적 문화접변	이민, 유학 등 스스로의 필요에 의해 자발적으로 발생하는 경우

② 문화 접변의 결과에 따라

문화 공존	• 서로 다른 사회의 문화가 한 사회의 문화 속에서 나란히 존재하는 것 예 서양 의학이 국내에 보급되었으나 여전히 한의원과 서양식 병원이 병존하는 것
문화 동화	• 한 사회의 문화(전통문화)가 다른 사회의 문화(외래 문화)로 흡수되거나 대체된 것 예 우리 사회에서 전통 의복문화가 상당 부분 사라지고 서양식 의복이 일반화된 것
문화 융합	• 서로 다른 문화 요소가 결합하여, 기존의 두 문화 요소와는 다른 성격을 지닌 새로운 문화가 나타나는 것. 예 우리나라 사찰에 설치된 산신각과 칠성각 　우리나라 결혼식에서 보는 서양식 예식과 폐백
문화의 반동 및 복고	• 외부로부터의 작용에 반대로 작용하는 것을 반동이라고 하고, 전통 사상이나 풍습 등으로 되돌아가려는 것을 복고라고 함[93] 예 일제 강점기에 신사 참배와 창씨개명을 거부하고 국학운동이 일어난 것

자문화의 통합정도 타문화의 수용 상황	강함	약함
강제적	반동, 복고	문화 동화(문화적 식민지)
자발적	문화 병존 or 문화 융합 (선택적 수용)	문화 동화(주체성 상실)

---

92) <u>2017 임용</u> : 문화접변 (단답)
93) <u>2017 임용</u> : 복고 (단답)

3. 문화변동의 문제점

(1) **문화지체 현상**(cuitural lag) - 오그번(W.Orgburne)

① 의미 : 물질문화의 변동 속도를 비물질문화가 따라가지 못해 나타나는 문화 요소 간의 부조화 현상

> 예 자동차주행속도 증가 → 도로조건개선×, 가사노동의 산업화 → 여성의 역할 변화×
> 공장의 기계도입 → 산업재해↑ → 산재보험제도 미비×

② 사회변동의 추진력은 기술혁신과 물질문화에 있고 비물질 문화는 거기에 적응해야 하지만 이에 적응하는 데는 상당한 시간적 지체

③ 사회 변동에 따른 부조화에서 사회 문제를 이끌어내고 있으므로 기능론적 관점을 전제로 한 개념

④ 대책
- 물질문화의 변동에 대한 비판적 검토를 바탕으로 뒤처진 의식과 규범 및 제도를 개선하려고 노력해야 한다. (지학사)
- 물질문화의 변동에 적응할 수 있도록 새로운 가치나 규범 등을 확립해야 한다. (미래엔)

> **📖 기술지체**
>
> 오늘날 많은 후진국이나 개발도상국에서는 선진국에서 발전된 이념이나 지식이 먼저 도입되어 교육을 통하여 널리 퍼지게 되나, 이를 지원하는 기술체계가 뒤떨어져 사회적으로 큰 문제를 야기 시키기도 한다. 후진국에서 흔히 보는 민주주의 이념의 도입에 따른 문제, 서구적인 생활양식의 관념적인 전파로 인해 야기되는 기대의 상승에 따른 갈등과 좌절의 문제는 어느 정도 이러한 맥락에서 설명할 수 있다. 이러한 현상을 문화지체와 구분하여 '기술지체'라고 부르기도 한다.

(2) **아노미 현상**

다른 사회로부터 전파된 가치가 기존의 전통적인 가치와 잘 융화되지 못하고 충돌을 일으킬 때 가치관의 혼란이 나타날 수 있음

(3) **문화 정체성의 혼란**

① 익숙했던 문화 요소들이 변동하는 과정에서 개인의 정체성을 약화시켜 문화 정체성의 약화까지 이어질 수 있음

② 문화 변동에 대한 능동적이고 주체적인 대응이 필요

4. 미디어제국주의와 문화제국주의

(1) 미디어제국주의(media imperialism) - 보이드-바레트(Boyd-Barrett)

한 국가의 매체 소유권이나 구조·보급·내용 중 어느 하나 이상의 측면이 다른 나라 매체의 이해관계에 의해 상응하는 영향력의 상호 교환 없이 상당한 압력에 종속되는 과정

① 지구상의 국가는 중심부인 선진국과 주변부인 저개발국으로 나누어지며, 세계의 정보는 중심부에서 주변부로 흐름

② 주변부에서는 중심부에서 흘러들어 온 뉴스를 자국의 시각이 아니라 중심부의 시각을 통해 보게 됨으로써, 뉴스를 독자적으로 인식하지 못하고 중심부의 시각에 의존하게 됨
→ 이렇듯 미디어 제국주의를 "선진국의 정보력이 주변국의 정보력을 장악하는 현상"을 지칭

③ 매체제국주의의 확장에 결정적 기여를 한 것은 영화와 라디오

(2) 문화제국주의(cultural imperialism)

미디어제국주의가 단순히 정보의 내용에만 국한되는 것이 아니고, 다른 사회사람들의 사회구조, 가치관, 생활양식 등에도 지대한 영향을 미칠 수 있다는 점에서 문화제국주의로 확대 해석되기도 함

① 한국의 경우에는 미국 영화의 지배로부터 국내 영화산업을 보호하기 위해 '스크린쿼터제'를 도입하고 있음

② '한류'라는 이름의 한국 문화상품의 해외 진출은 수입국의 입장에서는 한국 문화의 수입을 통해 문화를 다양화한다는 측면과 더불어 외국 문화자본의 지배와 자국의 문화 정체성의 혼란을 낳을 수 있다는 부정적인 측면을 동시에 지니고 있음. 그래서 한국 문화자본의 해외 진출은 일종의 '아류 매체제국주의' 또는 '아류 문화 제국주의'가 될 수도 있음

③ 매체 제국주의는 매체상품이나 문화상품의 경제적 측면과만 연관되는 것이 아니라 문화적 이데올로기적 측면과도 연관됨

④ 예를 들어 미국의 영화나 드라마는 과거에 미국식 우월주의, 반공주의 이데올로기를 세계적으로 전파했고, 오늘날에는 디즈니 만화영화 등에서 볼 수 있듯이 영웅주의, 가족주의, 개인주의 가치관을 전파하고 있음. 특히 할리우드의 스타시스템은 개인주의와 개인적 성공의 문화를 강조함으로써 계급구조적·집합적 문제에 대한 인식을 희석시킴

THEME 35 | 문화변동

▼ 1999 임용

01 다음 글을 읽고 물음에 답하시오. [총 6점]

> < 보 기 >
>
> 　근대화 과정에서 서구화가 발전인 듯 착각하여 많은 국가들이 서구 선진사회의 문화를 수입하고, 문화시장을 개방하였다. 그 결과 지구촌 곳곳에서 비슷한 옷을 입고, 비슷한 음식을 먹으며, 비슷한 삶의 방식을 택하는 모습을 발견할 수 있게 되는 등 (가) <u>문화의 세계화 현상</u>이 나타나고 있다.

1-1. 1) 문화 내용이 바뀌는 현상인 문화 변동의 원인을 크게 두 가지 시각에서 100자 이내로 설명하시오. [2점]

2) 위의 <보기>와 같은 문화 변동은 두 가지 시각 가운데 어디에 해당되는지 밝히시오. [1점]

1-2. 밑줄 친 (가)에 대응하는 바람직한 태도가 무엇인지를 250자 이내로 쓰시오. [3점]

THEME 35 문화변동

✓ 2002 공통사회

02 다음은 문화변동의 과정에서 일어나는 사례이다. 글을 읽고 물음에 답하시오. [총 3점]

> 문화접변은 서구사회와 미개사회가 접촉한 식민지 상황에서 많이 발생한다. (가) 스페인 문화와 토착 인디언 문화가 접촉하여 그 어느 것도 아닌 제3의 문화체계를 형성하는 경우도 있고, 일방적으로 식민지 문화가 지배자의 문화를 수용하여 지배자 문화의 방향으로 접근하는 경우도 있다. 인디언인 체로키 (Cherokee)족은 백인들과 접촉하면서 영어에서 아이디어를 얻어 체로키 문자를 고안해 냈다. 이것은 ((나))의 전형적인 사례 중의 하나이다.

2-1. 문화접변 과정에서 나타나는 (가)의 현상을 무엇이라고 하는지 쓰시오. [1점]

2-2. (나)에 알맞은 용어를 쓰고, [1점]

2-3. 그 뜻을 문화 변동 요인을 설명하는 개념을 포함하여 20자 이내로 쓰시오. [1점]

✓ 2005 임용

03 다음은 사회 수업 시간에 문화 변동 과정에서 나타나는 현상을 설명하기 위해 제시한 자료이다. 이 현상을 설명할 수 있는 가장 적절한 개념을 쓰고, 이 개념으로 사회 문제를 설명하는 이론적 관점에 대하여 2줄 이내로 설명하시오. [3점]

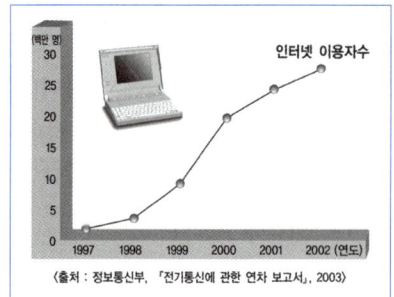

- 전자 상거래의 폭증과 함께 소비자 피해 사례가 늘고 있지만 이를 해결하기 위한 제도는 제대로 확립되어 있지 않다.
- 채팅 과정에서 자기 주장만 하고 통신을 중단하거나 상대방을 비방하고 비속어를 사용하는 경우가 자주 발생하고 있다.

• 개념 :

• 정의 :

✓ 2001임용

04 다음 글을 읽고 밑줄 친 부분처럼 문화가 오늘날까지 전해져 온 것은 무엇 때문인지를 쓰고, 또 이 글의 내용을 토대로 '세계화와 전통의 문제'와 관련하여 추론한 것을 간단히 기술하라. [5점]

> 한국의 음식 문화 중에서 빼 놓을 수 없는 것이 바로 김치이다. 그런데 김치의 역사를 보면, 한국인이 즐겨 먹는 고춧가루로 버무린 빨간 김치는 임진왜란 후부터 나타나는 것을 알 수 있다. 열대성 작물인 고추가 전래되기 이전에는, 김치는 소금에 절인 짠지에 가까웠다. 한국과 일본은 그 동안 김치의 코덱스 인증 획득을 둘러싸고 치열한 경쟁을 벌여왔다. 그러나 이번 워싱턴에서 열린 국제 코덱스 가공 과채류 분과회의(2000년 9월 25일)에서 재료·첨가물·산도·수분 함량 등 표준을 채택하면서 한국 주장을 대부분 반영, 김치 종주국 논쟁에 종지부를 찍게 되었다.

✓ 2003 임용

05 다음 글에서 밑줄 친 '비판하는 목소리'의 내용을 '문화적 측면'에 국한하여 30자 이내로 쓰시오.
[3점]

> WTO 체제의 출범 이후 지구촌이 단일 시장으로서의 성격을 띠게 됨에 따라 자유로운 경쟁과 활발한 교류가 일어나고 있다. 그러나 이런 현상의 부정적인 측면에 대하여 우려하고 비판하는 목소리도 점점 커지고 있다. 지난 1999년 시애틀에서 열린 WTO 각료 회의와 2000년 1월 멜버른에서 열린 세계경제포럼 등 국제회의 때마다 전 세계에서 몰려든 각종 비정부기구(NGO)들은 선진국 주도의 신자유주의적인 정책에 반대하는 대규모 집회를 벌이고 있다. 이런 시위는 갈수록 조직적이며 대규모화되는 추세이다.

✓ 2006 임용

06 다음은 유네스코(UNESCO)의 '문화다양성협약'에 대한 설명이다. 이 협약의 목적을 '세계화' 논의와 관련지어 쓰시오.
[3점]

> 문화다양성협약은 2005년 10월 20일 유네스코 총회 본회의에서 찬성 148표, 반대 2표, 기권 4표의 압도적 표차로 채택되었으며, 반대한 나라는 미국과 이스라엘 두 나라뿐이다. 이 협약은 할리우드로 상징되는 미국의 문화패권주의에 대항하여 프랑스와 캐나다 등이 주도했다.

THEME 35 문화변동

✓ 2010 임용

07 다음은 말레이시아의 문화에 대한 글이다. 이에 대한 설명으로 적절하지 않은 것은?

> ○ 다종족 국가인 말레이시아는 말레이어가 국어로, 말레이의 종교인 이슬람이 국교로 채택되어 모슬렘 토착민 집단인 말레이의 정치적, 문화적 헤게모니가 인정되고 있다. …중략… 말레이에게 돼지는 혐오스러운 동물이다. 말레이어로 돼지를 뜻하는 '바비'는 가장 심한 욕으로 사용되는데 화인(중국인)을 비하하는 표현으로 쓰이기도 한다. 돼지고기에 대한 말레이의 거부감은 성장 과정에서 체화된 취향이며, 돼지고기를 먹지 않는 것으로 모슬렘으로서의 자기 정체성을 보여주는 가장 뚜렷한 징표의 하나로 인식되고 있다.
>
> ○ 19세기 중엽 이후 말레이시아로 이주해 온 이민자 집단인 화인은 돼지고기를 무척 선호하는 종족이다. 말레이시아의 화인은 크게 복건인, 광동인, 조주인, 객가인, 해남인의 5대 방언 집단으로 구성되어 있으며, 이들 집단은 각기 고유한 음식과 요리법을 가지고 있다. 그러나 화인 음식에서는 화인·말레이·인도인의 음식 재료가 지역 집단과 종족 집단의 경계를 넘어서 서로 섞이는 현상이 발생하기도 한다. 고급 화인 요리점이 중국 지방 요리의 전형을 맞추려고 노력하는 데 비해, 길거리 대중음식점은 현지 재료를 활용하고 다양한 집단의 요리법을 채용하여 대중의 기호에 맞는 음식을 만들어냈다.

① 길거리 대중음식점의 화인 음식은 문화융합의 사례에 해당한다.
② 말레이시아 사회에서 화인의 문화는 문화지체를 보여주고 있다.
③ 화인을 '바비'로 지칭하는 것은 말레이의 자문화중심주의를 드러낸다.
④ 고급 화인 요리점의 화인 음식은 말레이시아 사회의 하위문화에 해당한다.
⑤ 말레이가 돼지고기를 먹지 않는 것은 문화의 공유성을 보여주는 사례이다.

✓ 2009 임용

08 (가) ~ (다)를 읽고 물음에 답하시오.

(가) 세계화 추세와 함께 한국 사회에도 여러 인종과 종족 집단들이 증가하고 있다. 우리 사회에서는 이주민의 고유문화를 인정할 것인지를 둘러싸고 다양한 주장이 제기되고 있다.

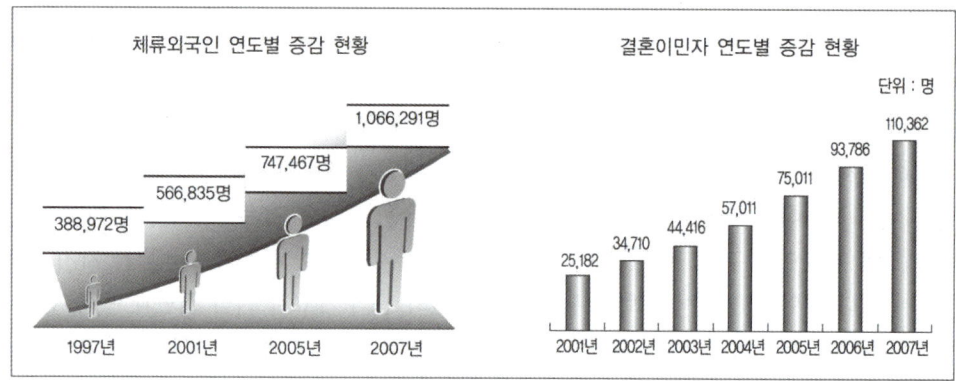

(나) 어떤 입장에서는 문화의 동질성을 강조하여 이주민들이 이주한 나라의 언어와 문화를 받아들여야 한다고 주장한다. ㉠<u>미국 사회의 이민 1세대들 중 자신들의 고유문화를 고집하지 않고 미국의 기존 문화 속에 녹아든 경우</u>를 사례로 제시한다.

(다) 다른 입장에서는 문화의 다양성을 강조하여 다양한 문화적 배경을 지닌 이주민들이 문화를 인정해야 한다고 주장한다. 이주한 종족 집단들이 서로 정체성을 인정하면서 문화를 꽃피운 사례로, 이슬람 치하의 스페인 남부 안달루시아 지역의 경우를 든다. 안달루시아 문화가 발전했던 8세기부터 15세기 말까지, ㉡<u>유대인이나 기독교인과 같은 비모슬렘 세력과 모슬렘 세력이 한 공간에서 일상적으로 접촉하였음에도 불구하고, 모슬렘은 모슬렘대로 비모슬렘은 비모슬렘대로 그들 자신의 종교와 문화를 향유</u>하였다.

자료 (나)와 (다)의 내용에서 밑줄 친 ㉠과 ㉡의 문화변동 현상을 일컫는 각각의 개념을 쓰고 그 의미를 서술하시오. 그리고 (가) 상황에 있는 우리 사회가 (나)의 방향으로 나아간다면, 우리의 고유문화와 이주민 문화 사이의 관계가 어떤 형태를 띨 것인지와 그 예상 결과를 설명하시오. (단, 주류문화와 하위문화의 개념 정의를 포함할 것)

THEME 35 문화변동

✓ 2012 임용

09 다음 (가) ~ (다)의 문화 현상에 대한 설명으로 옳은 것을 <보기>에서 고른 것은?

(가) 과거에는 가족이 겨울동안 먹을 김치를 한꺼번에 많이 담가 항아리에 보관하여 먹었으나, 최근 대부분의 가정에는 김치 냉장고가 있어서 계절에 상관없이 필요한 만큼 수시로 김치를 담가 먹고 있다.

(나) 칠성각은 우리나라 사찰에만 볼 수 있는 전각이다. 원래 칠성 신앙은 민간에 멀리 퍼져 있던 무속 신앙이며, 칠성각은 칠성신을 모시는 전각이었다. 그런데 불교가 정착하는 과정에서 칠성각이 사찰의 일부가 되었다.

(다) 남미 아마존강 유역의 자파테크족은 나체로 살았다. 1940년대 이곳에 처음 도착한 가톨릭 신부들은 자파테크 족의 생활 양식을 무시하고 서구식 옷을 입혔다. 하지만 이 옷 때문에 자파테크 족은 피부병에 걸리고, 몸에 장식한 사회적 계층의 표시가 보이지 않게 되었다.

─< 보 기 >─

ㄱ. (가)의 김치 냉장고는 1차적 발명에 의한 문화의 내재적 변동에 해당된다.
ㄴ. (나)의 칠성 신앙은 자극 전파가 일어난 예이다.
ㄷ. (나)에서 사찰의 칠성각은 문화 융합에 해당된다.
ㄹ. (다)의 자파테크 족 사회에서 강제적 문화 접변이 나타났다.

① ㄱ, ㄴ ② ㄱ, ㄷ ③ ㄴ, ㄷ
④ ㄴ, ㄹ ⑤ ㄷ, ㄹ

✓ 2013 임용

10 다음은 문화 현상에 대한 한 주장이다. 이에 부합하는 진술을 <보기>에서 고른 것은?

> 현재 빠르게 진행되는 전(全) 지구화는 사회들 사이의 경계를 허물었으며, 문화 유입국들의 토착 문화를 파괴하였다. 이러한 현상은 선진국 또는 강대국의 초국적 자본에 의해 가속화되었다. 할리우드 영화가 모든 나라의 영화 산업을 지배한다든가 맥도날드와 코카콜라가 세계인의 입맛을 바꿔 나간 것 등이 그 예이다. 코카콜라, 맥도날드, 나이키는 미국의 것이 아니라 전 세계인의 친구가 되었으며, 미국 영화가 상영되는 곳에서는 미국의 상품들이 팔려 나갔다. 무역 협상마다 미국은 시청각 분야에 대한 개방을 요구했으며, 미국이 제작한 영화 드라마 등 많은 쟝르의 콘텐츠는 세계 시장을 휩쓸어 왔다. 세계적 차원에서 미국 문화의 지배가 심화되어 왔고, 이제 미국 문화는 낯선 타국의 문화가 아니라 익숙한 글로벌한 문화가 되었다.

< 보 기 >

ㄱ. 세계화에 따라 가속화되는 문화 융합 현상을 우려한다.
ㄴ. 선진국의 문화를 그대로 수용하는 문화 유입국 국민의 태도를 비판한다.
ㄷ. 선진국 또는 강대국이 정치적, 경제적 활동에 문화를 활용하고 있는 점을 지적한다.
ㄹ. 국제적 문화 유동과 초국적 기업의 현지화가 문화 유입국들의 문화를 획일화시키는 경향을 경계한다.

① ㄱ, ㄴ   ② ㄱ, ㄷ   ③ ㄴ, ㄷ
④ ㄴ, ㄹ   ⑤ ㄷ, ㄹ

THEME 35 문화변동

✓ 2017 임용

11 다음 글의 ⊙은 문화 변동의 한 양상을 지칭하는 개념이다. ⊙이 무엇인지 쓰고, 밑줄 친 ⓒ과 같은 현상을 지칭하는 ⊙의 하위 개념을 쓰시오. [2점]

> 문화 변동은 내적 혁신에 의해 이루어지기도 하지만, 다른 사회로부터 문화 요소들이 전파되어 이루어지는 경우도 많다. 전파는 직접 접촉이나 간접 접촉 등의 방법으로 이루어질 수 있는데, (⊙)은/는 직접 접촉에 의해서 이루어지는 문화 변동 현상이다. 정복이나 식민지 통치, 큰 규모의 이주 등은 (⊙)이/가 나타나는 대표적인 상황이다. (⊙)은/는 강제적으로 이루어지기도 하고 비강제적으로 이루어질 수도 있지만, 어느 경우에 해당하더라도 의도적 의사 결정과 선택의 과정이 포함되기 때문에 문화 변동의 범위나 양상이 다양하게 나타날 수 있다. 극단적인 예를 들면, 스페인이 멕시코를 정복하고 나서 강제로 가톨릭을 믿게 한 결과 원주민들의 고유한 신앙이 해체되었다. 반대로 ⓒ식민지 지배를 받은 중동이나 아프리카의 일부 사회에서는 문화적 독립성을 유지하기 위해 오히려 근본주의 종교 운동과 함께 전통 문화가 강화되는 사례들도 나타난다.

- ....
- ....

THEME 36 | 대중문화

1. 대중문화

(1) 초기의 대중 문화
① 자본주의화와 도시화에 따라 형성된 노동자들만의 문화
② 자생적이고 저항적이며 민주적 성격

(2) 현대 자본주의 사회의 대중문화
① 대중문화는 기본적으로 대중매체를 통해 대량으로 생산되고 유통된다는 점에서 '대량 문화'이며, 대중매체의 발달에 의존하고 있다는 점에서 '대중매체화된 문화'라고 할 수 있음
② 대중 매체란 방대한 규모의 문화 소비자와 생산자 사이를 중개하는 문화 분배 및 소통의 현대적 매체를 말하는데 대표적인 것으로 사진, 영화, 라디오, TV, 만화, 잡지, 음반, 컴퓨터 통신 등을 들 수 있음

(3) 대중문화의 순기능
① 소수 특권층이 누리던 문화를 대중화함으로써 고급문화와 저급문화의 위계와 경계를 무너뜨려 문화의 평등과 민주주의 의식을 확산시킴
② 적은 비용으로 다양한 오락과 휴식을 제공함으로써 대중들이 문화를 소비하고 향유할 수 있는 기회를 누릴 수 있게 하여 삶을 더욱 풍요롭게 함
③ 대중들에게 새로운 지식, 정보, 가치, 문화 등을 전달함으로써 대중들이 더욱 합리적이고 개방적인 사고와 태도를 지닐 수 있도록 하여, 기존의 문화를 혁신시키거나 새로운 여가문화나 놀이문화가 확산될 수 있는 기회를 제공함

(4) 대중문화의 역기능
① 대중문화의 획일성으로 인해 개인의 독창성과 개성이 쇠퇴하여 문화적 다양성이 약화될 수 있음. 특히 다국적 매체자본과 문화자본이 대중문화를 지배하면서 문화의 획일화는 지구적 차원에서 문화제국주의의 형태로 진행될 수도 있음
② 대중문화의 상업화·상품화는 시청률이나 관람률을 높일 수 있는 선정적·쾌락적 문화를 확산시켜 문화를 저급화시킬 수 있음
③ 대중문화가 획일적 사고, 쾌락 추구의 태도를 확산시키게 되면, 대중들의 정치적 무관심과 비판의식의 약화를 조장하게 되어 정치의식과 사회문제에 대한 관심이 쇠퇴할 수 있음(국가의 억압이나 자본주의적 불평등에 대한 대중적 불만과 저항의식을 약화시켜 궁극적으로 자본의 안정적 이윤 추구를 돕는 결과를 낳음)

④ 국가나 매체자본(기업)에 의해 대중매체의 소유나 통제가 독점적으로 이루어질 수 있어서, 대중문화의 생산과 전파는 특권적 소수에 의한 정보 왜곡과 여론 조작에 이용될 수 있는 위험성을 지님

2. 대중문화에 관한 여러 시각

(1) 아널드(M. Arnold), 리비스(F. R. Leavis), 리비스주의자들
① 우파의 관점에서 대중문화를 '전통에 대한 파괴'로 간주
② 대중문화가 문명이 만들어온 고매한 전통을 해치는 '문명의 파괴자'일 뿐만 아니라 사회질서의 파괴자라고 봄

(2) 프랑크푸르트학파(Frankfurter Schule)

> 맑스의 자본주의 비판이론을 수용하면서도 헤겔의 변증법과 프로이트의 정신분석이론을 종합한 비판이론을 전개한 독일의 네오마르크스주의(신좌파) 연구집단을 말한다. 이들은 주로 과학기술의 합리성과 문화산업의 인간 소외적 성격을 비판하고자 하였는데, 이러한 정신은 아도르노(T. W. Adorno), 마르쿠제(H. Marcuse) 등을 거쳐 최근에는 하버마스(J. Habermas)에게로 이어지고 있다.

① 좌파적 관점에서 대중문화를 자본주의 사회의 안정성과 연속성을 보장하기 위해 문화산업에 의해 생산된 대량문화로 이해
② 문화 산업이 각종 오락, 정보산업들과 같이 규격화되고 조작된 문화상품들을 생산함으로써, 창조적 문화와 개성의 발달을 억압하여 노동계급의 삶을 저급화하며 대중들을 욕망과 쾌락에 몰입시켜 체제비판적 의식을 약화시킨다고 주장
③ '대중 기만적 계몽'으로서의 문화산업은 노동자들이 문화산업을 통한 욕구 충족에 몰두하도록 함으로써, 노동자들이 즉각적인 만족을 추구하며 눈앞에 보이는 것을 그대로 믿는 '일차원적 사고'에 매몰되어 비판적 의식이 약화되도록 한다는 점에 주목함
④ 대중들은 대중문화가 제공하는 환상적 현실에 도피함으로써 사회적 모순을 깨닫지 못하고 현실에 안주하게 되는데, 이것을 문화산업의 '사회적 시멘트 효과'(social cement effects)라 함

> ☞ 마르크스주의적 접근 역시 이와 유사하게 대중문화를 지배계급의 이익을 은폐하면서 자본주의적 질서를 유지하는 '허위의식' 즉 이데올로기로 봄
> ☞ 기호학적 접근도 대중문화가 지배자의 이익을 은폐하는 기능을 한다고 해석

(3) **프랑크푸르트학파의 베냐민(W. Benjamin)**
   ① 초기의 부정적 사고에서 벗어나 기술복제를 통한 예술작품의 대량생산이 원작의 고유성과 아우라(aura)를 해체하면서 대중들이 새로운 예술적 가치를 널리 향유할 수 있도록 하며 또한 다양한 재해석의 가능성을 열어놓는다는 점을 긍정적으로 평가
      → 문화의 위계를 파괴하고 문화의 민주주의를 발전시켰다고 보는 시각
   ② 『기술 복제시대의 예술작품』에서 대중문화에 대한 대중의 비판적 수용 가능성을 인정하고 문화적 기술을 진보적으로 활용할 수 있는 적극적 실천을 주장
      → 복제와 대량생산 기술은 전통적인 예술 작품과 같은 문화적 대상들을 복사해냄으로써 대중들이 그것에 접할 기회를 확대시켰다. 이에 따라 대중은 예술 작품에 대한 인식과 감상 능력이 향상되고 비판적 태도를 보일 수 있게 되었다.
   ③ 박물관이나 작품 수집가의 수중에 갇혀 있는 '예술의 역사에서의 물신숭배'를 비판하면서 예술 작품을 사회에 되돌리는 일의 해방적 성격을 강조하고 문화의 민주화가 갖는 가능성을 실현해 가야 한다고 봄

THEME 36 | 대중문화

✓ 2006 임용

01 한 사회의 어떤 문화요소가 다른 사회에 전해져 그 사회의 문화과정에 수용되는 경우가 있다. 이를 문화전파라고 하는데, '한류' 현상은 그 사례 중 하나로 볼 수 있다. 우리 사회에서는 한류를 주로 경제적 측면에서 긍정적으로 평가한다. 한류 현상에 대하여 프랑크푸르트 학파의 관점에서 제기할 수 있는 비판점을 2가지만 쓰시오. [4점]

•

•

THEME 37 | 소비사회

1. 자본주의와 소비사회

(1) 포드주의와 대량생산 대량소비 체계
① 포드주의 생산방식은 새로운 생활방식을 낳음
② 대량소비의 확산에 따라 상품화된 소비문화가 발달하여 포드주의 생활양식이 나타남
③ 포드주의에 기초한 미국의 소비문화와 대중문화는 세계적으로 확산

(2) 문화의 상품화
① 자본주의적 공업사회에서 과학기술의 발전으로 생산력이 증대하면서 물질적 풍요와 더불어 노동자들의 소득이 높아지고 여가시간이 증대
② 이러한 사회적 조건은 문화산업이나 서비스산업과 같은 3차산업에 대한 수요를 증대시켜 '문화의 상품화'를 가능케 함
③ 오늘날 탈산업사회, 서비스사회로의 변화가 진행되어 문화산업이 이윤 추구를 위한 중심적 산업이 되면서 문화의 상품화는 더욱 확장됨

(3) 여가의 상품화
① 문화의 상품화는 '여가의 상품화'와 밀접한 연관 관계를 가짐
② 여가는 '여가시간의 확대를 위한 상품화'와 '여가시간의 향수를 위한 상품화'라는 이중적 측면에서 상품화되고 있음
③ "자유시간과 소비는 하나의 제도, 내재화된 사회규범으로서의 성격"
  – 보드리야르(J. Baudrillard)

2. 즐김에 의한 소비, 소비의 문화화

(1) 현대인의 소비
① 물질적 풍요와 상품의 다양화는 소비의 성격을 '필요에 의한 소비'에서 '즐김을 위한 소비'로 전환시킴
② 소비사회에서 상품은 단지 기본적인 물질적 욕구를 넘어서 이미지와 상징, 개성과 자유, 쾌락과 환상으로 포장되어 있고, 현대인들의 소비는 바로 이러한 것들을 지향

(2) 하우크(W. F. Haug)
① '상품미학'을 통해 상품의 의미 변화를 해부
② 자본주의에서 상품미학의 발전은 상품의 외적인 포장과 광고를 통해 상품과 미학을 결합시킴으로써 인간의 감성을 주조

③ 소비사회에서는 사회체계가 변화를 통합해버림으로써 자본주의를 넘어서려는 비판적 의식 형성과 혁명이 어려워진다고 말함

(3) **보드리야르(J. Baudrillard)**
① 소비사회에서는 개인 주체가 사물과 관련을 맺고 사물을 사용하면서, 사물과 기호에 의해 지배됨
② 현대사회에서 소비는 실제 필요를 충족하기 위한 '사용가치'뿐만 아니라, '기호가치'도 함께 소비하는 것(사용가치를 위한 소비는 전제조건일 뿐, 오히려 소비의 진정한 의미는 '기호가치'에 있음)
③ 현대사회에서 소비의 궁극적 의의는 단순히 물질적 만족을 떠나 기호를 통한 상징적 의미 부여와 조작에 있음
④ 소비사회에서 대중은 상품 소비를 통해 자신의 욕구를 충족하면서 자기만족을 느낄 수 있다고 생각하면서 끊임없이 소비를 추구하는데, 이러한 성향을 보드리야르는 '소비 이데올로기'라고 부름(소비사회의 인간은 끊임없는 상품의 유혹에 빠져들면서 억압에 순응하게 됨)
⑤ 보드리야르는 소비를 사회 전체를 균등화하기보다는 오히려 사회적 차별화를 심화하는 일종의 '계급적 제도'라고 말함
⑥ '기호가치'를 강조하는 보드리야르는, 소비자들이 선택하고 욕망하는 대상은 광고에 등장하는 상품 자체가 아니라 광고를 통한 기호라는 점을 지적
⑦ 광고는 특정 물건의 이미지를 보여주고 이것이 현실에 존재하는 물건의 실제 모습이라고 믿게 하며, 이를 통해 이미지는 현실보다 더 큰 힘을 지님
→ 현실이 모방을 통해 재현되는 것이 아니라 재현을 통해 현실을 확인하는 전복적인 현상이 발생
⑧ 이처럼 모방을 통해 만들어진 이미지를 시뮬라크르(simulacre)라고 하며, 모방 현실이 실제 현실을 압도하는 현상을 극사실성(hyper-reality)이라 부름

📖 **시뮬라크르, 시뮬라시옹**

실제 생활에서는 맞는 짝을 분명하게 갖지 않는 기호를 가리키기 위해 보드리야르가 사용한 용어, 시뮬라시옹은 무언가의 재현이 아니라, 실재를 잠재적으로 초월할 수 있는 가짜 실재의 한 종류라고 할 수 있다. 예를 들어, 파리의 시뮬라크르인 놀이공원이나 카지노는 실제 도시로서의 파리를 대체하는 창조물로 보일 수 있고, 몇몇 관람자에게는 도시 자체보다 더 사실적인 것처럼 보일 수 있다. 시뮬라시옹이라는 용어는 모사와 실재 간의 구분이 불명확해지는 포스트모던 문화의 양상으로 종종 설명된다.

⑨ 대중은 매체 속의 이미지에 흡수되어 원본과 사본, 현실과 이미지를 구분할 수 없게 되고, 나아가 가상을 현실로 믿게 됨(→ 실제 현실, 즉 사회와 사회적인 것은 점차 영향을 잃어가게 됨)

THEME 38 | 사회변동론 ① - 순환론, 진화론

※ 사회 변동의 방향에 관한 이론적 관점

순환론

순환론은 생명을 가진 유기체와 마찬가지로 사회가 생성, 성장, 쇠퇴, 해체를 반복한다고 보는 이론이다. 순환론에 의하면, 사회는 진보의 과정을 거친 후에는 필연적으로 퇴보의 과정으로 나아가는 일종의 순환적인 변동을 반복한다. 그래서 순환론은 현대 사회가 과거 사회보다 모든 면에서 우월하다고 보지는 않는다.

이처럼 순환론은 사회의 발전과 더불어 쇠퇴의 가능성까지 설명하고자 하며, 지난 역사 속에서 반복되는 사회 변동을 설명하고 해석하는 데 유용하다. 그러나 미래 사회의 변동을 예측하고 대응하는 데 적합하지 않다는 점에서 한계를 지닌다. 그리고 순환론은 사회 변동을 거스를 수 없는 숙명과 같은 것으로 여기고, 이에 대응하는 인간의 노력을 과소평가한다는 점에서 비판을 받기도 한다. [천재]

순환론은 생명을 가진 유기체의 일생처럼 사회가 시간의 흐름에 따라 생성, 성장, 쇠퇴, 소멸의 과정을 반복한다고 보는 이론이다. 순환론은 지난 역사에서 생성과 몰락을 경험한 인류 문명들을 설명하는 데는 유용하다. 하지만 순환론이 전제하는 순환 과정은 매우 오랜 시간에 걸쳐 일어나기 때문에 단기적 사회 변동 과정을 설명하기 어렵고, 순환론은 과거 문명에 대한 사후 분석에 치중한 나머지 앞으로의 사회 변동 방향을 예측하여 대응하는 데는 적합 하지 않다는 비판을 받는다. [비상]

순환론은 사회가 생성과 성장, 쇠퇴, 해체의 과정을 반복한다고 보는 관점으로, 진화론과 달리 사회가 퇴보하고 소멸할 수도 있음을 인정한다. 순환론은 장기적인 측면에서 반복되는 사회 변동을 설명하고 해석하는 데 유용하지만, 현재의 사회가 순환 과정에서 어떤 위치에 있는지를 설명하기 어렵고, 앞으로의 사회 변동이 어떤 방향으로 일어날지 예측하기 어렵다는 한계가 있다. [지학사]

장기적인 역사의 관점에서 인류 문명이 생성, 성장, 쇠퇴, 해체의 과정을 되풀이하면서 순환한다고 본다. 즉 사회가 특정한 방향으로 지속해서 진보하는 것이 아니라, 발전과 퇴보를 반복한다는 것이다. 일부 역사가들은 이러한 견해를 기반으로 특정 문명의 흥망성쇠를 논하기도 한다. 순환론은 인류 문명이 융성하는 최고의 시기로 치달았다가 점차 쇠퇴의 방향으로 나아간다는 점에 주목하여, 역사에서 교훈을 얻어 내고자 한다.

순환론은 장기적인 역사적 측면에서 문명의 성장과 쇠퇴를 이해하기에는 유용한 면이 있지만, 사회 변동을 사회 구조적 수준에서 구체적으로 논의하지 못 하기 때문에 특정 사회의 중·단기적인 사회 변동을 설명하기 어렵다. 또한 미래를 예측하여 대응하기에는 한계가 있고, 모든 문명이 생성과 쇠퇴를 반복한다는 운명론적 시각에 해당하므로 인간 행위의 역동성과 자율성을 과소평가한다는 비판을 받는다. [미래엔]

순환론적 관점을 가진 학자들 - [미래엔]

- 슈펭글러는 『서구의 몰락』이라는 저서를 통해 순환론적 역사관으로 세계사를 조명하였다. 슈펭글러의 세계관은 기본적으로 인간의 문화도 생물 유기체와 마찬가지라는 인식에 기반을 두고 있다. 그는 각 문명은 독자적 정체성을 가지지만 결국 생물체와 같이 성장, 발전, 노쇠, 몰락의 과정을 되풀이한다고 보았다. 그는 이러한 순환 원리에 따라 서양 문명이 몰락하게 되어 있으며, 이미 그러한 과정에 접어들었다고 주장하였다.
- 토인비는 『역사의 연구』라는 저서에서 '도전과 응전의 원리'를 통해 순환론적 사회 변동을 설명하였다. 그는 열악한 자연환경이나 외부의 침략과 같은 '도전'에 성공적으로 '대응'하면 사회의 존속과 발전을 이룰 수 있지만, 그렇지 못하면 그 사회는 쇠퇴하거나 멸망한다고 주장하였다. 또한 문명은 생명체와 같이 주기(cycle)를 가지고 있지만 모두 똑같은 과정을 밟는 것은 아니라고 보았다. 이러한 그의 주장은 숙명론적인 역사관으로 비판받는 순환론의 한계를 일부 극복하였다는 긍정적 평가를 받기도 한다.

토인비가 본 사회 변동 이론

다음은 인류 문명을 분석한 토인비와의 가상 대화이다. 토인비는 인류 문명의 흥망성쇠가 어떻게 이루어졌다고 생각하는지 그를 만나 이야기를 들어 보자.

토인비(Toynbee, A.)

Q 무엇이 문명을 생겨나게 한다고 생각하십니까?
A 쉬운 조건이 아니라 인간이 살기에 어려운 조건이 문명을 발생시킵니다. 즉, 열악한 자연환경, 지속적인 외부의 위협, 시련 등과 같은 도전이 있어야 합니다. 이러한 도전에 적절히 대응하여 장벽을 뛰어넘을 때 문명이 가능해집니다.

Q 문명 성장을 가능하게 하는 요인은 무엇이라고 생각하십니까?
A 문명의 성장은 창조적 소수 엘리트의 행동에 달려 있습니다. 문명은 지속적인 도전들에 대하여 소수 엘리트가 성공적인 대응을 계속해 나갈 때 성장합니다.

Q 인류 사회가 끊임없이 진화한다는 주장에 대해서는 어떻게 생각하십니까?
A 어떤 문명도 무한히 계속 성장하지는 않습니다. 도전이 지나치게 격렬하여 소수 엘리트가 더는 적절하게 대응하지 못하면 문명은 붕괴하거나 해체될 수 있습니다.

[비상교육]

인류의 역사는 사회를 지배한 엘리트의 유형에 따라 변화해 왔다. - [지학사]

이탈리아의 경제학자 파레토(Pareto, V.)는 사회를 지배하는 엘리트를 힘과 질서를 중시하는 사자형 엘리트와 선동과 술수에 능한 여우형 엘리트로 구분하고, 인류의 역사를 두 엘리트의 순환 과정으로 설명하였다. 한 유형의 엘리트가 권력을 잡으면 다른 유형의 엘리트가 세력을 키워 권력을 대체하며 서로 다른 권력이 순환적으로 교체된다는 것이다.

베두인 족의 흥망성쇠 : 칼둔(Ibn Khaldun) - [지학사]

문명의 순환론을 최초로 주창한 사람은 14세기의 아랍인 이븐 칼둔(Ibn Khaldun)이다. 그는 자신의 종족인 베두인 족을 중심으로 한 이슬람 문명의 흥망성쇠에 관심을 가지고 제국의 역사를 설명하려고 했다. 그는 강인한 성격을 지닌 유목민과 쾌락을 추구하는 정착민 사이의 갈등과 충돌에 주목했다. 유목민은 안락한 도시 생활을 선망하여 기회가 있을 때마다 도시를 공격하고 언젠가는 도시를 지배하게 된다. 그러나 정복자가 된 유목민은 본래의 특성을 점차 잃어 가고 도시 생활에 적응함으로써 또다시 파멸의 길을 걷게 된다. 이븐 칼둔은 인류의 역사를 유목민과 정복자가 순환적으로 교체되는 과정으로 파악하였다.

그림으로 표현해 본 진화론과 순환론

그림 가, 나는 각각 진화론과 순환론 중 하나를 나타낸 것이다.

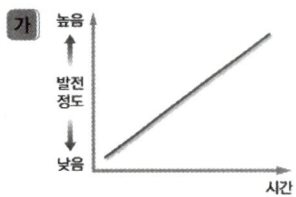
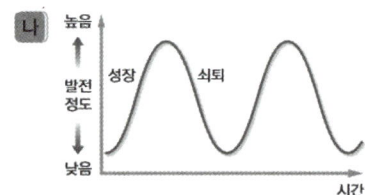

1. 가, 나 중 "사회 변동이 곧 발전이다."라고 보는 이론은 무엇일까?

   _____

2. 나의 이론이 가의 이론보다 앞으로 나타날 사회 변동의 방향을 예측하기 어렵다면, 그 이유가 무엇인지 설명해 보자.

   _____
   _____

   [지학사]

초체계의 순환 : 소로킨(P.A.Sorokin) - 권태환

소로킨은 문화란 하나의 순수한 형태를 향하여 발전하는 것으로, 때로 반대의 성향을 가진 문화에 의해 도전을 받게 되면, 문화의 발전방향은 바뀐다고 보았다. 그는 사회의 역사를 각기 비교적 동질적인 문화를 대표하는 3가지 초체계(super system) 사이의 주기적 순환 변화의 과정으로 보았다. 그 초체계는 감각형(sensate)·관념형(ideational)·이상주의형(idealistic) 문화다. 감각형 문화는 감각의 세계만이 참된 현실이자 가치라는 원리가 지배적인 것으로, 물질주의·향락주의가 강조된다. 관념형 문화는 참되고 궁극적인 현실은 감각의 세계를 초월하여 시공을 넘는 그 무엇을 지향하는 것으로, 정신적·비물질적인 것을 중시한다. 이상주의형 문화는 감각형과 관념형 문화가 한 데 모여 서로 미묘한 균형을 지니며 공존하는 것이다. 소로킨은 감각형과 관념형 문화를 주된 문화유형으로 보았은데, 역사는 그 두 가지 상반되는 문화유형 사이를 시계추처럼 오가는 진자운동을 한다는 순환이론을 폈다. 장기적으로 볼 때, 사회는 그 두 힘을 다 내포하면서 변화한다는 것이다. 그러한 진자운동 과정에서 가끔 이상주의적 문화유형이 출현하기도 한다고 보았다.

THEME 38 사회변동론 ① – 순환론, 진화론

📖 진화론

　진화론은 사회 변동이 일정한 방향을 가지고 있으며, 변동은 곧 진보를 의미한다고 보는 이론이다. 진화론에 의하면, 사회는 단순하고 미분화된 상태에서 복잡하고 분화된 상태를 향하여 변화한다. 이 과정에서 낡고 비합리적인 것에서 새롭고 합리적인 것으로 사회가 발전하는 진보적 변화가 나타나는 것이다. 이처럼 진화론은 사회 변동을 긍정적인 것으로 여기며, 문명화되지 못한 사회도 언젠가는 문명사회로 이행하는 사회 변동을 겪게 될 것이라고 본다.

　그러나 현대 사회가 과거 사회보다 모든 면에서 발전된 것이라고 볼 수 없다는 점에서 한계를 지닌다. 그리고 진화론은 과거에 비해 퇴보한 사회의 변동과정을 설명하기 어렵다는 점에서 비판을 받기도 한다.　　　[천재]

　진화론은 사회 변동을 생물 유기체의 진화 과정에 비유하여 설명한다. 즉, 다윈이 진화론에서 설명하는 것처럼 생물이 환경과 상호 작용하거나 적응하면서 단세포 생물에서 고등 생물로 진화하듯이 사회도 단순한 형태에서 복잡한 형태로 일정한 방향성을 지니고 진화한다고 주장한다. 그리고 이러한 진화 과정은 사회가 새롭고 더 높은 수준의 문명에 도달하는 것을 의미하므로 사회 변동을 긍정적이고 유익한 것으로 본다.

　진화론은 사회 발전 방향을 설명하는 데는 유용하지만 퇴보나 멸망을 경험한 문명을 설명하기는 어렵다. 더욱이 서구 사회를 진보한 사회라고 전제하기 때문에 비서구 사회를 식민 통치한 서구 제국주의의 정치적·경제적 이해관계를 정당화하는 이론적 근거로 작용할 수 있다는 비판을 받는다.　　　[비상]

　진화론은 사회가 일정한 방향으로 변동하는데, 변동이 곧 진보와 발전이라고 보는 관점이다. 생물체의 진화와 마찬가지로 사회도 단순하고 미분화된 사회로부터 복잡하고 분화된 사회로 변화한다고 설명한다. 진화론은 사회의 발전 방향을 설명하는 데 유용하지만, 모든 사회가 같은 방향으로 변화하지는 않는다는 점에서 한계가 있다. 또한, 서구 사회가 가장 발전된 사회 형태라고 전제한 결과 서구 제국주의 역사를 정당화하는 수단으로 악용될 수 있다.　　　[지학사]

　진화론은 생물이 단순한 형태에서 복잡한 형태로 진화하는 것처럼 사회도 일정한 방향성을 가지고 단계적으로 변동하며, 모든 단계는 이전 단계보다 복잡하고 분화된 것이라고 주장한다. 즉 사회 변동을 곧 진보라고 여기며, 사회마다 속도의 차이는 있지만 결국 모든 사회가 같은 경로로 진화한다고 본다. 농업 사회가 산업 사회를 거쳐 정보 사회로 변동한 것을 예로 들 수 있다.

　진화론은 사회 발전의 양상을 설명하는 데 유용하지만, 사회가 퇴보하거나 멸망하는 사례를 설명하기는 어렵다. 또한 모든 사회가 같은 경로를 거쳐 변동한다는 주장은 사회의 다양한 변화 가능성을 부정하고 서구 사회가 가장 진화한 사회라고 보기 때문에 서구 중심적이라는 비판을 받는다.　　　[미래엔]

진화론적 역사관 - [미래엔]

- 프랑스의 사회학자 콩트는 인간 정신과 사회가 세 가지 단계를 밟아 발전한다고 보았다. 즉 모든 현상을 신의 의지와 같은 초자연적 법칙에 따라 설명하려는 '신학적 단계', 현상 세계를 신의 의지 대신에 이성적 능력을 통해 발견할 수 있는 추상적 논리로 설명하려던 '형이상학적 단계', 그리고 더는 초자연적 법칙이나 추상적 논리와 같은 궁극적 본질에 의존하지 않고 관찰과 실험 및 비교를 통한 과학적인 방법으로 경험적 사실 간의 법칙적 관계를 수립하려는 '실증적 단계'로 진화한다는 것이다.

  - 민경배, 『처음 만나는 사회학』

- 미국의 경제학자 로스토는 경제 성장의 과정을 '전통사회 – 도약 준비기 – 도약기 – 성숙기 – 고도 대중 소비'의 5단계로 보았다. 그가 말하는 전통 사회는 고대 및 중세의 농업 사회로 현재는 미개발국이 이에 속한다. 도약 준비기란 전통 사회에서 벗어나 지속적인 성장을 준비하는 과도기를 말한다. 도약기는 대개 산업혁명 시기를 이르는데 생산의 비약적 발전이 이루어지고, '성장'이 사회의 특징으로 정착된다. 한편 성숙기는 도약을 거친 경제가 현대적 기술의 성과를 수용하여 더욱 높은 단계의 발전을 이루는 시기이다. 마지막 고도 대중 소비 단계에서는 내구 소비재를 중심으로 대량 생산과 대량 소비가 이루어진다.

  그는 이러한 경로를 거치면서 자본주의가 발전한다는 이론을 제시하였다. 또한 개발 도상국은 이러한 단계를 거쳐야 경제 성장을 이룰 수 있다고 보았다.

  - 김윤태, 『캠퍼스 밖으로 나온 사회 과학』

고전 이론(순환론, 진화론)의 공통점

1. 변동은 자연스러운 것이다.
2. 변동은 내재적인 것이다. 변동의 원인은 바로 변하는 사회단위의 내적 요인에 있다.
3. 변동은 지속적이다. 사회는 어떤 특정한 발전이나 변화의 단계를 거쳐 계속 일어난다.
4. 변동은 필연적이다.
5. 변동은 일률적이다. 변동에는 규칙성, 제일성이 있어서 과학적 연구의 대상이 될 수 있다.

THEME 38 | 사회변동론 ① - 순환론, 진화론

기출문제

> 2005 공통사회

01 다음 두 주장을 공통적으로 설명할 수 있는 사회변동이론을 쓰고, 그 이론의 문제점을 3가지만 쓰시오. [4점]

> - 역사를 이끄는 엘리트는 '여우형 엘리트'와 '사자형 엘리트'로 분류된다. 여우형 엘리트는 약삭빠르고 혁신적이며 수완이 풍부하고 적응력이 뛰어나다. 이에 비해 사자형 엘리트는 강력한 힘을 통해 집단의 방향성을 유지하려는 경향이 강하다. 궁극적으로 사회변화는 두 엘리트 간의 투쟁으로 일어난다.
> - 인류의 문명은 크게 감각적 문화, 관념적 문화, 이상적 문화라는 세 가지 유형의 사회문화 체계로 나타난다. 감각적 문화는 물질주의와 향락주의를 강조하며, 관념적 문화는 정신적이고 비물질적인 존재를 지향한다. 그리고 감각적 문화와 관념적 문화가 어우러져 균형을 이루는 것이 이상적 문화이다. 인류 문명은 이 세 문화 중에서 주로 감각적 문화와 관념적 문화 간의 변화에 의해 유지된다.

- 사회변동이론 : _____

- 이론의 문제점 :

① _____

② _____

③ _____

✓ 1999 임용

02 다음 글은 사회 변동에 관한 것이다. 이 글을 읽고 물음에 답하시오. [총 7점]

> 우리 사회는 1960년대 이후 근대화를 통해서 가치관, 제도, 사회 조직 등 사회 전반에 걸쳐 급격한 변동을 경험하였다. 이런 변동의 과정에서 (가) <u>사회 규범력이 약화되어, 개인은 정체성의 혼란을 경험하기도 하였고</u>, 사회적으로는 일탈현상과 갈등이 증가되기도 하였다. 이런 사회 변동을 보는 관점은 다양한데, 이 점은 사회 변동의 부작용으로 나타난 환경 문제의 원인을 보는 데서도 드러난다. 일례로, 생태계는 하나의 부분요소들 간의 균형이 깨진 것을 원인으로 보기도 하고, (나) <u>경제 성장 우선주의자와 환경보전주의자 간의 충돌 속에서 국가가 경제성장 쪽으로 자원을 불평등하게 배분한 것을 원인으로 보기도 한다.</u>

2-1. 밑줄 친 (가)를 나타내는 용어를 쓰고, 그 원인을 뒤르켐(E. Durkheim)의 사회변동이론의 핵심개념을 사용하여 30자 내외로 설명하시오. [3점]

2-2. 사회 변화를 밑줄 친 (나)와 같이 설명하는 사회변동이론의 사회관을 100자 이내로 쓰시오. [2점]

THEME 39 | 사회변동론 ② - 기능론, 갈등론

※ 사회 변동을 사회 구조적으로 설명하는 이론

기능론

기능론은 사회를 구성하는 부분들 간에 긴장이나 기능적 불균형이 나타나면 전체적으로 이를 조정하는 과정에서 사회 변동이 발생한다고 본다. 즉, 사회가 전체적인 균형과 안정을 되찾는 과정으로서 사회 변동을 이해하는 것이다.

이처럼 기능론은 점진적인 사회 변동을 설명하는 데 유용하지만, 혁명과 같은 급격한 사회 변동을 설명하기에는 적합하지 않다는 비판을 받기도 한다.[94]

[천재]

기능론은 사회가 상호 의존적인 부분들로 구성되어 있으며, 이들 각 부분은 균형을 이루면서 통합되어 있어 안정적으로 유지된다고 전제한다. 사회의 어떤 부분이 균형에서 벗어나 다른 부분과 마찰이나 갈등이 발생할 때, 사회는 새로운 균형을 찾아 변동하여 안정을 되찾는데, 이 과정을 바로 사회 변동이라고 본다. 즉, 기능론은 사회 변동을 사회적 균형과 통합을 저해하는 비정상적인 현상을 극복하고 사회 전체의 균형과 안정을 되찾는 과정이라고 본다.

기능론은 사회의 질서와 안정성을 바탕으로 점진적인 사회 변동 과정을 설명하는 데는 유용하지만, 혁명과 같이 급격한 사회 변동을 설명하는 데는 한계가 있다는 비판을 받는다.

[비상]

기능론은 사회를 이루는 각 부분이 기능적으로 통합되면서 사회 전체의 질서와 안정을 유지하는 데 이바지한다고 본다. 만약 사회 내·외부적 요인으로 사회의 균형에 균열이 발생하면, 새로운 균형을 찾으려는 방향으로 변화가 나타나는데, 이를 사회 변동으로 본다.

기능론은 사회 질서와 안정을 강조하는 보수적인 관점이며, 전쟁이나 혁명과 같은 급격한 사회 변동에 대해 설명하기 어렵다는 한계가 있다.

[지학사]

기능론은 사회 변동이란 사회의 부분이나 전체가 일시적 불균형을 극복하면서 새로운 균형의 상태를 찾아가는 과정이라고 본다. 한 부분에 어떤 변동이 일어나면 전체 사회의 균형이 흔들릴 수 있고, 이때 다른 부분에서 이것을 흡수할 수 있는 변동이 뒤따라 일어나 원래의 변동에 따른 충격과 긴장을 감소시킨다고 주장한다. 이러한 과정을 거쳐 사회는 다시 균형을 되찾는다고 본다.

기능론은 사회의 질서와 안정성을 바탕으로 한 점진적인 사회 변동 과정을 설명할 수 있지만, 혁명과 같은 급진적 사회 변화를 설명하기 어렵다는 비판을 받는다.

[미래엔]

---

94) 2020 임용 : 사회변동을 설명하는 데 파슨스의 사회변동에 대한 분석이 적합한 경우와 적합하지 않은 경우를 각각 서술할 것

구조적 분화와 재통합 – 권태환

단순사회에서 사회제도는 거의 분화되어 있지 않았으므로 하나의 제도가 여러 가지 기능을 담당하였다. 예를 들어, 가족은 경제적 생산단위이면서 동시에, 교육과 사회화의 기능을 담당하였다. 그러나 사회가 분화되고 복합적으로 되어감에 따라, 가족은 그 기능들 중의 많은 부분을 다른 사회제도에 이양하여야 했다. 생산기능은 공장이나 다른 산업기관들이 맡았고, 교육과 사회화의 기능은 학교·학원이나 대중 매체가 상당 부분을 차지하였다. 그처럼 분화된 사회의 여러 부분들은 새로운 바탕 위에서 다시 전체의 한 부분으로 통합된다. 즉, 구조적 분화(structural differentiation)와 사회적 재통합(social reintegration)이 기능주의적 사회 변동이론의 근간을 이루는 개념이다.

갈등론

갈등론은 지배 집단이 기득권을 유지하려고 하지만 피지배 집단이 이에 도전하여 불평등한 구조를 변화시키려고 하는 과정에서 사회 변동이 발생한다고 본다. 즉, 사회적 희소가치를 둘러싼 집단 간의 갈등 속에서 나타나는 자연스러운 현상으로서 사회 변동을 이해하는 것이다.

이처럼 갈등론은 급격한 사회 변동을 설명하기에는 유용하지만, 사회 변동을 갈등과 대립의 산물로만 이해한다는 비판을 받기도 한다.

[천재]

갈등론은 소수의 지배 집단이 자신들에게 유리한 분배 구조나 사회 규범 등을 다수의 피지배 집단에 강제하고, 사회는 이러한 강제와 억압으로 유지된다고 본다. 따라서 사회는 기존 질서 유지를 원하는 지배 집단과 새로운 질서를 원하는 피지배 집단 간의 갈등 요인이 내재하여 있으며, 이것이 표출되면 사회가 변동한다고 본다. 즉, 갈등론은 사회 변동을 자연스러운 현상이며, 불평등한 사회 구조를 개선하고 더 나은 사회로 발전해 나가는 과정이라고 본다.

갈등론은 사회 질서 이면에 숨겨진 모순과 갈등으로 발생하는 급진적인 사회 변동을 설명하는 데는 유용하지만, 사회 통합이나 사회 구성 요소 간 상호 의존성 등을 설명하는 데는 한계가 있다는 비판을 받는다.

[비상]

갈등론은 사회가 지배 집단의 강제와 억압 때문에 유지되며, 기존 사회 질서의 유지를 원하는 지배 집단에 대한 피지배 집단의 불만과 갈등이 구조적으로 내재하여 있다고 본다. 따라서 그러한 불만과 갈등을 외부로 표출함으로써 사회가 변동하는 것은 자연스러운 것이다.

갈등론은 혁명과 같은 급격한 사회 변동을 설명하는 데 유용하지만, 사회가 안정과 질서를 이루고 있는 부분과 사회를 구성하는 다양한 요소의 상호 의존성을 간과한다는 비판을 받는다.

[지학사]

갈등론은 사회에는 항상 갈등 요소가 내재해 있고, 지배 집단과 피지배 집단 간의 경쟁과 투쟁 속에 있으므로 사회는 변동할 수밖에 없다고 본다. 기존의 사회 구조에서 유리한 상황에 있는 지배 집단은 기존 사회 질서를 유지하려고 하지만, 그렇지 못한 피지배 집단은 변화를 추구하려고 하므로 지배 집단의 강제력이 약해지거나 피지배 집단의 저항이 커지면 사회가 변동한다는 것이다.

갈등론은 기능론이 설명하지 못하는 권력관계나 계급 관계 등을 통해 구조적 모순을 잘 파악한다는 평가를 받기도 하지만, 지나치게 갈등 요인만을 부각하여 사회 속에 존재하는 협력과 안정을 경시한다는 비판을 받기도 한다.

[미래엔]

> **📖 산업화 이후 부부의 역할 변화를 어떻게 이해할 수 있을까? - [천재]**
>
> (가) 산업화의 과정에서 핵가족이 확산하면서 그러한 가족 형태의 변화에 맞추어 부부의 역할이 재정립되었다. 남편은 주로 가족의 생계를 담당하고, 아내는 주로 자녀의 양육 및 정서적 충족을 담당하는 방식으로 역할 분화가 이루어졌다. 부부간의 상호 의존 및 역할 분화는 굳건한 가족 통합의 토대가 되었다.
>
> (나) 산업화 과정에서 핵가족 내 부부의 성 역할 분담이 나타난 것은 기존의 남성 지배적인 가족 관계를 고착화한 것이다. 즉, 남성 중심의 가부장적인 가치에 기초하여 남성은 사회에, 여성은 가정에 귀속된 것이다. 부부간의 수직적인 권력관계에 기초한 이러한 역할 규정은 기존의 가치를 그대로 반영한 것이다. 이에 대한 문제 제기와 변화를 지속적으로 요구하여 가족 내 양성평등이 가능해진 것이다.
>
> — 조정문 외, 『가족 사회학』

☞ 마르크스(K. Marx)

① **사적 유물론**(historical materialism) – 변증법적 유물론

> 유적 본질에 의한 생산력의 증가
> → 생산력과 생산관계의 모순(기존생산관계가 생산력 발전을 저해)
> → 자본가와 노동자 간의 계급 투쟁
> → 새로운 생산관계의 형성
> → 새로운 생산양식의 변화(→ 상부구조의 변화)
> → 사회 변동

② 사회 변화는 연속적 진보의 과정에 의해서가 아니라 단절적인 진보의 과정을 통해 이루어진다고 봄

※ 역사 발전 단계		
사회체제	생산양식	생산관계
원시 공산사회	수렵, 채취	공동노동
고대 노예사회	노예제 생산양식	귀족과 노예
중세 봉건사회	봉건적 생산양식	영주와 농노
근대 자본주의 사회	자본주의적 생산양식	자본가와 노동자
프롤레타리아 혁명		
사회주의 사회	사회주의 생산양식 (공동노동, 공동분배)	자본과 자원의 공유 생산과 소유의 국가 소유

③ 사회 변동을 위해선 의식화된 계급(대자적 계급)의 출현이 필요하다고 봄

THEME 39 | 사회변동론 ② - 기능론, 갈등론

기출문제

✓ 2020 임용

01 다음은 사회학자 A의 이론에 대한 글이다. 사회변동을 설명하는 데 밑줄 친 ⓒ이 적합한 경우와 적합하지 않은 경우를 각각 서술하시오. [4점 중 일부]

A는 개인행위들이 모여서 어떻게 균형 있는 사회질서를 형성하게 되는지 설명하려고 했다. A의 (㉠)은/는 복수 행위자의 상호의존적인 행위들이 만들어 내는 하나의 통일적인 전체를 말하며, A는 이를 사회학의 연구 대상으로 보았다. 그는 전근대사회와 근대사회에서 사회적 상호 작용은 질적 차이가 있는 것으로 보았고, 상호 작용하는 행위자들이 공유하는 가치 기준, 즉 합의의 기준이 바로 (㉠)의 기초가 되며, 사회 구성원들이 공유하는 가치 기준은 제도화되고 나아가 사회구조로 결정된다고 보았다. A는 ⓛ 사회가 존속하려면 반드시 충족되어야 할 필수적인 기능들이 무엇인지를 설명하려 하였다.

A는 사회변동을 다룰 수 없다는 비판을 받고, 1960년대 이후에는 원시사회에서 근대사회로 나아가는 진화의 맥락에서 일련의 사회들에 대한 분석으로 나아갔다. A는 사회변동 과정에서 모든 사회에 나타나는 보편요소가 있고, 이를 바탕으로 각 사회는 자신의 문화 특수성을 발전시키면서 진화해 간다고 보았다. A는 모든 사회는 분화와 통합을 반복하면서 진화함에 따라 사회문제에 더 잘 대처할 수 있게 적응력이 증대된다고 보았다.

ⓒ 이러한 A의 사회변동에 대한 분석은 사회의 부분요소들이 기능을 충실히 수행함으로써 사회가 균형을 이루면서 안정적 통합을 이루게 된다는 점을 보여주려는 시도였다.

- ....

- ....

THEME 40 | 사회변동론 ③ - 근대화 이론, 종속이론·종속적발전·세계체계이론

1. 근대화 이론[95]

(1) 발생 배경

① 근대화 이론은 주로 1950, 60년대에 미국을 중심으로 한 서방 자본주의 진영에서 주로 형성된 이론으로서, 그 1차적 목적은 2차 세계대전 이후 새로 독립하기 시작한 신생독립국의 발전 방향을 제시해 주기 위한 것이었음

② 즉, 여러 개발도상국을 정치적으로는 동맹국으로 규합하고 경제적으로는 자국 상품의 수출 시장으로 확보하기 위한 목적이 가난한 신생국을 도와야 한다는 인류애적 목적에 가미되어 출현한 이론이라 할 수 있음

(2) 근대화의 의미

① 일반적으로 선진산업사회로 변화해 나가는 과정으로 이해

② 근대화라는 단어 속에 포함되는 내용은 다양

ㄱ. 의식주 해결에 어려움이 없는 경제 발전
ㄴ. 정치에 있어서의 민주화과정
ㄷ. 문화에 있어서 세속적·합리적 규범의 확산
ㄹ. 사회적으로 삶의 기회균등과 사회이동의 증가, 통신 및 매스컴의 확장과 국민의 복지 향상
ㅁ. 숙명적 태도를 버리고, 미래지향적이며 적극적, 긍정적 생활태도의 변화

(3) 로스토우(W. Rostow)의 '경제발전 5단계이론'

① 후진국이 자신들의 전통적인 생활방식을 포기하고 시장경제, 기술, 저축과 생산적 투자, 노동윤리 등 현대적인 제도와 문화적 가치를 수용할 때 선진국처럼 경제발전을 이룰 수 있다는 입장

② 로스토우는 경제 성장을 비행기의 여정에 비유하면서 5단계를 거쳐야 선진국에 도달할 수 있다고 보았다.

> A. 전통적 단계 : 대가족제도와 전통적 가치관이 지배
> B. 이륙 준비 단계 : 합리적 기업가와 현대국가가 출현하면서 사회간접자본이 형성
> C. 이륙 단계 : 기술개발과 공업화를 통해 안정적인 경제성장이 지속
> D. 성숙 단계 : 산업이 다양화되고 실질임금이 상승하며 신중간계급이 형성
> E. 고도의 대량 소비 단계 : 내구성소비재와 서비스의 대량생산이 이루어짐

---

95) 2016 임용 : 근대화 이론 (단답)

③ 5단계 중 이륙단계가 한 사회의 경제발전에서 가장 중요한 분수령
  → 경제성장을 가속화시키기에 필요한 자본과 기술이 필요
  → 개발도상국이 선진국의 자본과 기술을 도입하는 것이 필요

(4) **사회진화이론으로서의 근대화 이론 – 파슨스와 스멜서**
  ① 로스토우의 근대화 이론이 경제발전에 초점을 맞추었다면, 사회학자들은 가치, 신념 등 문화적 차원에 더 초점을 맞춤
  ② 이들은 사회구조 및 기능의 분화와 통합 과정을 통해 전통 사회가 해체되고 근대사회가 형성되어 간다고 주장함
  ③ 이들은 전통과 근대의 이분법에 기초하여, 일반적으로 전통적인 가치, 규범, 행동양식, 사회제도 등이 점차 사라지고 근대적인 것들이 지배적이게 되면서 사회는 점점 진화하고 발전해나간다고 봄
  ④ 근대화는 전통사회의 특수주의, 귀속지향, 감정성, 집합주의가 약화되면서 보편주의, 성취지향, 감정중립성, 개인주의가 발달하는 것이다. 그리고 제도적으로 자본주의적 경제발전이 이루어지고 정치적 민주주의가 확립되어가는 과정이다.

(5) **근대화이론에 대한 비판**
  ① '근대화 이론이 전제하고 있는 근대성이 과연 보편적인 것인가': 선진국, 특히 미국의 학자들이 제시한 '근대적인 것'은 미국을 비롯한 서양 사회의 특징들을 일반화한 것
  ② '전통과 근대는 항상 이분법적이고 대립적인 것인가': 나라마다 '전통적인 것'의 성격이 다를 수 있으며, 전통과 근대가 공존하며 서로 조화를 이루기도 함. 또한 전통적인 요소는 비록 정당하다고 하기는 어렵다 해도 경제성장에 긍정적 요인으로 작용하기도 함

> 거스필드(J. R. Gusfield), 호셀리츠(B.Hoselitz) 등은 전통과 근대의 이분법적 구분을 지양하면서 양자의 보완관계를 중요시했는데, 이러한 이론은 '수정 현대화 이론'이라 불리기도 한다.

  ③ '근대화가 단선적인 발전 방향인가': 사회주의적 길을 추구했던 제3세계, 종교국가를 지향했던 이슬람 국가들, 자유시장주의 경제의 영국과 미국, 복지국가를 추구한 북유럽 국가들은 모두 서로 다른 발전방향을 보여줌
  ④ 근대화에 대한 엄밀한 인과적 설명이 취약하고 지나치게 '추상적이며 목적론적인 논리구조'를 지니고 있음
  ⑤ '국민국가 단위의 설명'에 치중함으로써 국제적 세계적 요인을 고려하지 못하고 있음(이러한 비판은 종속이론과 세계체계이론을 통해 적극적으로 제기됨. 이들 이론들은 자본주의 세계경제와 긴밀히 결합되어 있는 한 나라의 경제발전이나 사회발전 과정을 일국적 단위에서 고립적으로 이해해서는 안 된다는 점을 강조)

근대화론 1

근대화론은 진화론에 기반을 두고 있으며, 모든 사회가 일정한 단계를 거쳐 발전한다고 본다. 예컨대, 경제 성장은 전통 사회 단계, 도약 준비 단계, 도약 단계, 성숙기, 대량 소비 단계와 같은 일정한 단계를 거쳐 발전하는 것으로 파악하였다. 근대화론자들은 사회가 발전하기 위해서는 모든 나라가 이러한 보편적 근대화 과정을 거쳐야 하며, 그것은 곧 서구 선진국의 발전 과정을 그대로 따르는 것이라고 보았다.

그러나 근대화의 단계가 명확히 구분될 수 있는 것이냐는 지적과 함께 동양이 서구에 비해 미개하다는 것은 진화론에 근거한 지극히 서구 중심적인 시각이라는 점에서 비판을 받는다. 또한, 서구 사회가 안고 있는 여러 가지 사회적 병폐를 살펴보았을 때, 서구 사회가 우월한 사회라고 단정을 짓기 어렵다는 주장들도 제기되었다.

[금성]

대부분의 *제3 세계 국가들이 이미 근대화를 이룬 서구 선진국을 모델로 사회 변화를 추구한다면 사회 발전을 이룰 수 있다는 것이 근대화론이다. 따라서 근대화를 이루려면 서구 사회가 그랬듯이 산업화가 이루어져야 한다고 보았다. 또 정치적인 자유와 민주주의의 확립, 합리주의, 개인주의 등 서구의 근대적 가치를 수용할 것을 강조하였다.

서구 사회가 수 세기 동안 점진적으로 진행해 왔던 근대화를 급속도로 이룰 수 있다는 근대화론은 사회 발전의 방향을 모색하였던 제3세계 국가들에게는 매력적인 이론이었다. 실제로 제3 세계 국가들은 산업화를 통해 경제 성장을 이루었고, 민주 정치 제도를 도입하여 어느 정도 민주주의 발전을 이루기도 하였다.

그러나 서구 사회를 모델로 사회 발전을 이루어야 한다는 근대화론은 서구 중심적이라는 비판을 받는다. 또 서구 사회가 모든 측면에서 제3 세계보다 더 발전된 사회라고 단정하기 어렵다는 비판이 제기되기도 한다. 왜냐하면 서구 사회의 근대화 과정에서는 물질 만능주의, 환경오염, 인간 소외와 같은 각종 사회적 병폐가 나타났기 때문이다.

[지학사]

*제3 세계: 일반적으로 제2차 세계 대전 이후 미국과 소련의 냉전 블록의 어느 쪽에도 가담하지 않은 개발 도상 국가들을 총칭하는 말이다. 흔히 제3세계로 불리는 국가들은 지역적으로 라틴 아메리카, 아시아, 아프리카, 서아시아 지역에 편중되어 있다.

근대화 이론은 발전된 서구 사회의 구조적 특성을 '근대성'으로, 그리고 덜 발전된 비서구 사회의 구조적 특성을 '전통성'으로 구분한다. 그리고 이러한 이분법적인 구분에 기초하여 전통성을 가진 후진국은 선진국의 발전 경로를 따라서 근대성을 획득해야 한다고 본다. 후진국은 선진국이 과거에 경험했던 산업화 과정을 거치게 되는데 이 과정에서 전통적인 가치, 규범, 행동 양식, 사회 제도 등이 점차 사라지고 선진국의 민주적인 정치 제도나 합리적인 생활 양식 등을 수용하게 되면서 점점 진화하고 발전해 나간다는 것이다.

근대화 이론은 서구식 발전 모델을 기초로 하여 근대화를 진보적 사회 변동으로 여긴다는 점에서 사회 변동이 하나의 방향으로 진행된다고 주장하는 진화론적 관점을 계승하고 있다고 볼 수 있다. 따라서 근대화론도 진화론과 마찬가지로 서구적인 것은 발전된 것이고 세련된 것으로 여기는 서구 중심주의적 이론이라는 비판을 받는다. 또 전통성의 개념을 지나치게 근대성과 대립시킴으로써 전통성과 근대성의 공존과 조화를 경시한다는 비판도 받는다.

[미래엔]

> 📖 **근대화론 2**
>
> 　근대화 이론은 근대화란 서구화와 거의 동일한 의미라는 전제에서 출발한다. 근대화 이론에서는 세계의 모든 사회는 앞으로 근대화될 것이라고 본다. 그러므로 세계는 이미 근대화된 사회와 앞으로 근대화될 사회로 나눌 수 있고, 앞으로 근대화될 사회는 서구 사회가 앞서 걸어간 근대화의 길을 따라 걷게 된다는 것이다.
>
> 　제3 세계 국가는 정치적 · 경제적 · 문화적인 측면에서 근대적인 성격이 결여된 나라인데, 이미 선진화된 서구 자본주의의 근대적인 속성이 이들 나라에 확산된다면 근대화를 이룰 수 있다는 것이다. 또한 개발 도상국은 국가 스스로 발전할 수 있는 능력을 갖고 있지 못하므로 먼저 근대화된 선진 국가들이 이들 나라를 도와 개발시켜야 한다고 생각하였다.
>
> 　근대화 이론은 서구의 근대화 경험을 체계적으로 분석하여 근대화의 요소와 경로 등을 밝혀 비서구 사회의 근대화를 촉진하였다는 긍정적인 측면을 가지고 있다. 하지만 다양한 사회적 조건을 무시하고 근대화에는 단일한 경로만 있는 것으로 보았으며, 서구 자본주의 국가들이 제3 세계 국가를 지배하는 것을 합리화하는데 기여하는 이론이라는 비판을 받기도 한다.　　　　　　　　　　　　　　　　　　　　　　　　　　[비상]

2. 종속 이론[96]

(1) 기본 관점 – 프랭크(A.G Frank)

① 세계 체제는 중심부와 주변부로 구성됨
② 중심부와 주변부는 지속적 구조적 관계로서 발전과 저발전으로 양극화 됨
③ 자본주의 세계체제는 중심부–주변의 중심–주변의 주변부로 이어지는 교환 연계 체제
　→ 주변부의 경제 잉여가 중심부로 이전됨
　→ 주변의 중심부는 중심부 자본의 이해와 일치
④ 주변부 지역의 저발전은 중심부 국가의 발전 결과
　→ 중심부와 관계를 단절하는 이른바 탈종속을 통해서만 저발전 상태 극복 가능

> 📖 **잉여 생산물의 흐름**
>
>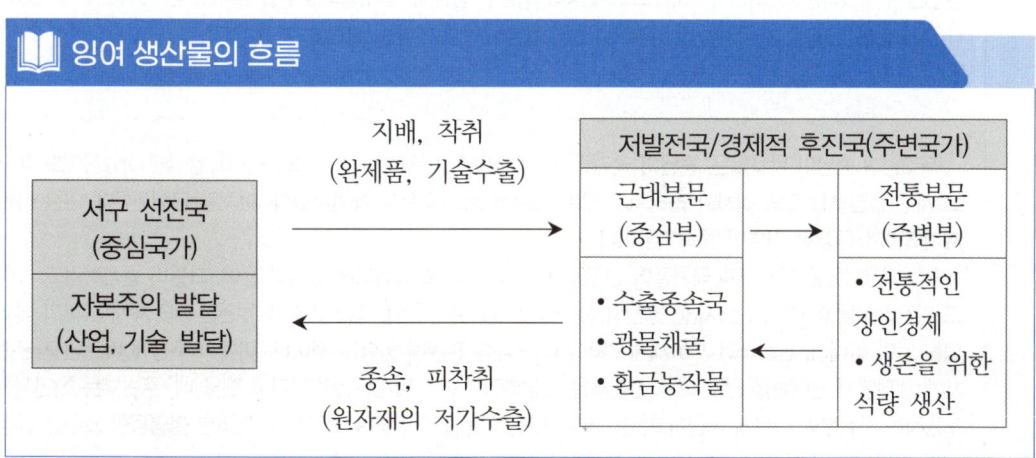

---

96) 2016 임용 : 근대화 이론에 대한 종속 이론가들의 비판 2가지 서술

(2) 종속 이론의 공헌

① 사회 발전을 국제적 힘의 관계에서 조명하고,
② 서구식 모델이 반드시 사회 발전을 가져오는 것은 아니며, 저발전 국가가 선진국과의 종속 관계에서 벗어나 주체적인 발전을 해야 한다고 주장했다는 데 의의가 있음

(3) 종속이론에 대한 비판

① 종속 이론은 주로 중남미의 경험을 토대로 한 것으로, 우리 나라 대만과 같은 신흥 공업국들의 발전 과정을 제대로 설명할 수 없음
　→ 종속적 상황에 대한 여러 전략에 따라 다양한 결과가 나타날 수 있다는 점을 간과
② 종속 이론은 제3세계의 저발전을 자본주의 체제에서 나타나는 현상으로 보지만, 실제 사회주의 체제에서도 종속과 저발전 현상은 널리 관찰되고 있음
③ 주변으로부터 중심으로 경제잉여가 유출되기 때문에 중심은 발전하고 주변은 잉여의 잔존절대량이 고갈되어 저발전 상태에 머문다는 것은 영합적(zero-sum) 사고방식임

📖 종속이론 1

　중남미 제3 세계 국가들은 정부 주도하의 근대화를 추진하였지만, 경제적 빈곤과 정치적 불안 등의 문제로 많은 어려움을 겪었다. 이러한 상황 속에서 근대화론에 대한 비판으로 등장한 것이 종속 이론이다. 종속 이론은 후진국의 사회적 불평등이나 경제적 문제가 국내 요인에 의하기보다 선진국과의 종속 관계에서 비롯된다고 보았다. 세계는 중심부와 주변부로 이루어진 하나의 체계이며, 후진국의 저발전 이유는 중심부인 선진국이 주변부인 제3 세계 국가들의 자원 및 재화와 노동력 등을 지속해서 착취하기 때문이라고 주장하였다. 즉, 선진국과의 교역 과정에서 후진국은 선진국의 원료 공급지와 상품 판매 시장으로 전락할 수밖에 없으므로 저발전의 상태에 머무르게 된다고 보는 것이다.
　종속 이론은 사회 발전을 국제적인 힘의 관계 속에서 조명하고, 선진국과의 종속 관계에서 벗어난 주체적인 발전을 주장했다는 데 의의가 있다. 그러나 종속 이론은 중남미 국가들의 경우를 토대로 한 것이므로 우리나라 대만과 같은 신흥공업 국가들의 경제 발전을 설명하지 못한다는 비판을 받고 있다.

[금성]

　1960년대 중남미 학자들은, 중남미 국가들이 근대화론에 입각하여 산업화와 근대화를 추진하였음에도 불구하고 서구 선진 사회와의 격차가 좁혀지지 않는 상황을 보고 의문을 제기하였다. 이처럼 근대화론에 대한 비판이 제기되면서 등장한 이론이 종속이론이다.
　종속 이론가들은 제3 세계 국가들이 선진국에게 경제적으로 종속되어 있기 때문에, 그들이 발전하려고 노력해도 발전이 이루어지지 않는 저(低)발전의 상태에 있다고 주장한다. 즉 저발전의 원인은 제3 세계 사회의 내부에 있는 것이 아니라, 선진국과 제3 세계 간의 지배-종속 관계에 있다는 것이다. 이들의 주장에 따르면 자본주의 세계 체제에서 근대화를 먼저 이룬 선진국은 중심부이고 제3 세계는 주변부라고 했을 때, 주변부는 천연자원과 노동력을 중심부에 값싸게 공급하고, 중심부가 만든 상품을 수입하여 소비한다. 이러한 불평등한 교환은 중심부에게 유리하여 주변부의 저발전 상태가 지속된다는 것이다.
　종속 이론은 사회 발전을 국제적인 힘의 관계에서 조명하고, 저발전 국가가 선진국과의 종속 관계에서 벗어나

주체적인 발전을 해야 한다고 주장했다는 데 의의가 있다. 그러나 주변국이었음에도 불구하고 경제 성장을 이룬 아시아의 신흥 공업 국가들의 경제 발전은 설명하지 못하는 등 제한된 경우에만 초점을 맞춘 이론이라는 비판을 받는다.

[지학사]

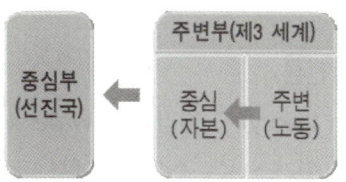

← 경제적 이익의 흐름

중심부와 주변부의 종속 관계

지배 – 종속의 관계는 선진국과 제3 세계 사이에서뿐만 아니라 제3 세계 내에서도 존재한다.

📖 종속이론 2

종속 이론은 서구 중심의 근대화 모델을 저개발국에 적용하는 것을 비판하며 1960년대 라틴 아메리카 국가들에서 등장하였다. 종속 이론은 라틴 아메리카의 사회적·경제적 실패의 역사적 경험을 분석하며, 제3 세계의 저발전 원인을 선진국의 경제적 착취에서 찾았다. 제3 세계 국가들이 경제 발전을 위해 노력했는데도 저발전 상태를 벗어나지 못하는 것은 그들 국가의 문화적 가치나 제도적 결함 때문이라기보다는 서구 선진국과 이들 나라에 기반을 둔 다국적 기업에 종속되어 지속적으로 착취당하고 수탈당했기 때문이라는 것이다.

종속 이론에서는 세계 자본주의를 선진국인 중심부와 후진국인 주변부로 나눈다. 주변부는 천연자원과 노동력을 중심부에 값싸게 공급하고, 중심부가 만든 상품을 수입하여 소비한다. 그런데 이러한 관계는 불평등한 교환을 토대로 이루어지기 때문에 주변부는 중심부에 종속될 수밖에 없으며 주변부의 저발전이 지속된다는 것이다.

종속 이론은 서구식 발전 모델이 반드시 사회 발전을 가져오는 것은 아니며 선진국과의 종속 관계에서 탈피하여 자국 산업 중심으로 주체적인 발전을 추구해야 한다고 주장했다는 데 의의가 있다. 그러나 주변국이었던 아시아 신흥 공업국의 경제 발전에 대해서는 명확하게 설명하지 못하는 등 제한된 지역과 특정 국가의 경우에만 초점을 맞춘 이론이라는 비판을 받고 있다.

[미래엔]

종속 이론은 1960년대 라틴 아메리카의 학자들이 라틴 아메리카의 발전 문제에 대해 연구하면서 형성되었다. 종속 이론에 따르면 라틴 아메리카 여러 나라들이 근대화에 성공하지 못하는 것은 라틴 아메리카와 같은 제3 세계 국가들이 선진 자본주의 국가에 경제적으로 종속되어 있기 때문이다.

근대화 이론은 저발전 국가들이 발전하지 못하는 원인을 그 나라의 사회 구조적 결함이나 발전을 저해하는 전통적 가치관 때문이라고 주장하는데, 종속 이론은 이러한 근대화 이론의 주장을 비판한다. 그리고 저발전 국가가 발전하지 못하는 이유는 발전된 국가가 저발전 국가의 자원과 노동력을 착취하고 있기 때문에 저발전 국가는 발전을 하려고 노력해도 발전을 할 수 없는 상황에 놓여있다고 말한다. 즉 제3 세계 국가들은 아직 발전하지 못한 미발전 상태가 아니라 발전할 수 없는저(低)발전 상태에 있다고 본다.

> 종속 이론은 서구 중심적인 근대화 이론의 문제점을 지적하면서 세계의 주변부에 있는 저발전 국가가 처한 곤경의 원인을 잘 파헤치고 있지만, 우리나라나 타이완 같은 신흥 공업 국가들처럼 근대화에 성공하고 경제성장을 이룬 나라의 사례를 제대로 설명하지 못한다는 비판을 받고 있다. [비상]

3. 세계체계이론[97]과 종속적 발전론

(1) **세계체계이론(world system theory) - 월러스틴(I.Wallerstein)**

① 종속이론의 영향을 받은 월러스틴은 종속의 문제를 국가들 간의 관계를 넘어서는 단일한 단위로서의 '세계체계' 속에서 이해해야 한다고 주장

② 장기적 역사적 과정에 주목하는 월러스틴은 자본주의 세계경제가 지구적으로 확산되기 시작한 16세기에 세계체계가 발생했다고 보는데, 세계체계는 정치적 독립 국가들이 경제적으로 자본주의 세계시장을 매개로 통일체를 이루고 있는 것을 말함(자본주의 세계체계는 단일한 분업체계와 다중적인 정치 - 문화구조로 구성되어 있다는 점에서 이 두 영역 사이의 지속적인 갈등을 낳고 있음)

③ 세계는 중심부(core), 반(半)주변부(semi-periphery), 주변부(periphery) 등 3개의 경제지대 또는 국가군으로 나뉘어 있는데, 이 국가들은 상대적 자율성을 지니기는 하지만 기본적으로 세계 경제의 메커니즘을 재생산하는 기능을 가지고 있음. 세계 체계 역시 세계적 수준의 자본 축적 위기를 겪게 되며, 이 과정에서 다양한 반체제 운동이 등장한다.

- 중심부 국가는 선진화된 국가로서 세계경제체계에서 생산된 이윤의 많은 부분을 차지하는데, 미국, 일본, 서유럽 국가들이 여기 포함됨
- 제3세계의 많은 나라가 속한 주변부 국가는 주로 농업 등 1차 상품을 생산하며 저임금 국가로서 중심부 국가들에 의해 경제적으로 조정되고 관리됨
- 멕시코, 브라질, 아르헨티나, 동아시아 신흥공업국들이 속한 반주변부 국가는 중심부와 주변부를 매개하는 중간적 지위의 국가로서, 중심부의 통제를 받으며 주변부를 착취함. 이들은 주변부에 경제발전의 전망을 제공하면서 세계체계의 양극화를 억제하는 안정화역할을 함

④ 세계체계가 변화함에 따라, 중심부와 주변부 간의 양극화가 진행되고 그러한 구조 속에서 저발전 사회가 발전하는 것은 매우 어려움. 다만 특정 역사적 국면에서 몇몇 나라들처럼 상승이동할 기회가 주어짐

---

97) 2014 임용 : 세계체계이론 (단답)

⑤ 구조적 위치의 상승이동 전략

1. **기회획득(seizing the chance)** : 19c 후반 러시아, 1930년대 브라질과 멕시코가 채택했던 전략으로, 세계 경제가 긴축국면에 접어들어 중심부 국가들의 입지가 약화될 때, 반주변부·주변부 나라들이 공격적 국가행위를 통해 그들의 입지를 강화시킨 방법
2. **초청에 의한 발전(development by invitation)** : 18c 말 스코틀랜드와 20c 한국과 대만이 채택했던 전략으로 세계경제가 팽창하는 국면에서 중심부 자본의 투자혜택을 받은 나라들이 '수출지향적 공업화'를 통해 경제성장에 성공한 방식
3. **자력갱생(self reliance)** : 20c 초 러시아가 택했던 전략으로 자본주의 체계로부터 벗어나 사회주의 경제권을 구축하여 자립성장을 추구한 방식

⑥ 저발전 사회의 '상승이동'이란 극히 예외적인 경우에 불과하며, 대부분의 저발전 사회들은 상승이동이 불가능하며 가능하다 하더라도 그 거리가 매우 짧다는 것을 강조

> 세계체계이론은 기능주의적 목적론적 설명의 경향을 지니고 있고, 세계 시장에서의 교환 관계에 과도하게 주목함으로써 국가 기구의 역할과 국내적 요인들을 과소평가한다고 비판받기도 한다. 그렇지만 세계체제를 단일한 분석 단위로 하여 자본주의 세계 시장의 통합적 체계를 설명함으로써, 기존의 국민 국가 단위의 분석이 지닌 한계를 넘어서는 사회과학의 새로운 지평을 열어주었다고 할 수 있다.

(2) **종속적 발전론(dependent development) – 에반스(P.Evans)와 카르도소(F.Cardoso)**

① 종속이론의 이론적 취약성을 극복하고 중심부 국가에의 종속이라는 제약 하에서도 괄목할 만한 성장을 이룩한 신흥공업국의 발전상을 설명하기 위해 제기된 새로운 유형의 종속이론
② '외국 자본 – 국가 – 국내(토착) 자본'의 3자 연합에서 국가가 적극적인 역할을 한다면 '종속적 발전'이 가능하다고 봄
③ 이들은 '외부적 요인' 못지 않게 '내부적 요인'도 고려할 필요가 있으며, 외부적 요인에 대한 내부적 대응방식에 따라 발전방향이 달라질 수 있다는 점을 강조함
④ 예를 들어 노동자 계급과 자본가 계급의 규모와 형태, 중간계급의 규모와 형태, 관료제의 비중, 군대의 역할, 국가의 형태, 사회운동의 이데올로기적 기초 등에 따라 구조적 종속에 대응하는 방식이 달라질 수 있다고 봄
⑤ '종속적 발전'과 동아시아의 신흥공업국과 같은 '발전국가'(developmental state)는 외부적 요인에 따른 구조적 종속이 주변부 국가들의 경제발전을 제약하는 절대적 요인이 아니며, 국내적 요인들에 따라 종속적 조건 속에서도 일정한 경제발전이 가능하다는 점을 밝힘으로써 종속이론에 대한 대안적 설명방식을 보여줌

THEME 40 사회변동론 ③ - 근대화 이론, 종속이론·종속적발전·세계체계이론

✓ 2012 임용

01 다음은 사회 발전론의 한 시각이다. 이에 부합하는 진술을 <보기>에서 고른 것은?

> 모든 사회는 애초에는 전통 사회에 머물러 있었으나, 이 중 일부는 전통 상태에서 벗어나 근대 사회로 이행하였다. 경제적인 면에서 이러한 이행 과정은 전통 사회, 도약을 위한 선조건, 도약, 성숙, 고도의 대량 소비의 5단계로 나뉜다. 사회학적인 면에서 근대화란 귀속성에서 업적성으로, 특수주의에서 보편주의로, 집합 지향에서 개인 지향 등으로 이행하는 것을 가리킨다.

< 보 기 >

ㄱ. 선진국의 근대화는 후진국의 저발전에 의존한다고 본다.
ㄴ. 모든 국가가 유사한 근대화 경로를 거친다고 가정하는 경향이 있다.
ㄷ. 근대화는 초국적 수준에서 통합된 세계 체계가 등장함으로써 가능해졌다고 본다.
ㄹ. 교육을 통하여 전통적 가치관에서 벗어나는 것이 사회를 근대화시키는 요인이라 본다.

① ㄱ, ㄴ　　② ㄱ, ㄷ　　③ ㄴ, ㄷ
④ ㄴ, ㄹ　　⑤ ㄷ, ㄹ

✓ 2014 임용

02 다음 (　　)안에 들어갈 사회학적 용어를 쓰시오. [2점]

> 1960년대 이후 여러 사회발전 이론가들은 근대화이론에 의문을 제기하며 일국의 경제적 저발전이 해당 국가의 내부적 결함에 기인한다는 주장에 반대하였다. 그들의 공통적인 주장은 저발전 국가의 빈곤은 부유한 국가들과 이들 국가들에 기반을 둔 다국적 기업들의 수탈에 의해 발생한다는 것이었다. 이러한 논의를 한 단계 발전시킨 (　　)이론에서는 세계가 경제적으로 단일한 단위로 구성되어 있다고 보았고, 이를 분석 단위로 삼아 저발전의 원인을 세계 경제의 내적 모순에서 파악하였다. 이 이론은 세계 경제를 근본적으로 불균등한 교환관계로 규정하였지만, 특정한 구조적 위치에 있는 제3세계 일부 국가들의 발전 가능성을 배제하지는 않았다.

THEME 40 사회변동론 ③ - 근대화 이론, 종속이론 · 종속적발전 · 세계체계이론

✓ 2016 임용

03 다음은 사회변동에 대한 교사와 학생의 대화이다. 밑줄 친 이론이 무엇인지 쓰고, (   ) 안에 들어갈 내용을 2가지 서술하시오. [4점]

교사: 이 이론에서는 개발도상국이 선진국이 되기 위해서는 자신들의 전통적인 생활 방식을 포기하고 선진국의 제도나 가치를 수용해야 한다고 주장합니다.

학생: 사회가 일정한 단계를 거쳐 발전한다는 의미도 포함하는 것인가요?

교사: 그렇습니다. 로스토우(W. Rostow)는 경제 성장 과정을 비행기의 여정에 비유하면서, 전통 단계, 도약 준비 단계, 도약 단계, 성숙 단계, 고도의 대량 소비 단계를 거쳐야 선진국에 도달할 수 있다고 하였습니다.

학생: 개발도상국이 경제발전을 이룩하기 위해서는 선진국의 경험을 통해 발견된 경제발전 유형의 규칙을 따라야 한다는 것이네요.

교사: 그렇습니다. 그래서 많은 학자들은 이 이론을 단선적 사회진화론으로 분류합니다.

학생: 이 이론에 대한 비판은 없나요?

교사: 여러 가지 비판이 있습니다. 특히 종속 이론가들이 하는 비판은 다음과 같습니다.
(   ).

Theme 41 | 사회변동의 요인

1. 기술 결정론

(1) 마르크스(K. Marx)
① 역사발전의 추진력은 생산력의 증가에 있으며, 사회구성체의 토대는 하부구조인 생산양식, 즉 물질적 조건으로 봄
② 생산관계의 변화가 사회 하부구조의 변화를 가져오고 사회의 하부구조의 변화는 사회의 상부구조의 변화를 가져옴으로써 사회가 변동, 발전한다고 봄

(2) 오그번(W. Ogburn)
① 문화를 기술을 포함한 물질 문화(material culture)와 가치관, 신념, 규범, 제도 및 사회적 상호 작용 양식 등을 포함하는 비물질적인 적응적 문화(adaptive culture)로 구분
② 상호의존적인 문화 구성요소들의 변화율이 다르게 되면 문화 지체(Cultural Lag)현상이 나타나게 된다고 주장
→ 기술적 발전에 대한 문화적 요인들의 지체와 그것의 불가피한 적응을 강조
③ 발명, 축적, 전파, 적응이라는 4가지 요인에 초점을 두어 문화적 진화를 설명

> **📖 마르크스는 기술결정론자?**
>
> 마르크스는 "맷돌이 봉건영주가 지배하는 사회를 낳게 되며, 증기 제분기는 공업자본가가 지배하는 사회의 토대가 된다."라고 말했다. 그래서 그는 흔히 기술결정론자로 분류된다. 그렇지만 이 진술은 각 시대의 차별적 특징을 은유적으로 표현한 것일 뿐이며, 실제로 마르크스는 생산관계나 계급투쟁과 같은 사회적 요인들이 사회변동을 가져온다는 점을 강조했다. 이런 점에서 마르크스를 기술결정론자로 보는 것은 적절하지 않다.

> **📖 기술의 사회적 구성이론**
>
> 사회학자들은 대체로 기술이 사회변동과 사회적 삶의 모습을 규정하는 데 중요한 영향을 미친다는 점을 인정하지만, 동시에 기술이 사회 속에서 어떻게 사용되고 어떤 영향을 미치는가 하는 점은 기술 자체가 결정할 수 없으며, 나아가 특정한 사회관계가 역으로 기술의 변화에 영향을 미칠 수 있다는 사실에도 주목한다. 예를 들어, 컴퓨터의 발명이 정보사회의 발전에 큰 영향을 미친 것은 분명하지만, 정보산업과 정보 상품이 자본에 이윤을 가져다주게 되면서 정보기술에 대한 투자가 확대되었고, 정보소비자들의 요구가 또한 정보기술의 발전 방향에 영향을 미쳤다. 그러므로 사회구조 속에서 누구에 의해, 또 누구를 위해 어떤 기술이 어떻게 개발되고 이용되는가 하는 점이 사회변동의 성격을 이해하는 데 중요한데, 이러한 관점은 '사회구조 중심 이론' 또는 '기술의 사회적 구성 이론'이라 불린다.

2. 관념론과 사회심리적 접근

(1) 베버(M. Weber)
① 『프로테스탄티즘과 자본주의정신』에서 영국 청교도의 종교적 신념이 자본주의 발생의 주요 원인이라고 주장
② 이론의 주요 내용
   ㄱ. 캘빈주의의 교리에는 인간은 신의 뜻에 따라 태초에 이미 구원 또는 형벌의 운명이 결정되어 있다는 '예정설'이라는 것이 있음
   ㄴ. 캘빈교 신자의 본질적 의문은 자신이 구원받을 것이냐에 대한 확신의 문제였음
   ㄷ. 캘빈교도들은 숙명론적 예정설을 매우 긍정적이고 현세적으로 해석하여 기독교적 소명에 의한 직업에 몰두하여 현세적 성공을 성취하는 자가 구원받은 자의 범주에 들어갈 수 있다는 생각을 하게 됨
   ㄹ. 캘빈주의의 현세적 금욕주의 때문에 사람들은 일을 열심히 하게 되고, 금욕생활을 통한 재투자가 이루어져 17c 영미에는 자본주의 체제가 시작됨
③ 베버는 금욕적인 개신교의 종교적 윤리 규범과 자본주의 정신 사이에는 선택적 친화력이 있음을 강조하며, 관념이 역사과정의 방향에 커다란 변수가 될 수 있음을 논증

(2) 헤이건(E. Hagen)의 창조적 퍼스낼리티(creative personality)론
① 헤이건은 경제성장을 가능케 하는 혁신이란 '창조적 퍼스낼리티'를 가진 개인들이 하는 것이고, 그러한 사람들은 상당한 시간에 걸쳐 특수한 사회적 맥락에서 나타난다고 주장
② 권위주의적 퍼스낼리티가 지배하는 전통사회에서 창조적 퍼스낼리티의 사회로 전환되기 위해서는 '지위존경의 철회'(withdrawal of status respect) 현상이 필요함을 강조
③ '지위존경의 철회' 현상은 권위주의적 아버지를 패배주의에 빠뜨리게 되고, 이러한 아버지는 자신의 불안과 좌절을 자식에게 무의식 중에 전달하게 되어 결국 2~3 세대가 지나는 사이 창의적인 퍼스낼리티가 나타나게 됨

(3) 맥클리랜드(D.C.McClelland)의 성취지향적 퍼스낼리티론
① 대체로 높은 수준의 성취욕구(need for Achievement)가 확산된 사회가 보다 정력적인 기업가를 산출하며, 이들은 다시 보다 급속한 경제발전을 창출함을 강조하는 이론
② 특정한 문화는 사람들 속에 성취욕구를 배양시킨다는 가설을 실증적으로 검토하는데 주력함

THEME 42 | 집합행동과 사회운동

1. 집합행동(collective behavior)과 사회운동(social movements)

(1) 의미
① '사람들이 무리를 지어서 하는 활동'을 '집단활동'(group behavior)이라고 부른다면 여기에는 정해진 규칙이나 규범, 질서에 따라 이루어지는 평범하고 정상적인 집단활동이 있는가 하면, 집단 행동이나 집합행동, 그리고 사회운동처럼 일상적인 집단활동과는 다른 특이하고 비제도적인 집단활동도 있다.
② 사회학에서는 잘 조직화되고 단결되어 있는 집단으로 행동하는 경우를 사회운동, 느슨한 형태로 무리 지어 행동하는 경우를 집합행동이라 불러왔다.

(2) 집합행동의 특성
① 기존의 규칙이나 규범, 질서를 벗어나거나 변화시킬 목적으로 이루어지는 활동
② 우연적, 우발적 상황에서 일어나는 경우가 많아서 린치(집단테러), 반란, 폭동 등에서처럼 대체로 '비합리적이고 감정적인' 특성을 지님
③ 집합 내부의 구성원들이 공유하는 뚜렷한 목표의식이 약하고 상호작용이 일시적이어서 단기간에 끝나는 경우가 많음
④ 집합의 경계가 느슨하고 불분명한 경우가 많음

(3) 집합행동과 사회운동의 공통점
① 기본적으로 공적으로 제도화되지 않은 집단적 활동이어서 이러한 행동들은 사람들로부터 일탈행동이나 범죄라고 간주되어 비난과 제재를 받기 쉬움
② 이것들은 모두 행동의 과정에서 의사소통, 공감대의 형성, 지도자의 출현, 조직화, 분업이 이루어짐

(4) 집합행동과 사회운동의 차이점
① 집합행동이 감정적인 행동에 치우치고 잘 조직화되어 있지 못한 반면에 사회운동은 조직화된 집단을 형성하여 의도적, 계획적으로 행동
② 이에 따라 집합행동은 일시적, 단기적 행동을 보이는 반면에 사회운동은 지속적, 장기적행동을 보임

2. 군중의 의미와 종류

(1) 군중
① 의미 : 어떤 개인 또는 사건 주위에 모여 있는 사람들의 일시적인 집합을 의미
② 사회집단이 규범, 역할, 사회통제 같은 조직요소들을 바탕으로 구조화되어 있는 반면, 군중은 구조화되어 있지 않은 일시적인 사회적 상호작용을 나타낼 뿐만 아니라 상대적으로 그러한 상호작용이 예측되기 어려움

(2) 군중의 종류 - 블루머(Blumer)
① 임시적 군중(casual crowds) : 사람들이 순간적으로 어떤 사건에 관심이 있어 모인 사람들 → 가장 비조직화된 군중
> 예 교통사고를 구경하거나 장사꾼 주위에 모여 있는 사람들

② 인습적 군중(conventional crowds) : 특정한 공동의 목적을 가지고 관계적인 규범에 따라 행동하는 사람들
> 예 음악회나 운동경기를 관람하기 위해 모인 청중이나 관객들

③ 표출적 군중(expressive crowds) : 뚜렷한 목표가 없으면서도 집회 참여를 통해 감정적 흥분을 체험하려고 하는 군중
> 예 종교 부흥회나 록음악 페스티벌에 모인 군중

④ 능동적 군중(active crowds) : 특정한 쟁점을 이루는 사건에 공동의 관심을 두고 모인 감정적으로 긴장된 사람들(폭도로 변하기 쉬움)
> 예 스포츠 경기에서 특정 팀을 응원하면서 심판 판정이나 경기 결과에 불만을 표출 하는 군중들

3. 커뮤니케이션과 집합행동

(1) 대중
① 의미 : 지위·계급·직업·학력·재산 등의 사회적 속성을 초월한 불특정 다수의 사람들로 이루어진 집합
② 대중매체(mass media)는 대중(mass)을 단위로 하는 집합행동을 만들어 냄

(2) 대중에 의한 집합행동의 유형
① 유언비어(rumors)
ㄱ. 사람들의 입을 통해 돌아다니는 어떤 증명되지 않은 화제를 말하며, 그 출처가 애매하거나 알려지지 않을지라도 사실로 받아들여짐
ㄴ. 상황이 불분명할 때 어떤 종류이든 대답이나 해석을 필요로 하는 사람들에게 준거점을 마련해 주는 기능을 하기 때문에, 집합행동의 유형이라기보다는 집합적 문제해결의 한 형태로 간주될 수 있음

② 여론(public opinion)
  ㄱ. '대중'이 대중매체를 통해 공동의 쟁점에 관심을 갖고 자신의 의견을 갖게 되면 '공중(public)'이 되는데, 이러한 공중의 집단적 의견이 여론임
  ㄴ. 여론조작의 수단으로는 정보의 유출을 억제하여 사회변동을 촉진시킬지도 모르는 집합행동을 사전에 방지하기 위한 조치인 검열(censorship), 어떤 사물의 존재나 효능, 또는 주장 등을 남에게 설명하여 동의를 구하는 활동인 선전(propaganda), '공중과의 관계'를 좋게 하기 위한 행위인 PR(public relation)이 있음
③ 집단 선입관(collective preoccupations) : 많은 사람들이 어떤 특정 대상에 대하여 실제 체험에 앞서 갖는 주관적 가치판단으로, 일종의 집합행동이라 할 수 있음
  ㄱ. 일시적 유행(fads, 道樂) : 새롭거나 신기한 것에 대한 호기심에 자극되어 일시적으로 대중들 사이에 널리 확산되는 행동. 일시적 유행은 제품, 단어, 표현 내지 대중적 영웅 등 다양한 형태로 표출
  ㄴ. 유행(fashion) : 특정한 행동양식이 일시적으로 광범한 대중들에 의해 수용되고 추종되는 현상으로 '일시적 유행'보다 훨씬 제도화된 것
  ㄷ. 히스테리 전염(hysterical contagions) : 불합리하고 충동적인 신념과 행동이 집단 내로 확산되는 현상
  ㄹ. 희생양 만들기(scapegoatings) : 대중의 욕구불만으로 발생하는 파괴적인 충동의 발산을 직접 그 원인이 되는 것으로 향하지 않고, 방향을 돌려 다른 대상으로 전가하여 불만의 해소를 도모하는 것

THEME 43 | 집합행동과 사회운동의 이론

1. 사회심리학적 집합행동 이론

(1) 군중심리이론 – 르봉(Gustave LeBon)
① 군중이 모이면 새로운 집합심성(collective mind)을 얻게 됨
② 군중 속에서 개인은 일시적으로 이성적 판단이 쇠퇴하면서 자기 통제력을 잃어버리고 감정적, 감성적 심리상태가 됨
③ 군중 성향은 '익명성', '전염', '피암시성'이라는 3가지 기제를 통해서 나타남
④ 우선 군중 속에서 개인은 익명성으로 인해 책임감이 줄게 되고, 흥분이나 불안감, 슬픔등의 감정은 다른 사람들로부터 쉽게 전염되며, 피암시성으로 인해 군중 속의 익명적, 감성적 상태에서 자신에게 전달되는 명령을 무비판적으로 받아들이기 쉬워짐

> 르봉의 이론을 체계적으로 계승, 발전시킨 학자는 블루머(H. Blumer) 였는데, 그는 집합행동과 사회운동을 구별했으며 혁명을 비롯한 사회운동의 유형을 구분하기도 했다. 그리고 거(T. R. Gurr), 데이비스((J. C. Davis) 등은 르봉의 사회심리학적 전통을 이어받아 '혁명'을 사회심리적 요인으로 설명하려 했는데, 이것은 대체로 혁명의 사회구조적 요인을 강조한 마르크스(K. Marx)의 혁명이론을 부정하려는 의도가 있었다.

(2) 블루머(H. Blumer)의 순환반응이론(theory of circular reaction)
① 집합행동의 발생을 '불안'의 형성 및 확산과 같은 사회심리적 요인들로 설명하려 함
② 하지만 그는 이러한 집합행동이 단지 감정을 표출하거나 일시적으로 지나가버리는 행동이 아니라 새로운 사회질서를 만들어내는 행동이자 사회변동을 이끌어낼 수 있는 행동이라고 그 의의를 적극적으로 평가
③ 블루머가 제시한 집합행동의 과정

📖 블루머가 제시한 집합행동의 과정

- '사회적 불안' 단계
  사람들의 마음속에서 무엇인가 잘못되어 있다는 위기감 발생
- '순환반응'(circular reaction) 단계
  흥분한 어떤 사람이 다른 사람을 자극하면, 그 사람은 또 이미 흥분 되어 있던 사람의 감정을 더욱 부풀게 해주어 불안상태가 고조
- '집합적 흥분'(collective exitement) 단계
  개인들은 비판적 능력을 잃고 군중감정의 파도에 휩쓸림
- '사회적 전염'(social contagion) 단계
  군중의 주목과 관심이 한 가지 대상으로 집중 하는 현상이 일어남

> ## 📖 사회운동의 유형 – 블루머(Blumer)
>
> 1. 일반적 사회운동(general social movement) : 노동운동, 여성운동, 평화운동 등과 같이 어떤 새로운 가치관을 일반적으로 실현하고자 하는 운동
> 2. 구체적 사회운동(specific movement) : 그 목표가 구체적으로 한정되어 있는 운동
>   - 혁명 : 사회질서에 대한 전면적, 근본적 변화를 추구
>   - 개혁 : 부분적인 변화를 추구
> 3. 표출적 사회운동(expressive movement) : 사회 변화를 추구하기보다는 정서와 상징을 표출하는 데 그치는 종교적 의례행사, 유행 등과 같은 운동

2. 사회심리학적 혁명이론 : 혁명의 J-곡선 이론 – 데이비스(J. C. Davis)

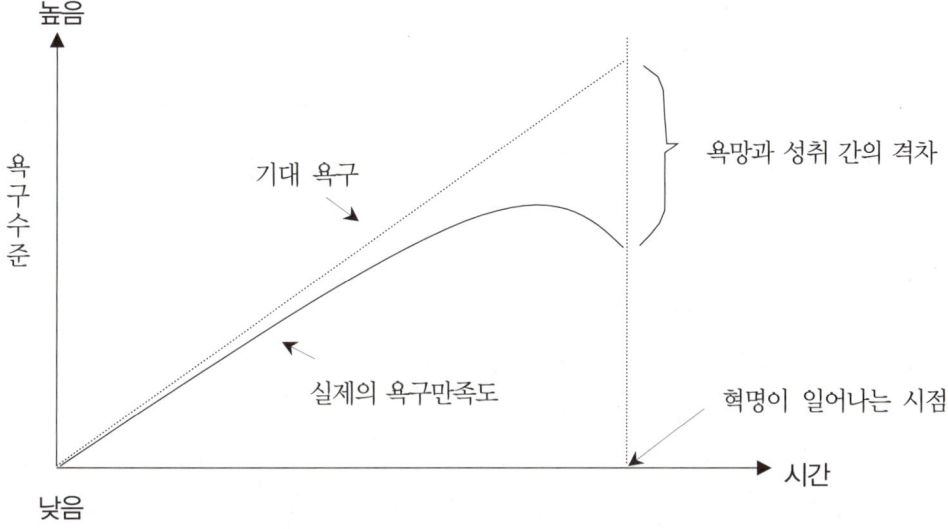

① 상대적 박탈감(relative deprivation)을 사회운동과 혁명의 설명에 적용한 대표적 사회심리학적 이론
② 경제가 계속 발전하면 실제로 사람들의 생활수준이 계속 향상되고 사람들의 심리적 기대 수준도 이와 병행해 계속 상승하게 되는데, 어느 순간 현실적 생활수준의 향상이 갑자기 둔화하는 경우, 관성적으로 계속 높아져 가던 심리적 기대 수준과의 격차가 갑자기 크게 벌어지게 되는데, 바로 이때 상대적 박탈감이 집단적으로 형성되고 폭발하여 혁명이 일어남
③ 객관적인 사회경제상태의 변화보다는 변화의 양상에 대하여 사람들이 갖는 '기대 상승'(rising expectation)이 혁명의 주요 원인

> 데이비스의 이론은 마르크스의 혁명이론을 부정하고 비판하면서 이를 실제적으로 반증하려는 것이었다. 즉 혁명은 경제 상황이 악화되어 많은 사람이 생계가 어렵게 되어서 일어나는 것이 아니라 오히려 반대로 지속되던 경제성장이 갑자기 둔화하는 국면에서 일어난다. 말하자면 혁명은 생활수준의 향상이 갑자기 둔화할 때 집단적인 상대적 박탈감이 생겨나면서 발생하는 것으로서 사회심리적 요인이 더 중요하다는 것이다.

> '데이비스는 맑스와 토크빌의 혁명이론을 종합 정리한 모형을 제시하였다.' - 권태환 외
> ↓
> 데이비스는 자신이 J곡선 이론을 주장하게 된 지적 연원이 마르크스와 토크빌에 있다고 말하고 있다. 그는 혁명을 이해하는 데에는 기대가 상승하고 뒤이어 기대가 좌절되는 두 시기가 필요하다고 하면서, 점진적인 궁핍화 후에 혁명이 발생한다는 마르크스의 견해와 사회경제적 조건이 개선되고 있을 때 혁명이 발생한다는 토크빌의 견해를 종합한 것이 자신의 J곡선 이론이라고 주장하였다.
> - 임희섭 「집합행동과 사회운동의 이론」

3. 합리적 선택 이론과 부가가치 이론

> 사회심리학적 집합행동 이론에 대한 또 다른 비판은 합리적 선택 이론과 구조기능주의적 접근에 의해 이루어졌다. 합리적 선택 이론이 비합리적 심리가 아닌 '합리적 동기'에 주목했다면, 구조기능주의적 접근은 심리적 요인보다 사회구조적 요인의 중요성을 강조했다.

(1) 올슨(M.Olson)의 합리적 선택이론
① 개별 행위자들이 집합행동에 참여하는 것이 '자기이해'라는 합리적 동기와 의도적 선택에 의한 것이라는 점을 강조
② 특히 '개인적 합리성'과 '집합적 합리성' 간의 모순으로 인해 '무임승차자(free-rider)'의 문제가 발생하는데, 이 문제가 해결되지 않으면 집합행동이 발생하기 어렵다는 점을 보여주고자 함
   예 노동조합원들은 노동조합활동에 참여할 경우에 자신이 치러야 할 비용과 얻을 수 있는 이득을 계산하게 되는데, 개인들은 기본적으로 노조활동에 참여하지 않으면서도 노조의 집합적 이득을 누리려고 한다. 이런 이유로 '무임승차자'가 생겨나는데, 노동조합이 집합 행동을 통해 목표를 달성하려면 이러한 무임승차자들에 대한 적절한 제재나 처벌을 통해 이를 최소화하는 것이 중요하다는 점을 강조함
③ 집합행동의 사회적 원인들을 설명하기 어려우며, 또한 원인을 넘어 집합행동이 이루어지는 과정과 결과를 전체적으로 조망하는 데에 한계가 있음

(2) 스멜서(N. Smelser)의 가치부가이론(value-added theory)[98]
① 스멜서는 집합행동을 설명할 때 사회심리학적 집합행동 이론에서 출발하면서도 사회구조적 요인을 강조하는 '가치 부가 이론'을 제시
② 그는 집합행동의 이면에 다음과 같은 6개 결정요인의 연쇄가 존재한다고 봄. 이러한 요인들은 앞의 요인이 뒤의 요인을 낳고 또 그 작용 범위를 설정한다는 점에서, 일련의 가치부가순서에 따라 집합행동의 발생에 영향을 미치게 됨.

📖 집합 행동의 발전 과정

A. 구조적 유인성(structural conduciveness)
: 집합행동을 발생시키는 가장 일반적인 사회구조적 조건
  예) 노동운동이 발생할 수 있는 필수적인 사회구조적 조건은 봉건주의 사회가 아닌 자본주의 사회이다.

↓

B. 구조적 긴장(structural strain)
: 사회적 행위를 규제하는 규범체계가 부적절하거나 혼란에 빠지는 것
  예) 사회해체, 갈등, 아노미

↓

C. 신념의 성장과 전파(generalized belief)
: 긴장의 근원을 확인하고 이에 대한 적절하고 가능한 대응책을 포함하는 공유된 생각과 신념을 사람들 사이에 형성하고 확산시키는 것

↓

D. 촉발요인(precipitating factors)
: 일반화된 신념을 구체화하고 긴장을 자극하여 집합행동의 직접적인 유발을 가져오는 극적인 사건과 같은 것

↓

E. 행동을 위한 동원(mobilization of participants for action)
: 관련된 사람들을 조직화하고 선동하여 직접적인 행동에 나서도록 하는 것이다. 여기서 지도자의 지도력이 중요하게 작용한다.

↓

F. 사회통제기제의 작용(operation of social control mechanism)
: 집합행동의 발생을 억제하거나 집합행동의 발생 이후 그 확산을 억제하는 과정에서 작동하는 요인이다. 일반적으로 사회통제 기제가 강하고 효율적일 경우 집합행동이 억제되는 경향이 있지만, 구조적 긴장이 강하고 사람들의 불만이나 신념이 강할 경우 사회통제도 한계를 지니게 된다.

---

[98] 2023 임용 : 가치부가 (단답)

4. 자원동원 이론(resource mobilization theory)[99]

> 이전 이론들은 집합행동의 사회적 구조적 원인과 과정의 다양성을 설명하는 데 한계를 보인다. 그래서 이에 대한 대안적 이론으로 등장한 것이 '자원동원 이론'이다.
> 자원동원 이론은 크게 두 흐름으로 나뉘는데, 메카시와 잘드 등(경제사회학적 모형)은 사회운동 조직의 특성에 초점을 맞추면서 운동조직이 통제할 수 있는 자원의 양을 경제이론에 입각하여 설명하였다.
> 틸리, 갬슨, 오버샬 등(정치사회학적 모형)은 사회운동 조직 뿐만 아니라 통제기관을 포함하는 정치과정 전체에 초점을 맞추면서, 사회운동 연구에서 제휴(coalition)과 정치적 기회를 중시하였다. 그래서 후자를 흔히 '정치과정 이론'이라 부르기도 한다.

① 자원동원이론에서는 사회운동을 이익집단들이 이익이나 권력을 극대화하기 위해 자신들이 가진 인적, 재정적, 물적, 정치적 자원들(인력, 재화, 무기, 정치적 지지 등)을 동원하는 합리적 행위라고 본다.
② 사회운동은 엄밀한 손익계산 속에서 이루어지는 행위로서, 전체 사회의 이익분배 체계를 변화시켜 자기 집단에 돌아오는 몫을 더 크게 만들려는 집합행동이다.
③ 자원동원이론의 가장 특징적인 사실은 외부지원의 중요성과 제도화된 자원의 확보를 강조한다는 점이다.
④ 사회 운동 연구의 초점이 어느 사회에나 항상 존재하는 사회적 불만이나 갈등 자체보다는 그것들이 집합행동으로 전환되는 조건을 규명하는 것으로 옮겨져야 한다고 주장
　→ 상대적 박탈론의 견해에 대하여 비판적 입장

📖 공통 가정 - 권태환

- 제도적 집합행동과 비제도적 집합행동 간의 근본적 차이는 없다.
- 갈등적 집합행동은 비정상적, 비합리적 현상이 아니라 집단에 의한 합리적 이익추구 활동이다.
- 사회 내에는 불만과 긴장이 항상 존재하기 때문에 그러한 요인으로 사회운동의 형성을 설명할 수 없다.
- 사회운동의 생성과 성공은 집합행동을 위한 자원·조직·기회구조에 달려 있다.
- 사회운동의 전략은 사회운동의 성공에 매우 중요한 영향을 미친다.

📖 자원동원론의 장점 - 권태환

- 사회운동 분석의 초점을 개인 차원에서 집합적 행위자로서의 조직 차원으로 전환하여 사회운동을 보는 시각을 재정립하도록 했다.
- 사회운동에서 외부집단의 영향력을 분석하는 데 도움을 주었으며, 조직의 중요성과 시간에 따른 조직의 변화를 인식할 수 있도록 하는 데 기여하였다.

---

99) 2023 임용 : 자원동원 (단답)

> **자원동원론에 대한 비판 - 권태환**
>
> - 사회운동의 목표, 이데올로기의 내용, 참여자의 동기 등에는 둔감하여 사회운동을 지나치게 '정상적'인 현상으로 이해하고 있다.
> - 사회운동의 역동성을 이해할 때에도 개인의 동기와 불만이 집합행동으로 비화되는 인지적 전환과정을 간과하고 있다.
> - 잠재적 운동집단을 상대적으로 무기력한 존재로 이해하고, 엘리트들로부터의 협조를 당연시하는 엘리트주의를 그 저변에 깔고 있다.

5. 정체성 이론과 신사회운동 이론(new social movement theory)

> 1960년대 말 이후 서유럽 사회에서 반핵운동·평화운동·환경운동·여성해방운동·성적소수자운동·인권운동 등 다양한 형태의 사회운동이 등장하였을 때, 미국 학계를 지배해 온 자원동원이론과 정치과정이론은 그러한 사회운동을 기존 사회운동과 본질적으로 동일한 것으로 이해하였지만, 서유럽의 사회운동 연구자들은 그 운동들을 기존 사회운동과 뚜렷이 구분되는 '신사회운동'으로 파악하였다.

(1) 구사회운동과 신사회운동의 성격 비교 [100]

구분	구사회운동	신사회운동
사회	공업사회	공업화 이후 사회
정치	제도화된 정치	비제도화된 정치
주체	노동자	탈(초)계급적 행위자
핵심조직	노동조합	환경, 여성, 평화, 인권운동단체 등
조직원리	위계적·집중	평등적·분산
이데올로기	경제적, 물질적	정치적 자율과 삶의 질
이론	맑스주의	포스트맑스주의, 포스트모더니즘

	구사회운동(노동운동)	신사회운동
사회적 위치	제도정치에 포섭	제도정치에 저항, 시민사회
운동 쟁점	경제적·계급적 불평등의 완화 집단적·물질적 이익, 복지	환경, 여성, 평화, 인권, 인종, 소수자, 대안적·공동체적 삶
운동 주체	노동자 계급	신중간계급, 전문직, 자유직 등
운동 이념	성장주의, 물질주의	탈물질주의, 탈권위주의 풀뿌리 민주주의
운동 조직	수직적·위계적 조직	수평적 네트워크 조직
운동 방식	관례적 행동	비관례적, 급진적 행동

---

100) 2022 임용 : 노동, 신사회 (단답), 운동 주체의 측면에서 구사회운동과 신사회운동의 차이를 서술할 것.

(2) 유의점
① 구사회운동을 이익 중심 운동으로, 신사회운동을 정체성 중심 운동으로 이분법적, 단절적으로 분류하는 것보다는 사회구조적 변화에 따른 사회운동의 변화과정으로 파악하는 것이 바람직함
② 경제성장과 자본 – 노동 간 계급타협에 기초한 복지국가의 계급정치 체계가 물질적 분배의 개선을 제공하면서도 관료주의적 국가 개입을 확대시켜 시민적 요구와 문화적 자율성을 억눌렀다. 신사회운동은 이러한 관료주의적인 제도정치로부터 배제된 요구와 가치들을 배경으로 분출되었다.

📖 신사회운동이론의 평가 – 권태환

신사회운동 이론은 현대 서구사회의 구조적 성격을 성찰하고, 정체성과 문화적 가치지향이 사회운동에서 지니는 중요성을 재발견하는 데 기여하였다. 그것은 자원동원이론, 정치과정이론과는 대조적으로 사회운동에서의 사회적 불만이나 집합적 정체성, 사회적 연대와 이데올로기 및 문화적 지향의 중요성 등을 발견하였다. 그렇지만 신사회운동이론은 지나치게 사회구조적 원인에 집중하면서 동원의 과정을 소홀히 다루었다는 비판을 받고 있다.

기출문제
THEME 43 집합행동과 사회운동의 이론

✓ 2011 임용

01 다음은 신사회 운동에 관한 내용이다. 밑줄 친 부분에 대한 설명으로 옳은 것을 <보기>에서 고른 것은?

> 서구사회의 경우, 전통적인 사회운동들은 산업사회의 출현과 함께 등장하였다. 이러한 배경 하에서 최초로 등장한 사회 운동에서 대표적인 것이 노동운동이었다. 근대사회의 또 다른 이름인 자본주의사회 하의 노동운동은 자본 대 노동 간의 계급적 대립으로 설명할 수 있다. 그러나 복지국가의 성장 등으로 인해 이러한 대립은 완화되었다. 반면, 새로운 사회문제들이 출현하게 되었다. 환경문제, 반전 - 평화문제, 지역사회문제, 여성문제, 소수자문제, 다문화사회의 문제, 그리고 권력 집중의 문제 등이 그것이다. 이러한 것들은 사회갈등의 쟁점이 노동 - 생산의 영역에서 사회-문화적 재생산 영역으로 확대되면서 발생한 것들이다. <u>이 결과 사회구조의 변화에 적절하게 대처하지 못한 기존의 전통적인 사회운동은 약화되고, 새롭고 다양한 사회운동들이 부상하게 되었다. 이를 신사회운동이라 한다.</u>

< 보 기 >

ㄱ. 신사회운동의 이념적 지향은 신자유주의이다.
ㄴ. 신사회운동은 일국적 관점을 넘어 세계화되어가고 있다.
ㄷ. 신사회운동의 영역은 사적이며 개인적인 영역이기 때문에 보호되어야 한다.
ㄹ. 비정부기구, 비영리단체, 시민사회조직, 제3섹터 등은 신사회운동의 주체 및 영역이다.

① ㄱ, ㄴ   ② ㄱ, ㄷ   ③ ㄴ, ㄷ
④ ㄴ, ㄹ   ⑤ ㄷ, ㄹ

✓ 2012 임용

02 밑줄 친 '이 이론'에 대한 설명으로 옳지 않은 것은?

> 고전적 사회 운동 이론은 집합 행동 상황에서 발생하는 집합 흥분의 전염 또는 체계 긴장에서 초래된 상대적 박탈감에 의해 사회 운동의 발생을 설명한다. 이처럼 사회 운동의 비합리성과 심리적 불안감을 강조하는 입장과는 달리, 이 이론은 사회 운동을 억압적인 기존 질서에 대한 합목적적 도전으로 이해하고 있다. 이 이론에 의하면 사회 운동을 원하는 사람에 의해 사회 운동이 자연 발생적으로 생기는 것이 아니다. 사회 운동은 의도적으로 조직하고 동원해야 가능하다. 이 이론은 사회 운동의 발생요인으로서 사회 운동에 필요한 자원을 강조한다.

① 갈등론적 관점에서 비롯된 사회 운동 이론이다.
② 사회 운동의 성공 요인으로 참여자의 정체성과 가치 지향을 중시한다.
③ 사회 운동을 사회 병리 현상이라기보다 사회 집단의 이익 추구 현상이라고 본다.
④ 사회 운동 단체는 여타 조직과 마찬가지로 재원 마련, 홍보, 사업 확장을 모색한다고 주장한다.
⑤ 사회적 긴장과 불만이 존재한다는 사실에 의해서만 사회 운동이 발생하는 것은 아니라고 보았다.

✓ 2022 임용

03 다음 글을 읽고 <작성 방법>에 따라 서술하시오. [4점]

> 1960년대 후반에서 1970년대에 들어서면서 전 세계적으로 많은 국가에서 사회운동이 폭발적으로 증가하였다. 이른바 (㉠)운동이라고 불리는 새로운 유형의 사회운동이 매우 활발하게 전개된 것이다. 이는 그 이전의 사회운동, 즉 자본주의 사회의 계급 갈등에서 기인한 (㉡) 운동이나 사회민주주의를 지향하는 정치 운동과는 성격이 판이하게 달랐다.
> 사회운동에 대한 이론가들의 분석에 따르면, (㉠) 운동은 이슈와 주체 측면에서 이전의 사회운동과 큰 차이가 있다. 먼저 운동의 이슈 측면에서 볼 때, 이전의 사회운동이 경제적 불평등이나 계급, (㉡), 분배 등의 문제에 치중하였다면, (㉠)운동은 탈물질적·탈계급적 가치를 지향하면서 과학기술 발달에 따른 병폐, 시민적 자율성 침해, 권위주의적 지배, 삶의 질과 대안적 삶의 추구, 다양성과 정체성의 인정 등의 문제에 주목하였다. 다음으로 운동의 주체 측면에서 차이를 살펴보면, (㉢)

─────────< 작성 방법 >─────────

○ 괄호 안의 ㉠, ㉡에 해당하는 용어를 순서대로 쓸 것.
○ 괄호 안의 ㉢에 들어갈 내용을 "이전의 사회운동은(에서는) ……(이)며, ㉠ 운동은(에서는) ……(이)다."라는 문장 구조로 서술할 것.

THEME 43 집합행동과 사회운동의 이론

✓ 2023 임용

04 다음 글에서 괄호 안의 ⊙, ⓒ에 해당하는 용어를 순서대로 쓰시오. [2점]

< 보 기 >

집합행동과 사회운동의 발생을 설명하기 위해 스멜서(N. Smelser)는 사회구조적 요인을 강조하는 (⊙) 이론을 제시하였다. 그에 따르면, 집합행동과 사회운동은 명확한 단계를 가진 과정을 통해 출현하고, 각각에 연속적 과정이 추가되면서 발전하게 된다. 스멜서는 사회운동이 발전하려면 6가지 요소가 연쇄적으로 필요하다고 주장하면서, 그 6가지로 '구조적 유인성, 구조적 긴장, 일반화된 신념의 전파, 촉발 요인, 행동을 위한 동원, 사회통제 기제의 작용'을 강조하였다. 스멜서의 이론은 이러한 (⊙) 과정을 통해 사회운동의 형성과 발전을 분석하려고 시도했으나 사회운동의 조직화 등에 대한 체계적인 설명을 제공하지 못했다는 비판을 받았다.

한편, (ⓒ) 이론은 사회운동이 성공하려면 어떤 조건을 갖추어야 하는가에 초점을 두고 있다. 이 이론에서는 이익집단들이 이익이나 권력을 극대화하기 위해 사회운동에 자신들이 가진 인적·재정적·물적·정치적 자원을 최대한 활용하는 것을 합리적 행위로 본다. 또한 이러한 행위 능력의 정도와 (ⓒ)의 조직화 수준, 정치적 전략 등을 사회운동 분석의 중심 요인으로 강조하였다.

- ⊙ : ....

- ⓒ : ....

THEME 44 | 시민사회론

1. 자유주의 시민사회이론

(1) 등장 배경
① 주권재민, 사회계약설의 18세기 계몽주의 사상과 부르주아 혁명을 통해, 전제주의 왕권에 의한 정치적 지배체제(국가)에 대립되는, 자유롭고 평등한 시민들의 결사체의 영역으로 시민사회가 등장
② 국가를 사회질서 유지를 위한 필요악으로, 사회를 국가에 대립하는 영역으로 설정하는 근대 자유주의적 사고체계가 등장

(2) 주요 내용
① 전통적으로 자유주의는 국가와 시민사회의 구분 속에서 국가 개입의 최소화와 시민사회의 자율성의 최대화를 옹호
② 국가는 개인의 사유재산을 보호하면서도 시민사회에의 개입을 최소화해서 시민들의 자율을 최대한 보장해주어야 한다고 봄
③ 국가개입으로부터 시민사회의 자율성은 '정치적·시민적 자율성'과 '경제적·시장적 자율성'으로 나누어 볼 수 있는데, 자유주의자들은 시민적 자율성보다 시장적 자율성에 더 주목함
④ 주로 시장경제를 옹호하는 경제학자들에 의해 주장되는데, 스미스(A. Smith)가 '보이지 않는 손'을 주장한 이래로 최근에는 신자유주의 경제학자 하이에크(F. A. Hayek), 프리드먼(M. Friedman)등이 적극적으로 주장

2. 신토크빌주의 시민사회이론

(1) 주요 내용
① 시민사회의 자율성 중에서 '시민적 자율성'에 더 주목하는 시민사회이론
② 주로 토크빌(A. de Tocqueville)의 논의에 기대고 있는데, 토크빌은 미국 민주주의의 핵심을 주로 종교단체, 동호회, 사회단체 등과 같은 결사체의 활동에서 찾음
③ 퍼트넘(R.D.Putnam)과 같은 현대의 신토크빌주의자들은 자발적으로 결성된 시민단체들로 구성된 시민사회의 역할을 강조
  ㄱ. 사회적 유대를 강화하고 사회적 규범과 도덕적 가치를 공고화
  ㄴ. 권위주의적 국가와 전제적 시장을 견제
  ㄷ. 국가와 시장으로부터 개인의 자유와 다양성을 지킴

(2) 한계
① 시민사회를 지나치게 이상화(시민사회를 지나치게 통합적이고 규범적인 방식으로 파악함)
② 시민사회 내부의 불평등과 갈등, 그리고 그에 따른 투쟁을 간과

3. 그람시(A.Gramsci)의 시민사회이론

(1) 등장 배경
① 그람시는 1917년 러시아에서 일어났던 사회주의 혁명이 왜 서구에서는 일어나지 않는지를 고민하면서, 서유럽에서는 경제위기가 발생하고 러시아 혁명과 같은 국가권력의 장악이 이루어진다고 하더라도 사회주의를 실현하기 어려울 것이라 생각했다.
② 이는 특히 서유럽에는 경제와 국가와 구별되는 제3의 영역, 즉 강력한 시민사회가 버티고 있고, 이 시민사회라는 공간에서 지배계급의 헤게모니적 지배가 이루어지고 있기 때문이라고 보았다.

(2) 주요 내용
① '국가, 경제적 토대, 시민사회'의 3분법에 기초
  → 전통적 마르크스주의와 차이점(시민사회는 상대적으로 자유로운 영역으로 간주됨)
② 국가가 강제력을 통한 지배기구라면, 시민사회는 동의나 헤게모니(지적·도덕적·정치적 지도력)에 의해 지배가 이루어지는 공간

> **📖 헤게모니(hegemony)**
>
> '지적·도덕적·정치적 지도력'으로 '지배계급이 그들의 정치적·도덕적·지적 지배력을 사용하여 자신의 세계관을 피지배계급에 주입함으로써 그들의 지배를 관철하는 것'

③ 시민사회에는 교회, 노동조합, 학교, 언론 등 부르주아의 정치적·경제적 지배에 대한 동의를 창출하는 헤게모니 기구들로 구성되어 있으며 이러한 동의에 바탕을 둔 헤게모니적 지배는 강제력에만 의존하는 지배보다 훨씬 더 강력할 수 있다.
④ 이렇게 국가권력이 강제력뿐만 아니라 동의에 기초하고 있다는 점에서 그람시는 국가를 '강제력으로 무장한 헤게모니'로 파악했다. 이러한 의미에서 그는 시민사회를 국가기구와는 구별되지만 국가권력의 행사에 필수적인 부분으로 생각했다.
⑤ 그람시는 시민사회가 발달한 서유럽에서는 무력을 동원하여 국가기구에 대해 전면공격을 수행하는 '기동전(war of manoeuvre)'만으로는 변혁이 불가능하다고 보고, 시민사회에서 지배계급의 헤게모니와 자본주의 국가에 대한 동의를 해체하고 대항 헤게모니를 구축하는 '진지전(war of position)'이 필요하다고 주장했다.

> 그람시의 시민사회이론은 시민사회를 경제적인 공간으로만 파악했던 마르크스, 그리고 국가권력의 헤게모니적 특성을 간과한 베버와 대조적으로 현대 자본주의 사회와 국가의 복합적 성격을 이해하는 데 도움을 준다. 특히 국가 권력의 기초를 시민사회로 보고 시민사회를 헤게모니 투쟁의 공간으로 보는 시각은 국가와 시민사회가 단일한 세력이 아닌 다양한 세력 간의 갈등과 투쟁의 공간이라는 사실을 인식할 수 있게 해준다.

4. 하버마스(J.Habermas)의 체계-생활세계 이론

(1) 주요 내용

① 그는 「의사소통행위이론」(1981)에서 '체계/생활세계' 도식을 제시하는데, 초기의 생활세계가 점차 복잡화되고 합리화되는 과정에서 화폐101)와 권력102)이라는 매체가 제도화된 체계의 분화를 만들어 낸다.

② 두 체계는 바로 사적인 영역의 경제체계(자본주의 시장경제)와 공적 영역의 행정체계(관료적 복지국가)이다.

③ 한편, 생활세계에서도 '의사소통적 합리성'이 발달하면서 가족과 같은 사적 친밀성의 영역과 공적 공론장의 분화가 이루어진다.

④ 하버마스는 공론장을 생활세계의 시민사회에서 국가의 지배를 견제하는 중요한 매개적 공간으로 보았는데, 정치적 지배와 억합에 저항하는 토론적 의지 형성을 추구했던 부르주아 공론장의 자유주의적 이상은 이후 부르주아 혁명을 거쳐 법치국가 내의 '의회' 형태로 제도화되었다.

⑤ 하지만 의회가 전문적 기술관료들에 의해 지배되고, 새롭게 등장한 공론장인 대중매체도 비판적 공중의 형성을 제약하여 공론장은 서서히 쇠퇴하게 되는데, 하버마스는 이를 '정치적 공론장의 재봉건화'라고 불렀다.

⑥ 하버마스는 후기자본주의 사회에서 체계의 화폐 논리와 권력 논리가 생활세계에 침투하여 의사소통적 합리성을 억압하는 것을 '생활세계의 식민화'라고 말하는데, 생활세계의 시민사회와 공론장은 이러한 식민화에 저항하는 역할을 하게 된다.

⑦ 시민사회의 사회운동과 공론장은 국가권력과 화폐논리에 의한 식민화로부터 생활세계의 자율성을 보호하여 의사소통적 합리성을 회복시키는 역할을 하는데, 하버마스가 신사회운동을 생활세계 방어운동이라고 말하는 것은 바로 이러한 이유에서이다.

- 체계(사적인 경제체계 / 공적 행정체계) / 생활세계(사적 친밀성의 영역 / 공적 공론장)
  ① 체계 → 목적 합리성과 효율성의 원리에 의해 작동
  ② 생활세계 → 의사소통적 합리성의 원리에 의해 작동
- 후기자본주의 사회
  → 체계의 화폐논리와 권력논리가 생활세계에 침투 ⇒ '생활 세계의 식민화'
  → 생활세계의 자율성을 보호하는 것이 사회운동과 공론장의 중요 역할 but 식민화의 원인인 체계 자체의 변화를 주장하지는 않음

---

101) 2025 임용 : (㉠)을/를 매체로 하는 자본주의 시장경제
102) 2025 임용 : (㉡)을/를 매체로 하는 관료적 복지국가

THEME 44 시민사회론

하버마스는 공론장(public sphere)을 생활세계의 식민화에서 국가의 지배를 견제하는 중요한 매개적 공간으로 보았는데, 정치적 지배와 억압에 저항하는 토론적 의지 형성을 추구했던 부르주아 공론장의 자유주의적 이상은 이후 부르주아혁명을 거쳐 법치국가 내의 '의회' 형태로 제도화되었다. 하지만 의회가 국가기간에 포섭되어 전무적 기술관료들에 의해 지배되면서, 자유로운 토론적 의지 형성의 역할을 제대로 수행하기 점차 어려워졌다. 그리고 자본주의 사회에서 새롭게 등장한 공론장인 대중매체는 그 잠재력에도 불구하고 비판적 공중의 형성을 제약하여 전체적으로 공론장은 서서히 쇠퇴했다. 하버마스는 이것을 '정치적 공론장의 재봉건화'라고 불렀다.

THEME 44 | 시민사회론

2006 임용

01 다음은 하버마스(J. Habermas)의 '공론장'과 '체계 / 생활세계'에 관한 설명이다. ㉠에 들어갈 용어를 쓰고, '체계 / 생활세계' 개념에 비추어 볼 때 오늘날 시민사회의 자율성이 보호받아야 하는 이유를 쓰시오. [3점]

> 시민사회는 개인이 사회문제의 해결 과정에 적극적으로 참여할 수 있는 장이 되고 있다. 하버마스는 '공론장' 개념을 통해 시민사회의 역할을 강조하고 있다. 특히 하버마스는 이 공론장 개념을 자신의 후기 저작 「의사소통행위이론」에서 '체계 / 생활세계'의 도식으로 재구성하고 있다. 체계는 목적 합리성과 효율성의 원리에 의해 작동하는 반면, 생활세계는 (㉠)의 원리에 의해 작동한다.

• ㉠ :
• 이유 :

✓ 2009 임용

02 다음 글에서 밑줄 친 학자의 주장으로 옳지 않은 것은?

> 그는 마르크스가 동물과 다른 인간의 본질을 노동으로 환원한 것을 비판하면서, 인간의 본질을 노동과 상호 작용으로 구분하였다. 이후에 그는 노동을 목적 합리적 행위, 상호작용을 의사소통적 행위라는 용어로 개념화하면서, 두 가지 행위 유형을 근대의 합리성 문제와 연결하였다. 마르크스나 베버가 생산력의 증대와 생활에 대한 기술 관료적 통제의 증가 등 목적 합리성의 확대에 초점을 맞추었다면, 그는 목적 합리성과 의사소통적 합리성의 불균형적 발달에 초점을 두었다. 그는 왜곡되고 자유롭지 못한 의사소통을 근대성의 문제로 부각시켰으며, 의사소통 합리성의 회복을 사회 진화의 종착점으로 간주하였다.

① 근대 시민사회의 역사적 단초는 17~18세기의 '문예적 공론장'이다.
② 헌법의 기본권 보장과 언론 매체의 독립은 의사소통 구조의 합리화에 필요하다.
③ 목적 합리성에 의해 의사소통 합리성이 쇠퇴되어 '생활세계의 식민화'가 진행되었다.
④ 후기 자본주의 사회는 '생활세계의 식민화'로 인해 정당성 위기를 극복하기 어렵다.
⑤ 환경 운동, 여성 운동, 생활공동체 운동 등 신사회 운동을 통해 국가 관료적 통제와 자본주의 경제를 변혁해야 한다.

✓ 2025 임용

03 다음을 읽고, 괄호 안의 ㉠, ㉡에 해당하는 용어를 순서대로 쓰시오. [2점] [2025 임용]

> 비판사회이론가 하버마스(J. Habermas)는 『의사소통행위이론』에서 '생활세계의 식민화'라는 시대진단 테제를 제시하였다. '생활세계의 식민화'는 주체들 사이의 합리적 의사소통행위를 통해 유지되는 생활세계가 (㉠)을/를 매체로 하는 자본주의 시장경제와 (㉡)을/를 매체로 하는 관료적 복지국가의 체계 논리에 의해 침투당하고 물화(物化)되는 것을 의미한다. 즉, 일상적인 삶의 세계에 경제와 국가행정의 논리가 침투하여, 인간관계가 탈인격화되고 마치 사물처럼 취급되는 것이다. 그 결과 후기 자본주의 사회의 다양한 사회 병리적 현상으로 문화적 의미 상실, 사회적 규범의 정당성 훼손, 개인의 인격성 파괴 등이 나타난다.

THEME 45 | 위험사회, 환경 담론

1. 현대화와 위험사회

(1) 위험사회(risk society)와 재귀적 현대화(reflexive modernization) – 벡(U. Beck) [103]

① 독일 사회학자 벡은 서양의 현대공업사회가 과학적 진보, 국민국가, 군국주의, 경제성장, 완전고용, 계급, 거대정당들과 좌우연합, 사회복지, 가족, 성역할 분업 등과 같은 현대성의 원리들에 의존하여 발달해왔다고 봄

② 이러한 현대성의 원리들에 의해 현대공업사회가 지속적으로 발달해온 결과, 오늘날 과학기술의 위험, 지구화(국민국가의 약화), 생태위기, 경제위기, 불완전 고용체계, 개인화 등 이전의 현대성 원리들의 발전을 제약하는 새로운 원리들이 출현함

③ 이러한 새로운 원리들은 다양한 위험을 발생시키면서 기존의 현대성 원리들에 기초한 현대화의 진전을 제약하거나 해체함

④ 벡은 이처럼 새로운 원리들과 이들에 따라 발생하는 새로운 위험들에 의해 초기 현대화의 발달 과정이 제약받거나 자기해체되는 모순적 과정을 '재귀적 현대화'라고 말하며, 이러한 사회를 '위험사회'라고 부름

⑤ 그는 위험사회에 대처하기 위해 풀뿌리 시민들이 일상생활에 영향을 미치는 다양한 사회문제에 관심을 두고 사회운동에 참여하는 '풀뿌리 정치'가 활성화되어야 한다고 강조

(2) 위험의 새로운 특성[104]

① 오늘날의 위험들은 과거의 직접적 위해들과 달리 사회의 재생산과정에서 체계적으로 발생하는 것으로서 현대사회의 편리하고 풍요로운 삶을 지속하기 위해서는 감수할 수밖에 없는 것들이다. 이런 점에서 'risk'는 직접적인 '위해(danger)'라기보다는 위해를 알면서도 감수하면서 행동하는 것, 즉 '위험부담', '위험감수'라는 의미를 지닌다.

② 오늘날의 위험은 세계화를 통해 지구적으로 확산되어 그 피해를 계산할 수도 없고 그 범위를 통제하기도 어렵다.

③ 벡은 오늘날의 새로운 위험들이 특정한 계급, 지역, 나라에 한정되지 않는 평등화·보편화 효과를 낳고 있다는 점을 보여주면서 인류 공동의 해결 노력이 필요함을 강조한다.

---

103) <u>2022 임용</u> : 위험(단답), 재귀적 (단답)
104) <u>2022 임용</u> : 전통사회의 위험과 현대사회의 위험이 파생되는 근원이 어떻게 다른지 서술할 것.

2. 환경 위기와 환경 담론

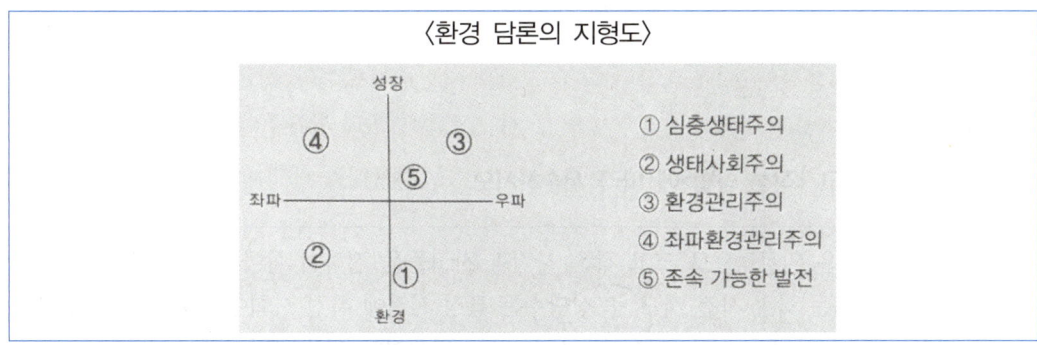

〈환경 담론의 지형도〉

① 심층생태주의
② 생태사회주의
③ 환경관리주의
④ 좌파환경관리주의
⑤ 존속 가능한 발전

(1) **심층생태주의(deep-ecologism)**
① 성장주의와 과학기술 만능주의에 의문을 제기하는 입장
② 자본주의든 사회주의든, 우파든 좌파든 모두 인간중심주의를 벗어나지 못하고 있다는 점을 비판
③ 환경친화적 과학기술, 정치체계, 생산양식을 모색

(2) **생태사회주의(eco-socialism)**
① 생태주의적 사고를 받아들이면서 동시에 경제적 평등 또는 분배를 추구하려는 입장
② 자본주의를 생태 위기의 중요한 원인으로 파악
③ 생산력의 발달에 기초하는 사회주의의 전통과는 다른 전통인 유토피아 사회주의, 무정부주의, 공동체주의, 분권화된 사회주의에 더 많은 관심

(3) **환경관리주의(environmentalism)**
① 기존 정치경제 체제 안에서 기술발전과 환경정책, 환경관리 강화를 통해 환경문제를 해결할 수 있다는 환경 개량주의 입장
② '성장의 한계'를 부정하면서 '성장과 환경의 조화' 지향
③ 환경문제를 자원낭비 제거라는 자원의 효율적 관리의 문제로 파악

(4) **좌파환경주의(self-environmentalism)**
① 자본주의적 생산관계는 비판하면서도 환경 측면에서는 개량주의적 입장
② 맑스가 제시한 생산력 발달을 통해 산업화된 사회주의상 추구
③ '성장과 환경의 조화'라는 이념을 적극적으로 수용

(5) **존속 가능한 발전(environmental sound and sustainable development) 담론**
① 1992년 리우환경회의의 중심테마
② '존속 가능한 발전'의 의미 → "미래 세대의 요구충족 능력을 저해하지 않으면서 현 세대의 요구를 충족하는 발전"
③ '성장과 환경의 조화'라는 건전한 의도는 있으나 성장에 대한 근원적인 반성이 부재
→ '지속 가능'보다는 '개발'에 중심을 둠으로써 발전을 어떻게 지속하느냐에 초점
→ 환경관리주의의 변형일 뿐이고 개발논리를 은폐하는 역할

THEME 45 | 위험사회, 환경 담론

2022 임용

01 다음 글을 읽고 <작성 방법>에 따라 서술하시오. [4점]

현대인들은 일상적으로 크고 작은 사건과 사고들을 접하며 살아간다. TV와 인터넷 등을 통해 전해지는 각종 사건·사고 중 상당수는 특정 시점에 특정 사회에서만 발생하는, 나와 상관없는 일이 아니라 누구에게나 닥칠 수 있는 위협이자 위해이다.

이렇듯 현대 사회는 예측과 통제가 어려운 온갖 (㉠)(으)로 가득 차 있다. 그럼에도 불구하고 현대인들은 그것의 근원을 거부하지 못하고 감수할 수밖에 없는 상황에서 살아가고 있다. 이는 특정 지역이나 국가에만 국한된 문제가 아니라 전 지구적으로 상존하고 있는 문제이다. 사회학자 벡(U. Beck)은 이러한 특성을 강조하면서 현대 사회를 (㉠) 사회라고 규정하였다. 벡은 전통 사회의 (㉠)와/과 현대 사회의 그것은 ㉡<u>파생되는 근원</u>이 다르기 때문에 과거와 같은 방식으로 문제를 인식하고 대응해서는 쉽게 해결할 수 없다고 경고하였다.

또한 벡은 산업 사회의 발전이 이성에 대한 믿음, 과학 기술에 대한 신뢰, 생산력 발전과 경제 성장에 대한 기대와 같은 근대성(modernity)의 뿌리에서 유래한 것인데, 전쟁, 핵 위협, 감시체계, 환경 위기 등으로 인해 이러한 근대성에 대한 근본적인 의문이 제기되었다고 진단하였다. 따라서 근대성의 뿌리에 대한 반성을 통해 다음 단계로 나아가야 하는데, 이를 (㉢)적 근대성이라고 하였다. 여기에서 (㉢)(이)란 물질적 부를 생산하기 위해 조직화된 산업 사회의 토대가 되는 원칙에 대한 비판적 고찰을 의미한다.

<작성 방법>

○ 괄호 안의 ㉠, ㉢에 해당하는 용어를 순서대로 쓸 것.
○ 전통 사회와 현대 사회에서 밑줄 친 ㉡이 어떻게 다른지 "전통 사회에서는 ……(이)며, 현대 사회에서는 ……(이)다."라는 문장 구조로 서술할 것.

THEME 46 | 과학기술사회의 위험과 사회적 쟁점

오늘날 과학기술의 발전과 공업사회의 발달이 가져다준 전례 없는 각종 위험이 현대 사회의 존속을 위협하고 있는 현대사회의 문제들은 과학기술에 대한 근본적인 성찰이 요구되고 있다 할 수 있다.

1. 과학적 사실과 과학의 정치화

(1) 과학자들의 연구가 국가(정부)나 자본(기업)의 정치적·경제적 고려에 의해 영향을 받는다는 점들이 점차 드러나면서 과학이 객관적 사실을 중립적으로 다룬다는 생각 자체가 의심받기 시작했다.

(2) 세계평화라는 목적을 위해 개발된 핵폭탄의 사용을 통해 인류가 입은 피해는 상상하기조차 어려운 것이었으며, 이후에도 군사적·정치적 목적으로 핵무기 개발이 지속적으로 이루어지고 있는 것은 '과학의 정치화'를 보여주는 대표적인 사례이다.

(3) 오늘날 과학적 사실에 대한 존중은 점차 과학기술로 인한 불안과 공포로 대체되고 있다.

2. 과학자 집단과 과학적 윤리 문제

(1) 미국의 기능주의 사회학자 머튼(R.K.Merton)은 1950년대에 과학을 일종의 사회제도로 다루면서 "과학제도는 과학자들이 따르는 (혹은 최소한 준수해야 하는) 광범위한 '윤리'를 구성하는 일련의 '규범들'에 따라 작동한다"라고 주장했다.

📖 머튼의 과학 규범

머튼은 과학자들의 행동에 지침을 제공함으로써 과학의 목표를 달성할 수 있는 필수불가결한 기본 규범으로 보편주의(universalism), 공유주의(communism), 불편부당성(disinterestedness), 조직화된 회의주의(organized skepticism)의 4가지를 제시하였다.

① 보편주의 : 새로운 과학지식의 진위나 중요성은 그것의 생산자나 지지자의 개인적·사회적속성 예컨대 인종·국적·종교·성·연령·사회적 지위 등에 관계 없이 보편적으로 적용되는 기술적·학문적 덕목에 의해서만 평가되어야 한다.

② 공유주의 : 과학지식의 소유권은 발견자에게 독점적으로 귀속되는 것이 아니라 과학공동체 혹은 인류전체에 귀속되므로 과학자들은 자신의 새로운 발견을 숨김없이 공표하고 자신이 사용한 자료와 기법을 타인이 자유롭게 이용할 수 있도록 제공해야 한다.

③ 불편부당성 : 과학자들이 자신의 출세나 명성, 경제적 이득 등의 개인적 이해관계에 얽매이지 않고 과학 그 자체를 위하여 활동해야 하며 특히 그들의 연구 활동이 다른 사회적 요인에 상관 없이 진리추구에 대한 관심에 의해 인도되어져야 한다는 것을 의미한다.

④ 조직화된 회의주의 : 과학자들은 과학 지식을 당연한 것으로 받아들이지 말고 끊임없이 비판적 태도를 취해야 하며 과학지식은 그 출처의 권위에 상관없이 모두 동등하게 엄격한 공인 과정을 거쳐야 한다.

(2) 그러나 과학의 정치화·군사화·상업화로 이해관계가 개입하여 과학의 '보편주의'와 '불편부당성'이 훼손되며, 과학자 집단 내부의 경쟁과 갈등은 '공유주의'와 '조직된 회의주의'를 의심케 한다.

(3) 오늘날 과학은 객관적·절대적 진리라는 믿음이 불신을 받으면서 사회적 감시와 성찰의 대상이 되고 있다.

3. 과학과 자본주의 : 과학의 산업화, 상품화

(1) 과학의 중립성과 객관성은 과학이 기술과 밀접히 결합되고 산업에 적극적으로 응용되면서 점차 유지하기가 어려워지고 있다. 자본주의 사회에서 과학의 산업화는 곧 상품화를 의미하며, 이것을 과학과 기술이 이윤 추구를 위한 도구가 되고 있다는 것을 의미한다.

(2) 오늘날 '순수한 과학'이라는 이상은 점점 더 추구하기 어려워지고 있고, 산업적·상업적 목적으로 투자되는 기업연구소를 통한 연구·개발이 과학적 연구를 주도하고 있다.

4. 사회적 구성물로서의 과학

(1) 과학은 객관적 사실 자체를 다룬다는 생각, 그래서 과학은 사회와 무관하게 작동하는 별개의 중립적 발전 논리를 지니고 있다는 생각은 점차 도전받아왔다. 이러한 생각은 미국의 과학철학자 쿤(T. Kuhn)에 의해서도 제기되었다.

> 쿤은 『과학혁명의 구조(The structure of Scientific Revolution)』에서 과학적 '사실'과 이론이 과학자 사회에서의 지속적 협의 과정의 산물이라는 점을 보여주었다. 그는 과학이 실증적·경험적 검증을 통해 자연현상을 재현해내는 지식이라는 실증주의적 과학관이나 추측과 반박의 과정에서 과학자들의 반응을 이겨낸 주장만이 과학적 진리가 된다는 비판적 합리주의의 일원론적 과학관과 달리, 서로 경쟁하는 지식-주장의 과학성을 평가하는 기준들이 과학자 사회의 협의에 속하는 문제라는 견해를 제시했다.
>
> 과학자 사회에서 하나의 패러다임에 대한 보편적 수용이 이루어지면 이것이 정상과학이 되는데, 이 정상과학도 설명하지 못하는 문제들이 축적되면 과학자들의 도전을 통해 새로운 패러다임이 등장하게 되고 결국 이것이 새로운 정상과학의 지위를 획득하게 된다는 것이다. 이처럼 '과학적 지식'이 과학혁명을 통해 발전한다는 사실은 과학도 제한적이지만 상대적 성격을 띠며, 과학자 사회로부터 영향을 받는다는 것을 잘 보여주는 것이다.

(2) 일반적으로 과학은 '객관성'과 '합리성'의 기준에 따라 믿을 만한 지식을 추구하려고 노력한다. 그렇지만 과학은 또한 다른 지식 체계와 마찬가지로 기술적·사회적 해석과 협상의 과정을 통해 성취된다. 그리고 이러한 성취를 위해 따라야 할 명백한 규칙이나 규범이 존재하지도 않는다. 이런 점에서 과학은 '사회적 구성물'의 성격을 띠고 있다 할 수 있다.

5. 과학기술적 결정과 시민 참여

(1) 과학기술에 대한 전문가의 지식은 주로 교과서나 통제된 실험실에서의 탐구활동의 결과로 발생하는 것임에 반해, 일반인의 지식은 주로 삶의 현장에서의 경험을 통해 발생하는 것이다. 따라서 어떤 문제들은 그것이 과학기술적으로 아무리 복잡하게 보일지라도 사실은 주어진 환경에 오랫동안 놓여 있던 일반 시민이 그 해결에 기여할 수 있는 '생생한' 지식을 더 많이 갖고 있을 수 있다. 그래서 '전문가 지식' 못지않게 일상적 삶 속에서의 경험을 통해 체득한 '일반인 지식'도 정책 결정 과정에서 중요한 역할을 할 수 있다는 인식이 커지고 있다.

(2) 현대사회가 점점 더 과학화·기술화되면서 단지 소수 전문가들이 과학기술적 의사결정 과정을 독점하는 경향이 강화되는 반면에, 일반시민들은 자신의 삶에 중요한 영향을 미치는 과학기술적 의사결정에서 점차 소외되고 있어서 과학기술적 의사결정에서 비민주성이 증대되고 있다. 벡(U. Beck)은 이러한 현상을 '과학적 합리성'에 의한 '사회적 합리성'의 지배로 설명한다. 과학기술적 의사결정은 단지 과학적 합리성의 기준에만 따라서는 안 되며, 다양한 사회적 가치와 영향을 함께 고려해야 한다는 것이다.

THEME 47 정보사회

1. 정보사회의 의미와 특징

(1) 의미
① 정보사회는 일반적으로 인간의 창조력을 활용해 지식과 정보를 생산하고 전달하며 소비하는 활동이 삶의 중심을 이루는 사회를 지칭함
② 달리 말해 지식과 정보로부터 부가 가치가 창출되며 서비스업의 비중이 증대되는 사회라고 말할 수 있음
③ 경우에 따라서 탈산업 사회(D. Bell), 지식 사회(P. Drucker)란 명칭으로 불리기도 함

(2) 산업사회와 정보사회의 비교(A. Toffler)

	산업사회	정보사회
주요 산업	• 2차 산업 • 에너지 고의존 산업	• 정보 관련 산업 • 에너지 절약 산업(환경 산업)
환경 문제와 자원 문제	화석 연료 중심의 에너지 의존 - 재생 불가능 - 공해 유발, 고갈 위기	다양한 대체 에너지 개발 - 재생산 가능 - 공해 유발하지 않고 고갈 안됨
생산 형태	규격화된 소품종 대량 생산	다품종 소량의 주문 생산
생산, 소비 장소	공장, 회사, 시장 등 일정한 장소	• 재택근무가 일상화됨 • 전자 상거래의 보편화 • 생산과 소비의 연계(prosumer)
부가가치의 원천	자본, 노동	정보와 이론적 지식
대중 매체	획일화된 미디어 - 매스 미디어	탈획일화된 미디어 - 다양한 뉴 미디어
삶의 주요 목적	물질적 생활 수준 향상	정신적 욕구의 충족
사회생활의 지배 원칙	• 표준화, 분업화, 집중화 • 극대화 • 중앙 집권화	• 탈표준, 탈분업화, 탈집중화 • 적정 규모화 • 분권화
국가의 역할	민족주의, 국가주의	민족주의, 국가주의 약화

2. 정보사회에 관한 담론

(1) 단절론

① 정보사회를 탈산업사회로 보면서 완전히 새로운 사회로 보는 관점
② 대부분 새로운 정보테크놀로지를 사회변동의 1차적 요인으로 간주하고 미래사회 전망에서도 유토피아적 견해를 피력
③ 대표적 학자

벨
(D. Bell)
	• 사회구성원리가 근본적으로 변화하여 탈산업사회가 산업사회를 대체
	  → 고용의 지배적 유형에 의거하는 사회의 유형학을 제시
	  ① 전(前)산업사회
	     → 농업노동이 지배적(추출 활동) : '자연에 대한 게임'
	  ② 산업사회
	     → 공장작업이 지배적(제조 활동) : '제조된 자연에 대한 게임'
	  ③ 탈산업사회
	     → 서비스 고용이 지배적(정보 활동) : '사람들 사이의 게임'
	     → 정보를 기초자원으로 하며, 서비스 노동은 일종의 정보 노동
	• 탈산업사회의 특징
	  ① 공업 부문에 고용된 노동자 감소
	  ② 합리화의 결과로 공업 생산물이 지속적으로 증가
	  ③ 부의 지속적 증대
	  ④ 공업 부분 고용으로부터 사람들이 지속적으로 방출됨
	  ⑤ 서비스에서 새로운 직업기회가 끊임없이 제공됨

토플러
(A. Toffler)
	• 제1의 물결(농업문명) → 제2의 물결(산업문명) → 제3의 물결
	• 제3의 물결의 가장 기본적인 원료는 '상상력을 포함한 정보'
	• 변화 양상
	  → 매체의 탈대중화, 탈대량생산, 의사결정의 탈중앙집중화,
	  → 가족의 탈대중화, 다목적기업화, 노동의 탈동시화(자율 근무)
	  → 정치와 문화의 탈표준화, 생산소비자(pro-consumer)의 출현
	  → 초국적 조직망의 확산, 국민국가의 위축
	  → 가내전자근무체제, 통신공동체, 반(半)직접민주주의화

(2) 연속론

① 정보화 사회를 수정되지 않은 자본주의로 보면서 자본주의와의 연속성 속에서 정보사회를 파악하는 관점
② 정보가 현대세계에서 핵심적인 중요성을 갖는다는 것을 부인하지 않지만, 단절론의 입장과는 달리 그 형태와 기능이 오랫동안 존속해온 기존의 자본주의적 원칙과 관행에 종속된다고 주장
③ 기존의 사회관계가 연속된다고 보기 때문에 '정보사회'라는 개념보다는 '정보화'라는 용어를 통해 정보기술과 정보통신산업의 발달을 설명

④ 정보테크놀로지의 발전을 정보사회로의 이행의 주된 요인으로 보기보다는 자본주의 축적 과정의 안정화나 기존 지배계급의 현상유지를 위한 매개적 수단으로 간주

⑤ 대표적 학자

쉴러 (H.Shiller)	• 정보의 발전과정과 관련된 3가지 주장을 제시 ① 정보의 발전과정에는 '시장기준'(market criteria)이 철저하게 적용 → 시장원칙들은 정보의 '상품화'를 향한 강력한 중심 추진력 ② '계급 불평등'은 정보의 창출·분배·접근을 결정하는 주요 요인 ③ 소위 정보사회는 곧 '조직 자본주의 사회' → 집중화되고 대개 과두제적이며 국내적·국제적 도달범위를 갖고 있는 기업조직에 의해 지배되는 사회 • '정보시대'와 '커뮤니케이션 혁명'은 잘못된 명칭이며, 소수 선진공업사회들이 혁명적 분위기의 세계 속에서 자신들의 특권을 보장하기 위해 분투하고 있을 뿐이라 비판

(3) 단절론과 연속론을 넘어서

① 정보통신혁명은 비록 부분적으로 물질적 풍요를 가져온다고 하더라도 그 혁명적 변화가 주로 산업적 영역에 국한되거나 정보 통신 상품의 소비에서 일어나는 것일 뿐 자본주의 체계 자체를 변화시키는 혁명이라고 보기는 어렵다. 그러므로 거시적 시각에서 보면, 자본주의 사회가 지속된다는 쉴러의 주장이 좀 더 설득력이 있어 보인다. 즉, 정보화는 자본 투자와 이윤 추구의 새로운 영역을 의미할 뿐, 자본과 노동 관계의 근본적인 변화를 가져다주지는 않는 것이다.

② 그렇지만 정보화가 사회의 여러 영역에서 중요한 변화를 일으키고 있는 것도 사실이다. 지식과 정보의 소통과 상품의 유통 등 생활양식에서 혁명적 변화가 일어나고 있음이 분명하다. 그러므로 미시적 시각에서 보면, 벨이나 토플러의 주장이 전혀 근거가 없는 것은 아니다.

3. 정보사회의 미래

(1) 낙관론적 입장

① 산업사회와 자본주의사회의 문제점들이 정보사회에 이르러 대부분 해소된다는 입장.
② 정보사회가 산업사회나 자본주의사회와는 질적으로 다른 새로운 사회의 도래로 파악
③ 사회변동의 측면에서 정보사회의 사회적 독자성을 뚜렷이 인정하는 입장

(2) 비관론적 입장

① 정보사회는 정보기술의 발달에 힘입어 후기 자본주의의 구조적 모순을 봉합하기 위해 등장한 사회이므로 자본주의 사회와 다를 것이 없다고 보는 입장
② 정보사회는 자본주의 사회의 연장선에 불과한 만큼 자본주의적 모순과 병폐를 그대로 안고 있으며 경우에 따라서는 더욱 악화될 수 있는 위험성을 경고
③ 정보사회도 자본주의와 마찬가지로 극복하여야 할 대상. 계급간 불평등이나 권력의 독점과 같은 현상이 정보화사회라고 해서 수그러들지 않음

(3) 분야별 쟁점
  ① 경제 분야
    ㄱ. 낙관론 : 정보경제가 새로운 중심으로 떠오르면서 지식정보 중심의 창조적 직업들이 늘어날 것이다. 사무자동화와 재택근무는 작업조직을 유연화하여 생활의 편리성이 증대될 것이다.
    ㄴ. 비관론 : 사무자동화와 공장자동화로 컴퓨터와 기계가 인간 노동력을 대체하여 비정규직·임시직 노동자가 늘어나거나 실업이 증대될 수 있다. 사이버공간의 상업화로 자극적인 정보가 만연할 수도 있다.

  ② 정치 분야
    ㄱ. 낙관론 : 시민들이 더 많은 정보를 접할 수 있고, 여러 방식으로 정치과정에 참여함으로써 대의제 민주주의의 한계를 극복할 수 있다. 인터넷과 사이버 공간을 통한 정치 참여의 확산은 직접민주주의의 이상을 실현시켜 줄 것이다.
    ㄴ. 비관론 : 국가가 정보를 독점하거나 정보의 흐름을 감시하고 통제할 가능성이 존재한다. 그리고 시민 참여의 확대가 과도한 이익 표출로 나타날 수도 있고 정보의 과잉, 왜곡, 선택적 공개로 공정한 판단을 어렵게 할 수도 있다.

  ③ 사회 분야
    ㄱ. 낙관론 : 누구나 정보의 자유로운 접근이 가능해져 기회의 평등이 진전될 것이며, 사이버공간의 활발한 의사소통으로 사회적 관심을 공유하고 사이버 공동체를 형성해 사회적 삶이 풍요로워질 것이다.
    ㄴ. 비관론 : 정보의 과잉으로 필요한 정보를 찾기 어려워지고, 정보 격차로 인해 사회 불평등이 심화될 수 있다. 사이버공간에서 특정한 영역에만 관심을 두게 되면 삶이 파편화될 것이고, 대면적 인간관계가 쇠퇴하여 개인의 고립이 심화될 수도 있다.

  ④ 문화 분야
    ㄱ. 낙관론 : 다양성과 창의성이 중시되면서 문화적 개방성이 증대되고, 문화의 콘텐츠가 다양해져 풍요로운 문화적 삶이 가능해질 것이다. 문화적 교류가 확산되면 문화 다원주의적 태도가 확산되고 지구촌 공동체 의식도 생겨날 것이다.
    ㄴ. 비관론 : 문화적 편식으로 이기적이거나 자문화중심주의적인 사고가 강화되고, 특정 국가의 지배적 문화가 확산되어 문화적 종속이 일어날 수 있다. 사생활을 침해하는 비윤리적 행위나 범죄, 바이러스나 음란물 등 불건전한 정보의 유포, 인터넷 중독, 해킹, 스팸메일로 인한 정보 홍수 등의 문제도 발생할 수 있다.

THEME 47 정보사회

기출문제

▾ 1999. 5 임용

01 다음 글을 읽고 물음에 답하시오. [총 6점]

< 보 기 >

미래학자 앨빈 토플러(Alvin Toffler)는 사회가 발전해 온 단계를 (가) 제1의 물결(The First Wave), (나) 제2의 물결(The Second Wave), (다) 제3의 물결(The Third Wave)등으로 분류하였다.

1-1. 밑줄 친 (가), (나), (다)는 각각 무엇을 의미하며, (가), (나), (다)의 변화를 주도한 주요자원은 무엇인지 각각 설명하시오. [2점]

- (가) :

- (나) :

- (다) :

1-2. 최근 우리정부는 불법복제를 단속하고 있다. 이는 밑줄 친 (가), (나), (다)의 어느 단계와 관련성이 가장 높으며, 무슨 권리를 보호하기 위한 것인가. [2점]

1-3. 밑줄 친 (가)와 비교하여 (다)의 상황에서 여성의 사회적 역할이 어떻게 변화할 것인가를 100자 이내로 설명하시오. [2점]

THEME 48 | 복지사회와 사회보장제도

1. 복지 사회의 정의

　일반적으로 복지 사회란 국민이 쾌적하고 편안한 생활 환경 속에서 더욱 높은 삶의 질을 누릴 수 있는 사회를 말하는데, 여기서 삶의 질이란 일반적으로 경제 수준, 복지, 의료, 교통, 범죄율 등 사회의 객관적 지표와 개인이 느끼는 삶에 대한 만족감과 긍정적인 심리 상태를 모두 포괄하는 의미를 지닌다.

2. 복지 정책의 변천 과정

(1) **복지의 시초 : 엘리자베스 구빈법(1601)**
　① 최초로 빈민구제를 국가책임으로 인식
　② 빈곤의 1차적 책임은 개인에게 둠

(2) **복지 정책의 등장 : 독일의 비스마르크가 주도한 사회 보험 제도(1883년)**
　① 현대적 의미의 사회 보장 제도의 기틀 마련
　② 사회주의 운동을 저지하기 위한 일환으로 시행

(3) **복지 국가의 발전**
　① 미국 : 1935년 뉴딜 정책의 일환으로 사회 보험법 제정
　② 영국 : 1948년에 비버리지 보고서(1942)를 기초로 완벽에 가까운 사회 보장제 실시
　　→ 요람에서 무덤까지 전 생애 보장

(4) **복지 정책의 부작용**
　① 저소득층의 의타심 조장과 취업자의 근로 의욕 저하
　② 복지 재원을 마련하기 위한 고율의 조세와 시장에 대한 규제 → 기업 활동의 위축
　③ 복지 지출의 급격한 증가 → 국가 재정의 악화

(5) **신자유주의 정책 대두**
　① 생산성과 효율성 추구
　② 복지비 지출의 삭감과 세금 인하, 국영 기업의 민영화, 노동 조합 활동 규제 등
　③ 빈부 격차 심화

(6) **최근 복지의 흐름**
　① 경제적 효율성 달성과 사회적 약자 보호를 동시에 추구 → 제3의 길
　② 실직자, 장애인, 빈곤층의 재교육을 통해 자립 여건 마련(생산적 복지 제도)

3. 복지 자본주의의 3가지 체계

(1) 덴마크 사회복지 이론가인 에스핑-안데르센(G. Esping-Andersen)은 서양의 복지 선진국들이 자본주의 시장경제 사회에서 사회복지제도를 발전시켜왔다는 점에 주목하여 복지자본주의를 유형화하고자 했다. 『복지자본주의의 세 가지 세계』에서 그는 '탈상품화'(어떤 재화나 서비스가 시장에서 상품으로 팔리는 것이 아니라 소득에 관계없이 누구나 제공받을 수 있도록 하는 것)의 수준에 따라 서양 복지체계를 '사회민주주의', '보수적 조합주의', '자유주의' 등 세 유형으로 구분했다.

(2) '사회 민주주의'
① 사회 민주주의 복지 제도는 탈상품화의 수준이 매우 높다.
② 복지 서비스는 국가에 의해 공적으로 제공되며, 모든 국민에게 동등한 서비스를 제공하는 '보편적 복지'의 성격을 띤다.
③ 복지제도는 단순히 국민들을 빈곤이나 사회적 위험으로부터 보호하려는 차원을 넘어서 사회불평등을 해소하려는 목적도 가진다.
④ 스웨덴, 핀란드, 노르웨이, 덴마크 등 스칸디나비아 나라들이 대표적인 예이다.

(3) '보수적 조합주의'
① 복지 서비스가 비교적 높은 수준으로 탈상품화되어 있으나, 보편적 복지를 제공하지는 않는다. 그래서 개인에게 제공되는 복지서비스의 정도는 경제적·사회적 지위에 따라 달라진다.
② 이러한 유형의 복지제도에서는 국가가 사회불평등을 적극적으로 해소하려고 하기보다는 기본적인 사회안정망을 제공하는 것을 지향한다.
③ 프랑스나 독일 등 서유럽 나라들이 여기 속한다.

(4) 자유주의
① 복지서비스가 대체로 상품화되어 있고 시장에서 거래되기 때문에 개인들은 기본적으로 시장에서 자신의 복지를 구입하지 않으면 안된다.
② 다만 빈곤한 사람들은 국가가 자산조사를 통해 공공부조를 제공하는데, 이들에게는 복지수혜자라는 낙인이 찍힌다.
③ 미국이 대표적인 예이다.

☞ 우리나라의 복지 제도는 다양한 측면을 보이는 상태라서 3가지 유형 중 어느 하나에 속한다고 단정하기 어렵다.

우리나라의 복지 제도

현재 우리나라에서 시행하고 있는 복지 제도는 크게 사회 보험, 공공 부조, 사회 서비스 등으로 나눌 수 있다.

사회 보험 : 사회 보험은 보험 방식으로 국민에게 발생하는 사회적 위험에 대비함으로써 국민의 건강과 소득을 보장하는 제도이다. 우리나라에서는 국민연금, 국민 건강 보험, 고용 보험, 산업 재해 보상 보험, 노인 장기 요양 보험 등을 시행하고 있다.

사회 보험의 대상은 모든 국민이며, 민간 보험과 달리 국가가 사회 복지를 목적으로 시행하기 때문에 법률이 정한 기준에 해당하는 사람은 의무적으로 가입해야 한다. 사회 보험에 드는 비용은 사용자와 가입자가 부담하는 것이 원칙이고, 국가가 그 비용의 일부를 부담할 수 있도록 되어 있다. 사회 보험은 보장 수준에 관계없이 가입자의 부담 능력에 따라 보험료를 차등 징수하므로 어느 정도의 소득 재분배 효과가 있으며, 미래의 위험에 대비할 수 있다는 점에서 근로 의욕을 고취한다는 장점이 있다.

공공 부조 : 공공 부조는 생활이 어려운 국민의 최저 생활을 국가가 보장하고, 이들의 자립과 자활을 촉진하는 제도이다. 현재 우리나라에서는 국민 기초 생활 보장 제도, 기초 연금 제도, 의료 급여 제도 등을 시행하고 있다.

공공 부조는 사회 보험과 달리 사후 처방적 성격의 사회 안전망 제도에 해당하며, 조세 부담 능력이 있는 국민이 낸 세금을 재원으로 저소득층을 지원하기 때문에 사회 보험보다 소득 재분배 효과가 크다. 그러나 수급자 선정 과정에서 일정한 자격을 요구하기 때문에 인권 침해나 낙인의 문제가 발생할 수 있고, 무상으로 지원하기 때문에 수혜자의 근로 의욕이 저하될 우려가 있다.

사회 서비스 : 사회 서비스는 국가·지방 자치 단체 및 민간 부문의 도움이 필요한 모든 국민에게 상담, 재활, 돌봄, 정보 제공, 관련 시설의 이용, 역량 개발, 사회 참여 지원 등을 통하여 삶의 질이 향상될 수 있도록 지원하는 제도이다.

현재 우리나라에서는 노인 돌봄, 장애인 활동 지원, 가사·간병 방문 지원 등을 시행하고 있다. 금전적 지원이 원칙인 사회 보험이나 공공 부조와 달리, 사회 서비스는 비금전적 형태의 서비스 제공을 원칙으로 한다. 비용은 부담 능력이 있는 국민의 경우 수익자 부담을 원칙으로 하나, 일정 소득 수준 이하 국민의 경우에는 비용의 일부를 국가와 지방 자치 단체가 부담한다.

사회 서비스는 수혜자의 자활 능력을 길러 주고 생활의 불안을 실질적으로 해결하는 데 기여할 수 있다. 하지만 소득 재분배 효과가 상대적으로 약하고, 사회 보험이나 공공 부조를 보조하는 성격을 지닌다. [비상]

☞ 국민 기초 생활 보장 제도 맞춤형 급여로 개편 : 2015년 7월 1일부터 수급자 선정 기준이 되는 최저 생계비를 중위 소득으로 대체하였고, 각 급여(생계·의료·주거·교육 급여)를 받을 수 있는 선정 기준을 다층화하였다.

복지 제도의 한계와 개선 방안

  1970년대 석유 파동은 유럽의 많은 복지 국가에 큰 타격을 주었다. 경제 성장률이 떨어지고 조세 수입이 감소하면서 정부의 복지 비용 부담이 크게 증가했지만 시민들은 여전히 국가의 복지 혜택에 의존하는 모습을 보였다. 특히 영국에서는 '요람에서 무덤까지'라는 복지 구호의 한계를 드러내기 시작했다. 과도한 사회 보장이 노동 의욕을 감퇴시키고 사회 전반적으로 생산성과 효율성을 떨어뜨리는 결과를 초래한 것이다. 영국에서는 이런 복지병을 해결하기 위해 국가의 개입을 줄이고 개인과 기업의 자유로운 경제 활동을 촉진하는 신자유주의 정책을 시행하였다. 그 결과 경제는 어느 정도 활성화되었지만 사회 보장 제도의 축소로 빈부 격차가 심화되는 부작용이 나타났다. 이에 과도한 복지 제도의 부작용과 신자유주의 정책의 부작용을 동시에 해결할 수 있는 새로운 정책이 필요하게 되었고, 그 결과 복지와 노동을 연계하는 생산적 복지 정책이 등장하게 되었다.

  생산적 복지란 근로를 조건으로 복지 혜택을 제공한다는 의미에서 근로 연계형 복지라고 한다. 생산적 복지는 생산성을 유지하면서 사회적 약자를 보호한다는 점에서 의의가 있으나 노동 능력이 없는 사람은 복지 혜택에서 소외된다는 문제점도 있다. 우리나라에서는 *서울시의 '희망 플러스 통장', *'국세청의 근로 장려 세제' 등을 실시하고 있다.

[교학사]

*서울시 희망플러스 통장 : 3년간 매월 근로 소득으로 저축하는 금액의 반을 서울시 및 시민의 후원금 등으로 적립, 지원하는 통장으로 주거 자금, 소규모 창업 자금, 본인과 자녀의 고등 교육 및 직업 훈련비 마련 목적의 저축에 지원된다.

* 근로 장려 세제 : 일정 금액 이하의 저소득 가구에 대하여 근로 소득 금액에 따라 산정된 근로 장려금을 지급하여 근로의욕을 높이고 실질 소득을 지원하는 것이다.

  생산적 복지 이념은 기존의 복지 이념에서 확대된 이념으로서 '일을 통한 복지'를 추구한다. 생산적 복지 이념은 원래 1980년대 초 영국과 미국에서 기존의 일방적 지원 중심의 복지에 대한 반성으로부터 등장하였다. 복지병을 해결하지 못하면 복지와 성장 모두 불가능할 것이라는 문제의식이 확산한 것이다. 이에 따라 생산적 복지 이념은 빈곤층 스스로 빈곤의 악순환에서 벗어날 수v있도록 근로 의욕을 자극하고, 국가가 빈곤층의 자활 노력에 상응하는 복지 혜택을 제공하는 것을 중시한다.

[지학사]

근로 장려 세제

근로 장려 세제는 일정 요건을 충족하는 저소득 근로자 가구에 가구원 구성과 총급여액 등에 따라 산정된 근로 장려금을 지급하여 근로를 장려하고 실질 소득을 지원하는 근로 연계형 소득 지원 제도이다. 근로 장려 세제는 근로 소득의 크기에 따라 근로 장려금을 차등 지급함으로써 근로를 유인하는 기능이 있다. 이러한 근로 유인으로 근로 빈곤층이 극빈층으로 가는 것을 막을 수 있다. 또한 저소득 근로자 가구에 현금 급여를 제공하여 실질 소득을 증가시킴으로써 조세 제도를 통한

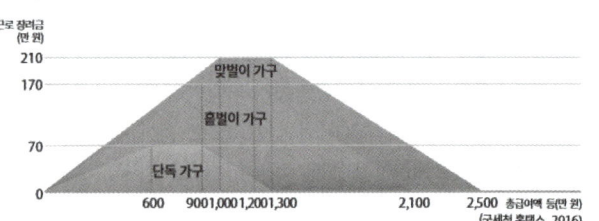

◎ 근로 장려금

총급여액 등	근로 장려금 지급액
1,000만 원 미만	총급여액 등×210/1,000
1,000만 원 이상~1,300만 원 미만	210만 원
1,300만 원 이상~2,500만 원 미만	210만 원-(총급여액 등-1,300만 원)×210/1,200

(국세청 홈택스, 2016)

◎ 맞벌이 가족 가구의 근로 장려금 지급액 예시

소득 재분배 효과를 기대할 수 있다. 이는 지금까지의 복지 제도와는 달리 근로와 연계된 소득 지원이다. 일할수록 소득이 늘어나도록 하여 단순한 소득 지원 효과 외에도 근로 의욕을 높이고 스스로 빈곤에서 탈출하도록 돕는다.

[발표] **1** 근로 장려 세제가 생산적 복지에 해당하는 이유를 발표해 보자.

[창의·융합] **2** 근로 장려 세제 외에 생산적 복지에 해당하는 우리나라의 제도를 조사해 보자.

[미래엔]

국민 기초 생활 보장 제도의 맞춤형 급여

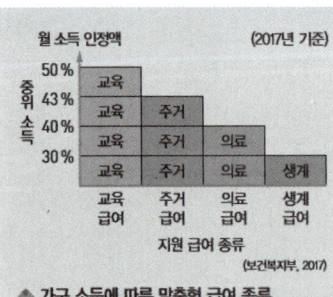

▲ 가구 소득에 따른 맞춤형 급여 종류

우리나라는 기존 국민 기초 생활 보장 제도를 보완하여 2015년 7월 1일부터 맞춤형 급여를 시행하고 있다. 기존에는 최저 생계비 이하의 소득 등 특정 기준에 부합하는 가구에게 생계·의료·주거·교육 급여를 일괄 지원하였다. 그런데 맞춤형 급여에서는 소득이 중위 소득의 50% 이하에 해당하는 가구를 소득 수준에 따라 4단계로 구분하고 가구의 소득 수준이 한 단계씩 낮아질수록 교육 급여, 주거 급여, 의료 급여, 생계 급여가 순서대로 하나씩 추가되도록 하였다. 맞춤형 급여 방식은 소득 수준에 따른 가구별 필요에 맞추어 급여를 제공하고 복지의 사각지대를 줄여 수혜 대상자를 확대하는 것을 목적으로 하고 있다. - 보건복지부, 「나에게 힘이 되는 복지 서비스」 -

● 빈곤의 두 가지 개념을 활용하여 맞춤형 급여 방식이 기존 방식보다 수혜 대상자의 확대에 이바지하는 이유를 설명해 보자.

[지학사]

THEME 48 | 복지사회와 사회보장제도

기출문제

✓ 2004 임용

01 다음은 A국가의 연령별 인구 구성 변화 추이와 노인 연금 재정에 관한 자료이다. 이를 종합적으로 판단할 때 A국가는 가까운 미래에 노인 복지 측면에서 어떤 문제가 심각해질 수 있다. 그 문제가 무엇인지 쓰고, 그 발생 근거를 60자 이내로 설명하시오. [총 3점]

〈표 1〉 연령별 인구 구성 변화 추이

(단위: %)

연도 연령	1980	1985	1990	1995	2000
0~14세	33.8	29.9	25.7	23.0	21.0
15~64세	62.3	65.8	69.3	71.1	71.7
65세 이상	3.9	4.3	5.0	5.9	7.3
계	100	100	100	100	100

〈표 2〉 노인 연금 재정 추계

(단위: 억 원, 천 명, 2000년 불변가격)

연도	적립기금	총수입	총지출	수지 차	수급자 수
2000	577,081	121,749	15,981	105,768	437
2010	2,162,946	277,762	82,216	195,546	2,117
2020	3,975,797	443,194	297,200	145,994	4,313
2026	4,336,038	535,641	549,216	−13,575	18,479

• 문   제(1점) : _____

• 발생 근거(2점) : _____

✓ 2005 임용

02 다음 글에서 ㉠에 들어갈 정확한 용어를 쓰고, ㉡에서 말하는 대표적인 문제점을 1가지만 쓰시오.
[3점]

> 국가 차원에서 마련하고 있는 사회 보장 제도에는 사회 보험과 공공 부조가 있다. 특히 재분배 효과가 큰 것은 공공 부조이다. 공공 부조의 대표적인 예로 (㉠)제도가 있다. 이 제도에 따라 정부는 어떤 사람의 소득이 최저 생계비 이하인 경우에 그 차액을 지급하고 있다. 이 제도는 ㉡기존 복지 제도의 문제점을 극복하기 위한 생산적 복지(workfare) 정책의 일환으로 도입된 것이다.

• ㉠
• ㉡

✓ 2007 임용

03 아래 표는 A국가의 인구피라미드 변화추이를 나타낸 것이다. 이러한 변화추이를 가리키는 용어 2가지를 적고, A국가에서 예상되는 세대 간 갈등의 내용 2가지를 쓰시오.
[3점]

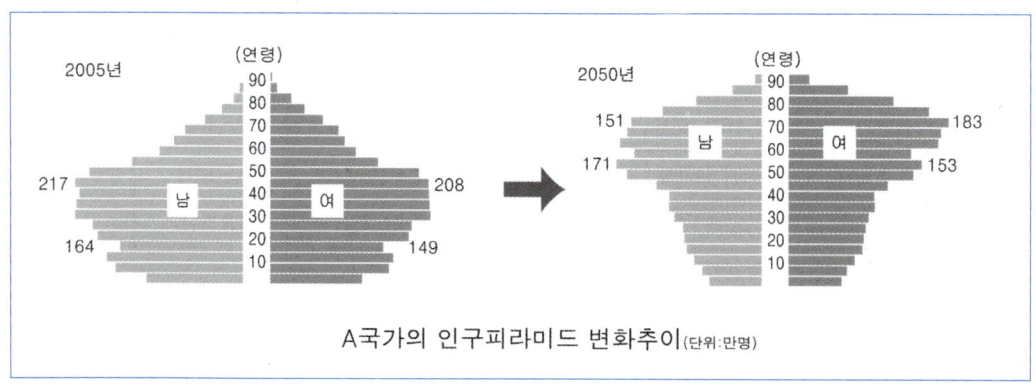

A국가의 인구피라미드 변화추이 (단위:만명)

• 용 어 :
• 갈등의 내용 :

THEME 49 | 포스트모더니즘, 푸코

1. 포스트모더니즘 (postmodernism)

> 인식론적으로 보면 포스트모더니즘은 이성의 독재(중심성)을 부정하면서 객관적 진리와 합리성의 이념을 해체한다. 그리고 사회이론적으로 보면, 현대성이 의존했던 민주주의, 경제발전, 자유, 평등, 해방의 이념이 엘리트나 특정 집단의 사고를 특권화함으로써 전체주의, 환경 파괴, 남성 중심주의, 소수자의 억압, 감정의 억압, 소외 등을 낳았다고 보고, 이성의 이름으로 특권화된 모든 중심을 해체하려고 한다.
>
> 그런데 모든 특권을 해체하려는 포스트모더니즘의 급진적 사고는 역설적으로 '인식의 무정부주의'를 낳고 지배를 해체하기 위한 중심조차 부정하게 됨으로써 현실적인 지배체제를 비판할 수 있는 인식론적·규범적 근거를 상실하고 있다는 점에서 기존의 지배체제를 정당화할 위험을 안고 있다고 지적되기도 한다.

포스트모더니즘에 대한 반대 입장

> 기든스는 포스트모더니즘에 반대하면서, 현대사회의 변화를 탈현대성이 아니라 현대성 원리들 – 공업주의, 자본주의, 행정(감시장치)의 집중화, 폭력수단(군사력)에 대한 통제 등 – 의 고도화, 즉 '고도 현대성(high modernity)'으로 해석한다. 이렇게 현대성이 고도화되면서 생태학적 붕괴와 재앙, 경제성장 메커니즘의 붕괴, 전체주의적 권력의 성장, 핵전쟁과 대규모 전쟁 등의 위험을 낳고 있는데, 이에 대해 합리성에 기초한 사회적 성찰을 추구하는 '성찰적 현대성'을 그 대안으로 제시하고 있다.
>
> 또한 하버마스도 포스트모더니즘에 반대하고 계몽주의적·합리주의적 전통을 계승하면서 '포괄적 합리성', '의사소통적 합리성'을 통해 현대성의 위기를 극복해야 한다고 주장한다. 현대사회의 경제적, 정치적, 문화적, 발전 과정이 다원화되고 복잡화되어 현대성과 합리성의 위기를 낳고 있기는 하지만, 그렇다고 해서 현실에 대한 이성적 사고와 합리적 진보에 대한 믿음 자체를 부정하는 것은 바람직하지 않다는 것이다. 그래서 그는 생활세계에서 '공론장'을 활성화하고 의사소통적 합리성에 기초한 심의민주주의를 확대해나간다면, 사회의 합리적 진보가 가능하다고 보았다.

2. 푸코(M. Foucault)

(1) 생체권력과 규율권력

> 근대사회에서 인간의 생명, 신체는 기술에 의해 조작되고, 자본주의에 의해 판매, 유통되며, 국가권력에 의해 통제되고 있다. 푸코는 그러한 상황을 '생체권력'(bio-power)이라는 개념으로 설명한다. 생체권력이란 인간의 신체를 조절하고 통제하며 규율하는 힘을 의미한다. 생체권력 또는 생체기술권력은 17세기에 하나의 일관된 정치적 기술로 출현하였다.
>
> 생체권력은 2개의 버팀목을 갖고 있다. 첫째는 종, 인구, 인종, 성, 성적 취향 등 인간에 대한 과학적 범주(scientific categories)다. 둘째 버팀목은 '감시가 내면화된 형태', 즉 규율권력(disciplinary power)이다. 규율권력의 기본목표는 사람들을 유순하게 만드는 것이다. 인간의 규범적 가치의 실행자는 '자아'이지만 그 가치의 주체는 '타자의 시선'이 된다.
>
> 권력은 근대과학적 지식을 동원하여 '신체'를 통해 인간을 규정할 수 있었고, 이렇게 규정된 인간은 그 스스로를 권력의 요구에 맞춰 통제하고 있다. 그처럼 인간의 몸은 역사가 각인되는 장소이고, 권력이 전략적 대상으로 삼는 주요 목표다. 개개인의 몸을 통해 권력은 모세혈관처럼 사회 곳곳에 널리 퍼진다. 그것이 푸코의 '미시권력'(micro-power)이다.

(2) 이성의 지배

> 푸코는 일탈행동의 규정이 권력과 관련되어 있음을 강조했다. 그는 일탈행동의 직접적 원인보다는 일탈자를 구분하며 억압하고 배제하는 권력의 작동에 주목한다.
>
> '이성'이 강조되지 않았던 시대에는 부랑인, 실업인, 정신이상자, 광인 등에게 관용적이었다. 그러나 '이성'을 강조하기 시작한 현대로 오면서 지배세력이 참과 거짓, 이성과 광기, 정상과 비정상을 명확하게 구분하게 되었고, 이들을 '환자', '정신이상자', '일탈자'로 취급하면서 감옥, 정신병원 등과 같은 수용시설을 통해 광기와 비정상을 체계적으로 억압하고 배제하기 시작했다는 것이 푸코의 시각이다. 이처럼 푸코는 지배의 도구가 된 이성의 억압적 성격과 이성의 횡포를 폭로하고자 했다.

교재 주요 참고 문헌

- 2015 개정 사회문화 교과서
- 『문화 인류학』 – 한상복, 이문웅, 김광억 – 서울대학교출판문화원
- 『민족, 문화, 인간 : 인류학의 창조』 – 김용환 – 강원대학교 출판부
- 『사회과학연구방법론』 – 노성호, 구정화, 김상원 – 박영사
- 『사회조사분석』(제4판) – 홍두승, 설동훈 – 다산출판사
- 『사회학 : 비판적 사회읽기』 – 비판사회학회 – 한울아카데미
- 『사회학의 이해』(제2판) – 권태환, 홍두승, 설동훈 – 다산출판사

이웅재

고려대학교 사회학과 졸업
前) 희소고시학원 임용시험 전공일반사회 강사
現) 월비스임용 일반사회(사회문화 · 교육론) 강사

다음카페　　: 임용고시사회
　　　　　　　http://cafe.daum.net/imyongsahoi
동영상 강의 : 월비스임용
　　　　　　　https://ssam.willbes.net/

2026 교원임용 사회문화

발행 2025년 3월 4일

편저자 이웅재
발행인 서정범
발행처 ㈜가치산책컴퍼니
등록번호 제2020-000031호
반　품 경기도 파주시 탄현면 오금리 442-1 한강북
전　화 031-694-0905
주문 · 공급 010-6690-7795
팩　스 02-6499-3533

정　가 24,000원
ISBN 979-11-93961-13-1 13300